데카르트의 오류

감정, 이성, 그리고 인간의 뇌

데카르트의 오류

안토니오 다마지오 지음 ● 김 린 옮김

Descartes' Error

데카르트의 오류
Descartes' Error

초판 1쇄 2017년 10월 31일
2쇄 2019년 7월 31일

지은이 | 안토니오 다마지오
옮긴이 | 김 린

펴낸이 | 김영남
편집 | 공윤조
펴낸곳 | (주)눈출판그룹

출판등록 | 2015년 7월 31일 제399-2015-000017호
주소 | 경기도 남양주시 수동면 외방로 135번길 24
전화 | 1661-4310
팩스 | 031-511-4749
이메일 | nungroup@daum.net
홈페이지 | www.nungroup.co.kr

값 35,000원
ISBN 979-11-88466-02-3 (93180)

파본이나 잘못된 책은 바꿔드립니다.

 이 도서의 국립중앙도서관 출판시도서목록(CIP)은 e-CIP 홈페이지(www.nl.go.kr/ecip) 에서 이용하실 수 있습니다. (CIP 제어번호 : 2017016214)

한나에게

목차

2부

3부

역자의 글

20년 전 『데카르트의 오류』의 첫 번역본을 낼 때의 생각이 아직도 생생하게 떠오른다. 우선 이 책의 내용보다 저자인 다마지오의 문장이 너무 현학적이라 번역에 몹시 애를 먹었고, 일반인들이 그 내용을 이해할 수 있을까 하는 의구심이 있었다. 그러나 번역 과정에서 평소 접근하기 어려울 것으로 생각했던 인간의 감정, 느낌, 사고에 대한 통합적 접근을 다소나마 이해할 수 있었던 것은 큰 행운이었다. 1997년 말부터 이 책을 번역하기 시작했는데, 아무래도 바쁜 병원생활 중에 틈을 내서 번역하다 보니 속도가 나지 않아 일을 벌려놓고 후회가 많았다. 당시 번역을 끝내고 역자의 글을 쓸 때는 정말 후련하다는 느낌이 많았다.

내가 처음 이 책을 접하게 된 것은 미국에서 연수하고 있을 때였다. 1994년 미국 코넬의대 수면장애센터에서 수면의학과 시간생물학을 공부할 때였는데, 어느 날 신경과의사인 와그너가 이 책을 소개했다. 다마지오라는 매우 똑똑한 신경과의사가 정말 좋은 책을 썼다는 소개와 함께. 나는 이 책을 서점에서 전문서적이 아닌 일반서적 코너에서 샀다. 참고문헌까지 붙인 이 책이 일반서적에 진열되어 있는 것을 보고 나는 일반인을 대상으로 쓴 책으로만 알았는데, 우선 문장이 너무 어렵다는 것이 첫 인상이었다. 그러나 찬찬히 이 책을 읽으면서 내가 평소 궁금하던 마음의 현상을 뇌와 신체의 차원에서 이해할 수 있었다. 내가 더욱 감명 깊었던 것은 감정, 느낌, 경험, 자아, 생존, 환경 등과의 상호작용, 그리고 인간의 마음에 대한 복잡한 신경생리적 개념을 실제적, 실험적 예와 함께 제시함으로써 독자의 이해를 도우려는 저자의 정열과 배려였다. 학회 일과 논문 작성으로 바쁘게 지내느라 2년이 금방 흘러간 후 시간적 여유가 조금 생길 즈음, 이 책의 내용을 많은 사람과 나누고 싶은 욕심이 생겼다. 그래서 다마지오에게 편지를 썼다. 이 책을 번역하고 싶다고. 대답은 물론 환영한다는 것이었다. 마침내 1999년 7월 『데카르트의 오류』라는 제목으로 번역서가 출간되었다. 그러나 당시 국내에서는 감정, 신체, 뇌를 통합적으로 이해하려는 시도에 대한 관심이 고조되기 전이어서 책에 대한 반응은 그리 신통치 않았다.

약간의 서운함이 있었지만, 이 분야에 대한 강의를 요청해오는 경우도 있고, 또 내 전공이 뇌 기능과 밀접한 관련이 있는 수면의학이어서, 2003년 안토니오 다마지오가 저술한 『Looking for Spinoza: Sorrow and the Feeling Brain』을 비롯한 관련 서적을 읽으며 이 분야에 대한 관심을 계속 유지하고 있었다. 그러던 중 근자에 우연한 기회를 통해 『감정의 힘 The Power of Emotion』이라는 책을 접하게 되었고, 이 책의 내용이 정신과의사나 신경과의사뿐 아니라 심리학, 사회학, 철학에 관심있는 사람들에게도 매우 유익할 것 같아 번역서를 내게 되었다. 그러던 중 얼마 전 감정에 대해 관심이 있는 철학과 교수님들이 강의 요청을 해주셔서 내심 놀랐고, 새삼 지금이 학문 간 융합시대라는 사실을 실감했다. 강의를 들은 많은 분이 나에게 『데카르트의 오류』 번역본을 소장하고 있으면 보내달라는 요청을 했다. 그래서 이 책을 재번역하기로 했는데, 생각보다 시간이 많이 소요되었다. 재번역을 하면서 내용 전달이 쉽지 않은 부분을 쉽게 고쳐 쓰려고 노력했는데, 얼마나 나아졌는지 나 자신도 잘 모르겠다.

내가 전문의 과정을 밟고 있을 때 우리나라에서는 신경과와 정신과가 분리되어 있지 않았기 때문에, 나는 레지던트 과정 중에 신경과 환자를 볼 기회가 적지 않았다. 또 정신과의 경우에도 원인과 치료에 있어서 생물학적 해석에 많이 의존하는 편이었다. 실제로 정신과 영역에서 다루는 거의 모든 장애는 전통적인 분석적, 사회심리학적 개념과 함께 생물학적 관점을 이해해야 해석할 수 있다고 배웠다. 나는 전문의가 된 후 나름대로 많은 환자를 접하면서, 신경과와 정신과를 분리하고 있는 현실이 경우에 따라서는 매우 불합리하게 느껴지기도 했다. 임상 실제에 있어서나 인간의 행동을 이해함에 있어서, 신경과와 정신과가 공유할 수밖에 없는 영역이 참으로 많다고 느꼈기 때문이다.

나는 이 책을 인간의 정신에 관심이 있는 사람이라면 꼭 한번 읽어보라고 권하고 싶다. 저자도 이야기하고 있지만 우리는 감정이나 느낌을 구체적으로 그릴 수 없는 무형의 것으로 이해한다. 또 나의 임상 실제에서도 증상을 일으키는 기전을 분석적, 사회문화적, 심리적, 생화학적으로 해석하지만, 무언가 실감나게 나의 손에 잡히는 것이 없었다. 물론 이 책이 모든 해답을 주는 것은 아니다. 하지만 이 책을 통해 인간의 감정과 느낌의 해부생리적 해석과 사회문화적 요소와의 상호 작용을 알게 되면, 그래도 이들 환자에 대한 이해의 폭이 커졌음을 부인할 수 없을 것이다. 이 책의 장점은 감정을 개인과 사회의 여러 측면에서 우리가 일상에서 겪는 실제적 사례와 함께 서술했다는 점이다. 이 책을 일독하고 나면 감정과 뇌와 신체와의 관계는 물론, 여러 상황에서 인간의 행동을 결정짓는 감정의 역할에 대한 이해가 한층 깊어질 것이다.

끝으로, 재번역서를 출간하는 데 도움을 주신 눈출판그룹 김영남 대표께 감사의 마음을 전한다.

2017년 여름에

김 린

서문

나에게 관심을 불러일으킨 이성reason의 신경학적 토대에 관해 확실히 말할 수는 없지만, 합리성rationality의 본질에 관한 전통적 관점이 옳을 수 없다는 확신을 가지게 되었다는 것을 나는 안다. 나는 어려서부터 올바른 판단은 냉정한 머리에서 나오는 것이며, 감정emotion과 이성은 물과 기름처럼 더 이상 섞일 수 없다고 배웠다. 나는 이성의 기전mechanism이 감정이 조금도 침투하지 못하는 정신세계의 독립적 지역에 존재한다는 사고에 익숙한 채 성장했고, 따라서 마음의 뒤에 있는 뇌를 생각할 때 감정과 이성에 관한 별개의 신경체계를 상상했다. 이것은 정신 및 신경학적 개념에 있어, 이성과 감정의 관계에 관해 널리 받아들여지는 관점이었다.

그러나 지금 내 눈앞에는 사람이 상상할 수 있는 한 가장 냉정하고, 가장 덜 감정적이고, 지적인 인간, 그럼에도 실질적인 이성은 지나치게 손상되어 일상생활에서 방황하고, 실수 연발이며, 사회적으로 적절하고, 개인적으로 합리적인 것이라 여겨지는 것에 대해 계속 혼란을 일으키는 한 인간이 있다. 신경질환이 뇌의 특정 부분을 황폐시켜 언제부터가 점차 결정을 내리는 것에 심각한 장애를 유발하기 전까지 그는 전적으로 건강한 정신을 소유하고 있었다. 합리적 행동을 하는 데 필요충분조건인 요소들은 그에게 그대로 남아 있었다. 그는 필수적인 지식과 주의력과 기억력을 소유하고 있었고, 언어는 흠잡을 데가 없었으며, 계산을 할 수 있었고, 추상적 문제의 논리와 씨름할 수 있었다. 다만 그의 의사결정decision-making의 실패에 심각하게 기여한 것이 있었으니, 그것은 바로 느낌을 경험하는 능력의 변화였다. 어떤 특정한 뇌의 장애로 그의 이성은 금이 갔으며, 감정은 손상받게 되었다. 이러한 상관성으로 말미암아 나는 감정이 이성이라는 기계에 연합하는 하나의 구성원이라는 느낌이 들었다. 많은 신경학적 환자를 대상으로 한 20년간의 임상적·실험적 연구를 통해 나는 이러한 관찰을 반복해서 보았고, 분석 가능한 가설로 이끄는 단서를 제공받았다.[1)]

나는 다음과 같은 제안을 하고자 이 책을 쓰게 되었다. 즉, 이성은 우리 대부분이 생각하거나 바라는 것처럼 순수하지 않고, 감정과 느낌은 적어도 이성의 요새를 침범하는 공격자가 아니며, 좋든 나쁘든 그것들(이성과 감정 및 느낌)은 서로 그물처럼 연결되어 있다는 것이다. 감정과 느낌으로 주로 표현되는 생물학적 조절기전이 이끌어주지 않았다면, 인간의 이성 전략은 진화 단계에서나 어느 한 개인에서도 발달하지 못했을 것이다. 더욱이 이성 전략이 형성되고 난 후에도, 효과적인 이성의 배치는 상당 부분 느낌을 지속적으로 경험하는 능력에 달려 있는 것처럼 보인다.

어떤 특정한 상황에서는 감정과 느낌이 이성의 과정에 큰 파괴를 야기할 수 있다는 것을 부정할 수 없다. 전통적 지혜는 우리에게 이러한 가능성을 말해왔으며, 정상적 이성 과정에 관한 최근의 연구에서도 빗나간 감정에 깃든 해로운 영향을 보여준다. 우리를 확실하게 인간으로 구분지어주고 또 우리로 하여금 개인의 장래, 사회 관습, 도덕 원리 등과 조화를 이루어 결정하는 것을 가능하게 해주는 이성이, 감정과 느낌이 없을 때 적지 않게 손상받고 더 이상 타협점을 찾을 수 없다는 것은 그래서 더욱 놀랍고도 생소하다.

우리가 어떤 것을 결정할 때 느낌이 긍정적으로 작용한다고 말할 수는 없다. 그러나 느낌이 없다면 우리는 이성적 존재가 아니다. 나는 감정과 느낌이 전개될 때 이성에 필수불가결한 어떤 측면들이 있다고 본다. 느낌은 최선을 다해 우리에게 적절한 방향을 제시하고, 결정 영역을 적절한 장소로 인도한다. 이렇게 하여 우리는 논리의 도구를 유용하게 사용할 수 있을 것이다. 우리는 도덕적 판단을 내려야 할 때, 개인 간의 관계를 결정해야 할 때, 노후에 경제적 어려움을 겪지 않기 위한 몇 가지 방법을 선택해야 할 때, 또는 우리 앞에 놓인 생활의 설계를 해야 할 때, 어떤 불확실성에 직면한다. 감정과 느낌은 그 저변에 깔려 있는 숨은 생리 기전과 함께 불확실한 미래를 예측하고, 그 예측에 따른 행동 계획을 세울 때 우리를 돕는다.

이 책에서 나는, 손상된 합리성과 특정한 뇌 손상 사이의 연관을 처음으로 나타낸, 19세기의 획기적인 인물인 피니어스 게이지Phineas Gage의 예를 분석하고, 이에 필적하는 최근의 예를 살피고, 인간과 동물을 대상으로 신경생리적 연구를 함으로써 얻어낸 발견을 검토하고자 한다. 더 나아가서 나는 인간의 이성이 하나의 뇌 중심부에 의존하기보다는 많은 단계의 신경 구조들과 연합하여 협연하는 몇 개의 뇌 체계에 의존하고 있다는 것을 말하고자 한다. 전전두부피질prefrontal cortices에서 뇌하수체와 뇌간에 이르는 '상위 단계' 및 '하위 단계'의 뇌는 이성을 형성할 때 연합하여 작용한다.

이성의 신경 구조에 있는 하위 단계는, 한 생물체의 생존에 필요한 신체 기능과 더불어 감정과 느낌의 과정을 조절하는 것과 같은 것들이다. 다시 말하면, 이러한 하부 단계들이 실제적인 모든 인체 장기에 직접적이고도 상호적인 관계를 유지하고 있고, 따라서 이성 기능, 의사결정, 더 나아가서 사회적 행위와 창의력이 최고점에 도달하도록 조절하는 작동 사슬에 신체를 위치하도록 한다. 감정, 느낌, 생물학적 조절 기능 등은 모두 인간의 이성에 작용한다. 인간 생물체에서 하위 순위의 배열은 상위 이성의 고리에도 존재한다.

찰스 다윈은 인간의 신체구조에 존재하는, 지울 수 없는 하위 기원의 흔적을 서술하면서 이러한 사실의 본질을 미리 제시했다. 하지만 가장 독특한 인간 수준의 정신 기능에서도 진화의 흔적을 볼 수 있다는 것은 흥미로운 일이다.[2)] 그러나 상위 이성이 하위 뇌에 의존한다고 해서 상위 이성이 하위 이성으로 변하지는 않는다. 윤리적 원칙에 따르는 행위가 뇌 중심부의 단순한 회로에 참여한다는 사실이 윤리적 원칙을 비하시키지는 않는 것이다. 윤리 체계는 붕괴되지 않고, 도덕성은 위협받지 않으며, 정상적인 사람에서 의지는 의지대로 남아 있다. 단지 바뀌는 것은, 비슷한 생물학적 성향을 지닌 사람들이 특정한 상황에서 상호작용할 때 생물학이 어떻게 사회적 상황에서 발생하는 윤리적 원리에 영향을 끼치는가에 대한 우리의 관점이다.

느낌feelings은 이 책에서 두 번째로, 그리고 중심적으로 다루는 주제다. 이것은 내가 이성과 의사결정의 뒤에 있는 인식적·신경적 장치를 이해하려고 애쓰면서, 고의가 아닌 필수적인 것으로 설명하려는 것이다. 그러므로 이 책의 두 번째 주제는, 느낌의 본질이 어떤 대상에 부착되어 잘 잡히지 않는 정신적 성질이 아니며, 오히려 어떤 특정한 풍경, 즉 신체에 있는 그것을 직접적으로 지각한다는 것이다.

과거의 느낌에 대한 장애를 일으키는 뇌 손상을 입은 신경과 환자를 연구한 결과, 나는 느낌이라는 것이, 추측되는 것처럼 그렇게 만져지지 않는 무형의 것이 아니라는 생각을 하게 되었다. 우리는 느낌을 정신적으로 분명히 식별할 수 있으며, 아마도 느낌의 신경 기질까지도 찾을 수 있을 것이다. 최근의 신경생리적 사고와는 별개로 나는 다음과 같은 제언을 하고자 한다. 즉, 느낌이 의존하는 결정적 연결고리는, 전통적으로 알려진 대뇌변연계 뇌 구조물의 복합체뿐만 아니라 뇌의 전전두부피질, 그리고 가장 중요하게는 신체에서 오는 신호를 짜 맞추고 통합하는 뇌 부위를 포함한다는 것이다.

나는 느낌의 본질을 '지속적으로 업데이트되는, 몸의 구조와 상태에 대한 이미지를 향해 열린 창을 통해 곧바로 볼 수 있는 어떤 것'으로 개념화한다. 만일 당신이 이 창문을 통해 하나의 풍경을 마음속에 그린다면, 신체 '구조'는 어떤 공간에 있는 물체와 동일하며, 신체 '상태'는 그 공간에 있는 물체의 빛과 그림자, 움직임, 소리와 비슷하다.

신체의 풍경에서 물체들은 장기(심장, 폐, 소화관, 근육)이고, 반면에 명암, 동작, 소리 등은 이러한 장기가 작동하는 범위 내에서의 한 순간을 반영한다. 대개 하나의 느낌은 신체풍경의 한 부분에 대한 순간의 '시야'이다. 이것은 특정한 내용, 즉 신체상태와 그것을 지지하는 특정한 신경계를 가지고 있는데, 신체구조와 조절에 관련된 신호를 통합하는 말초신경계와 뇌가 바로 그것이다. 신체풍경에 대한 감각은 때맞추어 신체 부분이 아닌 어떤 것들(얼굴 생김새, 음향, 향기)의 지각 또는 회상과 나란히 놓이기 때문에, 느낌은 종국에는 어떤 다른 것의 수식자修飾者, qualifier가 된다. 그러나 느낌은 이러한 본질 이상의 것이다. 앞으로 설명하겠지만, 자격을 부여하는 신체적 상태는 좋은 쪽이든 나쁜 쪽이든 거기에 대응하는 사고 양식이 동반되고 함께 뭉쳐지게 된다. 신체상태가 양성적이고 고무된 주기에 있으면 동작이 민첩해지고 아이디어가 풍부해지며, 신체상태가 고통의 주기 쪽으로 향해 있으면 행동이 둔해지고 같은 생각을 반복하게 된다.

이러한 관점에서 보면, 느낌은 본성과 상황이 조화로운가 혹은 그렇지 않은가에 대한 감지기sensor이다. 본래부터 우리는 유전적으로 설계된 적응 묶음으로 상속받은 본성과, (기꺼이 혹은 의지적으로 혹은 그렇지 않은 경우를 포함하여) 사회적 환경과의 상호작용을 통한 개인적 발달에서 습득한 본성을 모두 전수했다. 느낌은 그것이 유래한 감정과 더불어 사치가 아니다. 느낌은 내적 안내자로서, 느낌을 안내하는 다른 신호들과 교통하는 것을 돕는다. 그리고 느낌은 만질 수 없는 것이 아닐 뿐더러 붙잡기 어려운 것도 아니다. 전통적인 과학적 사고와는 반대로,

느낌은 다른 지각대상처럼 인지적인 것이다. 느낌은 뇌를 신체에 사로잡힌 관객으로 변화시킨, 가장 미묘한 생리적 배열의 결과다.

느낌을 통해 우리는 어떤 생명체가 최대한의 생물적 상태, 즉 생명체가 일을 수행하면서 생명 그 자체의 기전을 반영하는 것을 어렴풋이 알 수 있다. 본성적으로 습득한 아픔이나 즐거움의 신체적 상태를 감지할 수 없다면, 인간에게 고통이나 행복도 없을 것이고, 갈망이나 자비, 비극이나 영광도 없을 것이다.

얼핏 보기에, 이와 같은 맥락에서 인간의 정신spirit에 대한 관점은 직관적이거나 고무적인 것이 아닐지도 모른다. 마음mind의 복잡한 현상을 밝히기 위해 우리는 그저 마음을 격하시키고 설명하려는 위험을 무릅쓴다. 그러나 이는 우리가 현상 그 자체를, 현상의 모습 뒤에서 발견되는 별개의 구성요소 및 작용과 혼동할 때만 일어난다. 나는 이런 경우를 말하는 것이 아니다. 어떤 특정한 느낌은 여러 신체장기와 상호작용하는 특정한 뇌 체계의 활동에 의존하지만, 그렇다고 해서 인간의 한 현상인 느낌에 대한 상태가 축소되는 것은 아니다. 사랑이나 예술이 가져오는 괴로움이나 즐거움은, 그것이 무엇인지를 결정짓는 무수한 생물적 과정을 이해한다고 해서 가치가 떨어지는 것이 아닌 것이다. 정확히 말하면 그 반대가 옳다. 즉, 이러한 마술을 가능케 하는 복잡한 기전에 우선하여 우리의 경이로움은 고조되어야 한다. 느낌은 인간이 수천 년에 걸쳐 말해왔던 인간의 혼 또는 정신의 근간을 이룬다.

이 책이 세 번째 주제이자 연관된 주제로 다루는 것은, 뇌에서 표현되는 신체가 우리가 마음으로 경험하는 신경 과정에 없어서는 안 될 참고의 근거가 된다는 것이다. 즉, 어떤 확실한 외적 실체라기보다 우리라는 바로 그 자체의 생물체가, 우리 주위를 둘러싸고 있는 세계를 만드는 구조에 대한, 그리고 우리 경험의 일부 또는 많은 부분에 대해 가지고 있는 지속적인 주관성의 구성에 대한, 기본적인 참고로 이용될 수 있다. 가장 잘 다듬어진 생각이나 최선의 행위, 가장 큰 기쁨, 가장 깊은 슬픔 등도 신체를 하나의 척도로 이용한다.

놀랍게 들릴지 모르겠지만 마음은 하나의 통합된 생물체 내에 존재하며, 또 그 생물체를 위해 존재한다. 우리의 마음은 진화와 개인적 발달, 그리고 신체와 뇌의 상호작용이 없었다면 지금의 이 상태로 되지 못했을 것이다. 마음은 일차적으로 신체에 관한 것이어야 하는데, 그렇지 않다면 마음은 존재할 수 없었을 것이다. 신체가 계속 제공해주는 기본적 참고의 바탕 위에서, 비로소 마음은 실제적이고 상상적인 많은 다른 것에 관한 것이 될 수 있다.

이러한 생각은 다음의 말로 귀착된다. 1) 인간의 뇌와 나머지 신체는 분리될 수 없는 하나의 생물체를 구성하고, 그것은 생화학적, 신경학적 조절회로들(내분비, 면역, 자율신경계를 포함하는)의 상호작용으로 통합된다. 2) 생물체는 환경과 조화를 이루어 상호작용한다. 그 상호작용이란 신체나 뇌가 독자적으로 작용하는 것이 아니다. 3) 우리가 마음이라고 부르는 생리적 작동은 뇌의 단독 작용이 아니고, 오히려 구조적이며 기능적인 조화를 통해 일어나게 된다. 정신현상은 어떤 생물체가 환경과 상호작용하는 것으로 충분히 이해될 수 있다. 그러한 환경이 부분적으로는 한 생물체의 활동 산물 자체라는 것은, 우리가 반드시 고려해야 하는 상호작용의 복합성을 강조하는 것일 뿐이다.

우리가 뇌와 마음을 이야기할 때 생물체를 언급하는 것은 관례적이지 않다. 정신이라는 것이 신경세포의 활동에서 유래한다는 것은 너무나 명백한 사실이다. 그리고 신경세포의 작용만이 생물체의 나머지 부분과 독립적일 수 있는 것처럼 논의된다. 그러나 뇌 손상을 받은 많은 사람의 기억력, 언어, 이성 등의 장애를 연구하면서, 나는 정신 활동이란 가장 단순한 면부터 가장 고상한 부분까지 뇌와 신체 자체를 요구한다는 것에 강한 흥미를 느꼈다. 나는 신체 자체가 단순한 지지나 조절작용 이상의 역할을 한다는 것을 믿는다. 그것은 뇌 표상의 기본적인 주제를 제공한다.

왜 이런 생각이 그럴 듯한지, 그리고 정말 그렇다면 왜 그것이 근사한지에 대한 이유를 뒷받침하는 사실이 있다. 여기에서 우선적으로 제안된 신체가, 인간이 자신의 정신에 관해 묻는 모든 질문 가운데 가장 성가신 질문 중의 하나에 빛을 던져주게 되었다는 것이다. 우리가 우리를 둘러싸고 있는 세계를 의식한다는 것은 어떤 것인가? 우리가 무엇을 안다는 것을 우리는 알고 있는가? 그리고 우리가 안다는 것은 어떤 것인가?

위에서 언급한 가설의 관점에서 보면 사랑과 미움과 고통, 친절함과 잔인함의 본질, 과학적 문제 혹은 새로운 유사품의 창조에 대한 계획적인 해결 등이 모두 뇌 안에서 일어나는 신경 현상에 근거한다. 또한 뇌는 신체와 상호작용해왔고 지금도 그러하다. 영혼은 신체를 통해 숨을 쉬고, 고통은 그 시작이 피부든 마음의 형상이든 육체에서 일어난다.

나는 이 책을 호기심 많고 지적이며 상상력이 풍부한 한 친구와 대화하면서 쓰고 있다. 그는 신경과학을 많이 알지는 못하지만, 인생에 대해서는 많은 것을 아는 사람이다. 우리는 하나의 합의점에 도달했는데, 대화가 우리 상호간에 이익을 가져오리라는 것이었다. 친구는 뇌와 신비로운 정신현상에 관해 배워야 했으며, 나는 신체와 뇌와 정신에 관한 내 생각을 설명하기 위해 씨름하면서 어떤 통찰력을 얻어야 했다. 우리는 대화를 지루한 강의로 변질시키지 말고, 서로 격렬하게 반대하거나 지나치게 옹호하지 말자는 데 생각을 같이 했다. 나는, 어떤 예감을 제시하는 정도에 불과하다고 생각할 때도, 이미 확립되어 있는 사실과 의문시되는 사실, 그리고 어떤 가설들에 관해 이야기하려 했다. 나는 문서상으로 진전 단계에 있는 일, 수행 과정에 있는 몇몇 연구 과제, 그리고 대화가 끝나고 한참 후에 시작하고자 할 일들에 관해 이야기하고자 했다. 적절한 대화를 하려면 샛길과 우회로뿐만 아니라, 처음에는 명확하지 않지만 두 번째부터는 이득을 주는 통로가 있다는 것도 이해되었다. 이것이 독자가 내 책을 읽을 때 종종 어떤 다른 견해에서 다시 원래의 주제로 되돌아가는 것을 발견하게 되는 이유다.

시작하기에 앞서, 나는 과학의 한계에 대한 나의 입장을 명확히 하고 싶다. 나는 객관성과 명확성에 관한 과학의 추론에 회의적이다.

나는 과학적 결론이(특히 신경생물학에서) 단지 잠정적인 접근으로서 잠시 받아들여지다 더 근사한 생각이 나오자마자 버려지는 것을 볼 때 어려움에 빠지곤 한다. 그러나 과학이 달성한 것에 대한 회의가 (특히 정신과 관계될 때) 잠정적인 접근을 발전시키려는 시도에 대한 흥미를 감소시킨다는 것을 의미하지는 않는다.

아마도 인간 정신의 복잡성이란, 우리의 타고난 한계성 때문에 결코 알 수 없는 문제를 풀어야 하는 것과도 같을 것이다. 우리는 어떤 문제에 대해 전혀 이야기하지 않고, 신비 대신에 과학이 적절하게 접근할 수 있는 문제와 과학에서 영원히 벗어나는 문제 사이의 구분을 이끌어내면서 말한다.[3] 그러나 우리가 어떻게 그 신비를(혹자는 '불가사의'라고 이야기한다)[4] 해결할 수 있는지 상상할 수도 없다고 생각하는 사람들을 이해할수록, 그리고 만일 그것은 알 수 있지만 이미 알려진 어떤 것에 의존해서 설명하는 데 실망했다는 사람들을 이해할수록, 우리는 알게 될 것이라고 나는 믿는다.

지금 독자는 이 대화가 데카르트에 관한 것이 아니며, 확실히 정신·뇌·신체에 관한 것이기는 해도 철학에 관한 것도 아니라는 것을 짐작할 것이다. 내 친구는 이것을 데카르트의 징표 아래에 두어야 한다고 제안했다. 왜냐하면 그것들 간의 관계를 가장 보편적으로 정립한 상징적 인물을 떠올리지 않고서는 그런 주제를 논할 수 없기 때문이었다. 이런 점에서 볼 때, 나는 미묘하기는 하여도 이 책이 데카르트의 오류에 관한 책이 될 수밖에 없다는 것을 깨닫게 되었다. 독자는 물론 어떠한 오류인가를 알기 원하겠지만, 나는 잠시라도 그 비밀을 지키고 싶다. 그렇지만 확신하건대 그 비밀은 드러날 것이다.

우리의 대화는 성실하고도 불행했던 피니어스 게이지의 삶과 시대로부터 시작되었다.

1부

1장 | 버몬트에서 일어난 불행한 사건

피니어스 게이지

1848년 여름, 우리는 뉴잉글랜드에 있다. 피니어스 게이지는 25세의 공사 감독자로, 풍요한 사람에서 천박한 사람으로 곤두박질치는 시점에 있다. 한 세기 반이 지난 후에도 그의 추락은 여전히 매우 의미심장한 일로 남아 있을 것이다.

게이지는 러틀랜드 벨링톤 철도회사에서 일하고 있다. 그는 '갱'이라 불리는 남자들을 감독하는 위치에 있고, 그들의 일은 버몬트를 가로지르는 철로 확장을 위해 새로운 주행로를 놓는 작업이다. 지난 2주간에 걸쳐 그들은 캐빈디시 마을로 향하는 작업을 천천히 수행해왔고, 지금은 블랙 리버 기슭에 도달해 있다. 그들의 일은 결코 쉽지 않다. 지형은 모든 방향에 걸쳐 평탄하지 않고 단단한 성층암으로 가득

차 있다. 모든 급사면을 둘러싸고 주행로가 굴곡져 있어서, 가끔씩 바위를 폭파시켜 길을 더 곧고 고르게 해야 한다. 게이지는 이러한 모든 일을 감독하고 있고 모든 면에서 감당할 능력이 있다. 그는 5피트 6인치의 키에 건장한 체격을 소유하고 있으며, 동작은 날쌔며 정확하다. 그는, 정력적이면서도 우아한 동작으로 버팀목과 선로에 신발을 가볍게 두드리며 춤추는, '양키 두들 댄디'라는 노래를 부르는 젊은 배우 지미 캐그니 Jimmy Cagney 같이 보인다.

그러나 상사들 눈에 게이지는 단순히 한 사람의 능력있는 육체 이상이다. 그들은 그를 가리켜 고용자들 중에서 '가장 유능하고 능력있는' 사람이라고 말한다.[1)] 왜냐하면 그의 일은 특히 폭파를 대비해야 하는 작업이며 육체적 용감성 못지않게 예리한 집중력을 요구하기 때문이다. 몇 가지 과정이 순서대로 진행되어야 한다. 첫째로, 바위에 구멍을 내야 한다. 그 구멍이 반쯤 화약가루로 채워지면, 퓨즈를 끼워 넣어야 하고 화약가루는 모래로 덮어야 한다. 그다음에 모래를 쇠막대로 조심스럽게 치며 틀어막게 된다. 마지막으로 퓨즈가 점화되는데, 만일 모든 일이 순조롭게 된다면 그 가루는 바위를 폭파시킨다. 모래는 꼭 필요하다. 모래의 완충 작용이 없다면 폭발이 바위에서 곧바로 일어나게 된다. 쇠막대기의 모양과 그것이 작동하는 방향 역시 중요한 요소다. 게이지는 이미 쇠를 제조하는 특수 기술을 익혔기 때문에 이러한 일에는 베테랑이다.

자, 이제 어떠한 일이 일어나는지 보기로 하자. 뜨거운 오후 4시 30분이다. 게이지는 폭약을 장치하고 구멍에 퓨즈를 연결한다. 그리고 그를 돕는 사람에게 그곳에 모래를 채우라고 지시한다. 누군가가 뒤에서 부른다. 게이지는 오른쪽 어깨 쪽으로 시선을 돌린다. 주의가 흐트러지고, 미처 그 안에 모래를 넣기 전에 게이지는 쇠막대로 바로 화약을 두드리기 시작한다. 그 순간 바위에서 폭발이 일어나 그의 얼굴 윗부분을 강타한다.[2)]

폭발은 너무도 엄청나 모든 갱이 그 자리에서 꼼짝할 수도 없을 지경이다. 불과 몇 초 사이에 일어난 일이다. 강타하는 소리는 비정상적이고, 바위는 멀쩡하다. 비정상적인 소리란 로켓이 하늘로 발사될 때 나는 호각소리와 같은 것을 말한다. 그러나 이것은 불꽃놀이가 아니다. 폭발이다. 그 쇠막대는 게이지의 왼쪽 뺨으로 들어가 두개골의 저변을 관통하고, 뇌 앞부분을 지나 빠른 속도로 머리 위쪽으로 빠져나온다. 그 쇠막대는 피와 뇌 조직이 범벅이 된 채 100피트 이상 떨어진 곳에 낙하했다. 피니어스 게이지는 바닥에 나가 떨어졌다. 오후의 노을 아래 그는 조용한 채 어리벙벙했으나 정신은 있다. 우리는 아무것도 해주지 못하는 방관자들에 불과하다.

'끔찍한 사고'는 일주일 뒤인 9월 20일, 보스턴 일간지의 머리기사로 나오게 될 것이다. 또한 '놀랄만한 사고'라는 이상한 머리기사로 9월 22일 버몬트 머큐리에도 나올 것이다. '두부를 관통한 쇠막대'라는 정확한 제목으로 보스턴 의학지에 실릴 것이다. 혹자는 기자들이 에드거 앨런 포의 기괴하고 공포스러운 소설에 익숙해 있다고 생각할지도 모른다. 그러나 앨런 포의 추리소설은 아직까지 대중화되지 못한 때이고, 그 자신도 무명이며 무일푼으로 다음 해에 죽게 될 시점이다.

게이지가 즉시 사망하지 않았다는 사실에 사람들이 얼마나 놀라고 있는지를 지적하면서, 보스턴의 의학 기사는 다음과 같이 쓰고 있다. "폭발이 있자마자 그는 나가떨어졌다. 잠시 후 그는 '사지에 약간의 경련'을 일으켰으며, '몇 분 동안 말을 했다'. 그가 매우 좋아했던 동료들이 불과 몇 로드(1로드는 5.5야드, 혹은 16.5피트) 떨어진 길로 그를 안아 옮겼다. 그러고 나서 그를 소달구지에 앉혔는데, 그는 똑바로 앉은 채 타고 있었으며, 0.75마일 거리의 요셉 아담스(Mr. Joseph Adams)의 호텔로 옮겨졌다. 게이지는 '동료들에게 약간의 도움만을 받은 채 자기 힘으로 그 달구지에서 내려왔다'."

아담스는 캐번디시의 치안판사이며, 그 마을에 있는 호텔과 여인숙의 소유주다. 그는 게이지보다 키가 크며 두 배 가량의 몸집이고, 팔스타프(동명의 베르디 오페라에 나오는 남자 주인공 -역주)처럼 열정적이다. 그는 게이지에게 다가오면서 즉각 사람을 시켜 마을 의사인 존 할로우(Dr. John harlow)를 불러오게 했다. 그들이 기다리는 동안, 나는 그가 '자, 게이지 씨, 여기가 어딘지 아시겠어요?'라든지, '오, 이런 불상사가 생기다니'라고 말하는 것을 상상할 수 있다. 그는 믿기지 않는다는 듯 고개를 저으며 게이지를 '피아자'라 불리는, 호텔 현관의 그늘진 곳으로 데리고 간다. 피아자라고 해서 웅장하고 넓은 트인 공간으로 들릴지 모르겠으나, 웅장하고 넓긴 했지만 트인 공간은 아니다. 그곳은 그저 현관일 뿐이다. 그리고 거기서 아담스는 게이지에게 레모네이드와 시원한 사이다를 준다.

폭발이 있은 지 한 시간이 지났다. 해는 지고 있고 더위는 점점 참을 만한 정도가 된다. 의사 할로우의 젊은 동료인 에드워드 윌리엄스 Edward Williams가 도착한다. 몇 년 후에 윌리엄스는 그때의 광경을 다음과 같이 기술할 것이다. "그는 당시 캐번디시의 아담스씨 호텔 현관 의자에 앉아 있었다. 내가 도착했을 때 그는 '의사 선생님, 여기 당신에게 좋은 일거리가 있소'라고 말했다. 내가 차에서 내리기도 전에 머리 부분의 상처가 눈에 들어왔다. 뇌의 박동은 매우 뚜렷했으며, 머리를 진찰하기 전에 어떻게 설명해야 할지 어려운 모습이었다. 머리 윗부분은 흡사 엎어놓은 깔대기 모양이었는데, 이것은 모든 방향으로 2인치 가량의 거리를 두고 생긴 구멍으로, 뼈가 부러져 있기 때문이라는 것을 알게 되었다. 나는 두개골과 외피를 관통한 머리 위의 그 구멍이 직경 1인치 반이 안 된다는 것을 설명해야만 한다. 그 구멍의 가장자리는 뒤집혀 있었고, 전체적인 상처의 모양은 마치 격자 모양의 물건이 아래에서 위로 통과한 모습 같았다. 내가 이 상처를 진찰하는 동안, 게이지 씨는 그가 다쳤던 상황을 사람들에게 이야기하고 있었다. 그는 매우 합리적으로 이야기했고 질문에 기꺼이 대답하려 했다. 나는 사고 당시 그와 같이 있던 사람들이나 지금 둘러서 있는 사람들보다 우선하여 그에게 직접 질문을 했다. 그러면 게이지 씨는 자신에게 일어난 상황들을 나에게 이야기했는데, 어떤 한 순간이나 이어서 일어난 상황을 이야기할 때 조금도 조리에 맞지 않게 이야기한 적이 없다는 것을 자신 있게 말할 수 있다. 그 시기는 사고 발생 후 약 2주간이었는데, 그 후에 그는 나를 계속 존 커윈John Kirwin이라 불렀으나 나의 질문에 대한 대답은 여전히 정확했다."[3)]

그 쇠막대기의 모양과 무게를 생각할 때 살았다는 것 자체가 우선 놀라운 일이다. 하버드의 외과 교수인 헨리 비글로Henry Bigelow는 그 쇠를 다음과 같이 기술하고 있다. "두개골을 관통한 그 쇠는 13.25파운드다. 길이는 3피트 7인치이고 직경이 1.25인치다. 처음 들어간 쪽의 끝은 날카로운데, 뾰족한 끝은 7인치이고 직경이 0.25인치다. 살아 있다는 상황 자체가 은혜다. 그 쇠막대기는 여느 것과는 다르며, 인근에 있는 대장장이가 주인의 기호에 맞게 제작한 것이다."[4] 게이지는 자기의 일과 거기에 맞는 연장에 대해 상당히 진지했다.

머리에 큰 부상을 남긴 폭발에서 살아나 이야기할 수 있고, 걸을 수 있고, 그 직후에도 온전한 정신을 가지고 있다는 것 모두가 놀라운 일이다. 그러나 상처 부위를 잠식할, 피할 수 없는 감염에도 게이지가 살 수 있다면 더욱 놀라운 일이 될 것이다. 게이지의 주치의인 존 할로우는 자신이 해야 할 감염 제거 역할을 잘 알고 있다. 그는 항생제를 사용할 수는 없지만, 구할 수 있는 화학물질로 상처 부위를 정기적으로 소독하고, 환자를 반쯤 옆으로 뉘어 배농을 자연스럽고 용이하게 할 것이다. 게이지는 고열이 날 것이고, 적어도 하나 이상의 농양이 생길 것이며, 할로우는 그것을 신속하게 칼로 제거할 것이다. 종국에, 게이지의 젊음과 튼튼한 육체는 할로우의 비범한 시술의 도움을 받아 그에 대항하는 어려운 적들을 극복할 것이다. 할로우는 말한다. "나는 그를 치료했고, 하느님은 그를 고치셨다."

피니어스 게이지는 두 달이 못되어 회복될 것이다. 그러나 이러한 극적인 결과는 이제 게이지의 인격이 겪게 될 이상한 변화로 말미암아 무색하게 된다. 게이지의 기질, 그가 좋아하고 싫어하는 것들, 그의 희망이나 열망 등은 모두 변하게 된다. 게이지의 육체는 살아서 건강하지만, 새로운 영혼이 그 육체를 움직이게 된다.

게이지는 더 이상 게이지가 아니다

우리가 오늘 모을 수 있는 것들은, 정확히 말하자면 할로우가 사고 후 20년간 준비했던 기록에서 나온 것이다.[5] 그 기록은 귀중한 가치가 있는 하나의 교과서이고, 풍부한 사실로 가득 차 있으며, 해석은 최소한으로 줄인 것이다. 또한 인간적이고도 신경학적으로 잘 이해가 가도록 되어 있어서, 기록에서 우리는 단지 게이지에 관한 것뿐만 아니고 주치의에 관한 단편들을 종합할 수 있다. 할로우는 필라델피아의 제퍼슨 의과대학에 입학하기 전까지 학교 선생이었고, 게이지를 치료할 당시 의사로서의 경력은 불과 몇 년밖에 되지 않았다. 게이지의 예는 할로우의 일생을 투자할 만한 흥미를 끌었고, 내가 추측컨대 그 당시 버몬트에서 개업을 준비하고 있던 그로 하여금 당초 계획하지 않았던 학자가 되고자 하는 열망을 불어넣었던 것 같다. 게이지를 성공적으로 치료하고 그 결과를 보스턴의 동료들에게 발표함으로써 자신의 경력에 빛나는 이력이 만들어졌지만, 그는 게이지의 치유에 걸려 있는 또 하나의 먹구름에 혼란을 겪었음에 틀림없다.

할로우의 이야기는 게이지가 어떻게 힘을 다시 얻어 육체적 회복이 완전해졌는가를 기록하고 있다. 게이지는 만지고 듣고 볼 수 있었으며, 사지나 혀에 마비가 일어나지 않았다. 그는 왼쪽 눈의 시력을 잃었으나 오른쪽 눈의 시력은 온전했다. 그는 팔을 보기 좋게 흔들며 견고하게 걸을 수 있었으며, 언어나 대화에 눈에 띌만한 어려움이 없었다. 그렇지만 할로우가 다시 언급하는 것처럼 "그의 지적 능력과 동물적 성향 사이의 균형이나 조화는 깨져버렸다." 그 변화들은 뇌 손상의 급성기에서 회복되자마자 명확히 나타났다. 이제 그는 "변덕스럽고, 불손하고, 예전에 그의 기호가 아니던 가장 천박하고 불경스러운 것에 탐닉하고, 동료들에게 전혀 경의를 표하지 않으며, 자신의 욕구와 반하는 어떠한 제지나 충고에 참지 못하고, 때때로 집요한 고집을 보이고, 더욱이 변덕스럽고 우유부단하기까지 하며, 장차 행해질 일에 대한 계획을 많이 세우기는 하지만 그것들을 정리하기도 전에 버리고 마는 식으로 지적 능력과 성향에서 어린아이와 같이 되었으며, 건장한 몸을 지닌, 동물적 욕구를 가진 사람이 되었다." 그의 거친 언어는 너무도 저속하여, 여자들은 자존심이 상처받지 않으려면 그 앞에서 오래 머물지 말라는 충고를 받았을 정도다. 가장 강력한 할로우의 충고도 그 생존자로 하여금 좋은 행동을 보이게 하는 데 실패했다.

이러한 새로운 성향은 사고 전 피니어스 게이지에게 있었다고 알려진 '절제할 줄 아는 성격'이나 '굉장한 활력을 가진 성격'과는 날카롭게 대립하고 있었다. "그는 잘 조화된 마음을 가지고 있었고, 그를 알고 있던 사람들에게 빈틈없고 멋진 사업가로, 또한 모든 계획을 수행하는 데 매우 활동적이며 지속적인 사람으로 존경받고 있었다." 업무와 시간 관리 면에서 그가 성공적이었다는 것은 의심할 여지가 없었다. 게이지에게 일어난 변화가 너무도 극명하므로 친구들이나 지인들은 그에게서 이전의 그를 거의 발견할 수 없었다. 그들은 슬퍼하며 "게이지는 더 이상 게이지가 아니다" 라고 이야기했다. 너무나 사람이 바뀌었으므로 고용주는 그가 업무에 복귀하자마자 곧 내보내야만 했다. 왜냐하면 "정신적인 변화가 너무도 현저하여 그에게 다시 자리를 내줄 수 없다" 고 판단했기 때문이었다. 문제는 육체적 능력이나 기술의 부족에 있는 게 아니었다. 문제는 그의 새로운 성격이었다.

엉켜있는 문제는 누그러지지 않고 계속되었다. 감독자로서 더 이상 일을 할 수 없게 되자, 게이지는 말 농장에 일자리를 얻었다. 그는 짧은 기간 이곳저곳을 전전하며 일을 해야 했으며, 이내 변덕스러운 발작으로 그만두거나 혹은 훈련 부족으로 쫓겨나게 되었다. 할로우가 지적하는 것처럼, 그는 "항상 자신에게 적합하지 않은 어떤 일을 찾는 데" 재주가 있었다. 그 후 그는 서커스에서 주의를 끄는 역할을 맡기도 했다. 게이지가 뉴욕시 소재의 바넘 박물관에서 자신의 상처와 폭파 구멍을 메우는 쇠막대를 뽐내며 과시하는 것이 눈에 띄기도 했다 (할로우는, 그 쇠막대가 게이지를 항상 따라 다니는 동반자였으며, 또 게이지가 평범한 것에서 벗어난 새로운 물건이나 동물에 강한 집착을 보인다고 말한다. 이러한 성향, 즉 우리가 '수집가collector의 행동'이라 부르는 것은 게이지의 경우와 같은 손상을 받은 환자들뿐만 아니라 자폐적인 사람들에서도 관찰되는 것이도 하다).

그 당시는 지금보다도 훨씬, 서커스가 자연의 잔인한 면을 이용할 때였다. 난장이라든가 세상에서 제일 뚱뚱한 여자, 가장 키가 큰 사람,

가장 큰 턱을 가진 사람 등과 같이 내분비적 이상이 있는 사람, 코끼리 피부를 가진 청년, 신경섬유종의 희생자, 그리고 게이지와 같은 신경학적 별종들을 이용했다. 우리는 불행을 돈벌이로 여기는 사람들 속에 있는 그를 상상할 수 있다.

사고 후 4년이 지나고, 또 하나의 연극과 같은 일이 있었다. 게이지는 남미로 떠났다. 그는 말 농장에서 일을 했고, 마침내 산티아고와 발파라이소에서 마차를 모는 마부가 되었다. 1859년 건강이 나빠지기 전까지 그가 나라 밖에서 어떤 삶을 살았는지 아는 사람은 거의 없었다.

1860년 게이지는 샌프란시스코로 이주한 어머니와 누이와 함께 살기 위해 미국으로 돌아왔다. 처음에 그는 산타클라라에 있는 한 농장에 고용되었지만, 그리 오래 있지 못했다. 사실 그는 자주 방황하며 옮겨 다녔고, 가끔은 부둣가에서 막노동 일거리를 찾기도 했다. 그는 독립해 살 수 없었으며, 자신을 지탱시켜줄 만한 지속적이면서도 적합한 일을 확보하지 못했다는 것은 명백하다. 가을의 끝이 가까워져 오고 있었다.

내 마음에 그려지는 1860년대의 샌프란시스코는 광업, 농업, 해운업에 뛰어드는 모험심 많은 사업가들로 북적대는 소란스러운 곳이다. 그곳이 우리가 게이지의 어머니와 누이를 찾을 수 있는 곳인데, 그의 누이는 성공한 샌프란시스코 상인과 결혼했고, 아마 거기에 늙은 게이지가 같이 있게 되었을 것이다. 그러나 만일 우리가 시간을 거슬러 올라갈 수 있다 하더라도 거기에서 게이지를 쉽게 찾지는 못했을 것이다. 우리는 엉뚱한 장소에서 술을 마시며 소란을 피우거나, 사람들과 사귀지 못하는 그를 발견할지 모른다. 그는 나다나엘 웨스트(20세기 전반기에 활동한 미국 작가 – 역주)가 수십 년 후에 그릴 의기소침한 사람에 어울렸으며, "캘리포니아에서 죽었다."[6)]

구할 수 있는 빈약한 자료로 미루어 보아도, 당시 게이지에게 간질 발작이 일어났던 것 같다. 하루를 조금 더 끈 간질 이후 1861년 5월 21일 마지막 순간이 다가왔다. 게이지는 큰 발작을 일으키고 의식을 잃었다. 그리고 연이어 발작이 이어지곤 했다. 그는 다시 의식을 회복하지 못했다. 내가 믿기로 그는 간질 발작이 지속되어 죽음으로 이르는 상태인 간질중첩증status epilepticus의 희생자였다. 당시 그는 38세였다. 샌프란시스코 신문에는 그의 사망을 알리는 어떠한 기사도 실리지 않았다.

왜 피니어스 게이지인가?

왜 이 슬픈 이야기는 논의할 가치가 있는가? 이 이상한 이야기를 통해 얻을 수 있는 의미는 무엇인가? 대답은 간단하다. 비슷한 시기에 일어났던 다른 신경학적 손상의 예에서는 뇌가 언어, 인지, 동작 등의 기능의 근간이 된다는 것을 알려주고 일반적으로 간질 발작을 좀 더 자세히 설명해준다. 그런데 이와는 달리 게이지의 이야기는 놀라운 사실을 암시한다. 인간의 뇌 속에는 다른 어떤 것보다 우선하여 이성, 특히 개인적·사회적 차원의 이성에 이바지하는 체계가 존재한다. 뇌가 손상되면 이전에 습득했던 사회적 관습이나 윤리적 기준을 준수하는 능력을 잃어버릴 수 있는데, 심지어 기본적인 지성이나 언어가 손상되지 않았을 때도 그러하다. 뜻하지 않게, 게이지의 예는 뇌 속의 어떤 부분이 인간의 특성에 특별히 관여한다는 것을 암시했는데, 이러한 특성이란 복잡한 사회 환경에 맞게 미래를 예측하고 계획을 세우는 능력, 자신과 남들에 대한 책임감, 자유의지의 명령으로 자신의 생존을 신중하게 조화시키는 능력 등이다.

이 불행한 이야기에서 가장 놀라운 면은, 사고 전에 가지고 있었던 정상적 인격과 그 후 일생동안 지속된 못된 인격 사이의 격차이다. 한때 게이지는 자신의 발전에 도움이 되는 것을 선택할 때 알아야 할 모든 것을 알고 있었다. 즉, 그는 자신의 업무에서 발전을 보장하고, 자신의 일을 질적으로 수준 높게 돌보고, 고용주와 동료의 찬사를 받는 등 개인적으로나 사회적으로 책임감에 대한 감각이 있었다. 그는 사회적 관습에 잘 적응되어 있었으며 처신에 있어서도 도덕적이었다. 사고 후 그는 더 이상 사회적 관습에 대해 복종심을 보이지 않았다. 도덕 관념은 침해되었으며, 그가 내린 결정은 자신의 최선의 관심을 고려하지 못한 것들이었다. 할로우의 말처럼 그는 "환상적인 이야기를 제외하고는 어떤 기준도 없이" 허풍을 늘어놓게 되었다. 그는 자신의 미래에 관한 어떠한 확신도 없었고, 사려 깊은 생각의 징후도 없었다.

게이지의 인격 변화는 포착하기 힘든 것이 아니었다. 그는 훌륭한 선택을 하지 못했으며, 그렇다고 그 선택들이 단순히 중립적인 것도 아니었다. 그것은 마음이 위축되고 행동하기 꺼려하는 어떤 사람이 내린 유보적이고 깊이 없는 것도 아닐 뿐더러, 확실히 불이익을 당하게 만드는 그런 것들이었다. 이렇게 추락하는 동안에도 게이지는 열심히 일했다. 혹자는 그의 가치체계가 지금 달라졌다거나, 혹은 만일 그것이 아직도 같다면 과거의 가치가 그의 결정에 더 이상 영향을 끼칠 수 없다고 말할 것이다. 우리에게 어느 쪽이 진실인지 알 수 있는 증거는 존재하지 않는다. 피니어스 게이지와 비슷한 뇌 손상을 지닌 환자들을 연구해본 결과, 나는 어느 쪽 설명도 그 상황에서 실제로 일어나는 것을 정확히 집어낼 수 없다고 확신한다. 가치 체계의 어떤 면은 남아 있어서 추상적으로 이용될 수 있지만, 삶의 실제 상황과는 연결되어 있지 않다. 피니어스 게이지가 실제 상황에서 움직일 때, 의사결정 과정은 과거의 지식에 거의 영향받지 않았다.

게이지 이야기에서 또 하나 중요한 면은, 망가진 성품과 온전한 정신의 몇 가지 기능(주의력, 인지능력, 기억력, 언어능력, 지능) 사이의 격차다. 이러한 격차는 신경심리학 영역에서 해리dissociation로 알려져 있는데, 전체의 작동 서열에서 한 가지 혹은 그 이상의 수행 능력이 나머지 것들과 맞지 않는 것을 말한다. 게이지의 예에서, 손상된 인격은 다른 온전한 인지능력 및 행동과 해리 상태에 있었다. 뇌의 다른 부분에 병소를 가지고 있는 환자에서, 언어 기능은 손상되었지만 다른 성격과 모든 인지적인 면이 온전하게 남아 있는 경우가 있을 때, 언어능력은 '해리된'다. 게이지와 유사한 환자들을 차례로 연구하면서 나는 그의 특이한 해리 상태가 지속되었다는 것을 확인할 수 있었다.

성격 변화가 자체적으로 해결되지 않는다는 사실은 믿기 어려운 것임에 틀림없었을 것이다. 처음에는 할로우조차도 그 변화가 영구적이라는 것을 수긍하려 하지 않았다. 이는 충분히 이해할 수 있는 일이다. 왜냐하면 게이지 이야기에서 가장 극적인 요소는 바로 그가 생존했다는 그 자체이고, 그다음에는 눈으로 더욱 쉽게 확인할 수 있는 장애(예를 들어 마비, 언어장애, 기억력 상실)가 없다는 사실이다. 어쨌든 게이지에게 새로이 나타난 사회적 약점들이 부각되면서 하늘의 섭리와 의술 양자에 배신감을 안겨주는 감이 있었다. 그러나 1868년이 되면서 할로우는 자기 환자의 인격 변화에 대한 부분을 인정하기 시작했다.

게이지의 생존은 당연히 주목받아야 하지만, 그 야릇한 현상들에 대해서는 상당한 주의가 있어야 했다. 그의 행동 변화에 대한 의미는 상당 부분 잊혀졌다. 이러한 간과에 대해 수긍할 만한 이유들이 있다. 뇌과학 분야의 작은 세계에서조차도 그 당시 두 갈래 파벌이 형성되기 시작했다. 한 진영에서는 언어나 기억력 같은 심리적 기능이 뇌의 특정 부분에서 유래될 수 없다고 주장했다. 뇌가 마음을 조정한다는 것을 받아들인다 해도, 그것은 하나의 전체적인 개념이지 특별한 기능을 가진 부분들의 집합체로서가 아니라는 것이다. 또 다른 진영에서는 이와 반대로 뇌가 특수한 부분들로 구성되어 있어서 각 부분이 독립적으로 정신 기능을 형성한다고 주장했다. 양 진영 사이의 불협화음은 단지 뇌 연구가 초보적 단계였기 때문만은 아니었다. 그 논쟁은 한 세기를 지속했고, 어느 정도는 오늘날에도 남아 있다.

피니어스 게이지의 이야기가 과학적 논쟁을 일으키기는 했어도, 그 논쟁은 뇌에 국소화되어 있는 언어와 동작 중추에 초점이 맞춰졌다. 그 논쟁은 손상된 사회적 행위와 전두엽 손상의 상관관계로까지는 비약되지 않았다. 나는 여기서 워런 매컬로크Warren McCulloch의 한 마디를 상기할 수 있다. "내가 지적할 때 내가 지적하는 곳을 바라보시오. 내 손가락을 바라보지 말고"(매컬로크는 전설적인 신경생리학자이며, 후에 컴퓨터 신경과학이라 불리는 분야의 선구자이자 시인이며 예지자였다). 게이지가 무심코 가리키는 곳을 바라본 사람은 거의 없었다. 게이지가 살았던 시기에 지식과 용기를 가지고 적절한 방향을 바라볼 줄 아는 어떤 사람이 있었다는 것을 상상하기란 힘들다. 다만, 게이지의 심장을 멈추게 하거나 폐가 숨쉬는 것을 중지시킬 만한 손상에 관계된 뇌의 부분들이 쇠막대에 닿지 않았다는 사실은 받아들일 수 있었다. 또한 각성 기능을 조절하는 뇌의 부분들도 쇠막대가 지나간 자리와 떨어져 있어서 보호되었다는 것도 받아들일 수 있었다. 심지어 그 손상이 게이지를 장시간 의식불명으로 몰고 가지 않았다는 것도 받아들일 수 있었다.(이 사건은 두부 손상에 관한 현재의 지식을 다음과 같이 예상했다. 즉, 뇌 손상의 형태는 매우 다양하다. 머리를 심하게 강타하면, 뼈가 부서지지 않아도, 또는 어떤 무기가 뇌를 관통하지 않아도 오랜 기간 의식에 심각한 장애를 일으킬 수 있다. 그 타격의 힘은 뇌 기능을 심각하게 혼란시킨다. 반면에, 좁고 고정된 경로에 힘이 집중된 관통 손상은, 뇌가 흩어지거나 두개골에 대해 가속화되기보다는, 실제로 손상된 뇌 조직 부분에만 국한해 장애를 일으키고 나머지 부분의 뇌 기능은 보존된다.) 그러나 게이지의 행동 변화를 이해하기 위해서는 정상적인 사회적 행위에 특별히 상응하는 뇌 부위가 있다는 사실을 믿어야 하는데, 이러한 개념은 동작, 감각, 언어 등에 관계된 뇌 부위가 있다고 생각하는 것보다 훨씬 더 생각하기 힘들었을 것이다.

사실 게이지의 사례는 정신 기능이 어떤 특수한 뇌의 부분들과 연관될 수 있다는 것을 믿지 않았던 사람들에 의해 이용되었다. 그들은 이 의학적 증거에 대해 엉성한 관점을 취하면서, 만일 게이지의 경우와 같은 부상이 마비나 언어장애를 가져올 수 없다면, 그때는 명백히 운동 조절이나 언어가 뇌의 작은 부분들(신경학자들이 운동과 언어 중추로 명시해 놓은)과는 무관하다고 주장했다. 그들은 완전한 오류에 빠져 게이지의 부상이 그 중추들을 직접적으로 손상시켰다고 주장했다.[7]

영국의 생리학자인 데이비드 페리어David Ferrier는 자신의 능력과 지식으로 그 소견을 분석한, 얼마 되지 않는 학자 중의 한 사람이다.[8] 행동 변화를 일으키는 뇌병소에 관한 지식과 동물의 뇌피질을 전기로 자극하고 제거하는 선구적 실험을 통해, 페리어는 할로우의 관찰을 평가하는 데 독보적인 위치를 차지했다. 페리어는 그 부상이 운동과 언어 '중추'는 건드리지 않았으며, 자신이 '전전두부피질'이라 칭한 뇌 부분에 손상을 입혔다고 결론을 내렸다. 그러한 손상은 게이지의 특이한 성격 변화, 즉 페리어가 생생하게 '정신적 피폐'라고 언급한 것과 연관이 있음이 틀림없다. 할로우와 페리어를 조금이라도 뒷받침해주는 목소리는, 그들과 매우 동떨어진 세계에 있는 골상학Phrenology의 추종자들로부터 들렸는지 모른다.

골상학에 관한 소고

골상학으로 알려진 학문은 '기관학organology'으로 그 시대를 시작했으며, 1700년대 말 프란츠 요제프 갈Franz Joseph Gall에 의해 확립되었다. 처음에는 유럽의 빈, 바이마르, 파리 등의 지식인 그룹에서 혹평을 받았고, 이어 미국에서 갈의 제자들, 그리고 한때의 친구였던 요한 가스파르 슈푸르츠하임Johann Gaspar Spurzheim에 의해 소개되었다. 골상학은 초기의 심리학, 신경과학, 실용 철학 등과 기묘하게 혼합되어 순항했다. 비록 그 영향이 널리 인식되지 못했고 영향을 받은 사람들조차도 자신을 그 사조와는 동떨어진 것으로 여겼지만, 골상학은 19세기 전반에 걸쳐 과학과 인본주의에 커다란 영향을 끼쳤다.

갈Gall의 생각 중 일부는 얼마 동안 정말 놀랄만한 것으로 받아들여졌다. 그는 뇌가 영혼의 장기라는 것을 분명히 역설했다. 그는 확신에 차서 뇌가 각각의 특별한 심리적 능력이 있는 많은 기관의 응집덩어리라는 것을 강조했다. 당시에 선호되던, 생물학과 마음을 분리한 이중적 사고와 결별한 그는 뇌라고 불리는 것이 많은 부분으로 구성되어 있으며, 그러한 부분들의 기능에 의해 뇌가 특수화된다는 올바른 직관력을 가지고 있었다.[9] 이 개념은 뇌의 특수화가 잘 증명된 현재의 사실로 미루어볼 때 멋진 직관력이다. 그러나 잘 알려진 바와 같이 각각의 독립된 뇌 부분의 기능이 독립적이 아니며, 오히려 각각의 독립된 부분들이 더 큰 체계의 기능을 구성한다는 것을 그는 인식하지 못했다. 그러나 이러한 문제로 그를 흠잡을 수는 없다. 왜냐하면 그것은 '현대적' 사고로, 두 세기에 걸쳐 더 좋은 부분을 취해 발전된 것이기 때문이다. 우리는 이제 시력과 언어에 대한 단일의 '중추'가 없다는 것을 알며, 이런 면에서 이성이나 사회적 행동에 대해서도 그렇다고 자신있게 말할 수 있다. 상호 연결된 몇몇 뇌 단위로 이루어진 '체계들'이 존재한다. 기능적이 아니라 해부학적으로, 이들 뇌 단위는 골상학적 가설에서 말하는 기존의 '중추들'과 다르지 않다. 그리고 이러한 체계들은 정신 기능의 기본을 형성하는, 비교적 별개의 작동에 실제로 기여하고 있다. 하나의 체계를 놓고 보면, 떨어져 있는 뇌의 단위들은 어디에 위치해 있느냐에 따라 체계의 작동에 각각 다르게 기여하고 있으며, 따라서 호환적이지 않다. 이는 가장 중요한 문제다. 주어진 뇌 단위가 그것이 속해 있는 체계를 작동시키는 것은, 그 단위의 구조뿐만 아니라 그 체계 내에서 그것이 놓인 위치에도 좌우된다.

어떤 단위가 어디에 놓여 있는가 하는 것은 가장 중요한 문제다. 이것이 내가 이 책을 통해 신경 해부나 뇌 해부에 관한 언급을 수없이 하는 이유이며, 그리고 이 책을 읽는 독자에게 그것들의 이름과 그것들과 상호 연결된 다른 부분의 이름을 듣게 함으로써 지겹다는 느낌을 갖게 하는 이유이다. 수많은 경우를 통해 나는 주어진 뇌 부분이 수행하는 예상되는 기능을 언급할 것이다. 그러나 이러한 언급은 그 부위들이 속한 체계의 범주에서 이해되어야 한다. 나는 골상학적인 덫에 빠지지 않는다. 단순히 표현하자면, "정신은 각각의 독립된 요소가 작동한 결과이며, 그들 각각의 요소로 구성된 다양한 체계가 협력한 작동의 결과다."

갈Gall의 뇌 분화 개념은 뇌에 대한 지식이 거의 없던 그 시대에 참으로 인상적인 아이디어이고, 그래서 그 개념을 신용하기는 하지만, 우리는 그가 주장한 뇌 '중추들'에 관한 개념에 대해서는 그를 비난할 수밖에 없다. 뇌 중추는 19세기 신경학자와 심리학자의 연구에서 '정신 기능'과 영원히 연관을 맺게 되었다. 우리는 또한 골상학의 거친 주장들이 매우 위험하다는 인식을 가져야 한다. 예를 들면 각각의 뇌 '기관'이 그 기관의 크기에 비례하여 정신 기능을 수행한다는 생각이나, 그런 모든 기관과 능력이 타고나는 것이라는 생각이다. 비록 오늘날의 몇몇 신경과학자도 똑같은 아이디어를 피하지 않고 이용하고 있지만, 크기를 주어진 정신 역량의 '능력'이나 '에너지'의 지표로 인식하는 것은 놀랄 만큼 잘못된 것이다. 골상학에서 가장 교묘한 주장은 그 기관들이 두개골 내의 융기에 의해 외부에서 구분될 수 있다는 것이다. 장기와 능력이 원래 타고나는 것이라는 생각은 19세기에 문학을 비롯해 여러 방면에 영향을 끼쳤다. 그 잘못의 범주는 5장에서 논의하겠다.

골상학과 피니어스 게이지 이야기와의 연관은 특별히 언급할 가치가 있다. 게이지에 관한 증거를 찾던 심리학자 맥밀란(M. B. MacMillan)[10)]은 넬슨 사이저Nelson Sizer로부터 하나의 실마리를 풀었다. 넬슨 사이저는 1800년대 골상학계의 거물이었으며, 뉴잉글랜드에서 강의했고, 게이지의 사고가 있기 전인 1840년 초반에 버몬트를 방문한 바 있다. 사이저는 1842년 존 할로우를 만났다. 사이저는 조금은 지루한 자신의 저서에서 "1842년, 젊은 의사인 할로우는 위원회의 한 멤버로서 골상학에 관한 우리의 강의를 돕고 있다"고 쓰고 있다. 그 뒤로 미 동부의 의과대학 등에서 몇몇 골상학 추종자가 있었으며, 할로우는 그 추종자들의 개념에 꽤 능통해 있었다. 그는 그들이 이야기하는 것을 골상학의 천국인 필라델피아나 뉴헤이븐, 또는 보스턴에서 들었는지 모른다. 보스턴은 슈푸르츠하임이 갈Gall이 죽은 직후인 1832년에 와서, 과학의 리더로서 사회적 반향을 일으키며 환영받았던 곳이다. 뉴잉글랜드는 슈푸르츠하임을 죽을 때까지 잘 대우했다. 그의 때 이른 죽음에 많은 애도가 뒤따랐으며, 장례식날 밤에는 보스턴 골상학회가 결성되었다.

할로우가 슈푸르츠하임에 관해 이미 들었든 듣지 않았든, 그가 후일 캐번디시를 방문한 넬슨 사이저(그는 다른 곳이 아닌 아담스씨 호텔에 머물렀다)로부터 한 번 이상 직접 골상학 강의를 들었다는 것은 흥미로운 일이다. 이러한 영향은 할로우가, 게이지의 행동 변화가 어떤 특수한 뇌의 이상에서 말미암은 것이며 사고에 대한 일반적인 반응은 아니라는, 대담한 결론을 내린 것에서 알 수 있다. 흥미롭게도 할로우는 골상학에 의존해 자신의 해석을 뒷받침하지는 않았다.

사이저는 캐번디시로 다시 돌아왔고(그리고 아담스씨 호텔에 다시 묵었다), 이때 게이지의 이야기를 잘 알게 되었다. 사이저는 1882년 골상학에 관한 책을 저술했는데, 거기에 피니어스 게이지가 언급되었다. "우리는 할로우가 1848년의 사례를 기술한 병력 일지를 세심하고도 애정어린 흥미를 가지고 검토했다. 또한 그 불행한 환자가 같은 호텔의 같은 방에 머물렀다는 것을 잊을 수 없다."[11] 사이저의 결론은 그 쇠막대가 "자비와 이웃한 존경의 앞부분을" 통과했다는 것이다. 자비와 존경이라니? 그렇다. 이때의 자비와 존경이란 어느 카르멜회 수도원의 수녀들을 두고 하는 이야기가 아니다. 바로 골상학에서 이야기하는 '중추'이며 뇌의 '기관'이다. 이것들이 사람들로 하여금 올바른 행동을 하게 하고, 친절하게 하고, 남을 존중하게 한다는 것이다. 이러한 지식을 참고하면, 독자는 사이저가 게이지에게 다음과 같이 내린 최종 관점을 이해할 수 있을 것이다. "그는 존경의 기관이 손상받은 것으로 보이며, 그래서 불경스런 행동은 당연한 결과다." 이 얼마나 진실인가!

나중에 얻은 지혜로 인한 전환점

게이지의 인격 변화가 어떤 특정 부위의 뇌의 이상에서 왔다는 것은 의심할 여지가 없다. 그러나 이에 대한 설명은 사고 후 20년이 지나도록 불명확했으며, 금세기에 와서야 (정확하지는 않지만) 수긍할 수 있는 설명이 가능하게 되었다. 오랫동안 존 할로우를 포함한 대부분의 사람들은 "관통된 뇌의 부분이 부상을 견디는 데 있어 몇 가지 이유로 다른 어떤 부분보다 적합한 부분이었다"라고 믿었다.[12] 다른 말로 표현하면, 별것 아닌 부분이기 때문에 희생될 수 있다는 것이다. 그러나 할로우 자신이 실감했던 것처럼, 별것 아니라는 것은 진실과 크게 동떨어질 수 있다. 1868년에 그는 이렇게 기술했다. "게이지의 정신적 회복은 단지 부분적이다. 지적 능력은 결정적으로 손상되었으나 전부가 손상되지는 않았다. 치매와 같은 상태는 아니지만 나타나는 양상이 너무 약화되어 있었다. 정신의 작동 능력은 어느 면에서는 완전했으나 정도나 양의 문제는 아니었다." 게이지의 사례가 보여주는 의도하지 않은 메시지는 사회적 관습을 준수하거나, 윤리적으로 행동하거나, 개인의 생존과 진보에 유리하게끔 결정내리는 능력 등은 규칙과 전략에 대한 지식과 특정한 뇌 체계의 통정을 필요로 한다는 것이다. 이 메시지가 갖는 문제는, 그것을 명확히 하고 이해하는 데 필요한 증거가 부족하다는 것이었다. 그 대신 이 메시지는 하나의 미스터리가 되었고, 우리에게 뇌 전두엽 기능의 '수수께끼'로 다가왔다. 게이지는 자신이 답할 수 있는 것 이상으로 많은 문제를 안고 있었다.

우선 게이지의 뇌 이상에 관해 우리가 알고 있는 것은 아마도 전두엽에 문제가 있으리라는 것뿐이었다. 그것은 시카고가 아마도 미국 내에 있을 거라고 이야기하는 것과 같다. 맞는 말이지만, 매우 특이한 점이 없고 도움이 되지도 못하는 그런 이야기다. 그 손상이 전두엽을 포함하는 것이라고 한다면, 과연 정확하게 그 안에 손상 부위가 있는 것일까? 좌측엽일까? 아니면 우측엽? 양쪽 다? 어느 다른 곳에도 존재하지 않는 것은 아닐까? 다음 장에서 우리는 새로운 영상 기법이 이 퍼즐의 답을 구하는 데 도움을 준다는 것을 알 수 있다.

그다음은 게이지가 보여준 성격 결함의 본질 문제다. 어떻게 이러한 이상이 나타나게 되었을까? 물론 그 일차적 원인은 머리에 뚫린 구멍에 있다고 답하는 것으로 충분하다. 그러나 그것은 다만 왜 이러한 장애가 일어났는가에 대한 이유이지, 어떻게 그런 이상이 발생했는지에 대한 답은 될 수 없다. 만일 전두엽 어디라도 구멍이 생기면 똑같은 결과가 생길까? 대답이 무엇이든, 손상된 뇌 부위가 어떤 그럴듯한 구실로 인격을 변화시킬 수 있는 것일까? 만일 전두엽에 특정 부위들이 있다면, 그것들을 구성하고 있는 것은 무엇이며 건강한 뇌에서는 어떻게 작동하는가? 그것들이 소위 사회적 행위social behavior의 '중추'일까? 그것들은 진화 단계에서 선택된 구성단위로서 문제해결 컴퓨터로 채워져 있고, 그래서 우리에게 어떻게 합리적으로 생각하고reason, 결정을 내리는지decision making 알려줄 수 있을까? 그것들이 만일 존재한다면, 어떻게 발달 단계에서 환경과 상호작용하여 정상적 판단을 내리게 하고 결정을 내리게 하는 것일까? 혹은 그러한 장치들이 실제로는 존재하지 않는 것일까?

게이지가 어떤 결정을 내리는 데 실패하도록 하는 기전은 무엇인가? 문제가 닥쳤을 때 판단을 내리는 데 필요한 지식이 파괴되거나 사용하지 못하게 되어, 이제 더는 적절한 판단을 하는 것이 불가능할지도 모른다. 또 필수적인 지식은 완전하게 남아 있고 가동할 수 있으나,

합리적 판단을 하는 데 필요한 전략들이 손상받았을지도 모른다. 만일 이 경우라면, 합리적 판단을 내리는 어느 단계가 손상되었을까? 더 꼬집어 말하자면, 어떤 단계가 단정적으로 정상적인 사람들에게 필요한가? 그리고 만일 우리에게 이러한 과정 중 일부라도 그 본질을 캐낼 수 있는 행운이 주어진다면, 그것의 신경학적 토대는 무엇인가?

이러한 모든 질문에 흥미를 갖는 것은, 한 인간으로서 게이지를 둘러싸고 있는 것에 비하면 중요하지 않을지 모른다. 그가 자유의지를 가지고 있다고 기술될 수 있을까? 그는 자신에게 부과된 피할 수 없는 것들을 결정할 때 옳고 그름을 판단할 지각이 있을까? 아니면 새롭게 구성된 뇌의 희생자였을까? 그는 자신의 행위에 책임이 있을까? 만일 우리가 그에게 책임이 없다고 결론을 내린다면, 이것이 우리에게 일반적인 의미 이상으로 책임에 대한 그 무엇을 이야기하는 것일까? 우리 주변에는 사회적 품위와는 동떨어지고 혼란스럽다는 측면에서 게이지와 비슷한 사람이 많다. 어떤 이들은 뇌종양, 두부 외상, 혹은 다른 신경학적 손상으로 인해 뇌가 손상되어 있다. 그러나 어떤 이들은 뚜렷한 신경학적 질환이 없는데도 게이지처럼 행동하기도 하는데, 아마도 그 이유는 그들의 뇌 혹은 그들이 태어난 사회와 연관이 있을 것이다. 우리가 그들의 문제를 인도적 관점에서 풀고자 한다면, 그들의 행동이 본질적으로 자신뿐만 아니라 다른 사람에게도 파괴적일 수 있다는 것을 이해하는 것이 필요하다. 현재 우리 사회가 이러한 사람들에게 보이는 반응 가운데 격리나 사형선고 같은 것은 우리의 이해나 문제 해결에 전혀 도움이 되지 못한다. 실제로 우리는 우리와 같은 '정상인'이 발을 잘못 디딤으로써 게이지처럼 추락하여 불합리에 빠지는 경우를 생각하고 그 의문점을 풀어야 하며, 우리 자신의 책임을 물어야 한다.

게이지는, 유일하게 인간에게 주어진 선물인 하나의 사회적 존재로서 미래를 계획할 능력을 잃었다. 이러한 손실을 그가 얼마나 인식하고 있을까? 그는 당신이나 나에게 있는 것과 동일한 자의식이 있을까? 그의 영혼이 감소되었다거나 영혼을 잃어버렸다고 말하는 것은 공정한 것일까? 데카르트가 게이지의 경우를 알았고 또 우리가 지금 가지고 있는 신경생물학의 지식을 알고 있었다면 어떤 생각을 했을까? 데카르트는 게이지의 송과체pineal gland를 탐구했을까?

2장 | 게이지의 뇌가 드러나다

문제

피니어스 게이지의 일이 있던 무렵, 프랑스의 폴 브로카Paul Broca와 독일의 칼 베르니케Carl Wernicke라는 신경학자는 뇌의 병소가 있는 환자들에 관한 연구를 발표하여 의학계의 관심을 모았다. 브로카와 베르니케는 각각 독자적으로, 잘 구분된 뇌 부위에 손상을 입은 환자들에서 새롭게 언어장애가 생긴다고 발표했다. 그 언어장애는 실어증aphasia으로 알려지게 되었다. 브로카와 베르니케가 생각했던 병소들은 정상인의 언어 과정에 있는 두 가지 다른 면에 대한 신경학적 토대가 되었다.[1] 그들의 제안은 논쟁의 여지가 있었고 그것을 승인하기 위한 열렬한 움직임도 없었지만, 세계는 그들의 말에 귀 기울였다. 조금은 주저하면서, 그리고 많은 수정을 거치면서 그들의 이론은 점차 받아들여졌다. 그러나 게이지에 관한 할로우의 연구나 그 문제에 관한 데이비드 페리어의 언급은 주목받지 못했고, 같은 분야의 동료들에게 상상력을 불러일으키지도 못했다.

왜 그런가에 대한 몇 가지 이유가 있었다. 사람들은 철학의 영향으로 인해 뇌가 마음의 기본이라 여겼다. 그러나 윤리적 판단을 내리게 하는 인간의 혼이나 문화와 결속된 사회적 행위 같은 것이 뇌의 특정 부위와 밀접하게 관련된다는 사실은 받아들이기 어려웠다. 더욱이 브로카와 베르니케는 교수인 반면에 할로우는 아마추어였다. 할로우는 자신의 연구를 만족시킬 만한 확실한 증거를 열거할 수 없었다. 정확한 뇌 손상 부위를 제시하지 못한 예가 게이지의 경우처럼 명백한 것은 어디에도 없었다. 브로카는 확신을 가지고 환자들의 실어증이 뇌의 어느 부분에서 왔다는 것을 말할 수 있었다. 그는 부검 테이블에서 그들의 뇌를 연구했다. 베르니케 역시 좌측 측두엽의 배측 일부가 손상된 환자들에서 언어장애가 나타나는 것을 사후 부검을 통해 보았으며, 그것과 관계된 언어능력은 브로카가 확인한 것과는 다른 부위라는 것을 알아냈다. 할로우는 어떤 관찰도 할 수 없었다. 그는 게이지의 뇌와 행동장애 사이의 연관에 대해 무작정 탐구해야 했고, 그 손상이 처음에 어디서 일어났는가 하는 것을 추측해야 했다. 그는 자신이 어떤 점에서 옳은지 증명할 수 없었기에 누구도 만족시킬 수 없었다.

할로우의 곤경은 브로카의 최신 발표로 더욱 심화되었다. 브로카는 좌측 전두엽의 세 번째 전두회frontal gyrus에 병소가 있으며, 그것이 환자들에서 언어장애를 일으킨다는 것을 보여주었다. 쇠막대가 들어

가고 빠져나온 것을 볼 때 게이지의 뇌에 손상이 일어난 곳도 좌측 전두엽이었을 것이다. 그러나 게이지는 언어장애를 보이지 않았고, 반면에 브로카의 환자들은 인격장애를 보이지 않았다. 어떻게 그런 현격한 차이가 있을 수 있을까? 당시에는 기능적 신경해부학에 관한 지식이 거의 없었다. 이 때문에 어떤 사람들은, 병소가 거의 같은 지점에 있음에도 그렇게 다른 결과를 내는 것은, 단지 뇌 안의 기능적 특수화(분화)를 찾기 원하는 사람들의 어리석음을 드러낼 뿐이라고 생각했다.

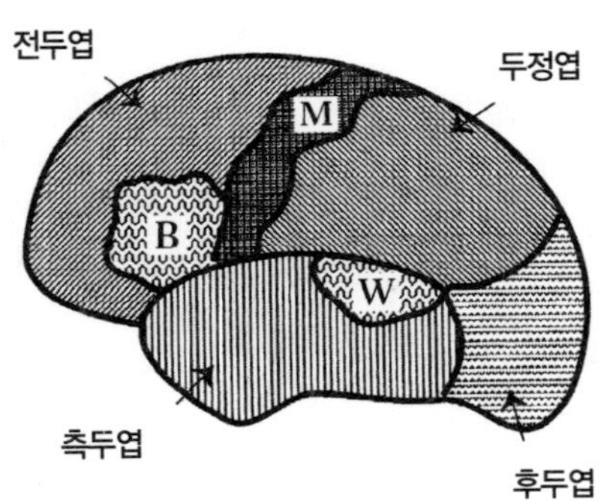

그림 2-1
B = 브로카 영역, M = 운동 영역, W = 베르니케 영역. 4개의 엽을 그림에서 보여준다. 할로우를 혹평하는 사람들은 게이지의 병소가 브로카 영역이나 운동 영역, 혹은 모두를 포함한다고 주장했다. 이러한 주장은 인간의 뇌에 기능적 특수화(분화)가 있다는 개념을 공격하기 위해 이용되었다.

게이지가 1861년에 죽었을 때 부검은 행해지지 않았다. 할로우 자신도 게이지가 죽고 5년이 지나서야 그의 죽음을 알았다. 그동안 남북전쟁이 격렬하게 일어났기 때문에 이러한 소식은 빨리 전해지지 않았다. 할로우는 게이지의 죽음을 매우 슬퍼했고, 게이지의 뇌를 연구할 기회를 잃게 되어 절망했다. 너무나 절망한 그는 게이지의 누이에게 이상한 요청이 담긴 편지를 썼다. 그는 그녀에게 게이지의 시신을 발굴하여 두개골을 찾아 그 사례에 관한 기록을 쓰게 해달라고 탄원했다.

피니어스 게이지는 다시 한 번 타의에 의해 험한 장면의 주인공이 되었다. 그의 누이와 누이의 남편인 샤턱D.D. Shattuck은 쿤 박사(Dr. Coon, 당시 샌프란시스코 시장)와 그 가정의 주치의와 함께 장의사가 게이지의 관을 열어 두개골을 꺼내는 것을 지켜보았다. 그 화약가루를 틀어막던 쇠막대는 게이지의 시신 곁에 놓여 있었는데, 그것 역시 두개골과 함께 동부에 있는 할로우에게 보내졌다. 두개골과 쇠막대는 그 후 보스턴 하버드 의대의 워런의학박물관Warren Medical Museum에 소장된다.

할로우로서는 두개골과 쇠막대를 보여주는 것이, 게이지의 사례가 하나의 창작이 아니며 그러한 상처를 입고도 엄연히 살아 있었다는 것을 확증할 수 있는 최선의 수단이었다. 120여 년이 지나서야 게이지의 두개골은 한나 다마지오Hanna Damasio(이 책의 저자인 안토니오 다마지오의 아내 -역주)에게 할로우의 미완성 작업을 완성하는 데 필요한 탐구 작업의 도약점이 되었고, 게이지와 전두엽 기능에 대한 현대적 탐구 사이에 놓인 다리로서 기여한다.

그녀는 그 쇠막대의 일반적인 궤도를 숙고해보는 것으로 흥미진진한 연구를 시작했다. 왼쪽 뺨으로 들어와 두개골 위쪽으로 향한 쇠막대는 뺨 바로 위에 위치한 좌측 안구강(눈의 소켓)의 뒤쪽을 파괴했다. 계속 위쪽으로 진행하면서 그것은 (단정적으로 이야기하기는 어렵지만) 틀림없이 중앙선에 가까운 뇌의 앞부분을 관통했을 것이다. 쇠막대는 우측으로 각이 진 것처럼 보이므로 그것은 아마도 좌측을 먼저 때렸을 것이고, 그다음에는 위쪽으로 진행하면서 우측 일부를 건드렸을 것이다. 아마도 뇌 손상의 최초 부위는 안구강 바로 위에 위치한 안와전두 부위였을 것이다. 그 쇠막대는 계속 진행하여 좌측 전두엽의 안쪽 표면 일부와 어쩌면 우측 전두엽을 파괴했을 것이다. 마지막으로 그 쇠막대가 빠져 나오면서 전두엽의 배측 일부에 손상을 입혔을 터인데, 좌측에는 확실히 손상을 입혔고 아마도 우측 역시 손상을 입혔을 것이다.

이 추측이 불확실하다는 것은 당연한 일이었다. 그 쇠막대가 이상적인 '표준'의 뇌를 관통했을 잠재적 궤도 범위가 있었을 뿐, 표준의 뇌가 게이지 것과 닮았는지의 여부, 그리고 어떻게 닮았는지를 아는 방법이 없었다. 비록 신경 해부가 구성요소들 사이의 지형적 관련성을 엄밀하게 간직하고 있다고 해도, 구성요소들 각각의 지형적 변이는 똑같은 회사에서 차를 생산하는 것과 아주 다르기 때문에 그 문제를 푸는 것은 더욱 힘들었다. 이러한 지적에 대한 가장 좋은 예로, 인간의 얼굴에 있는 역설적 동일함과 차이점을 들 수 있다. 얼굴에는 변하지 않는 구성요소들이 있고 변하지 않는 구조적 배열이 있다. 즉, 모든 인간의 얼굴은 그 구성요소의 지형적 분포가 동일하다(눈 밑에 코가 있고 그 밑에 입이 있듯이 -역주). 그러나 그 구성요소의 크기, 윤곽, 형태 등의 위치가 해부학적으로 조금씩 차이를 보임으로써 무한히 다양하고 뚜렷한 개인적 차이를 보인다(얼굴마다 엄밀한 지형적 변화가 있다). 따라서 각 개인이 갖고 있는 뇌의 변이로 인해 상기한 추측이 잘못되었을 가능성이 높다고 할 수 있다.

한나 다마지오는 현대의 신경해부학과 최신의 신경 영상기술의 장점을 최대한 이용하여 연구를 진행했다.[2] 특히 그녀는 살아 있는 인간에서 삼차원적 뇌 영상을 재구성하는 새로운 기술을 개발하여 이용했다. 브레인복스Brainvox라 알려진 이 기술은 고감도 자기영상 분석장치를 통해 얻어진 뇌의 실질적 자료를 컴퓨터 작업으로 분석하는 것이다.[3] 이것은 살아 있는 정상인이나 신경학적 환자에서나, 보통 부검대에서 보는 것과 다르지 않은 뇌 영상을 만들어준다. 이는 무시무시하면서도 전율을 일으키는 놀라운 일이다. 만일 햄릿 왕자가, 무덤을 파는 자가 넘겨준 빈 두개골이 아닌, 생각이 많고 우유부단한 자신의 3파운드 뇌를 응시했다면, 그는 무슨 생각을 했을까.

신경 해부학에 관하여

> 여기서 인간의 신경계 해부의 윤곽을 그려보는 것도 유익한 일일 것이다. 이러한 작업에 언제라도 시간을 들여야 하는 이유는 무엇일까? 이전 장에서 나는 골상학에 관해서나 뇌의 구조와 기능 사이의 관련성을 다루면서 신경 해부학의 중요성을 언급했다. 신경 해부학은 현미경적인 신경 단위(신경 세포)부터 뇌 전체의 가시적 체계에 이르기까지 뇌과학에서 기본적인 분야다. 그렇기 때문에 나는 신경 해부학을 다시 한 번 강조하고자 한다. 우리가 뇌 구조를 다각적으로 자세히 알지 못하면, 많은 단계의 뇌 기능을 이해하는 데 희망이 없다.

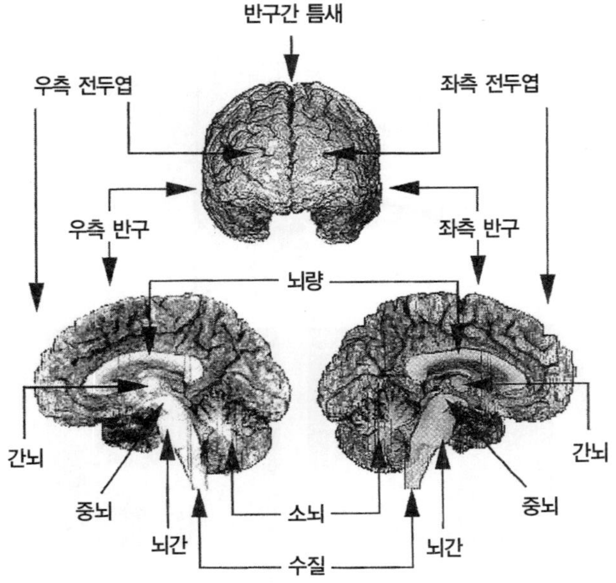

그림 2-2 인간의 뇌를 삼차원적으로 재구성했다. 위의 그림은 뇌를 앞에서 본 것이다. 뇌량은 반구 사이의 열fissure 속에 숨어 있다. 밑의 좌우에 있는 그림은 정중앙에서 나눈, 같은 뇌의 두 반구를 보여준다. 주요 해부학적 구조들이 그림에서 확인된다. 둘둘 말린 모양의 뇌반구 덮개가 대뇌피질이다.

전체적 개념에서 볼 때 신경계는 크게 중추신경계와 말초신경계로 나눌 수 있다. 그림 2-2의 삼차원적 재구성은 중추신경계의 주요 구성인 대뇌를 보여준다. 좌우 대뇌반구는 뇌량corpus callosum(좌우 대뇌반구를 양방향으로 연결하는 두꺼운 신경섬유 모음)으로 연결되어 있고, 중추신경계는 간뇌diencephalon(뇌반구 밑에 숨겨진 부위로, 시상과 시상하부를 포함하는 핵들이 중앙에 모여 있다), 중뇌midbrain, 뇌간brain stem, 소뇌cerebellum, 척수spinal cord 등을 포함한다.

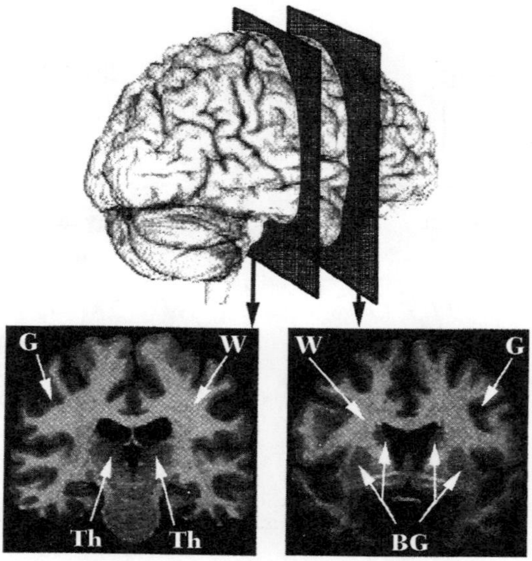

그림 2-3 자기공명영상과 브레인 복스에서 얻은 살아 있는 인간 뇌의 두 단면이다. 위의 그림에서 절단면을 확인할 수 있다. 회색질(G)과 백질(W)의 차이를 쉽게 볼 수 있다. 회색질은 둥근 혹과 균열의 전체 윤곽을 형성하는 대뇌피질의 회색 띠, 그리고 기저신경절(BG)과 시상(Th)처럼 깊숙이 놓여 있는 핵에서 보인다.

중추신경계는 말초신경계를 구성하는 신경에 의해 신체의 드러나지 않는 나머지 부분 및 틈새와 '신경적으로' 연결되어 있다. 신경은 뇌에서 몸으로, 몸에서 뇌로 자극을 전달한다. 그러나 5장에서 논의되겠지만, 뇌와 신체는 혈류를 통해 다른 곳으로 흘러가는 호르몬과 펩타이드와 같은 물질에 의해 화학적으로도 상호 연결되어 있다.

우리는 중추신경계가 어두운 부분과 창백한 부분으로 구분되어 있다는 것을 쉽게 알 수 있다(그림 2-3). 어두운 부분은 비록 실제 색깔이 회색보다는 갈색에 가깝지만 회색질로 알려져 있다. 반면에 창백한 부분은 백질로 알려져 있다. 회색질은 주로 신경 세포체의 집합체이고, 백질은 주로 회색질의 세포체에서 나온 축삭돌기axon 혹은 신경섬유에 해당한다.

회색질은 두 가지 종류가 있다. 하나는 신경세포가 케이크처럼 층층이 쌓여 형성한 피질cortex이다. 예를 들면 대뇌반구를 덮고 있는 대뇌피질과 소뇌를 싸고 있는 소뇌피질이 그것이다. 두 번째는, 신경세포들이 층을 이루지 않고 그릇 안의 열매같이 배열되어 있는 것을 볼 수 있다. 그것들은 핵nucleus을 형성한다. 크기가 큰 핵으로서 미상핵caudate, 피각putamen, 그리고 담창구pallidum 등은 각각의 뇌반구에 깊숙하게 조용히 숨어 있으며, 편도amigdala는 측두엽 내에 숨어 있다. 시상thalamus과 같이 작은 핵이 많이 모여 형성한 구조도 있으며, 뇌간에 존재하는 흑질substantia nigra 혹은 청반핵nucleus ceruleus처럼 개개의 작은 핵들도 있다.

신경과학에서 뇌 구조 연구의 노력이 집중되었던 부위는 뇌피질이었다. 뇌피질은 대뇌의 모든 표면을 덮고 있는 총괄적인 덮개로 형상화시킬 수 있는데, 여기에는 뇌의 특징인 주름진 모습으로 보이게 하는 열fissures과 구sulci로 알려진 균열도 포함된다(그림 2-2 참고). 여러 층의 담요와 같은 피질의 두께는 약 3밀리미터이며 그 층들은 뇌의 표면에 서로가 평행하게 배열되어 있다(그림 2-4 참고). 피질 아래의 모든 회색질은 피질하subcortical(크고 작은 핵들과 소뇌피질을 포함한다) 구조로 알려져 있다. 대뇌피질에서 진화론적으로 현재와 가까운 부분을 신피질neocortex이라고 부른다. 진화론적으로 오래된 피질은 변연계 피질limbic cortex로 알려져 있다(아래 참고). 이 책을 통해 나는 종종 대뇌피질(신피질을 의미)이나 변연계 피질, 혹은 그것의 특수한 부분을 언급할 것이다.

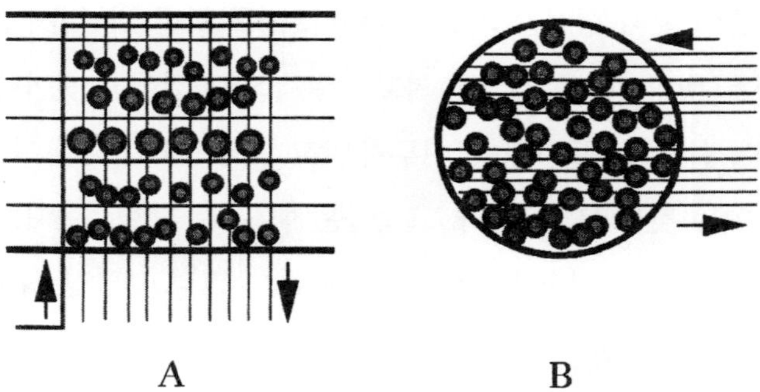

그림 2-4
A = 대뇌피질의 신경세포 구조와 특징적인 층 배열. B = 핵의 세포 구조.

그림 2-5는 다양한 세포 구성적 지역(특징적인 세포 구조의 지역들)에 근거한, 흔히 사용되는 대뇌피질의 지도를 나타낸다. 이것은 '브로드만 영역Brodmann Area'으로 알려져 있고 각 부분은 숫자로 표기되어 있다.

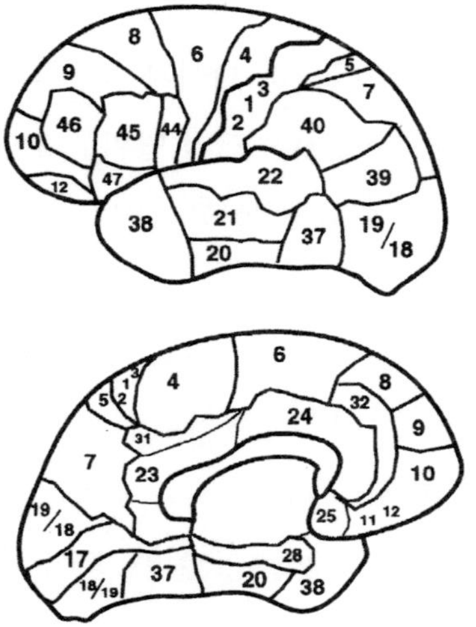

그림 2-5
세포구조 연구에서 브로드만이 확인한 주요 뇌 영역의 지도다. 이것은 골상학적 지도도 아니고 뇌 기능의 현대적 지도도 아니다. 이것은 단순히 편리한 해부학적 참고다. 몇몇 영역은 크기가 너무 작아 표시하지 못했고 일부는 구와 열 속에 숨어 있다. 위 그림은 좌측 반구의 바깥 면이고 아래 그림은 안쪽 면이다.

내가 종종 언급하게 될 중추신경계의 또 하나의 부분은 피질과 하부피질을 다 포함하는 변연계limbic system로 알려진 부분이다(이 용어는 진화론적으로 오래된 구조들을 잡동사니처럼 모아놓은 것을 일컫는데, 비록 많은 신경과학자가 이 용어를 사용하길 꺼리지만 종종 간편하게 사용할 수 있다). 변연계의 주요 구조들은 대뇌피질에 있는 대상회cingulate gyrus와 핵들의 집합체인 편도와 기저 전뇌basal forebrain이다.

신경조직은 신경교 세포에 의해 지지되는 신경세포neuron로 구성되어 있다. 신경세포는 뇌의 활동에 필수적이다. 우리의 뇌에는 수십억 개의 신경세포가 있고 이는 지역적인 회로를 구성한다. 신경세포들이 층으로 배열되어 있으면 피질, 층을 이루지 않고 응집되어 있으면 핵이라고 말한다. 마지막으로, 피질 부분들과 핵들이 상호 연결되어 계통system을 형성하고, 더 나아가 계통들의 계통, 그리고 더 높은 단계의 복합체를 이룬다. 크기 단위로 보았을 때 모든 신경세포와 부분적 회로는 현미경적이고, 반면에 피질 부분과 핵과 계통은 거시적이다.

신경세포는 세 가지로 구성되어 있다. 세포체, 주 외부출력 섬유인 축삭돌기axon, 내부입력 섬유인 수상돌기dendrite가 그것이다 (그림 2-6 참고). 신경세포들은 전달선(신경 단위의 축삭돌기 섬유들)과 연결부synapse(연접부. 축삭돌기가 다른 신경세포의 수상돌기와 접합하는 지점)에 상응하는 회로에서 상호 연결되어 있다.

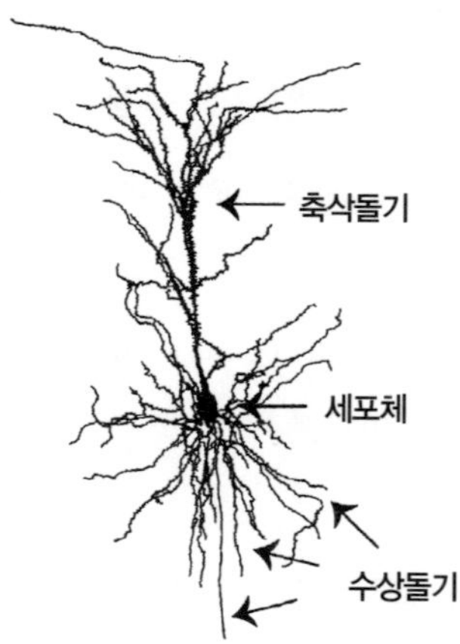

그림 2-6
신경세포의 주요 구성요소를 보여준다.

신경세포가 활성화되면(신경과학 특수 용어로 '점화firing'라고 알려진 상태) 전기적 흐름은 세포체에서 축삭돌기로 이동하여 내려간다. 이 흐름을 활동전위라고 하며, 그것이 연접부에 도달했을 때 신경전달물질이라고 알려진 화학물질을 방출하게 된다(글루타메이트도 하나의 신경전달물질이다). 다시 말해 신경전달물질은 수용체에 작용한다. 흥분성 신경세포에서 다른 신경세포(그것들의 연접부가 인접해 있고, 자신의 신경전달물질을 방출하거나 하지 않는)의 협조적 상호작용은 다음 신경세포가 점화될 것인지 아닌지를 결정한다. 즉, 신경전달물질 방출로 이어질 활동전위action potential를 만들어낼 것인지 아닌지 등을 결정하는 것이다.

연접부는 강하거나 약할 수 있다. 연접부의 힘은 자극이 다음 신경세포로 연결될 수 있는지 아닌지를, 그리고 얼마나 쉽게 전달되는지를 결정짓는다. 일반적으로 흥분성 신경세포에서 강력한 연접부는 자극의 이동을 촉진시키는 반면에, 약한 연접부는 그것을 지연시키거나 막는 작용을 한다.[4)]

내가 결론을 내려야 할 신경해부학적 쟁점은 신경세포의 연결성에 관련된 것이다. 과학자들은 신경세포 사이에 연결된 복잡성에 직면하게 되면 '뇌를 언제나 이해하게 될까?'하고 절망에 빠지는 경우가 적지 않다. 어떤 이들은 '모든 것은 그것 이외의 모든 것들과 연결되어 있고, 따라서 마음과 행동이 아마도 신경 해부로는 결코 밝혀낼 수 없는 마구잡이식의 연결에서 비롯된다'는 견해에

안주하길 원한다. 다행스럽게도 그들은 잘못되었다. 다음을 생각해 보자. 평균적으로 모든 신경세포는 약 1천 개의 시냅스를 형성하는데, 어떤 신경세포들은 5천 개 혹은 6천 개 정도를 형성하기도 한다. 이것은 많은 숫자로 보일지 모르나, 100억 개 이상의 신경세포와 10조 개 이상의 연접부를 생각해 볼 때, 만일 알맞게 연결되어 있지 않다면 각각의 신경세포는 아무것도 아니라는 것을 실감하게 된다. 무작위로 혹은 당신이 좋아하는 해부학적 부위에 따라, 피질이나 핵에서 몇 개의 신경세포를 선택해 보라. 그러면 당신은 각각의 신경세포가 몇몇 다른 것들과는 연결되지만 결코 나머지 대부분 또는 전부와는 교통할 수 없다는 것을 발견하게 될 것이다. 사실 많은 신경세포는, 상대적으로 제한된 피질과 핵 내의 회로 내에서 그다지 멀지 않은 신경세포들과만 교통한다. 비록 다른 신경세포의 축삭돌기가 몇 밀리미터, 심지어 몇 센티미터를 운행하여 뇌를 가로지른다 해도 여전히 다른 신경세포들과 상대적으로 소수로만 연결될 것이다. 이러한 배열의 결과는 다음과 같다. 1) 어떠한 신경세포든 그것들이 속해 있는 곳과 인접하여 배열된 신경세포에 의존한다. 2) 어떤 계통이든 상호 연결된 배열의 구조 내에서 어떤 조합이 다른 조합에 어떻게 영향을 끼치는가에 의존한다. 3) 그리고 '어떤 조합이 그것이 속해 있는 계통의 기능에 어떠한 영향을 끼치는가?'하는 것은 그 계통에 있는 조합의 위치에 좌우된다. 다른 말로 하면 골상학에 대한 고찰(1장)에서 언급했던 뇌의 분화는, 거대한 단위의 계통 내에서 드문드문 연결된 신경세포들의 조합에 의해 채워진 장소의 결과다.

그러므로 뇌는 계통 중에 고위 계통이다. 각 계통은 적지만 거시적 피질 부위와 피질하의 핵들이 상호 연결되어 구성된다. 각 계통은 신경세포로 만들어진 현미경적 국소 회로들로 구성되어 있고, 모든 신경세포들은 연접부에 의해 연결되어 있다('회로'와 '망'이라는 용어는 '계통'과 비슷하게 사용되는 것을 흔히 발견할 수 있다. 혼란을 피하기 위해 거시적 혹은 현미경적 척도를 사용하는지의 여부를 명시하는 것이 중요하다. 만일 어떤 다른 언급이 없다면, 이 책에서 계통은 거시적 표현이고 회로는 현미경적 표현이다).

신경 구조의 단계
신경세포
국소적 회로
피질하 핵
피질 부위
계통
계통의 계통

해결

피니어스 게이지가 투시사진을 찍지 않았기 때문에 한나 다마지오는 그의 뇌에 관한 간접적인 시도를 생각했다.[5] 그녀는 하버드 의대의 신경학자인 알버트 갈라버다Albert Galaburda에게 도움을 요청했고, 그는 워런의학박물관으로 가서 게이지의 두개골을 다른 각도로 촬영하여 손상된 뼈 부위와 표준적인 뼈의 지표 사이의 거리를 측정했다.

이 사진들과 부상에 대한 설명을 종합하여 분석함으로써, 쇠막대의 가능한 경로의 범위를 좁힐 수 있었다. 한나 다마지오도 이 사진들을 보았다. 그녀의 동료인 신경학자 토마스 그라보스키Thomas Grabowski는 이 사진들을 이용하여 게이지의 두개골을 삼차원적 모형으로 만든 뒤, 그 두개골에 가장 적합하고 가능성 있는 뇌의 모형을 재창조했다. 그리고 협력자인 기술자 랜덜 프랭크Randall Frank의 도움으로 다마지오는 고성능 컴퓨터 작업 스테이션에서 모의실험을 수행했다. 그들은 게이지의 쇠막대 치수를 정확한 재어 삼차원적 쇠막대를 재창조했고, 그것을 게이지의 것과 가까운 모형 뇌에 '꿰찔렀다'. 그래서 사고 당시에 그 쇠막대가 지나갔을 가장 근접한 궤적을 얻게 되었다. 그 결과를 그림 2-7과 2-8이 보여준다.

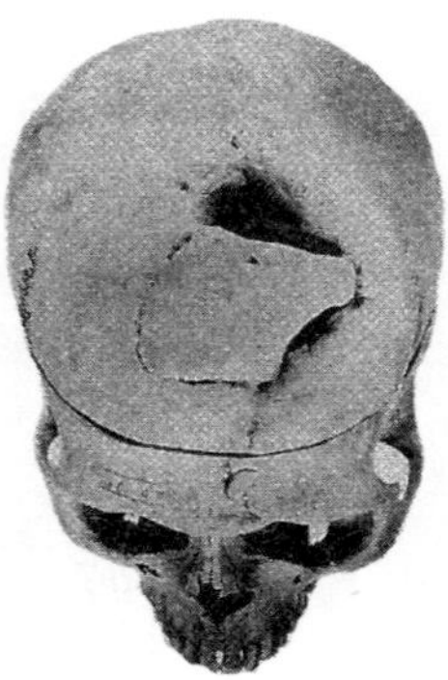

그림 2-7
1992년에 촬영한 게이지의 두개골 사진

그림 2-8
위 사진들 : 진회색으로 칠한 쇠막대의 궤도와 함께 게이지의 뇌와 두개골을 재구성했다.
아래 사진들 : 좌우 반구를 안쪽에서 바라본 그림으로, 쇠막대가 양측 뇌의 전두엽을 어떻게 손상시켰는가를 보여준다.

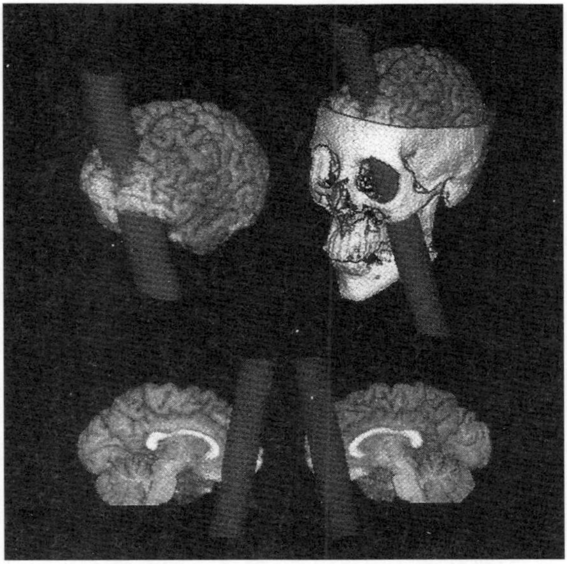

이제 우리는 게이지의 뇌가 없음에도 데이비드 페리어의 주장을 확증할 수 있다. 연구 결과, 쇠막대는 운동 기능이나 언어에 필요한 뇌 부위를 건드리지 않았다(양측 뇌반구에서 온전한 부위들은, 운동 및 전운동 피질뿐 아니라 좌측에 브로카 영역이라고 알려진 전두부 덮개를 포함하고 있다). 우리는 확신을 가지고 그 손상이 우측 반구보다는 좌측 반구에, 그리고 전체적으로 보아 전두부의 뒷부분보다는 앞부분에 더 광범위했다고 이야기할 수 있다. 그리하여 그 손상이 전두부 피질의 측면 혹은 바깥 면은 보존시켰으나, 양 반구의 복측ventral과 안쪽 면의 전두부 피질에 가해졌다는 결론에 이르게 되었다.

우리의 최근 연구에서, 정상적인 의사결정에서 없어서는 안 될 부위 중 일부는 게이지에게 심각한 손상을 남긴 복내측 전두부다(신경해부학 용어에서 안와 부위는 전두엽의 복내측ventromedial으로 알려져 있으며, 이것이 내가 책 전체를 통해 언급하게 될 부분이다. '복측ventral'과 '복부ventro'는 라틴어로 '복부'라는 뜻의 venter에서 유래된 것이며, 이 부위는 말하자면 전두엽의 하복부이다. '중앙 혹은 내측medial'이란 용어는 중간선에서 가까운 것을 지칭하거나 어떤 구조물의 안쪽 표면을 말한다). 게이지의 경우, 재조합 영상에서 보면 신경심리적 기능의 다른 면들에 필수적이라고 여겨지는 부분들은 손상되지 않았다. 예를 들면 전두엽 바깥 부분의 피질은 손상을 받게 되면 주의를 조절하거나 계산하는 능력, 자극에서 자극으로 적절히 이동하는 능력이 파괴되는데, 게이지의 경우 그 부위는 온전했다.

이러한 현대적 연구는 확실한 결론을 가능하게 해준다. 한나 다마지오와 동료들은 피니어스 게이지의 뇌가 전두부 피질에 부분적 손상을 받음으로써 미래를 계획하는 능력, 이미 습득했던 사회적 규범에 따라 행동하는 것, 그리고 생존하기 위해 가장 유리한 행동 과정을 결정하는 능력 등을 위태롭게 했다는 사실을 어느 정도의 기준을 가지고 말할 수 있게 되었다. 여기서 놓친 것은 게이지가 무시무시하게 행동할 때 그의 마음이 어떻게 작동했는가에 대한 지식이다. 이를 위해 우리는 피니어스 게이지를 닮은 현대의 동일인물을 탐구해야만 했다.

3장 | 현대의 피니어스 게이지

행동이 게이지와 유사한 환자들을 보기 시작한 지 얼마 지나지 않았고 또 전두부 손상의 결과에 처음으로 심취했던 꼭 20년 전에, 나는 그러한 경우에 특히 잘 들어맞는 한 환자를 봐달라는 요청을 받았다. 내가 듣기로 그 환자는 인격의 급격한 변화를 겪었는데, 그 담당 의사들은 한 가지 특별한 요청을 했다. 이전의 행동과 비교해서 너무도 이상한 변화가 과연 실제의 병인지 그들은 알고 싶어 했다. 내가 그 환자를 지칭하기를 엘리엇Elliot이라 할 것인데, 당시 그의 나이는 30대였다.[1)] 더 이상 직업을 가질 수 없었던 그는 형제의 집에 구금 상태로 있었고, 더욱 심각한 문제는 그가 장애 혜택을 받는 것이 거부되었다는 사실이었다. 세상 모든 사람이 보기에도 엘리엇은 지적이었고, 기술이 있었으며, 감각을 살리기만 하면 일에 복귀할 능력이 있는 신체를 가진 사람이었다. 몇몇 전문가는 그의 정신적 능력이 완전하다고 선언했다. 이 말은 좋게 보면 엘리엇이 게으르며, 나쁘게 보면 꾀병을 부리는 사람이라는 의미였다.

내가 엘리엇을 본 순간, 그는 나에게 즐겁고 흥미를 자아내며 완전히 매력적인, 그러나 감정적인 의미가 담긴 존재로 인식되었다. 그는 공손하면서도 책략적인 침착함이 있었고, 고단수의 지혜를 의미하는 냉소적인 미소로 가장하고 있었으며, 세상의 어리석음을 약간은 인정하는 듯한 태도를 가지고 있었다. 그는 냉정하고 초연해 보였으며, 심지어 개인적으로 매우 당황스러운 논의를 할 때도 침착함을 잃지 않았다. 그는 나에게 조지 샌더스George Sanders가 '이브의 모든 것All about Eve'에서 연기한 애디슨 드위트Addison DeWitt라는 인물의 어떤 점을 연상시켰다.

엘리엇은 일관성이 있고 똑똑했을 뿐만 아니라, 그를 둘러싼 세계에서 일어나는 것을 확실히 알고 있었다. 그는 날짜, 이름, 세부적인 뉴스 등을 꿰고 있었다. 그는 유머 감각을 가지고 종종 주목할 가치가 있는 정치 문제를 논의했고, 경제 상황이 어떻게 돌아가는지 포착하는 듯 보였다. 그가 몸담아 일하던 사업 영역에 관한 지식은 온전히 남아 있었다. 나는 '그의 기술이 변하지 않았다'고 들었는데, 그 말은 수긍할 만했다. 그는 최근의 이상한 이야기를 비롯해 자신의 인생 이야기를 완전히 기억하고 있었다. 그리고 가장 이상한 일들이 정말 일어나고 있었다.

엘리엇은 좋은 남편이자 아버지였고, 기업에서 일하고 있었으며,

동생들과 동료들의 모범이었다. 그는 개인적으로나 전문적으로, 그리고 사회적으로 남들이 탐낼 만한 위치에 있었다. 그러나 그의 인생은 꼬이기 시작했다. 그에게 심한 두통이 생겼고, 곧이어 집중하기가 힘들어졌다. 이러한 상황이 지속됨에 따라 그는 책임감을 잃어버리는 듯이 보였으며, 그의 일은 다른 사람에 의해 마무리되고 수정되어야 했다. 가정의는 엘리엇에게 뇌종양이 있을지 모른다고 의심했다. 유감스럽게도 그의 의심은 들어맞았다.

엘리엇의 종양은 크고 빠르게 성장했다. 당시까지만 해도 종양은 작은 오렌지만한 크기가 되어야 진단이 가능했다. 엘리엇의 종양은 수막종meningioma이었는데, 수막이라 불리는 뇌의 표면을 싸고 있는 막에서 발생하기 때문에 그렇게 불린다. 후에 나는 엘리엇의 종양이 안구 지붕에 의해 형성된 비강 바로 위의 중심선 부위에서 자라기 시작했음을 알게 되었다. 더 크게 자랄수록 종양은 양 전두엽을 밑에서 위로 압박했다.

수막종은 종양 조직 자체만을 고려해 보면 일반적으로 양성이지만, 만일 그것을 외과적으로 들어내지 않는다면 우리가 악성이라 부르는 종양만큼이나 치명적이다. 종양이 자라면서 뇌 조직을 누르고, 마침내 뇌 조직을 죽이게 된다. 엘리엇이 살기 위해서는 수술이 필요했다.

어느 유능한 외과팀이 수술을 시행했고 그 종양은 제거되었다. 이런 경우에 흔히 그러하듯, 종양에 의해 손상을 받은 전두엽 조직도 함께 제거되었다. 그 수술은 모든 면에서 성공적이었고, 종양이 다시 자라지 않는 한 경과는 좋을 것으로 사료되었다. 좋지 않게 판명이 난 부분은 엘리엇의 인격에서 나타났다. 육체적 회복기에 시작된 그의 변화는 가족과 친구들을 놀라게 했다. 확실히 엘리엇의 똑똑함과 운동 능력, 그리고 언어 사용 능력은 상처를 받지 않았다. 그러나 여러 면에서 엘리엇은 더 이상 엘리엇이 아니었다.

그의 일과를 들여다 보자. 그는 아침에 서둘러 일어나 일하러 갈 준비를 했다. 일단 일터에 가면 그는 시간을 올바르게 관리할 수 없었다. 그는 일정을 제대로 수행할 수 없었다. 그 일이 중단되고 다른 일을 맡았을 때도, 그는 마치 자신의 주된 목표를 잃어버린 사람처럼 하던 일을 계속하려 하거나, 맡은 일을 중단하고 어떤 특정한 순간에 자신을 더욱 사로잡은 무언가에 관심을 돌려버리곤 했다. 어떤 손님이 의뢰한 서류를 읽고 분류하는 일을 할 때도 그랬다. 엘리엇은 그 문서를 읽고, 그것의 중요성을 충분히 이해했으며, 그 내용의 유사점과 상이점에 따라 문서를 가려서 분류하는 방법을 확실히 알고 있었다. 문제는, 그가 분류하는 일에서 돌연히 다른 일로 주의를 바꾸고는, 문서 중 하나를 세심히 읽으면서 온종일을 투자하는 것이었다. 그렇지 않으면 그는 적용해야 할 분류의 원칙을 놓고 오후 내내 씨름을 하며 보내기도 했다. 날짜나 문서의 크기, 혹은 이 경우에 적합한지 아니면 다른 경우에 적합한지 등을 놓고 말이다. 일의 흐름은 중단되었다. 엘리엇이 중단한 일의 특정 단계는 실제로 지나치게 자세하여 그것이 오히려 전체적인 목표를 흐려놓는 경우도 있었다. 즉, 우리는 주요한 우선순위에 속한 업무라는 큰 틀에서 볼 때 엘리엇의 행동이 불합리하다고 말할 수 있고, 반면에 부속 작업에 관계되는 더 적은 규모의 업무에서는 불필요하리만치 자세하다고 말할 수 있다.

그의 지식적 기반은 살아남은 것으로 보였고, 그는 예전과 같이 여러 행위를 제각각 수행할 수 있었다. 그러나 어떤 행위가 예상될 때 그는 적절한 행위를 할 것으로 기대되지 않았다. 동료와 상급자의 충고와 경고를 계속 무시한 끝에 엘리엇은 마침내 일터에서 해고당했다. 그때부터 다른 직장을 구하고 해고당하는 일이 반복되었다. 이제 엘리엇의 인생은 남다른 것이 되어가고 있었다.

엘리엇은 더 이상 정규 고용직에 매달리지 않고 새로운 소일거리와 사업에 뛰어들었다. 그는 수집하는 습관을 발전시켰는데, 그것 자체는 나쁜 일이 아니었다. 하지만 수집된 물건들이 쓸모 없는 것으로 보건대 그는 실용적인 것과는 동떨어져 있었다. 그가 손댄 새로운 사업은 주택 건축에서 투자 관리에 이르기까지 다양했다. 어떤 사업에서 그는 평판이 나쁜 인물과 동업했다. 친구들의 경고도 소용이 없었고, 결국 그 사업은 부도로 끝났다. 그의 저축금은 모두 운 나쁜 사업에 투자되었고, 그래서 모든 돈을 잃었다. 엘리엇과 같은 배경을 가진 사람이 그렇게 흠투성이의 사업을 위한 재정적 결정을 내렸다는 것은 놀라운 일이었다.

그의 아내와 아이들, 그리고 친구들은 왜 이런 주의깊은 지식인이 그렇게 바보같은 행동을 하는지 이해할 수 없었고, 이러한 상황을 견딜 수 없었다. 그는 첫 번째 이혼을 했다. 그런 다음 가족과 친구들이 동의하지 않은 여인과 결혼했다. 그리고 머지않아 또 한 번 이혼을 겪었다. 그런 후 더욱 대책이 없었던 일은 장애자에게 지급되는 사회보장 수당마저도 거부당했다는 것이다. 이는 수입이 될 만한 기반도 없이 여전히 보호받고 감시받는 사람에게 가해진 마지막 일격이었다.

나는 그의 실패가 사실은 신경학적 상황 때문에 일어난 것이라고 설명했다. 실제로 그는 여전히 육체적으로 능력이 있었고, 정신적 역량도 손상받지 않았다. 그러나 결정을 내리는 데 필요한 능력은 손상되었다. 수개월 혹은 수년에 걸친 장래 계획은 내버려두고, 바로 앞의 몇 시간에 대해서만 효과적인 계획을 세울 수 있었다. 이러한 변화는 우리 모두가 때때로 겪는 판단착오와는 전혀 달랐다. 적절한 교육을 받은 정상적인 지식인들도 실수를 하고 잘못된 결정을 하지만, 엘리엇의 경우처럼 철저하게 극단의 결과를 가져오지는 않는다. 엘리엇에게 일어난 변화는 광범위했으며 일종의 질병증후였다. 이미 있었던 성격의 단순한 약화로는 누구라도 이러한 변화가 생기지 않는다. 그리고 확실히 그 변화는 환자가 의지로 조절할 수 있는 성질이 아니다. 그 변화의 뿌리는 단순하게도 특정한 뇌 부위의 손상에서 온 것이었다. 더욱이 그 변화는 만성적인 성격을 띠고 있었다. 엘리엇의 상태는 일시적인 것이 아니었다.

건강하며 지적인 이 사람의 비극은 어리석기 때문도 아니요, 또한 무지하기 때문도 아니었다. 결정을 내리는 데 필요한 그의 기계는 너무도 흠이 많아서 그는 더 이상 능력 있는 사회적 존재가 될 수 없었다. 그가 행한 결정의 무지막지한 결과에 직면해서도 그는 자신의 잘못을 통해 배우려 하지 않았다. 그는 구제할 길이 없는 것처럼 보였다. 마치 전과자가 교도소를 떠나면서 진심으로 참회하는 고백을 했어도 곧바로 다시 죄를 범하는 것과 마찬가지였다. 내가 게이지에 관해 품었던 질문에 대한 대답처럼, 자유의지가 손상되어 무리하게 모험을 강행한다고 말하는 것이 적절할 것이다. 게이지의 자유의지도 역시 손상되어 있었다.

어떤 면에서 엘리엇은 하나의 새로운 피니어스 게이지였다. 사회적 지위에서 추락하고, 자신과 가족을 유지하거나 더 좋은 환경을 위해 결정하고 생각하는 능력이 없어지고, 더 이상 독립적인 인간으로 성공할 수 없는 사람 말이다. 게이지와 마찬가지로 그 역시 수집하는 습관이 생겼다. 그러나 어떤 면에서 엘리엇은 달랐다. 그는 게이지가 그랬던 행동보다는 강도가 떨어졌으며, 절대로 불경스러운 언행은 사용하지 않았다. 관계된 부위가 조금씩 다른 위치라서 오는 차이인지, 아니면 사회문화적 배경, 혹은 질환 이전의 성격이나 나이의 차이에서 오는 것인지는 내가 아직도 대답을 못하고 있는 하나의 경험적 질문이다.

현대의 영상기술로 엘리엇의 뇌를 연구하기 전에도 이미 나는 그 손상이 전두부에 속해 있었다는 것을 알았다. 그의 신경심리적 양상은 오직 이 부위에 해당되는 것이었다. 우리가 4장에서 보게 되겠지만, 다른 부위의 손상(예를 들면 우측 체감각피질의 손상)도 의사결정 기능을 손상시킬 수 있다. 하지만 그런 경우에는 다른 결함들(마비, 감각처리 기능의 혼란)이 동반되어 나타난다.

컴퓨터 단층촬영과 자기공명영상 검사는 엘리엇의 좌우 전두엽이 손상받았다는 것을 보여주었다. 그 손상은 좌측보다는 우측에 더 광범위했다. 사실 좌측 전두엽의 외부 표면은 멀쩡했고, 좌측 부분의 손상은 모두 안구와 내측 부위에 한정되어 있었다. 우측을 보면 이러한 부위들은 비슷하게 손상되었지만, 여기에 더해 그 엽의 중심(대뇌피질 아래의 백질)이 파괴되어 있었다. 이러한 파괴로 말미암아 우측 전두피질 대부분은 기능적으로 죽어 있었다.

행동 조절에 관련된 전두엽 부분(운동과 전운동 부위들)은 양측 뇌 모두 손상받지 않았다. 이것은 놀랄만한 일이 아니다. 왜냐하면 엘리엇의 동작은 전적으로 정상이었기 때문이다. 또한 예상할 수 있겠지만, 전두부의 언어 관련 피질들(브로카 영역과 그것의 주변)도 깨끗했다. 전두엽의 기저부 바로 뒤 부위인 기저부 전뇌도 비슷하게 깨끗했다. 그 부위는 학습과 기억력에 필요한 몇몇 부위 중의 하나다. 그곳이 손상되었다면 엘리엇의 기억력은 장애를 받았을 것이다.

엘리엇의 뇌에서 어떤 다른 손상의 증거가 있었을까? 이에 대한 대답은 명확하게 '아니오'이다. 양쪽 좌우 반구에서 측두부, 후두부, 두정부 등의 부위는 손상받지 않았다. 그리고 피질 아래에 있는 커다란 회색질 핵들인 기저핵과 시상도 역시 손상되지 않았다. 그러므로 손상 부위는 전전두부피질에 한정되어 있었던 것이다. 게이지처럼 그 피질의 복내측 부위의 균형을 깨뜨리는 손상의 일격을 당한 것이다. 엘리엇의 뇌에 입은 손상은 좌측보다는 우측에 더 광범위했다.

혹자는 소뇌도 파괴되었을 것으로 생각할 수 있으나, 그렇지 않았다. 그러나 손상의 양은 종종 뇌 손상으로 인한 후유증까지는 지적해 내지 못한다. 뇌는 신경세포가 어디에 모여 있든지 똑같은 일을 하는 커다란 신경세포 덩어리가 아니다. 게이지와 엘리엇 두 사람 모두에서 파괴된 뇌 부위는 의사결정을 완결하는 이성reason에 필요한 부분들이다.

새로운 마음

나는 엘리엇의 지적 완전함intellectual soundness에 깊은 인상을 받았음을 기억한다. 또한 전두엽 손상을 받은 다른 환자들도, 특수한 신경심리검사를 통해서만 발견될 정도로 지적 능력에 미세한 변화만 있을 때 완전하게 보인다고 생각했던 것도 기억한다. 그들의 기억력이나 주의 집중력 장애는 변화된 행동에 의한 것으로 생각되었다. 엘리엇은 나를 그러한 인식에서 벗어나게 해주었다.

엘리엇은 이미 다른 의료기관에서 검토된 바 있고, 그곳에서 '기질적 뇌증후군'의 증거가 없다는 진단을 받았다. 다른 말로 하면, 그가 표준지능검사를 받았을 때 아무런 장애의 징후를 보이지 않았다는 것이다. 그의 지능지수IQ는 상위권이었고 웩슬러 성인 지능검사Wechsler Adult Intelligence Scale에서도 이상이 없다는 판정을 받았다. 다시 말하면 그의 문제는 '기질적 장애'나 '신경학적 장애(뇌 질환)'에서 발생되는 것이 아니고, '감정적 장애'나 '심리적 장애(즉, 정신적 장애)' 문제를 반영하는 것으로서, 정신치료가 필요한 경우라는 것이다. 일련의 치료 과정이 실패로 판명된 후에야 엘리엇은 우리에게 의뢰되었다('뇌 질환'과

'정신 질환'의 구분, 그리고 '신경학적 문제'와 '정신적 문제'의 구분은 사회와 의학에 스며든 하나의 불행한 문화적 유산이다. 이는 뇌와 정신 사이의 관계를 기본적으로 무시하는 것이다. 뇌 질환은 누구도 탓할 수 없는 비극이라고 인식되는 반면, 특히 행위와 감정에 영향을 미치는 마음의 질병은 고통받는 사람이 그 책임을 많이 져야 하는 사회적 장애로 비춰진다. 후자는 인격적 장애나 손상된 감정 등으로 비난을 받는다. 의지력의 결핍이 첫 번째 원인이라고 오인된다).

독자는 당연히 이런 질문을 할 수 있다. 어떻게 이전의 의학적 평가가 잘못되었다는 것인가? 엘리엇과 같이 뇌 손상을 입은 사람이 심리검사를 잘 수행하리라 생각한다는 것인가? 사실은 그렇다. 사회적 행동이 심각하게 비정상적인 환자들도 가장 고난도의 지능검사를 정상적으로 수행할 수 있다. 그래서 임상가와 연구자들이 수십 년간 이러한 어려운 문제로 고민해왔던 것이다. 뇌에 병이 있다고 해도 연구검사에서 의미있는 장애를 측정해 내지 못하는 것이다. 여기에서 문제는 검사에 있는 것이지 환자에 있는 것은 아니다. 손상된 특정 기능들은 검사를 통해 적절히 알기 쉽게 나타나지 않기 때문에 어떤 기능 저하는 측정할 수 없다. 엘리엇의 상태와 발병 부위를 알게 됨에 따라, 나는 그가 대부분의 심리검사에서 정상으로 판독되지만, 전두피질의 이상 기능을 민감하게 알아내는 검사에서는 비정상으로 나올 것으로 예상했다. 독자도 곧 알게 되겠지만, 엘리엇은 나를 놀라게 했다.

그는 표준화된 심리 및 신경심리 검사에서 상위 지능을 드러냈다.[2)] 웩슬러 성인 지능검사의 모든 세부 항목에서 엘리엇은 상위 또는 보통에 속하는 능력을 보여주었다. 숫자에 대한 그의 즉각 기억력은 상위권에 속했는데, 단기간의 언어 기억력와 지리적 도형에 대한 시각적 기억력도 마찬가지였다. 레이 단어목록Rey's word list과 복합 도형에 대한 지연 회상delayed recall 능력도 정상 범위에 들었다. 언어의 이해와 구사의 다양한 면을 평가하는 검사들을 묶어놓은 다중언어 실어증 검사Multilingual aphasia examination에서도 정상이었다. 시각적 지각과 조합 기술을 보기 위한 벤튼 안면식별 표준 검사Benton's standardized test of facial discrimination, 선 정위력 판단 검사, 지리적 방향감각 검사, 그리고 이차원 및 삼차원적 블록 조립에서도 정상이었다. 레이-오스터리트 복합 그림Rey-Osterrieth complex figure의 복사 검사에서도 정상이었다.

엘리엇은 방해 과정을 가미한 기억력 검사도 정상적으로 수행했다. 자음 삼중자를 3초, 9초, 18초 후에 거꾸로 숫자를 세는 방해음을 넣어가며 기억하는 검사도 있고, 수를 세는 동안에 15초가 지난 후 항목들을 기억해 내야 하는 검사도 있다. 대부분의 전두엽 손상 환자는 이러한 검사에서 비정상으로 나타난다. 엘리엇은 두 검사에서 각각 100%, 95%의 정확도를 보이며 잘해냈다.

간단히 말하면 지각 능력, 과거 기억력, 단기 기억력, 그리고 새로운 학습, 언어, 계산 등의 능력은 손상되지 않았다. 주의집중력, 즉 다른 것을 가려내 특정한 정신적 내용에 집중하는 능력 역시 깨끗했다. 또한 어떤 정보를 몇 초 동안 저장하고 있다가 정신적으로 작동시키는 기억, 즉 작업기억working memory도 손상받지 않았다. 작업기억은 보통 단어나 숫자, 사물이나 그것의 모양을 가지고 검사한다. 예를 들면 전화번호를 알려준 다음, 그 사람에게 홀수는 빼고 거꾸로 대답하게 하는 것이다.

엘리엇이 전두엽 기능장애를 감지하는 검사를 수행하지 못할 것이라는 나의 예상은 틀렸다. 그는 심지어 특수 검사들까지도 아무 문제가 안 될 정도로 지적인 완벽을 보였다. 그 과제는 소위 '전두엽 검사'라고 일컫는 위스콘신 카드분류 검사Wisconsin Card Sorting Test인데, 카드의 그림을 색깔(예를 들면 빨강, 초록), 모양(별, 동그라미, 네모), 숫자(한 가지, 두 가지, 혹은 세 가지 요소) 등에 따라 분류할 수 있는 일련의 카드를 통해 검사한다. 검사자가 그 기준을 옮기면 피검사자는 변화를 빨리 감지하여 새로운 기준으로 옮겨 분류해야 한다. 1960년대에 심리학자 브렌다 밀너Brenda Milner는 전전두피질의 손상을 입은 환자들에서 이 작업을 종종 실행하지 못한다는 것을 보여주었고, 이러한 관찰은 다른 연구자들에 의해서도 반복해 증명되었다.[3] 환자들은 기어를 적절하게 변경하기보다는 한 가지 기준에 고착하려는 성향을 보인다. 엘리엇은 70개 종류의 여섯 가지 범주를 달성했다. 이것은 전두엽 손상을 입은 대부분의 환자가 해 내지 못하는 굉장한 일이다. 그는 그 과제를 잘 통과했고 정상인과 아무런 차이도 보이지 않는 듯이 보였다. 수년에 걸쳐서 그는 위스콘신 검사와 이에 필적할 만한 과제들에서 같은 정도의 점수를 기록했다. 이 검사에서 엘리엇이 정상 점수를 기록했다는 것이 의미하는 바는, 작업기억을 꺼내어 작동시킬 능력이 있다는 것뿐만 아니라 필수적인 논리적 이해와 정신적 틀을 변화시킬 능력이 있다는 것이다.

불완전한 지식을 근거로 추론하는 능력은, 전두엽 손상 환자들에서 흔히 손상되는 상위 지적능력 기능을 평가하는 또 하나의 지표가 된다. 팀 샐리스Tim Shallice와 에반스M. Evans 두 연구자는 이러한 능력을 평가하는 과제를 고안했는데, 여기에는 당신도(당신이 사소한 것들을 수집하는 사람이 아니라면) 정확한 대답을 할 수 없는 질문으로 구성되어 있다. 이것은 여러 가지 연결성이 없는 사실을 불러내어, 그것들을 논리적 대응으로 타당성 있는 추론에 도달할 수 있도록 작동시킬 때만 대답할 수 있다.[4] 예를 들면 얼마나 많은 기린이 뉴욕시에 있는지, 혹은 얼마나 많은 코끼리가 아이오와주에 있는지 질문을 받았다고 가정해 보자. 당신은 그 동물들이 북미의 고유한 종자가 아니기 때문에 그것들을 찾을 수 있는 장소가 동물원이나 야생공원일 것이라는 사실을 우선 고려해야 한다. 또한 당신은 뉴욕시나 아이오와주 전체 지도에서 그러한 시설이 몇 개나 있는지 생각해야 한다. 그러고 나서 당신의 또 다른 지식은행에서 그러한 시설에 기린과 코끼리가 얼마나 있는지 가능한 수를 추정해 뽑아보아야 한다. 최종적으로 각각을 모두 더해서 하나의 수로 결과를 내게 된다(나는 당신이 합리적으로 대략적인 숫자로 답하리라 희망한다. 만일 당신이 정확한 수를 안다면 나는 놀라면서도 염려가 될 것이다). 요점을 말하자면, 당신은 관련성이 없는 지식의 단편 조각을 근거해 받아들여질 만한 추정을 해야 하는 것이다. 그러면 당신은 틀림없이 정상적인 논리적 대응력, 주의집중력, 그리고 작업기억을 가진 것이다. 종종 비합리적인 엘리엇이 인지적 판단을 정상 범위로 수행했다는 사실은 흥미로운 일이다.

그때까지 엘리엇은 대부분의 시험을 통과했다. 인격검사는 아직

실시하지 않은 단계였는데, 나는 이것이 결정적이 될 것이라 생각했다. 공교롭게도 그는 다면성 인격검사라고 알려진 최고의 인격검사인 미네소타 다면성 인격검사MMPI[5]에서도 운이 좋았다. 지금쯤 당신도 추측할 수 있겠지만, 이 검사에서도 역시 그는 정상이었다.

이 모든 시험을 거친 후에, 엘리엇은 정상 지능을 가지고 있으면서 결정은 올바로 내리지 못하는, 특히 개인적 혹은 사회적 문제가 걸려 있을 때 그러한 면을 보이는 사람으로 판명되었다. 개인적·사회적 영역에 대한 이성과 의사결정이 사물, 공간, 숫자, 단어 등에 관계된 영역의 이성 및 사고능력과 어떻게 다를 수 있을까? 그것은 서로 다른 신경체계나 과정에 의존하는 것은 아닐까? 나는 그의 뇌 손상에 수반되었던 중요한 변화에도 불구하고, 전통적인 신경심리적 도구를 사용하는 실험실에서는 아무것도 측정할 수 없다는 사실을 받아들여야만 했다. 다른 환자들도 이러한 종류의 해리를 보여주었지만, 우리 연구자가 아는 한 그 누구도 이렇게 심한 격차를 보여주지는 않았다. 어떠한 장애를 측정하고자 할 때 우리는 새로운 방법을 개발해야만 했다. 엘리엇의 행동 결함을 만족할 만큼 설명할 수 있기 위해서는 전통적인 관점을 포기해야 했다. 엘리엇이 완벽한 수행 능력을 보였다는 사실은 이전의 의사들이 그를 의심했던 것을 비난할 수 없다는 의미였다.

도전에 대한 대응

어떤 지적인 한계를 느낄 때 그 문제에서 물러나 스스로 여가를 갖는 것도 도움이 된다. 엘리엇의 문제에서 벗어나 약간의 휴식을 취하고 돌아왔을 때 나의 시각에 어떤 변화가 있음을 발견했다. 내가 그동안 엘리엇의 지적 상태와 합리성에만 주로 치중했고, 여러 이유로 그의 감정에는 별 관심을 갖지 않았다는 것을 인식하게 된 것이다. 언뜻 보기에 엘리엇의 감정은 보통사람과 다를 바 없었다. 내가 앞서 언급했듯이 그는 감정적으로 자제심이 많은 부류이다. 사회적으로 본이 되는 뛰어난 사람들은 감정을 잘 다스릴 줄 안다. 그는 확실히 과하게 감정적이지 않았다. 그는 부적절하게 웃거나 울지 않았으며, 슬퍼 보이거나 유쾌해 보이지도 않았다. 그는 익살맞지도 않고, 다만 조용하면서도 유머 감각이 있었다(그의 위트는 내가 아는 어떤 사람들의 위트보다 훨씬 더 매력적이면서도 사회적으로 받아들여질 수 있는 것이었다). 그렇지만 나는 자세히 분석하면서도 무엇인가를 놓쳤으며, 이에 대한 중요한 증거를 대부분 간과하고 있었다. 엘리엇은 자신의 비극적 삶을, 그 중대한 사건들과 어울리지 않는 초연함으로 다시 설명할 수 있었다. 그는 항상 절제하고 흥미없고 관여되지 않은 한 사람의 구경꾼으로 삶의 장면들을 설명했다. 심지어 비극의 주인공이었음에도 불구하고 어디에도 자신의 고통을 감지한다는 증거는 없었다. 이렇게 절제하는 것은 듣는 의사 입장에서는 종종 가장 환영할 만한 일인데, 왜냐하면 우리의 감정적 소모를 줄이기 때문이다. 그러나 내가 엘리엇과 다시 몇 시간을 계속 이야기했을 때 그의 감정적 거리감의 크기가 이례적이라는 것이 명백해졌다. 엘리엇은 자신의 감정에 대해 어떤 것도 제한하려 하지 않았다. 그는 고요했고 편안했다. 그의 이야기는 힘들지 않게 흘러나왔다. 그는 내적 감정의 공명이나 내부적 혼란의 동요를 억제하지 않고 표현했다. 그저 그는 억제시킬 어떠한 혼란도 가지고 있지 않았던 것이다. 그는 어떤 미묘하고도 의식적이지 않은 방어적 방법으로 자신의 불행으로 인한 고통을 느끼지 않고 있었다. 엘리엇의 이야기를 들었을 때, 나는 엘리엇 자신이 겪을 것으로 생각되는 고통보다 내 자신이 더 괴로워하고 있다는 것을 알았다. 사실 그는 단순히 그 이야기를 생각했고 thinking, 나는 그 이야기를 들음으로써 고통스러워하고 있다는 것을 느꼈다. 그가 무감정하다는 증거는, 일부는 나의 관찰에서, 일부는 그 자신의 설명에서, 그리고 일부는 그의 친지들의 증언에서 조금씩 함께 모아지고 있었다. 엘리엇의 감정적 표출은 발병 전보다 훨씬 더 부드러워졌다. 그는 중성지 노트 위에 자신의 삶을 그려가고 있는 듯이 보였다. 그와 몇 시간 동안 대화했을 때 나는 그에게서 어떠한 감정의 얼룩도 보지 못했다. 쉬지 않고 반복되는 나의 질문에도 어떠한 슬픔이나 안달, 좌절 같은 것이 없었다. 나는 그의 행동이 일상적 환경에서도 같다는 것을 알게 되었다. 그는 분노를 나타내려고 하지 않았다. 아주 드물게 분노를 드러낼 때도 감정 발산을 신속히 끝내고 곧바로 평상의 모습인 새로운 자기의 모습, 즉 고요하며 악의 없는 모습으로 돌아가곤 했다.

나중에 매우 자연스럽게, 나는 필요한 증거를 그에게 직접 얻을 수 있었다. 나의 동료인 대니얼 트래널Daniel Tranel은 한 가지 심리생리적 실험을 했다. 이 실험에서 그는 엘리엇에게 감정적으로 부담을 주는 시각적 자극, 예를 들면 지진으로 건물이 붕괴되고, 집이 불타고, 사람들이 끔찍한 사고로 부상당하고, 홍수로 범람하는 사진들을 보여준다. 여러 장면의 사진을 보여주고 나서 한 가지 엘리엇에게 들은 바는 자신의 감정이 발병 전에 비해 확실히 변화했다는 것이었다. 한때 강한 감정적 격앙을 유발시키던 주제들이 긍정적이든 부정적이든 이제는 더 이상 어떤 반응도 일으키지 않는다는 것을 그는 인식할 수 있었다.

이것은 놀라운 일이었다. 한 번 상상해 보라. 이를테면 당신이 좋아하는 그림이나 음악을 감상할 때 즐거움을 느끼지 않으려고 애써 보라. 시각적 혹은 음악적 자극의 지적인 내용을 인식하는 것은 여전히 남아 있고, 또한 그것이 한때 당신에게 기쁨을 주었던 것이라는 사실을 안다고 가정하고, 그러한 가능성을 상상해 보라. 우리는 엘리엇의 상태를, '알기는 하지만 느끼지는 못한다'는 것으로 요약할 수 있을 것이다.

나는 감소된 감정과 느낌이 엘리엇의 결정 능력에 실패를 안기는 역할을 했을지 모른다는 가능성에 흥미를 느끼기 시작했다. 그러나 나는 엘리엇과 다른 환자들을 더 연구해서 이러한 아이디어를 뒷받침하는 것이 필요했다. 우선 나는 일차적인 지적 결함을 발견하지 못했다는 의심의 그늘을 넘어서는 것이 필요했다. 이는 엘리엇의 문제가 어떤 다른 결함과도 관련이 없다는 것을 설명할 수 있어야 한다는 것을 의미했다.

미세한 지적 결함을 계속 배제시키기 위해서는 많은 경로가 필요했다. 무엇보다 엘리엇이 자신이 매일 거부하는 행동의 규칙이나 원칙을 여전히 알고 있는지의 여부를 확인하는 것이 중요했다. 다른 말로 하면, 그가 사회적 행동에 관련된 지식을 잊어버렸기 때문에 정상적인 이성을 가지고 있다 해도 문제를 해결할 수 없는 것은 아닐까? 아니면 여전히 그 지식을 가지고 있음에도 더는 그것을 꺼내 작동시키지 못하는 것은 아닐까? 그것도 아니면, 그가 지식을 끌어모을 수는 있지만 그 지식을 운용하거나 선택하지 못하는 것은 아닐까?

나는 이러한 탐구를 당시 나의 학생이었던 폴 에슬링거Paul Eslinger의 도움을 받아 진행했다. 우리는 엘리엇의 일련의 문제를 윤리적 딜레마와 재정적 문제에 중점을 두고 분석하기 시작했다. 예를 들어 그가 현금이 필요한데, 만일 기회가 주어지고 발각되지 않는다는 보장이 된다면, 그는 과연 훔치려 할 것인가? 혹은 그가 모회사 주식의 실적을 알고 있다면, 그가 소유 주식의 일부를 팔 것인가 아니면 더 사려고 할 것인가? 엘리엇은 검사실에 있는 우리 중 누구라도 했을 대답과 조금도 다르지 않은 대답을 했다. 원칙에 따른 그의 윤리적 판단은 우리 모두와 동일했다. 그는 사회적 합의를 어떻게 문제에 적용할 수 있는지 알고 있었다. 그의 재정적 결정은 온전하고 합리적이었다. 우리가 설정한 문제는 특별히 복잡한 것이 아니었지만, 엘리엇이 그 문제를 비정상적으로 풀지 않았다는 사실은 주목할 만한 것이었다. 그러나 이 모든 것에도 불구하고 그의 실제 생활은 여러 문제를 망라한 혼란의 연속이었다. 실제 생활의 실패와 실험실에서의 정상 사이에 보이는 격차는 또 하나의 수수께끼로 남게 되었다.

나의 동료 제프리 세이버Jeffrey Savor는, 엘리엇의 행동을 사회적 관례와 도덕적 가치를 다루는 일련의 표준화된 실험 과제를 통해 연구함으로써 이러한 수수께끼에 응답했다. 그 과제들을 소개한다.

그 첫 번째는 행위에 대한 선택 생성과 관련된 것이었다. 이 검사 도구는 가설적인 사회적 문제에 대한 대안적 해결을 고안해 내는 능력을 측정하기 위한 것이었다. 시험에서 네 가지의 사회적 상황(실제로는 곤경)을 구두로 출제하면, 피시험자는 각각의 선택에 대해 다른 구술적 반응을 제시해야 한다(여기서 피시험자는 말로 설명해야 한다). 어떤 상황에서 주인공이 배우자의 꽃병을 깨뜨린다. 피시험자는 "배우자가 화를 내지 않게 그 주인공이 할 수 있는 행동으로 어떤 것이 있을까요?"라는 질문을 받는다. 그리고 "그밖에 또 무엇을 할 수 있을까요?"와 같은 표준화된 추가 질문이 대안적 해법을 유도하기 위해 주어진다. 피시험자에 의해 개념화된 여러 가지 적절하고 구별되는 해법은 추가 질문 전후에 점수로 매겨진다. 엘리엇은 추가 질문 전에 보고한 많은 관련 해답에서, 그리고 총 관련 해답의 수와 관련 점수에서, 대조군과 비교했을 때 결점을 보이지 않았다.

두 번째 과제는 결과의 인식과 관련된 것이었다. 이 측정은 행위의 결과를 고려하기 위해 피시험자의 자발적 성향을 시험하는 것이다. 피시험자는 네 가지 가설적 상황을 부여받는데, 여기서는 보통의 사회적 합의를 뛰어넘는 유혹을 불러일으킨다. 예를 들어보자. 주인공이 은행에서 수표를 현금으로 바꾸는데, 은행원이 액면가보다 훨씬 더 많은 돈을 준다. 피시험자는 그 상황이 어떻게 전개될지 기술하고, 행위 전 주인공의 생각과 후속적으로 일어나는 어떤 생각이나 사건을 말한다. 피시험자의 점수는 특정한 선택의 결과를 고려한 대답의 빈도로 매긴다. 이 과제에서 엘리엇의 수행 능력은 대조군보다 오히려 뛰어났다.

세 번째 과제는 수단-목적 문제-해결Means-Ends Problem-Solving 과정이다. 이는 어떤 사회적 목표를 성취하는 데 필요한 효과적 방법을 개념화하는 능력과 관련된 것이다. 피시험자는 주어진 열 가지의 각각 다른 시나리오를 가지고 사회적 요구(예를 들면 우정의 형성, 로맨틱한 관계 유지, 직업적 어려움의 해결 등)를 만족시키는 특정 목표에 도달하기 위해 적절하면서도 효과적인 방법을 생각해야 한다. 피시험자가, 어떤 사람이 이사를 해서 새로운 이웃이 생겼는데, 좋은 친구를 많이 사귀고 그곳에서 만족을 느끼게 되었다는 이야기를 듣는다고 하자. 다음에 그 피시험자에게 이러한 성공적인 결과를 낼 수 있게 한 사건을 설명하는 이야기를 꾸미도록 요구한다. 점수는 그 결과를 있게 한 효과적 행위들의 수이다. 엘리엇은 이를 완벽하게 수행해냈다.

네 번째 과제는 사건이 사회에 미치는 영향을 예측하는 능력과 관련된 것이다. 30가지 항목 각각에서 피시험자는 사람 사이에 일어나는 상황을 보여주는 만화 패널을 본다. 그리고 세 가지 다른 패널 중에서 처음 패널과 가장 유사한 결과를 나타낼 것 하나를 고르는 것이다. 점수는 올바른 선택을 한 수이다. 엘리엇은 정상 대조군들과 조금도 다르지 않았다.

다섯 번째이며 마지막 과제는 콜버그L. Kohlberg와 동료들이 디자인한 하인즈 딜레마Heinz dilemma의 개정판[6]인 표준쟁점윤리판단 면담 Standard Issue Moral Judgment Interview이다. 이는 도덕적 이성의 발달 과정과 관련된 것이다. 두 가지 도덕적 규범 사이의 갈등을 안고 있는 어떤 사회적 상황을 배경으로, 피시험자는 그 딜레마에 대한 해법을 제시하고 그러한 해법을 제시한 데 대한 자세한 윤리적 정당성을 설명해야 한다. 예를 들어 피시험자는 등장인물이 자신의 부인을 죽음에서 구하기 위해 약을 훔쳐야 하는지, 혹은 그래서는 안 되는지를 결정해서 설명해야 한다. 점수를 매기기 위해, 특정 등급의 도덕적 발달에 대한 각각의 면담 판정을 분석하여 명확한 등급 기준을 적용한다. 표준쟁점윤리판단 면담 점수에 따라 피시험자는 도덕적 이성의 다섯 가지 순차적 복합단계 중 한 단계로 분류된다. 이러한 도덕적 이성의 형태는 관습전preconventional 단계(1단계 : 복종과 징벌 지향성, 2단계 : 도구적 목적과 교환), 관습단계(3단계 : 개인 간의 조화와 일치, 4단계 : 사회적 조화와 체계 유지), 그리고 관습후단계(5단계 : 사회적 계약, 유용성, 개인의 권리)이다. 연구에서 제시하는 바는 36세가 될 때까지 미국 중산층 남자들의 89%에서 윤리적 이성이 관습 단계로 발전되고, 나머지 11%는 관습후 단계까지 이른다고 한다. 엘리엇은 전체적으로 4/5의 점수를 기록하여, 도덕적 사고에서 후기 관습, 초기 관습후 양상을 보였다. 이것은 뛰어난 점수 결과다.

간단히 말해서 엘리엇은 사회적 상황에 대한 반응선택을 하는 데 정상적 능력을 소유하고 있었고, 특정한 반응선택의 영향을 자동적으로 고려할 능력이 있었다. 그는 또한 사회적 목적을 달성하기 위한 수단을 개념화하고, 사회적 상황이 일으킬 가능한 결과를 예측하고, 진보된 발달 수준으로까지 도덕적 이성을 수행할 능력이 있었다. 이러한 발견은 전두엽의 복내측 부위의 손상이 실험에서 보여준 것처럼 사회적 지식의 점수를 망가뜨리지 않는다는 것을 명백하게 제시하는 것이었다.[7)]

엘리엇의 보존된 수행 능력은 기억력과 지능을 검사하는 종래의 검사에서 높은 점수를 보이는 것과 일치하지만, 반면에 실제 생활에서 그가 보여주는 의사결정의 결손과는 날카롭게 대치되고 있었다. 이런 점을 어떻게 설명할 수 있을까? 우리는 이런 극적인 부조화를, 이들 검사의 조건이 실제 생활의 조건과는 몇 가지 상이점이 있다는 데 기초를 두고 설명했다. 이제부터 이러한 차이점들을 분석해 보기로 하겠다.

먼저 마지막 과제를 제외하고는, 여러 선택 중에서 하나를 선택하라는 요구가 없었다. 이것은 선택을 마음에 불러내어 가능한 결말을 내도록 하기에는 충분한 것이었다. 다른 말로 하면, 이것은 문제를 통해 이유를 말하기에는 충분했지만 하나의 결정에 근접한 이유를 대는 데 필요한 것은 아니었다. 이 과제에서의 정상적 수행 능력은 엘리엇이 사회적 지식이 있고 이에 접근할 수는 있다는 것을 보여주었지만, 그 자체의 과정이나 선택에 대해서는 아무것도 말해주지 않았다. 실제 생활은 당신으로 하여금 선택을 하게끔 압력을 가하는 길을 가고 있다. 만일 당신이 그 압력에 굴복하지 않으면, 당신도 엘리엇과 같이 결정을 하지 않는 상태가 될 수 있다.

위의 차이는 엘리엇 자신의 말에 가장 잘 나타나 있다. 한 검사 과정의 말미에서 그 모든 것이 타당성 있고 효과적이었던 많은 선택을 제시한 후, 엘리엇은 자신의 풍부한 상상력에 분명히 만족하는 듯한 미소를 지었다. 그러나 그는 "이 모든 것을 다 해냈지만, 나는 여전히 무엇을 해야 할지 알지 못합니다!"라고 말했다.

우리가 엘리엇으로 하여금 모든 항목에 대해 선택하게 하는 검사를 사용했다 하더라도, 그 조건들은 실제 생활의 상황과는 여전히 다를 것이다. 그는 단지 원래의 강제의 틀만을 다루려고 할 뿐이지, 처음의 반응에서 발생된 새로운 강제는 다루려고 하지 않을 것이다. 만일 그것이 '실제 생활'이라면, 주어진 상황에서 엘리엇에게 제공된 모든 선택에 대해 다른 측면으로부터의 대응이 있을 것이며, 이것은 그 상황을 변화시켜 엘리엇으로 하여금 추가적인 선택을 요구할 것이고, 이것이 또 다른 반응을 내게 되고, 그리고 차례로 그로부터 또 다른 선택이 요구되는 것이 반복될 것이다. 다른 말로 하면, 계속되고 끝이 없는 실제 생활의 불확실한 전개가 실험실의 과제에는 빠져있었던 것이다. 그러나 제프리 세이버의 연구 목적은 지식적 기반 자체의 상태와 접근성을 평가하는 것이지, 이성과 결정 과정을 보는 것은 아니었다.

이제 나는 실제 생활과 실험실 과제 사이의 다른 차이점을 지적하고자 한다. 과제 속의 상상에서 일어나는 사건의 시간적 틀은 실제보다 압축적으로 구성된다. 어떤 상황에서 실제 시간과정은 정보(예를 들어 사람, 사물, 장면 등의 표상)를 마음에 장기간 가지고 있도록 요구하는데, 특히 새로운 선택이나 결과가 표면화되거나 비교해야 하는 상황일 때 그렇다. 더욱이 우리의 과제에서 상황이나 질문은 대부분 언어로 표시된다. 흔히 실제 생활은 회화적인 것(그림 등)과 언어적인 것이 거대하게 복합되어 우리에게 다가온다. 우리는 사람과 사물, 시각·소리·후각 같은 것, 다양하고 강렬한 장면, 그리고 우리가 이것들에 따라 창조하는 다양한 대화(언어적이든 회화적이든) 등에 직면한다.

이러한 약점에도 불구하고 우리의 연구는 진전을 보았다. 그 연구 결과들은 엘리엇의 결정 능력의 결함이 사회적 지식이 부족하거나, 이러한 지식에 대한 접근 능력이 부족하거나, 추론 능력에 기본적 장애가 있거나, 개인적·사회적 영역에서 결정하는 데 필요한 사실적 지식을 풀어갈 때 관계되는 집중력이나 작업기억의 장애에 기인하지 않음을 강하게 암시했다. 그 장애는 추론reasoning의 후기 단계인 선택 능력이나 반응의 선택을 하는 지점, 혹은 그 근처에 자리 잡고 있는 것으로 보인다. 다른 말로 하면, 나쁜 쪽으로 가는 것이 무엇이든 그 과정의 후반부에서 나쁜 쪽으로 진행한다는 것이다. 엘리엇은 효과적으로 선택하는 데 장애가 있거나, 전혀 선택을 하지 않으려고 하거나, 나쁘게 선택을 했던 것이다. 그가 주어진 과제에서 벗어나 얼마나 많은 시간을 곁길로 빠져 소모했는지 기억하라! 우리가 어떤 과제에 직면하면 많은 선택이 우리 앞에 펼쳐지고, 우리가 계속 목표를 향하면 시간이 감에 따라 올바른 길을 선택할 수밖에 없게 된다. 엘리엇은 더 이상 그 길을 선택할 수 없게 되었다. 왜 그는 그렇게 할 수 없었는가? 바로 이것이 우리가 발견해야 할 부분인 것이다.

이제 나는 엘리엇이 많은 부분을 피니어스 게이지와 공유하고 있다는 것을 확신하게 되었다. 그들의 사회적 행동과 결정 능력의 결함은, 정상적인 사회적 지식에 근거하여, 그리고 기존의 기억력, 언어, 기본적인 주의, 기초적 작업기억 및 기본 이성과 같은 고위 체계의 신경심리적 기능에 근거하여, 모순되지 않았다. 더욱이 나는 엘리엇의 장애가 감정적 반응과 느낌의 감소를 가져왔다고 확신했다(이와 유사한 감정적 장애는 게이지에게도 나타났지만, 기록만으로 우리가 확정할 수는 없다. 저속한 언어를 사용하거나 불행을 계속 자초했다는 측면에서 적어도 그가 당혹감이 부족했으리라는 것을 추론할 수는 있다). 또한 나는 감정과 느낌의 장애가 사회적 행위의 결함을 일으키는 데 무관한 방관자가 아니라는 강한 추정을 하게 되었다. 손상된 감정은 아마도 이러한 문제에 영향을 끼쳤을 것이다. 나는 엘리엇의 이성에 있는 무정함이 그가 다른 선택에 대해 다른 가치를 부여하는 것을 막지 않았을까, 또한 그의 의사결정의 영역을 희망 없는 삭막한 모습으로 만들지 않았나 생각하기 시작했다. 그리고 역시 동일한 무정함이, 반응선택이 필요한 시간에 마음의 풍경을 지나치게 동요시키고 불안하게 유지시키지 않았을까, 다시 말하면 작업기억의 기본적 장애라기보다는 포착하기 어려운 미묘한 장애가 결정에 필요한 이성 과정의 나머지 부분을 변화시킨 것이 아닌가 생각된다. 그것이 어떻든, 엘리엇과 게이지 모두를 이해하기 위해서는 합리성rationality을 신경생물학적으로 접근해야 한다는 것을 확인했다.

4장 | 좀 더 냉정하게

어떤 상황 아래에서 감정이 이성을 혼란시킨다는 것은 의심할 여지가 없다. 이에 관한 증거는 풍부하며, 우리가 가르침을 받아온 건전한 충고의 근거를 형성하고 있다. 즉, 냉정한 머리를 유지하고 감정을 배제하라! 당신의 열정이 판단을 방해하도록 하지 말라. 그 결과, 우리는 흔히 감정을 여분의 정신적 능력 정도로, 그리고 합리적 사고에 부수적으로 자연히 정해진 동반자 정도로 인식하고 있다. 감정이 즐거운 상태일 때 우리는 그것을 하나의 사치로 즐기며, 고통스러울 때는 반갑지 않은 침입자로 여겨 괴로워한다. 어느 경우든, 현인은 우리에게 감정과 느낌을 단지 적절한 양만큼만 경험하라고 충고할 것이다. 우리는 이성적이어야 한다는 것이다.

이렇게 널리 받아들여진 믿음 안에는 큰 지혜가 담겨 있으며, 나

또한 자제할 수 없거나 잘못된 방향의 감정이 비이성적 행위의 주요한 근원이 될 수 있다는 것을 부인할 수 없다. 또 겉으로 보기에 정상적인 이성이 감정에 뿌리를 둔 미묘한 편견으로 인해 혼란스러워질 수 있다는 것도 부인하지 못한다. 예를 들어 치료받은 사람의 10%가 죽는다는 말 대신에 90%가 5년 후에도 생존했다는 말을 들으면 치료 쪽을 더 원하게 된다.[1)] 비록 결과는 같다 하더라도 죽음이라는 생각이 이끌어내는 감정은 다른 틀 안에서 승인된 선택을 거부하게 한다. 즉, 일관성이 없고 비합리적인 추정을 하게 하는 것이다. 비합리성이 지식의 부족 때문이 아니라는 것은 의사들도 환자와 다를 바 없이 응답한다는 사실로 알 수 있다. 그럼에도 불구하고 전통적 개념이 간과하고 있었던 것은, 엘리엇과 같은 환자를 연구함으로써 나타난, 그리고 내가 다음에 다룰 다른 관찰에서 보이는 개념이다. 즉, 감정의 감소 역시 비합리적 행위의 중요한 근원이 될 수 있다는 것이다. 직관에 반하는 무감정과 뒤틀린 행위 사이의 관련성이 우리에게 이성의 생물학적 기전mechanism에 관한 무언가를 말해줄 수 있을 것이다.

나는 이러한 개념을 실험적 신경심리의 접근을 이용해 추진해가기 시작했다.[2)] 대충 이야기하자면, 이러한 접근은 다음의 단계에 의존한다. 1) 해당 뇌 부위의 손상과 행동 및 인지장애 사이의 체계적인 상관관계를 발견하는 것, 2) A부위가 손상되면 X혼란이 나타나고 Y혼란은 나타나지 않으며, B부위가 망가지면 Y혼란이 나타나고 X혼란은 나타나지 않는다는 이중 해리로 알려진 것을 확립함으로써 위 소견들을 입증하는 것, 3) 다른 요소(예를 들면 피질 부위와 피질하 핵들)로 구성된 정상적인 신경계가 다른 세부단위의 구성물과 함께 정상적인 인지/행동적 작동을 수행한다는 일반적이고 특수한 가설을 만드는 것, 4) 마지막으로, 주어진 부위의 병소가 하나의 탐사로서 이용되는 새로운 뇌손상 사례에서, 손상이 그 가설적 영향의 원인으로 작용하는지의 여부를 시험해 보는 것이다.

신경심리학적 과업의 목적은 특정한 인지적 작동 및 인지적 작동의 구성요소들이 신경계 및 신경계의 구성요소들과 어떻게 관련이 있는가를 설명하는 것이다. 신경심리학은 어떠한 '증상'이나 '증후'에 대한 뇌의 '장소'를 찾는 것이 아니며, 그렇게 되어서도 안 된다.

나의 일차적 관심은 엘리엇에 관한 우리의 관찰이 다른 환자들에서도 확실히 나타나는가를 입증하는 데 있었다. 이제까지 우리는 엘리엇에서 본 것 같은 형태의 전전두부 손상을 12명의 환자에서 연구해 왔으며, 우리가 만난 모든 환자는 예외 없이 의사결정의 결함과 함께 무정함의 감정과 느낌을 혼합해서 가지고 있었다. 이성의 힘과 감정의 경험은 함께 감소하고, 이로 인한 장애는, 기본적인 주의집중력, 기억력, 지능, 언어능력 등이 잘 보존되어 있어서 어떻게 환자들에서 판단의 실패가 일어났는지 좀처럼 설명할 수 없는, 신경심리적 측면과 대비되고 있다.

그러나 동시에 이성과 감정의 두드러진 장애가 전전두부 손상 후에만 발생하는 것은 아니다. 이 장에서 나는 이러한 장애의 조합이 다른 특정 부위의 장애로부터 어떻게 일어날 수 있는지, 그리고 이러한 상관관계가 감정, 느낌, 이성, 의사결정 등의 정상적 과정 기저에 있는 체계들의 상호작용을 어떻게 설명하는지를 보여주려고 한다.

전전두부 손상이 있는 다른 경우에서 보여주는 증거

나는 역사적 측면에서 전전두부 손상의 사례를 언급하려 한다. 이성과 결정 능력의 신경학적 기초를 이해하기 위한 역사적 자료에는 피니어스 게이지의 경우만 있는 것은 아니다. 나는 기본적인 윤곽을 그리는데 도움을 주는 네 가지 다른 자료를 제시할 수 있다

그 첫 번째는 콜럼비아 대학의 신경학자인 브리크너Brickner가 1932년에 연구한 경우다. '환자 A'로 명명된 그는 39세의 뉴욕 증권 브로커이며 개인적으로 또 전문 분야에서 성공을 거두었으나, 엘리엇의 뇌수막종과 같은 뇌종양이 발생하게 되었다.[3] 선구적인 신경외과 의사 월터 댄디Walter Dandy가 그의 뇌에서 생명을 위협하는 종양을 제거했지만, 그 이전에 벌써 그 덩어리는 전두엽의 좌우 대뇌피질에 엄청난 손상을 가했다. 그 침범 부위는 엘리엇과 게이지가 잃은 부분보다 약간 더 광범위했다. 좌측 뇌에서는 언어영역 앞부분에 위치한 전두피질이 제거되었다. 우측 뇌는 더 광범위하게 제거되었는데, 동작을 조절하는 영역 앞에 위치한 모든 피질이 포함되었다. 전두부 양쪽 면의 복측(안구측) 표면과 내측(중앙측) 표면의 피질 역시 제거되었다. 대상회cingulate는 보존되었다. (전체적인 수술 설명은 20년 후 부검에서 확인되었다.)

환자 A는 정상적으로 지각했다. 사람, 장소, 시간 등에 대한 방향

감각은 정상이었고, 최근 및 오랜 사실에 대한 종래의 기억도 역시 정상이었다. 언어능력과 동작능력도 손상되지 않았고, 당시에 활용되던 심리검사를 근거로 할 때 지능도 정상으로 보였다. 그는 계산을 할 수 있고 현금출납 게임을 잘 해낼 수 있었다. 그러나 인상적인 육체적 건강과 훌륭한 정신적 능력에도 불구하고 환자 A는 결코 직장으로 복귀할 수 없었다. 그는 집에 머물러서 직장에 복귀하기 위한 계획을 구상했지만, 가장 간단한 계획조차 실행할 수 없었다. 이는 해결해야 할 또 하나의 삶이었다.

A의 인격도 심하게 변화되었다. 이전의 예의는 없어졌다. 그의 행위는 공손하고 사려 깊었으나 이제는 당황할 만큼 부적절했다. 그가 아내를 포함한 다른 사람에 관해 언급하는 것을 보면 부주의하고 때로는 철저하게 잔인하기까지 했다. 그는 더 이상 일을 하지 않고 운동도 하지 않았다. 아내나 다른 누구와도 성관계를 갖지 않으면서도 자신의 직업적, 육체적, 성적 무용담을 자랑하고 다녔다. 대화의 대부분은 가공의 위업에 관한 것이었고, 남들에게 폐를 끼치는 농담 섞인 욕설이 가해지기도 했다. 때때로 욕구불만이 쌓일 때는, 육체적으로 폭력적이지는 않았지만 폭력적 언어를 구사하기도 했다.

환자 A의 감정적 생활은 메마른 듯이 보였다. 때때로 그는 단발성으로 감정을 폭발시키기도 했지만, 대부분의 경우 그런 표현은 잘 나타내지 않았다. 그가 다른 사람을 배려해주는 징후는 없었으며, 그렇게 비극적으로 전환된 사실에 대한 당황함이나 슬픔, 분노 등의 징후 역시 찾아볼 수 없었다. 그의 전반적 정서는 '얕다'라는 말이 가장 적절한 표현이었다. 환자 A는 대체로 수동적이면서 의존적으로 되었다. 그는 나머지 일생을 가족의 감독 아래서 보냈다. 그는 초청장을 만드는 곳에서 인쇄기 작동법을 배웠는데, 이것이 그의 유일한 생산적 활동이었다.

환자 A는 명백하게 인지적인 동시에 행동적인 특성을 나타냈는데, 이는 혹자가 '피니어스 게이지 모형matrix'이라고 부르기도 했으며, 내가 확립시키려는 특성이다. 전두부 피질의 손상을 받은 후에 환자 A는 다른 정신적 능력은 온전한데도 가장 유리한 행위로의 경로를 택하는 능력은 사라졌다. 감정과 느낌이 손상된 것이다. 여러 사례를 비교해 볼 때 확실히 이러한 모형 주변에는 인격 양상의 차이가 존재하는 것 같다. 그러나 하나의 모형, 즉 증상들의 공유된 본질과 이러한 본질 주변의 증상 변이는 증후군의 특성상 피할 수 없는 것이다. 내가 엘리엇과 게이지 사이의 표면적 차이를 언급할 때 지적했듯이, 이러한 차이의 원인을 결정짓는 것은 아직 이르다. 이 시점에서 나는 다만 이러한 상태의 공유된 본질을 강조하고 싶을 뿐이다.

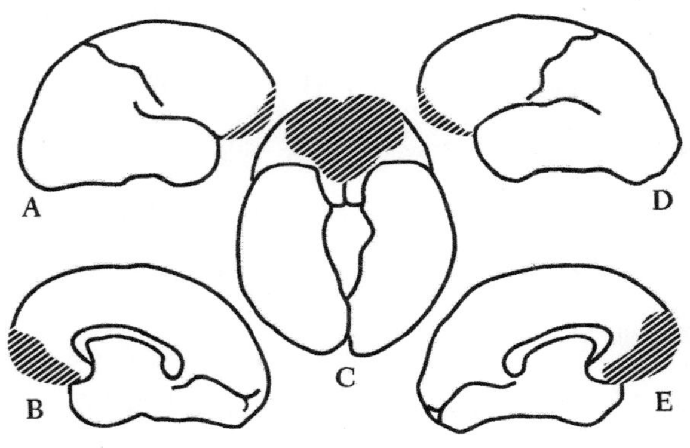

그림 4-1 빗금 친 부위는, 게이지 모형에 해당하는 환자들에서 일관성 있게 손상된 전두엽의 복측 및 내측 면을 보여준다. 전두엽의 배외측면은 손상되지 않았음을 주목하라.

A : 우측 반구의 바깥 면
B : 우측 반구의 안쪽 면
C : 아래에서 본 뇌(복측 또는 안와 면)
D : 좌측 반구의 바깥 면
E : 좌측 반구의 안쪽 면

두 번째 역사적 자료는 1940년으로 거슬러 올라간다.[4] 캐나다 맥길 대학의 도널드 헤브Donald Hebb와 와일더 펜필드Wilder Penfield는 16세의 나이에 심각한 사고를 당한 환자를 기술하면서 중요한 점을 강조했다. 피니어스 게이지, 환자 A, 그리고 그들과 닮은 최근의 환자들은 정상적인 성인이었고, 전두엽 손상을 당해 비정상적인 행동을 보이기 전까지는 성숙한 인격을 소유하고 있었다. 그러나 만일 그 손상이 발달단계 중 아동기나 청소년기에 일어났다면 어떻게 될 것인가? 혹자는 손상을 받은 어린이나 청소년은 결코 정상적 인격으로 발전하지 못하고 그들의 사회적 감각도 결코 성숙하지 못할 것이라고 예측할 터이다. 그런데 이러한 경우가 발견된 정확한 예가 있었다. 헤브-펜필드의 환자는 전두골의 복합골절로 양측 전두피질 부분이 압박되고 파괴되었다. 그는 사고 이전까지 정상적으로 성장한 청소년이었다. 그러나 사고 후, 지속되던 사회적 발달이 중지되었을 뿐만 아니라 사회적 행위도 후퇴했다.

1948년 액컬리S.S. Ackerly와 벤튼A.L. Benton이 기술한 세 번째 경우는 이야기할 내용이 더 많다.[5)] 그들의 환자는 태어나면서 전두엽이 손상되었는데, 정상적 인격이 나타나는 데 필요한 뇌 체계를 충분히 갖지 못한 채 아동기와 청소년기를 보냈다. 따라서 그의 행동은 항상 비정상적이었다. 비록 그는 바보 같은 아이가 아니었고 마음의 기본 도구가 온전하게 보였지만, 결코 정상적인 사회적 행위를 습득할 수 없었다. 19세 때 신경외과적 탐색이 시행되었는데, 좌측 전두엽은 단지 하나의 빈 공간이었고 우측 전두엽은 위축되어 전체가 없어진 것으로 드러났다. 출생할 때 입은 심각한 손상이 전두피질 대부분을 결정적으로 손상시킨 것이다. 이 환자는 결코 직업을 가질 수 없었다. 며칠간 복종하다가 일에 흥미를 잃었고, 심지어 도둑질이나 무법적 행동으로 끝나기도 했다. 그는 대체로 유순하고 공손했다. 그럼에도 불구하고 일상의 일이 어떻게 시작되든 그 일은 그를 쉽게 좌절시켰으며, 이것이 고약한 성질을 발산시키는 원인이 되기도 했다(그는 '영국 시종의 공손함'이라고 알려진, 예의 바른 매너가 있었다고 한다). 그의 성적 흥미는 흐릿했으며, 그래서 그는 어떤 짝과도 감정의 몰입을 할 수 없었다. 그의 행동은 틀에 박혀 있었고, 상상력과 창의력이 부족했으며, 아무런 전문적 기술이나 취미를 개발하지 못했다. 상이나 벌은 그의 행동에 아무런 영향을 끼치지 못하는 듯이 보였다. 그의 기억은 변동이 심했다. 그의 기억은 막상 배워야 할 때는 무용지물이 되었는데, 갑자기 어떤 지엽적 대상, 예를 들면 자동차 구조에 관한 자세한 지식 같은 것으로 연결되기도 했다. 그는 행복하지도 불행하지도 않았으며, 즐거움과 고통은 모두 일시적인 것으로 보였다.

헤브-펜필드와 액컬리-벤튼의 환자들은 인격 성향이 여러 면에서 같았다. 삶에 대해 경직되고 완고했으며, 장래의 활동을 구상하지 못했고, 소득을 올릴만한 직업을 갖지 못했다. 그들은 독창성과 창의력이 없었다. 그들은 자신의 좋은 면을 자랑하거나 보이려고 했다. 그들은 일반적으로 옳지만 판에 박힌 행동을 보여주었다. 그들은 즐거움을 경험하거나 고통에 반응하는 면에서 다른 사람들보다 능력이 떨어졌다. 그들은 성적 욕구나 탐구적 욕구가 줄어든 상태였다. 그들은 운동이나 감각의 부족, 상호교류의 장애를 나타냈다. 그리고 주어진 사회문화적 배경 아래서 예상되는 범위 내의 지능을 보여주었다. 현대에도 이러한 환자들이 계속해 출현했는데, 그런 사람들을 관찰해 보면 결과는 다 비슷한 양상을 보였다. 그 환자들은 의학적 병력과 사회적 행동이 액컬리-벤튼의 환자와 유사했다. 그들의 곤경을 한 가지로 표현하자면, 그들은 결코 자신에 관한 적절한 계획이나 과거 및 미래를 조명하여 자신의 사회적 역할에 관한 계획을 세울 수 없었다. 또한 자신에 관한 것을 수립하지 못함으로 인해 타인에 관한 것도 고려할 수 없었다. 그들은 자신의 마음에 관한 계획, 그리고 자신이 관계하는 사람들의 마음에 관한 어떠한 계획도 상실한 것이다.[6)]

네 번째 역사적 증거는 예측하지 못한 방면에서 일어났다. 전전두부 백질절제술prefrontal leucotomy에 관한 저서가 그 증거인데, 이 외과적 시술은 1936년 포르투갈의 신경학자인 에가스 모니스Egas Moniz가 개발했다[7)]. 이는 강박장애나 정신분열증과 같은 정신질환에 수반되는 불안과 초조를 치료하기 위한 것이었다. 모니스가 독창적으로 디자인하여 그의 협력자인 신경외과 의사 알메이다 리마Almeida Lima가 시행했는데, 그 수술은 양쪽 전두엽의 백질 깊은 곳에 작은 범위의 손상을 가하는 시술이었다(이 시술의 이름이 뜻하는 바는 다음과 같다. leukos는 그리스 말로 '하얗다'를 뜻하며, tomos 역시 그리스 말로 '절제'를 뜻한다. '전전두부'는 수술의 목표가 되는 부위다). 2장에서 언급한 바와 같이 대뇌피질 아래에 있는 백질은 축삭돌기와 신경섬유의 묶음으로 구성되어 있고, 그 각각은 신경세포의 연장이다. 축삭돌기는 하나의 신경세포가 다른 신경세포와 접촉하기 위한 수단이 된다. 축삭돌기 묶음들은 백질 내의 뇌 실질을 교차하여 대뇌피질의 다른 부분과 연결되어 있다. 어떤 연결은 지엽적으로 몇 밀리미터 떨어진 피질 부분 사이를 연결해주는 반면, 다른 연결은 더 멀리 떨어진 부분을 연결한다. 예를 들면 한쪽 대뇌 반구의 피질 부분과 다른 쪽 반구의 피질 부분을 연결하는 경우다. 또한 한 방향으로의 연결이 있고, 그밖에 피질 부위와 신경세포 덩어리인 피질하 핵들과의 연결도 있다. 어떤 알려진 근원에서 주어진 대상으로 향한 축삭돌기의 묶음은 종종 '돌기projection'라 불리는데, 왜냐하면 축삭돌기는 어떤 특정한 신경세포가 모인 곳을 향해 돌출되어 있기 때문이다. 몇몇 표적 정거장을 통과한 돌기들의 경과는 '경로pathway'로 알려져 있다.

모니스의 독창적인 아이디어는, 병적 불안과 초조함을 지닌 환자들에서 전두부 백질의 돌기와 경로가 비정상적으로 반복적이며 과활동적인 회로를 가지고 있다는 것이다. 이러한 가설을 증명할 만한 것은 없었다. 강박적이고 우울증이 있는 환자의 대뇌 안와 부위의 활동에 관한 최근의 연구가 최소한 부분적으로 모니스가 맞을지도 모른다는 것을 암시하지만, 그 경우에도 세부적으로는 그가 틀렸다. 모니스의 아이디어가 대담하면서도 당시의 증거를 앞선 것이라 하더라도, 그가 의도했던 치료와 비교해 볼 때는 소심한 것이었다. 환자 A의 예에서 나온 이유와 아래에서 소개할 동물실험의 결과를 가지고, 모니스는 그러한 연결을 외과적으로 절제함으로써 불안과 초조를 없애고, 반면에 지적 능력은 그대로 남게 된다고 예상했다. 그는 그 수술이 환자의 고통을 치료하고, 정상적인 정신생활을 할 수 있게 한다고 믿었다. 모니스가 이 수술을 개발하여 시도한 데는, 많은 환자가 치료되지 않고 절망 상태에 있는 것을 목격한 것이 동기가 되었다.

전전두부 백질절제술의 첫 결과는 모니스의 예상을 어느 정도 뒷받침해 주었다. 환자의 불안과 초조가 없어지고, 언어능력이나 일상적인 기억 등은 대부분 온전하게 남았다. 그러나 수술이 환자를 다른 면에서 손상시키지 않는다고 추정하는 것은 옳지 않았다. 결코 정상이 아니었던 그들의 행동은 지금은 다른 면에서 비정상이 되었다. 극도의 불안은 극도의 고요함에 자리를 내주었다. 그들의 감정은 밋밋한 듯이 보였다. 그들은 고통스러워하는 것도 없었다. 멈추지 않는 충동이나 과도한 망상을 나타내던 활동적인 지능은 잠잠해졌다. 환자가 어떤 일에 대응하거나 행동하고 싶어 하는 욕구는 (비록 그것이 병적이었지만) 숨죽이게 되었다.

이러한 초기 시술에서 나온 증거는 이상적인 것과 거리가 멀다. 그 증거는 오래 전에 수집된 것이고, 그 당시에는 신경심리적 지식과 검사가 한정되어 있었으며, 좋은 쪽이나 나쁜 쪽의 편견에서 자유로울 수 없었다. 이러한 유형의 치료에 대한 이견은 너무도 많았다. 그러나 지금까지의 연구는 다음의 사실을 지적한다. 1) 전두부의 안와측 및 내측 부위에 인접한 백질에 손상을 가하면 감정과 느낌을 변화시키는데, 모두가 지나치게 감소된다. 2) 인지, 기억, 언어, 동작 등에 관한 기본적 기전은 영향을 받지 않는다. 3) 중재가 필요했던 것들과 새로운 행동적 징후를 구별하는 것이 어느 정도 가능한데, 백질절제술 환자들은 이전보다 덜 창의적이며 결단력이 부족한 듯이 보인다.

모니스와 초기의 전전두부 백질절제술에 대해 공평히 말하자면, 환자들이 수술을 통해 어느 정도의 이득을 얻었다는 것은 의심의 여지가 없다. 일차적인 정신과적 질병에 더해 어느 정도의 의사결정 장애를 가져온 것은, 그들이 통제할 수 없는 불안을 가지고 있었다는 사실을 고려하면 오히려 적은 짐이 되었을 것으로 보인다. 뇌를 수술로 제거한다는 것이 받아들여지기 어려웠기 때문에(1930년대를 상기해 볼 때) 이러한 환자들에 대한 전형적인 치료 방법은, 수용소로 보내거나 많은 양의 진정제를 투여해(그들의 불안을 둔화시키고자) 실제로 잠이 들 정도로 정신을 잃게 하는 것이었다. 백질절제술 대신에 쓸 수 있는 몇몇 대체 방법에는 구속복을 입히거나 충격요법을 가하는 것이었다. 1950년대 후반까지도 '토라진Thorazine'과 같은 향정신병 약물은 출현하지 않았다. 아직까지도 우리는 이러한 향정신병 약물의 장기적 영향이 선별적 형태의 수술이 야기하는 것보다 덜 파괴적인지는 알 길이 없다는 것을 명심해야 한다. 우리는 단순히 판단을 유보할 수밖에 없다.

그렇다고 하더라도 뇌전엽 절제술frontal lobotomy로 알려진, 모니스의 방법보다 훨씬 더 파괴적인 수술법에 대해서까지 판단을 유보할 필요는 없다. 모니스가 고안한 수술은 제한적인 뇌 손상을 가져왔다. 반면에 뇌전엽 절제술은 종종 광범위한 병변을 야기하는 학살적인 것이었다. 이 수술은 의심의 여지가 많은 방법 때문에, 그리고 이 수술이 양산한 불필요한 절제 때문에 세계적으로 도태되었다.[8)]

역사적 자료와 실험실에서 얻은 증거를 토대로, 우리는 다음과 같은 잠정적 결론에 도달했다.

1. 만일 복내측 부위가 병변에 포함된다면, 전전두부피질의 양측성 손상은 항상 추론/의사결정과 감정/느낌의 장애를 동반한다.
2. 추론/의사결정과 감정/느낌의 장애가, 나머지 뇌 기능은 거의 온전한 신경심리적 양상을 보이는 가운데 나타난다면, 그 손상은 복내측 부위에 가장 심하게 나타난 것이다. 더욱이 개인적/사회적 영역은 가장 많이 영향을 받는 부분이다.
3. 전전두부의 배부와 측면 부위가 손상을 입고, 적어도 복내측 부

위까지 광범위하게 손상을 입은 전전두부 손상의 경우에서 추론/의사결정의 장애는 더 이상 개인적/사회적 영역에 한정되지 않는다. 이러한 장애는 감정/느낌의 장애뿐만 아니라 집중력과 작업기억의 장애도 동반하게 되는데, 이는 사물, 단어, 숫자 등을 사용한 검사에서 알 수 있다.

여기서 우리가 알아야 하는 것은, 손상된 추론/의사결정과 손상된 감정/느낌이 독립적으로 나타나는지, 혹은 뇌의 다른 부분이 손상된 결과로 다른 신경심리적 양상들과 동반되어 나타날 수 있는지에 관한 것이다. 대답은 그럴 수 있다는 것이다. 이 증상(추론, 의사결정, 감정과 느낌 등의 장애)은 다른 부위가 손상된 결과로 명료하게 출현하기도 한다. 이러한 부위 중 하나는 대뇌반구의 우측(좌측이 아닌) 부위인데, 이곳은 신체에서 오는 신호의 처리를 담당하는 몇 개의 피질을 담고 있다. 또 다른 곳은 편도와 같은 변연계 구조를 들 수 있다.

전전두부피질을 넘어서는 손상의 증거

비록 발병된 환자들이 표면상으로는 전혀 게이지와 닮은 데가 없는데도, 게이지의 기질과 비슷한 경우의 또 다른 신경학적 상황이 있다. 실인증失認症, anosognosia은 알려진 것처럼 우리가 접할 수 있는 것 가운데 가장 기괴한 신경심리적 양상 중 하나다. 이 단어는 그리스어인 노소스(nosos, 질병)와 그노시스(gnosis, 지식, 아는 것)에서 유래하는데, 자신 안에 있는 질병을 인식하지 못하는 것을 일컫는 말이다. 중증 뇌졸중 환자를 상상해 보자. 몸의 좌측 부분 전체가 마비되고, 손과 팔다리와 발을 움직일 수 없고, 얼굴 반쪽도 움직이지 못하고, 서거나 걷지도 못한다. 그리고 그 모든 문제를 잊고 아무것도 문제되지 않는다고 말하는 환자가 '기분이 어때요 ?'라는 질문에 진심으로 '좋습니다'라고 대답하는 것을 상상해 보라. (실인증이라는 말은 눈으로 보지 못하거나 실어증 상태를 인식하지 못하는 것도 지칭하고 있으나, 나의 언급에서는 오직 원래의 형태, 즉 바빈스키Babinski가 처음으로 기술한 상황을 일컫는다.)[9)]

실인증에 익숙하지 않은 사람들은, 이렇게 질병을 '부인'하는 것이 이미 가지고 있는 고통에 적응하려는 반응이며 '심리적으로' 의도된 동기라고 생각할 수도 있다. 나는 자신 있게 그렇지 않다고 말할 수 있다. 좌측 대신 우측의 신체가 마비된 경우, 즉 거울상mirror image의 비극을 생각해 보자. 이런 장애가 있는 환자들은 보통 실인증이 없다. 다시 말하면, 비록 그들이 흔히 언어 사용이 심하게 제한되고 어쩌면 실어증으로 고통을 당하고 있더라도, 그들은 자신의 곤경을 충분히 인식하고 있다. 마비와 실인증을 가져오는 것과는 다른 형태의 뇌 손상에 기인한 심한 좌측 마비가 있는 환자들의 경우, 그들은 정신과 행동이 정상이며 자신의 약점을 인식할 수 있다. 간단히 말하면, 어떤 특정한 형태의 뇌 손상으로 야기된 좌측 마비의 경우 실인증을 동반한다. 거울상 형태의 뇌 손상인 우측 마비는 실인증을 동반하지 않는다. 실인증을 동반하는 것과는 다른 형태의 뇌 손상으로 인한 좌측 마비는 인식장애를 동반하지 않는다. 그러므로 실인증은 뇌의 어느 특정 부위에 손상이 있을 때만 체계적으로 일어난다. 그리고 신경학적 신비에 익숙하지 않은 사람들에게는, 그 환자들이 반신마비와 동시에 언어장애가 오는 사람들보다 더 운이 좋은 것처럼 보인다. 질병의 '부정'은 특정한 인지기능의 소실에서 비롯된다. 이러한 인지기능의 소실은 뇌졸중이나 여러 신경학적 질병에 의해 손상받을 수 있는 특정한 뇌 체계에 의존한다.

전형적인 실인증 환자의 경우, 그들 자신에게 무엇인가 일어났다는 것을 알게 하려면 명백한 장애를 직면하게 하는 것이 필요하다. 나의 환자였던 DJ에게 좌측 부분의 마비가 왔으며 그것도 완전한 마비라고 말하면, 그녀는 항상 자신의 동작은 전적으로 정상이라고 말하거나 한때 장애가 있었더라도 지금은 더 이상 그렇지 않다고 말하곤 했다. 내가 그녀에게 왼쪽 팔을 움직여 보라고 하면, 그녀는 움직이지 않는 팔을 바라 본 후에 정말로 '그것이' '스스로' 움직이기를 원하는지 나에게 되물었다. 내가 "그럼요. 한 번 해보세요"라고 말하면, 그제서야 그녀는 어떠한 움직임도 없는 팔을 시선으로 알아차렸고, "이것이 스스로는 많은 것을 하려고 하지 않아요" 라고 말했다. 협조한다는 표시로 그녀는 멀쩡한 팔을 병든 팔로 옮기며 "나는 오른손으로 이것을 움직일 수 있어요"라고 말했다.

이렇게 신체의 감각체계를 통해 자동적으로 빠르게 장애를 내부적으로 감지하지 못하는 것은, 심한 실인증의 경우 결코 없어지지 않으나, 심하지 않은 경우에는 그것을 감출 수도 있다. 예를 들면 어떤 환자는 움직임이 없는 수족을 시각적으로 떠올릴 수 있으며, 추론에 의해 신체의 어느 부분에 무슨 일이 생겼다는 것을 인식할 수도 있다. 혹은 어떤 환자는 자신의 친척과 의료진에게 들은 많은 말을 떠올리며, 마비가 있고 병이 있으며 결코 정상적이지 않다는 사실을 알 수도 있다. 이렇게 외부적으로 습득한 정보를 통해, 우리가 치료하는 가장 지적인 실인증 환자 중 한 명은 "내가 한때 그 장애를 가졌다"라거나 "내가 그것을 무시하곤 했다"고 반복적으로 말한다. 물론 그는 여전히 실인증이 있다. 신체와 사람에 관한 최근의 실제 상태를 알지 못하는 것은 그리 놀라운 일이 아니다(불행하게도 환자가 자신의 상태를 직접, 간접으로 인식하는 이런 미묘한 차이는 실인증을 논할 때 종종 무시되곤 한다. 아주 드물게 예외가 있는데, 이는 마르셀A. Marcel[10)]을 참고하라).

실인증 환자들이 병든 수족을 잊는다는 것 못지않게 극적인 것은, 전반적인 자신의 상황에 대한 인식이 부족하고, 자신이 나타내는 감정이 부족하며, 질문을 받았을 때 보고하는 감정이 부족하다는 것이다. 심한 뇌졸중이 있었고 뇌나 심장에 더 큰 문제를 가져올 위험이 커지고 있다는 소식에도, 혹은 악성 종양이 있고 그것이 뇌로 전이되었다는 소식에도, 그래서 생명이 이제는 더 이상 예전과 같지 않고 다시 돌이킬 수도 없다는 소식에도 그들은 보통 침착하게 때로는 블랙 유머로 받아들인다. 결코 분노와 슬픔을 나타내거나, 눈물을 흘리고 화를 내거나, 절망하거나, 공황상태에 빠지지 않는다. 만일 당신이 좌측 반구에 거울상 장애가 있는 환자에게 비슷한 종류의 나쁜 소식을 전해준다면, 그 반응은 전적으로 정상적일 것이라는 사실을 인식해야 한다. 감정과 느낌은 실인증 환자에서는 전혀 찾을 수 없으며, 이것이 비극적 상황에 처한 그에게 유일한 행복일 것이다. 이러한 환자들이 미래를 설계하거나 개인적·사회적 결정을 내릴 때 상당한 장애를 겪는다는 것은 전혀 놀랄 일이 아니다. 마비는 그들의 고통 가운데 가장 경미한 것일 수 있다.

실인증 환자들을 체계적으로 연구한 신경심리학자 스티븐 앤더슨Steven Anderson은, 환자는 자신의 상태에 관심이 없고 마비로 인한 결과에 무관심하게 되는 광범위한 손상을 나타내게 된다고 결론지었다.[11] 많은 환자가 비참한 결과의 가능성을 내다보지 못할 뿐 아니라, 설령 그들이 그 결과를 예측한다고 해도 이에 어울리게 괴로워할 수 없는 것처럼 보인다. 그들은 확실히 자신에게 무슨 일이 일어났는지, 장차 어떤 일이 생길지, 다른 사람들이 자신을 어떻게 생각하는지 등에 관한 적절한 이야기를 구상할 수 없다. 또 중요한 것은, 자신이 스스로 이론화한 것이 부적절하다는 것을 깨닫지 못한다는 것이다. 일단 자신의 자아상이 그렇게 손상되면, 자아의 생각이나 행동도 더는 정상이 아니라는 것을 인식하지 못할 것이다.

위에 기술한 실인증 형태에 해당하는 환자들은 우측 반구에 손상이 있다. 실인증의 신경해부학적 기전의 전체적 특성을 알아내는 과정이 진행되고 있지만, 이중 많은 부분은 이미 밝혀졌다. 즉, 신체감각somatosensory(그리스어에 뿌리를 둔 'soma'는 몸이라는 뜻이다. 신체감각계는 감각, 기온, 통증과 같은 외부 감각과 관절 위치, 내장의 상태, 통증과 같은 내부 감각 양쪽 모두에 관계한다) 부위라고 알려진 우측 대뇌피질과 섬insula 피질을 포함하여, 두정엽에 있는 세포 구성학적 3, 1, 2 지역, 그리고 역시 두정엽이며 실비안 구 깊은 곳에 있는 S2 지역 등에 선택적 손상이 있는 경우가 그런 것이다(내가 신체적 혹은 신체감각적이라는 용어를 사용할 때, 나는 마음에 소마 혹은 신체라는 용어를 일반적인 의미로 사용하는데, 이는 내장의 감각을 포함하는 모든 형태의 신체감각을 일컫는다). 이 손상은 또한 우측 반구의 백질에도 침입하여, 신체(근육, 관절, 내부 장기들)를 통해 신호를 받는 상기한 부위들의 상호 연결을 파괴시킬 수 있고, 그것들이 시상, 기저핵, 운동피질, 전전두부피질 등의 상호 연결을 파괴시킬 수 있다. 여기에 기술하는 다중요소 체계의 부분적 손상은 내가 지금 논의하는 형태의 실인증을 일으키지 않는다.

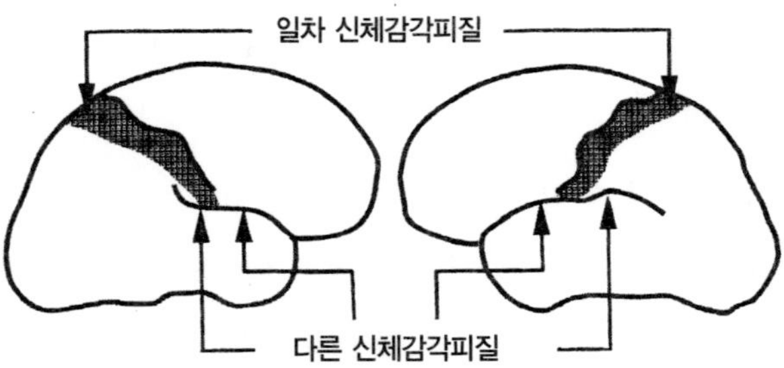

그림 4-2 그림의 뇌는 밖에서 바라본 좌우 반구이다. 빗금 친 부분이 일차 신체감각피질이다. 다른 신체감각 부위들, 즉 이차 감각부위(S2)와 섬은 일차 신체감각피질의 바닥 바로 앞뒤로 실비안 구 안쪽에 묻혀 있다. 따라서 그것들은 표면에서 보이지 않는다. 그것들의 안에 있는 대략적 위치는 화살표로 표시했다.

내가 오랫동안 연구를 하면서 그렇다고 가정하는 것은, 실인증에서 손상된 우측 반구의 전체 영역에서 상호작용하는 뇌의 부위는 협조적 상호작용을 통해 뇌에 도달하는 현재의 신체상태에 관한, 가장 광범위하고도 통합적인 지도를 그려낸다는 것이다.

당신들은 아마 왜 이런 지도가 양측 모두가 아닌 우측 반구에 치우치게 되었는지 궁금할 것이다. 결국 신체는 두 개의 대칭적인 반쪽들로 되어 있는데 말이다. 그에 대한 대답은 이렇다. 사람이나 다른 종에서 기능들은 대뇌 반구에 비대칭적으로 배분되었는데, 그 이유는 아마도 어떤 행동이나 생각을 선택할 때 둘보다는 궁극적으로 하나의 조정자가 필요하기 때문인 것으로 보인다. 만일 양측에서 동시에 어떤 동작을 명령한다면, 당신은 결국 갈등을 겪게 될 것이다. 당신의 오른손은 왼손과 싸우게 될 것이고, 따라서 하나 이상의 수족이 관련된 까닭에 어떤 조화로운 형태의 동작을 만들어내는 데 어려움을 겪을 것이다. 한쪽 반구에 여러 기능의 구조물이 있다는 것은 장점임이 틀림없다. 이러한 구조를 우성dominant이라고 부른다.

가장 잘 알려진 우성의 예는 언어에 관련된 것이다. 왼손잡이를 포함한 95퍼센트 이상의 사람에서 언어는 전적으로 좌측 반구 구조에 의존한다. 다른 우성의 예로 우측 반구의 신체감각 통합기능을 들 수 있는데, 이 기능은 한편으로는 내장 상태의 표상을 통해, 또 다른 한편으로는 사지, 체간, 근골격 상태의 표상을 통해 하나의 조화된 역동적 지도를 형성한다. 이것은 단일한 연속된 지도가 아니라, 오히려 각각의 지도에 있는 신호들의 상호작용과 조정을 의미한다. 이러한 배열에서 신체의 좌우 양측에 관련된 신호들은 우측 반구에 있는, 위에서 언급한 세 가지 신체감각피질 부위 내에 가장 포괄적인 만남의 장소를 갖게 된다. 흥미롭게도 감정 과정뿐만 아니라 인체 외적인 공간의 표상도 우측 반구의 우성으로 나타난다는 것이다.[12] 이것은 상응하는 좌측 반구의 구조물들이 신체나 그 밖의 공간을 반영하지 않는다고 말하는 것이 아니다. 단지 그 표상들이 다를 수 있다는 것이다. 좌측 반구의 표상들은 부분적이거나 통합되어 있지 않다.

실인증 환자는 어느 면으로는 전전두부 손상 환자와 닮은 점이 있다. 예를 들면 실인증 환자들은 전전두부 손상 환자와 비슷하게 개인적이거나 사회적인 일에 적절한 결정을 내릴 수 없다. 그리고 의사결정 장애가 있는 전전두부 손상 환자들은 실인증 환자처럼 대개 그들의 건강 상태에 무관심하고 고통에 대한 비범한 인내심을 가진 것처럼 보인다.

독자 중 일부는 이러한 사실에 놀랄지도 모른다. 또한 그러면 왜 실인증 환자들에서 의사결정 장애가 있다는 것을 많이 들어보지 못했는지 물어볼 수도 있다. 뇌 손상 후에 오는 이성의 장애에 대한 그나마 작은 관심이 어찌하여 전전두부 손상 환자들에게만 모아졌는가? 우리는 이에 대해 이렇게 설명할 수 있다. 즉, 전전두부에 문제가 있는 환자들은 신경학적으로 정상처럼 보인다는 점을 고려해야 하며(그들의 움직임, 감각, 언어는 완전하다. 혼란은 그들의 손상된 감정과 이성에 존재한다), 이런 까닭에 그들은 여러 사회적 활동에 참여할 수 있게 되고, 그래서 손상된 이성이 쉽게 드러나게 된다. 이와 반대로 실인증 환자들은 둔감한 운동과 감각 장애 때문에 종종 아픈 사람으로 간주되며, 따라서 그들이 참여할 수 있는 사회적 상호작용의 범위가 제한된다. 다시 말해 자신을 해로운 곳에 둘 기회가 상당히 줄어든다는 것이다. 그렇다 하더라도 의사결정 장애는 존재하기 때문에 가족과 의료진이 마련한 최선의 재활 계획은 훼손된다. 얼마나 심한 장애를 가졌는지를 자신이 실감하지 못하기 때문에 이러한 환자들은 치료자에 거의 협조하지 않으며, 더 좋아지려는 동기도 갖지 못한다. 그들이 얼마나 곤란한 상태에 있는지를 깨닫지 못하는 것이 일차적인 문제라면, 왜 그래야만 할까? 고무되었거나 무관심한 표정은 믿지 말아야 한다. 왜냐하면 이러한 외관은 자발적인 것이 아니며, 어떤 상황의 인식에 근거하지 않기 때문이다. 그러나 이러한 외관으로 인해 환자는 종종 적응력이 있는 것으로 잘못 해석된다. 이때문에 환자를 다루는 사람들은, 자주 우울하고 분노하는 부류의 환자보다 외관상 명랑한 환자에서 예후가 더 좋다는 잘못된 결론을 내리기도 한다.

이러한 관점의 적절한 예는, 1975년 우측 반구에 뇌졸중이 왔던 대법원 판사 윌리엄 더글라스William O. Douglas에서 찾을 수 있다.[13] 언어장애가 없었기 때문에 그가 다시 자리로 복귀하는 것이 예견되었으며, 사람들도 명철하고 결정력 있는 이 법정의 일원을 조기에 잃지 않기를 희망했다. 그러나 곧 이은 슬픈 사건들은 다른 이야기를 말해주었으며, 이러한 장애를 가진 환자가 광범위한 사회적 활동을 한다는 것이 얼마나 많은 문제를 야기하는지 보여주었다.

숨길 수 없는 징후는 일찍 찾아왔다. 더글라스가 의학적 권유를 무시하고 스스로 외출했을 때였다(그는 종종 이런 식이었는데, 법정으로 가거나 쇼핑을 하거나 저녁 연회에 참석하곤 했다). 이러한 행위는 그의 트레이드마크였던 확고부동함과 유머에 기인한 것이었다. 그는 '낙상' 때문에 입원했다고 조크를 던지면서 좌측 마비는 꾸며낸 이야기라고 둘러댔다. 공개적인 방송 회합에서, 그가 걸을 수 없고 도움 없이는 휠체어를 벗어날 수 없다는 것을 인정하라는 유도질문을 받았을 때도 그는 단순히 "걷는 것은 법정의 일과 상관이 없다"는 말로 가볍게 처리했다. 그럼에도 그는 다음 달에 있을 하이킹에 취재기자들을 초청했다. 후에 다시 시작된 재활 노력이 실패로 판명되었을 때, 더글라스는 왼쪽 발에 대해 질문하는 방문자에게 "나는 연습실에서 이 다리로 40야드 골을 차곤 했다"면서 워싱턴 레드스킨즈에 입단하려 한다고 과감하게 말했다. 깜짝 놀란 방문객이 공손하게 나이가 그 계획에 장애가 될 것이라고 반대하자, 이 판사는 웃으며 "그래요. 그러나 당신은 내가 얼마나 아치를 그리는 볼을 잘 차는지 알아야 해요"라고 말했다. 그러나 가장 최악의 사태는 더글라스가 다른 판사나 직원과의 회의를 계속 주재하지 못하는 것이었다. 직무를 수행하지 못하면서도 그는 완고하게 사임을 거절했으며, 심지어 사임 압력을 받은 후에도 그는 종종 그런 사실이 없었던 것처럼 행동했다.

여기에 기술한 이런 형태의 실인증 환자들은 자신이 인식하지 못하는, 좌측부 마비 이상의 장애가 있다. 즉, 그들은 이성과 의사결정의 장애, 감정과 느낌의 장애가 있는 것이다.

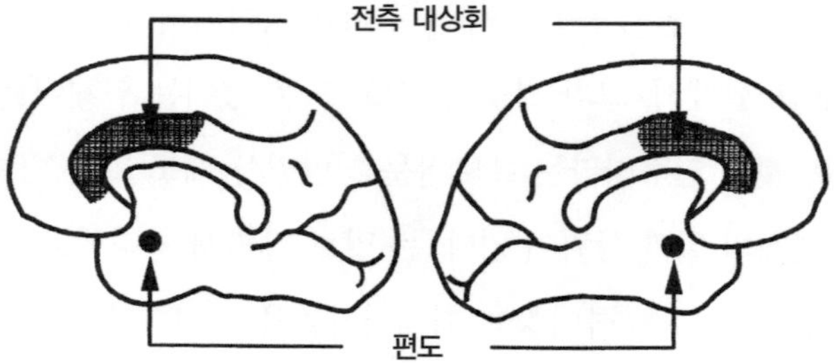

그림 4-3 양쪽 반구의 안쪽 면을 보여준다. 빗금 친 부분은 전측 대상회 피질을 가리킨다. 검은 점은 측두엽의 안쪽 표면으로 향하는 편도의 돌기를 표시한 것이다.

이제 대뇌변연계에서 가장 중요한 요소 중 하나인 편도핵에 손상이 있을 때의 증거에 관해 이야기해 보자. 편도에 국한된 양측성 손상이 있는 환자는 매우 드물다. 나의 동료인 대니얼 트래널, 한나 다마지오, 프레데릭 남Frederick Nahm, 브래들리 하이먼Bradley Hyman은 그 경우에 해당하는 환자를 연구할 행운이 있었는데, 그 환자는 개인적·사회적인 부적합성을 평생 지니고 있던 여성 환자였다.[15] 그녀의 감정의 폭과 적절성이 손상되었다는 것은 의심할 여지가 없으며, 그녀는 자신이 일으킨 문제 상황에 거의 관심이 없었다. 그녀의 행동에서 나타나는 '바보스러움'은 피니어스 게이지와 실인증 환자에서 나타나는 것과 다르지 않았고, 그들에서 보이는 것과 같이 교육의 부족이나 지능의 저하로 문제를 돌릴 수 없었다(문제의 여인은 상위 수준의 학교를 졸업했고 지능지수는 정상 범위에 들었다). 더욱이 일련의 비범한 실험을 통해 랄프 아돌프스Ralph Adolphs는 이 환자가 감정의 미묘한 면을 인식하는 기능이 심각할 정도로 비정상적이라는 것을 보여주었다. 이러한 발견에 지나친 비중을 두기 전에 비슷한 경우에서 반복적으로 같은 결과가 증명되어야 하겠지만, 나는 이전에 래리 바이스크란츠Larry Weiskrantz가 처음 보여주고 애글턴Aggleton과 패싱햄Passingham[15]이 재확인한 동물실험의 원숭이에서 똑같은 부위의 병변이 있을 때 감정 처리 과정에 장애를 일으킨다는 사실을 덧붙이고 싶다. 이에 더해, 쥐를 가지고 실험했던 조셉 르두Joseph LeDoux도 편도가 감정에 중요한 역할을 한다는 사실에 대한 의심의 그림자를 넘어선 결과를 보여주었다(더 자세한 것은 7장 참고).[15]

해부와 기능에 관한 고찰

추론/의사결정 및 감정/느낌의 장애가 나타나는 신경학적 상태에 대한 이전의 연구는 다음과 같은 사항을 명백하게 보여준다.

1. 인간의 뇌 부분 중 복내측 전전두부피질의 손상이 있는 경우, 추론/의사결정 및 감정/느낌 양쪽 모두에, 특히 개인적이며 사회적인 영역에서 일정한 형태의 장애를 항상 동반한다. 사람들은 비유적으로 감정과 이성이 복내측 전전두부피질을 '가로지른다'고 말할 수 있으며, 그것들은 또한 편도를 가로지른다.
2. 인간 뇌의 우측 반구에는 신체감각피질 복합체가 있는데 그곳에 손상을 받으면 역시 추론/의사결정 및 감정/느낌에 손상을 받으

며, 또한 기본적인 신체의 신호 전달과정에 혼란을 가져온다.

3. 복내측 부위의 범위를 넘는 전전두부피질에 손상을 받으면 역시 추론/의사결정에 장애를 보이는데, 그러나 이 경우에는 다른 양상으로 나타난다. 그 장애가 훨씬 포괄적이면 모든 영역에 걸친 지적인 작동에 영향을 주고, 그 장애가 선택적이면 단어, 숫자, 사물, 공간, 더 나아가 개인적·사회적 영역의 작동에 영향을 준다. 그림 4-4는 중요한 교차점의 지도를 보여준다.

간단히 말해서 인간의 뇌에 있는 체계의 집합은 우리가 이성이라고 부르는 목적지향적 사고과정과 의사결정(특히 개인적·사회적 영역에 대한)이라 부르는 반응의 선택에 영향을 미친다. 이러한 같은 체계들의 집합은 감정과 느낌에도 관여하며, 신체 신호과정에도 일부 관여한다.

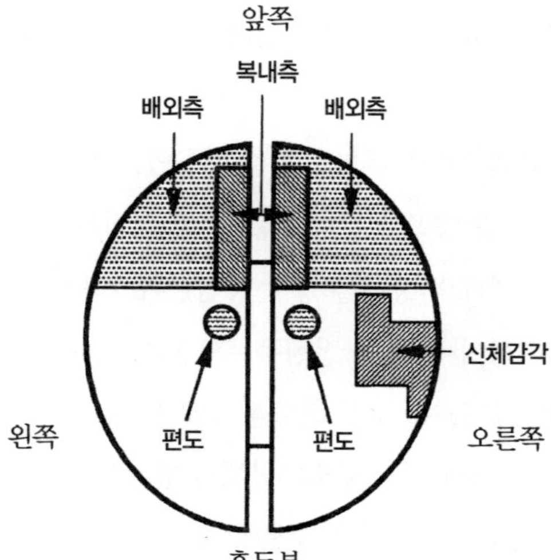

그림 4-4
손상이 되면 추론과 감정의 과정 모두를 훼손시키는 부위들의 조합을 보여준다.

하나의 근원

인간의 뇌 병변에 관한 주제를 떠나기 전에 나는 다음과 같은 제안을 하고 싶다. 즉, 인간 뇌에는 특별한 부분이 있는데, 그곳에서 감정/느낌, 주의집중, 작업기억에 관련된 체계들이 밀접하게 상호작용함으로써 외향성 행동(동작)과 내향성 행동(사고 작용, 이성)이라는 양쪽 에너지의 근원을 형성한다는 것이다. 이 근원적인 부위가 또 하나의 대뇌변연계 수수께끼 조각인 전측 대상회피질anterior cingulate cortex이다.

이 부분에 대한 나의 아이디어는, 그곳과 그 주변에 손상을 입은 일단의 환자를 관찰함으로써 얻게 되었다. 그들의 상태는 '정신적으로나 외부적으로 정지된 활기'라고 표현하는 것이 가장 적절한데, 즉 이성과 감정의 표현에 많은 손상이 생긴 상태를 말한다. 손상으로 영향을 받은 주요 부위들은 전측 대상회피질(나는 이것을 줄여서 '대상회'라 지칭하기도 한다), 보조적 운동영역(SMA 혹은 M2로 알려져 있다), 그리고 세 번째 운동영역(M3)이다.[16] 어떤 경우에는 인접한 전전두부가 연루되는데, 반구의 안쪽 표면에 운동피질이 포함되기도 한다. 전체적으로, 전두부의 이러한 부위를 담고 있는 영역들은 동작, 감정, 주의집중에 관련된 부위이다(그것들이 운동 기능에 관여한다는 것은 이론적으로 잘 확립되어 있다. 그것들이 감정과 주의집중에 관련이 있다는 증거로는 1983년에 다마지오와 반 회센Damasio and Van Hoesen이 발표한 것과 1990년 피터슨과 포스너Petersen and Posner가 발표한 것이 있다).[17] 이 부위에 손상이 오게 되면 동작, 감정, 주의집중에 장애를 일으킬 뿐만 아니라 행위와 사고과정의 활력을 실제적으로 정지시키고,

결과적으로 이성이 더는 살아 있지 않게 된다. 그러한 손상을 받은 내 환자 중 한 사람의 이야기가 그 장애에 대한 하나의 아이디어를 제공한다.

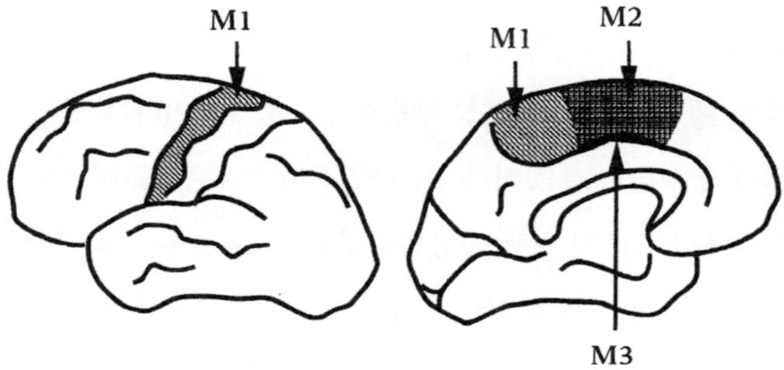

그림 4-5 좌측 그림은 바깥에서 좌측 뇌를, 우측 그림은 안쪽에서 좌측 뇌를 바라본 것이다. 3개의 주 피질 운동영역은 M1, M2, M3이다. M1은 모든 뇌 풍자화에서 보이는 소위 '운동띠'를 포함하며, 이상하게 그린 인간의 모습(펜필드가 제시한 난쟁이)이 그 위에 그려지곤 한다. M2는 덜 알려진 부차적 운동영역으로서 6영역의 안쪽 부분이다. M3는 가장 덜 알려진 부위로, 대상회 속에 깊숙이 묻혀 있다.

T부인(Mrs. T)이라 불리는 이 환자는 뇌졸중이 와서 양측 반구의 전두엽 배측과 내측에 광범위한 손상을 입었다. 그녀는 갑자기 움직일 수 없고, 말도 못하게 되었으며, 침대에 눈을 뜬 채 누워있기는 했지만 무표정했다. 이렇게 표현이 평온하거나 없을 때 나는 종종 '중성 neutral'이라는 용어를 사용한다.

그녀의 신체도 얼굴처럼 활기가 없었다. 그녀의 팔과 손은 정상적인 움직임(예를 들면 침대보를 끌어당기는 것)이 가능했지만, 대개는 움직임이 없었다. 그녀에게 상태가 어떤지 질문하면 대부분 잠잠히 있었고, 자신의 이름이나 남편과 아이들의 이름, 그리고 자신이 살던 마을의 이름을 물어보면 많은 설득이 있은 후에야 겨우 말했다. 그러나 그녀는 과거나 현재의 병력을 이야기하지 않으려 했으며, 병원에 입원하게 만든 사건을 설명하지 못했다. 그러므로 그녀가 사건을 기억하지 못하는지, 아니면 기억은 하는데 이야기하는 것을 꺼리는지 혹은 못하는지를 알 수 없었다. 그녀는 나의 줄기찬 질문에 결코 화를 내지 않았으며, 그녀 자신이나 그 밖의 어떤 것에도 전혀 염려하지 않았다. 몇 개월 후 그녀는 점차적으로 자폐증과 무동증(동작이 없는 것)에서 벗어나 질문에 답하기 시작했는데, 스스로 마음상태의 수수께끼를 설명하려고 했다. 생각했던 것과는 정반대로 그녀의 마음은 무동증이라는 감옥에 갇혀 있지 않았던 것이다. 그 대신 마음에 담겨 있는 것이 거의 없었으며 실제적인 생각이나 이성도 없었다. 그녀의 표정과 몸의 수동성은 정신적 활기의 결여를 적절하게 반영하고 있었던 것이다. 그녀가 교류의 부재로 인한 분노를 느끼지 않았다는 것은 명백했다. 그녀로 하여금 마음에 관해 말을 못하게 하는 것은 아무것도 없었다. 오히려 그녀가 회상한 대로 자신은 "정말로 말할 것이 없었다".

내 눈에 T부인은 무감정적으로 보였다. 그녀는 언제나 느낌이 전혀 없는 것처럼 보였다. 그녀는 자신에게 제시된 외부적 자극에 전혀 주의를 기울이지도 않았고, 자극의 표상과 그것에 의한 감정에 대해 내부적으로 참여하려 들지도 않는 것 같았다. 나는 그녀의 의지가 막히고 그것이 그녀를 반영해온 것 같다고 말하고 싶다(프랜시스 크릭Francis Crick은 이런 질환을 가진 환자들에서 의지력이 막힌다는 나의 제안에 접근하여, 자유의지에 관한 신경 기질을 토의했다).[18] 간단히 말하면, 정신적 이미지와 동작을 발생시키는 욕동과 그것을 확장시킬 수 있는 수단이 광범위하게 손상되었다는 의미이다. T부인의 마음에는 정상적으로 분화되는 사고와 이성이 없었던 것처럼 보이며, 자연히 어떠한 결정도 할 수 없었고, 따라서 훨씬 적게 이행했던 것이다.

동물 연구에서 얻은 증거

내가 내세운 주장의 더 깊은 배경은 동물 연구에서 온다. 내가 언급하려는 첫 번째 연구는 1930년대로 거슬러 올라간다. 만일 전전두부 백질절제술이 아니었다면, 침팬지에서 이루어진 한 가지 관찰이 적어도 모니스가 자신의 아이디어를 추진하는 데 필요한 강한 격려가 되었을 것이다. 이 관찰은 예일대학의 풀턴J.F. Fulton과 제이콥슨C.F. Jacobsen이 학습과 기억을 이해하기 위해 했던 연구[19]에서 이루어졌다. 그들의 연구 대상인 침팬지인 베키와 루시는 유쾌한 동물이 아니었다. 이 침팬지들은 이전에 쉽게 그랬던 것처럼 불만족스러울 때 잔인해졌다. 풀턴과 제이콥슨은 연구 과정에서 전전두부피질을 손상시킬 경우 실험과제를 배우는 동물의 능력이 어떻게 변화되는가를 탐구하려고 했다. 처음 단계에서 그들은 전두엽 한쪽에 손상을 가했다. 그것은 동물의 수행 능력이나 성질에 아무 영향도 끼치지 못했다. 다음 단계로, 그들은 다른 쪽의 전두엽에 손상을 가했다. 그러자 뚜렷한 변화가 일어났다. 이전과 같은 불만족스러운 상황이 되어도 베키와 루시는 신경을 쓰지 않은 듯이 보였다. 난폭해지는 대신에 그들은 조용했다. 1935년 런던의 세계신경학회[20]에서 제이콥슨은 이러한 변화를 생생한 용어로 표현하며 많은 동료 앞에서 발표했다. 그의 발언을 듣자마자 모니스는 곧바로 일어서서 정신병환자의 뇌에 생긴 비슷한 병소가 그 문제에 대한 해결책을 제공하지 못하는지 물었다. 이 질문에 놀란 풀턴은 대답할 수 없었다.

위에서 언급한 양측성 전전두부 손상은 정상적인 감정의 표현을 방해한다는 점이 중요한데, 그 못지않게 사회적 행위의 장애를 유발한다는 점도 중요하다. 일련의 연구에서 로널드 마이어스Ronald Myers는 양측성 전전두부를 제거(양측 복내측 부위와 배외측 부위는 포함하고 대상회 부위는 남겨둔)한 원숭이가 외관상 전혀 변화가 없음에도 원숭이 집단 내에서 정상적인 사회적 관계를 유지하지 못한다는 것을 보여주었다.[21] 이 원숭이들은 돌보는 행위(자신과 다른 원숭이에 대한)가 현저히 줄었고, 수컷이든 암컷이든 어린 것들이든 다른 원숭이와 감정을 상호교환하는 것이 현저히 줄었으며, 얼굴표정과 소리내는 것이 줄어들었고, 모성 행위에 장애가 왔으며, 성적으로 무관심했다. 그들은 정상적으로 움직일 수 있으나 수술받기 전에 그들이 속했던 집단 내의 다른 동물들과 어울리지 못했으며, 다른 동물들은 그들과 어울리지 못했다. 그러나 전전두부 손상이 아닌 마비와 같은 심한 육체적 장애가 있는 원숭이들은 다른 동물들과 정상적으로 어울릴 수 있었다. 비록 마비가 있는 원숭이가 전전두부 손상이 있는 원숭이보다 더 불구인 것처럼 보였지만, 그들은 동료들의 도움을 구했고 도움을 받았다.

전전두부 손상이 있는 원숭이들은 원숭이 집단구조의 복잡한 사회적 합의의 특성(다른 구성원과의 위계질서, 다른 구성원에 대한 암컷과 수컷의 우위 등)을 더는 따를 수 없다고 추정하는 것이 타당하다.[22] 그들은 '사회적 인식'과 '사회적 행위'에서 실패한다. 전전두부피질이 아닌, 운동피질에 손상을 입은 원숭이는 확실히 그러한 어려움이 없다.

측두엽의 앞쪽 부위를 양쪽 다 절제한(편도에 손상을 가하지 않는 수술을 통해) 원숭이도 어느 정도 사회적 행위에 장애를 나타내지만, 전전두부 손상을 입은 원숭이보다 그 정도가 훨씬 덜하다. 원숭이와 침팬지 사이, 침팬지와 사람 사이의 현저한 신경생물학적 차이에도 불구하고, 전전두부 손상에 의해 야기되는 결함에는 본질적인 공통점이 있다. 즉, 개인적·사회적 행위가 심하게 장애를 받는다는 것이다.[23]

풀턴과 제이콥슨의 연구는 또 다른 중요한 증거를 제공한다. 이미 언급했듯이 그들의 연구 목적은 학습과 기억을 이해하려는 것이고, 이러한 관점에서 볼 때 그들의 연구 결과는 하나의 이정표를 세운 것이다. 연구자들이 침팬지 연구에서 정한 한 가지 과제의 목적은 보상 자극과 그 자극의 공간 내 위치의 연관성을 알아내는 것이었다. 그들의 고전적인 실험은 다음과 같이 진행되었다. 한 동물 앞에 두 개의 그릇이 놓여 있는데, 이 그릇들은 팔이 닿을 수 있는 범위 안에 있다. 먹음직스러운 음식을 하나의 그릇에 담아 그 동물에게 충분히 보인 후, 양쪽 그릇을 덮어 음식이 보이지 않게 한다. 몇 초 후 그 동물은 빈 그릇을 피하여 음식이 감추어진 그릇에 팔을 뻗는다. 정상적인 동물은 지연시간 동안 음식이 어디 있는지에 관한 지식을 충분히 유지하며, 그 후 적절한 움직임을 통해 그 음식을 취득한다. 그러나 전전두부 손상이 있는 동물은 이러한 과제를 수행할 수 없다. 자극이 눈앞에서 사라지자마자 마음에서도 사라지는 것처럼 보인다. 이러한 발견은 패트리샤 골드먼래킥Patricia Goldman-Rakic과 호아킨 푸스터Joaquin Fuster가 후속적으로 진행한, 전전두부에 대한 신경생리학적 탐구의 초석이 되었다.[24)]

나의 주장과 특별히 관련된 최근의 발견은, 전전두부피질의 복내측 부위와 편도에 세로토닌을 받아들이는 화학적 수용체가 집중되어 있다는 점이다. 세로토닌은 행동과 인지의 모든 면에 실제적으로 작용하는 주요 신경전달물질 중 하나다(다른 주요 신경전달물질로는 도파민, 노르에피네프린, 아세틸콜린 등이 있다. 주요 신경전달물질은 모두 뇌간이나 기저 전뇌의 작은 핵에 위치한 신경세포에서 전달되며, 그 축삭돌기는 신피질, 대뇌변연계 피질과 피질하 구성체, 기저핵과 시상으로 뻗어 있다). 영장류에서 세로토닌 역할 중의 하나는 공격적인 행동을 억제하는 것이다(묘하게도 다른 종에서 세로토닌은 다르게 작용한다). 실험동물의 세로토닌성 신경세포에서 세로토닌 전달이 차단되면, 그 결과 동물은 충동적이고 공격적으로 행동하게 된다. 일반적으로 세로토닌 기능의 항진은 공격성을 감소시키고 사회적 행동을 촉진한다.

이러한 맥락에서, 마이클 랠리Michael Raleigh의 연구[25)]가 보여주는 것처럼, 사회적으로 잘 조화된 행위(협조, 돌봄, 남들과 친숙함을 표현하는 것)를 하는 원숭이의 복내측 전두엽, 편도, 그리고 그것과 가까운 측두엽

내측 피질 등에서 세로토닌-2 수용체의 수가 매우 많은 반면에, 뇌의 다른 부분에서는 그렇지 않다는 것에 주목해야 한다. 그리고 비협조적이고 반항적인 행위를 하는 원숭이에서는 그 반대로 나타난다. 이러한 사실은 내가 신경생리적 결과를 근거로 제시했던 복내측 전전두부피질과 편도 사이의 체계 연결을 더욱 강조해주며, 그것은 이들 영역을 내 환자의 잘못된 의사결정에서 영향을 받은 주요 영역, 즉 사회적 행위와 관련시킨다. (이번 연구에서 확인된 세로토닌 수용체를 '세로토닌-2'라 표시한 이유는 세로토닌 수용체에는 적어도 14개의 다른 형태가 있기 때문이다.)

신경화학적 설명

> 행동과 마음을 설명하려면 신경화학만으로 충분할 수는 없다. 우리는 주어진 행위를 일으켰다고 추정되는 체계 내에서 화학이 어디쯤을 차지하는지 알아야 한다. 화학물질이 그 체계 안에서 작용하는 피질 영역이나 핵에 관한 지식 없이는, 우리는 그것이 어떻게 체계의 활동을 조절하는지 알 기회가 없다(이러한 이해는 단지 첫 번째 과정일 뿐이며, 궁극적으로는 좀 더 세분화된 회로들이 어떻게 작동하는지 이해해야 한다). 더욱이 신경학적 설명은 주어진 체계의 작동이 다른 체계에 대해 결과를 이끌어낼 때만 유용해진다. 적응된 사회적 행위를 세로토닌 단독으로 '야기하고' 세로토닌의 부족으로 공격성이 '유발되는' 효과에 대해 피상적으로만 언급함으로써, 위에서 기술한

중요한 발견을 평가절하해서는 안 된다. 특정한 세로토닌 수용체가 있는 뇌 체계 안에서 세로토닌이 있거나 없는 것은 뇌 체계의 작동을 변화시킨다. 그리고 이러한 변화는 차례로 또 다른 체계의 작동을 변형시키며, 그 결과는 궁극적으로 행동과 인지의 용어로 표현될 것이다.

세로토닌에 관한 이러한 언급은 최근에 이 신경전달물질이 높은 빈도로 회자되고 있는 점을 생각할 때 특히 타당하다. 세로토닌의 재흡수를 차단하고 그 효용성을 높이는, 그래서 많이 사용되는 항우울제 프로작Prozac은 광범위한 주목을 받고 있다. 낮은 세로토닌 수치가 폭력성을 유발하는 경향을 보인다는 견해는 대중매체에도 발표되었다. 문제는 세로토닌이 없거나 낮은 것 자체가 어떠한 현상을 '야기'하지 않는다는 것이다. 세로토닌은 분자, 연접부, 국소적 회로, 그리고 과거와 현재의 사회문화적 요인이 강력하게 중재하는 체계의 수준에서 작동하는, 굉장히 복잡한 기전의 일부다. 만족할만한 설명은, 우울증이나 사회적 적응과 같은 특정한 문제와 관련된 변인이 좀 더 자세히 분석되는 전 과정을 더욱 광범위한 관점에서 보는 시각에서 얻을 수 있을 것이다.

한 가지 실제적인 언급을 하자면, 사회적 난폭행위의 문제 해결은 신경화학적 연관을 무시하고 단지 사회적 요인만을 강조함으로써 얻어지는 것도 아니고, 단지 신경화학적 관련성 탓으로 돌림으로써 해결되는 것도 아니다. 사회적인 요인과 신경화학적 요인을 모두 적절히 고려하는 것이 요구된다.

결론

이 장에서 언급한 인간에서의 증거는 뇌 영역들과 추론/의사결정 과정의 밀접한 결속을 시사한다. 동물실험에서도 이러한 결속을 보여주었다. 인간과 동물 연구에서 통합적으로 얻은 증거에 의해, 우리는 이제 우리가 확인한 신경체계의 역할에 관한 사실을 다음과 같이 항목별로 나눌 수 있게 되었다.

1. 신경체계들은 넓은 의미에서 이성의 과정, 특히 계획과 결정에 확실히 연루되어 있다.
2. 신경체계들의 부분 집합은 우리가 '개인적 그리고 사회적'이라는 항목 아래 포함시킬 수 있는 계획 및 결정 행위와 연관되어 있다. 이러한 체계들은 보통 '합리성'이라고 명명되는 이성의 일면에 관련된다는 것을 알아야 한다.
3. 우리가 확인한 신경체계들은 감정의 과정에서 중요한 역할을 한다.
4. 더 이상 현재의 대상이 아닌, 하나의 관련된 이미지로 마음mind에 오랫동안 남아 있기 위해서 신경체계들이 필요하다.

왜 이러한 별개의 기능들이 뇌의 한정된 부분에 함께 모여 있어야 할까? 계획을 세우고 개인적·사회적 결정을 내리는 일, 감정을 처리하는 것, 마음에 이미지를 간직하는 것 등에 의해 공유될 수 있는 것은 무엇일까?

2부

5장 | 해석의 조립

신비한 연합

1부에서 기술한 이성과 의사결정의 장애를 새로 갖게 된 환자들을 탐구하면서, 우리는 이들 환자에서 일관성 있게 손상받은 뇌 체계의 특정한 모양을 인식하게 되었다. 또한 이 체계의 통합에 의존하는 기묘한 신경심리적 과정도 확인할 수 있었다. 우선 무엇이 이러한 과정들을 연결시키며, 또 무엇이 앞장에서 윤곽을 제시한 신경체계들과 그 과정을 연결시키는가? 다음의 내용이 몇몇 잠정적인 답을 제공한다.

1. 사회적 환경에 놓여 있는 전형적인 개인적 문제에 관해 결정하는 것은, 그것이 복잡하고 또한 결과가 불확실하기 때문에 광범

위한 지식과 그 지식을 토대로 작동하는 이성 전략을 요구한다. 그 광범위한 지식은 외부세계에 있는 대상, 사람, 상황 등에 관한 사실을 포함한다. 그러나 개인적·사회적 결정이 생존에 필수적이기 때문에, 그 지식은 전체적으로 그 생물체의 조절에 관계하는 사실과 기전mechanism을 포함한다. 이성 전략은 목적과 행동의 선택 사항, 장래 결과에 대한 예상, 목적을 이행하기 위한 계획 등의 주위를 다양한 시간에 걸쳐 맴돈다.

2. 감정과 느낌의 과정은 생물학적 조절을 위한 신경 기계neural machinery의 일부이며, 그 중심은 항상성 조절, 동기, 본능 등으로 구성되어 있다.
3. 뇌의 설계는, 필수적이고 광범위한 지식이 한 부위에 위치하는 체계에 의존하기보다는 각각의 뇌 부위에 위치한 수많은 체계에 의존하도록 되어 있다. 이러한 지식의 대부분은 하나의 단일 부위보다는 많은 뇌 부위에서 이미지의 형태로 다시 불러내진다. 모든 것이 하나의 단일 해부학적 무대에 같이 모여진다는 환상을 우리는 가지고 있지만, 최근의 증거들은 그게 아니라는 것을 제시한다. 아마도 각기 다른 부위에서 일어나는 활동의 상대적 동시성이 마음의 각 부분을 함께 묶어줄 것이다.
4. 지식은 많은 평행적 체계에서 분할되고 구획된 형태로만 상기될 수 있기 때문에, 이성 전략을 작동하기 위해서는 장기간에 걸쳐(매우 적게는 몇 초 내에) 광범위하고 평행적인 진열 형태로 활발히 유지되는 무수한 사실의 표상이 필요하다. 다른 말로 하

면, 우리가 생각하는reason 이미지들(특정한 대상, 행위에 대한 이미지, 관련된 도식, 그리고 도식을 언어의 형태로 번역하는 것을 도와주는 단어)은 주의를 기울임으로써 '초점이 맞춰져야' 할 뿐만 아니라 고위 체계의 작업기억에 의해 '마음에서 활동적으로 유지되어야' 하는 것이다.

나는 이전 장의 끝 부분에 노출된 과정들의 신비한 연합이, 일부는 그 유기체가 풀려고 시도하는 문제의 본질에 기인하며, 일부는 뇌 설계에 기인한다고 추정한다. 개인적·사회적 결정은 불확실성을 내포하고 있으며, 직접적으로나 간접적으로 생존에 영향을 줄 수 있다. 그러므로 그것은 생물체의 외부 및 내부 세계와 관련된 광범위한 수준의 지식이 필요하다. 그러나 뇌가 통합된 양식보다는 공간적으로 분리된 방식으로 지식을 유지하고 상기하기 때문에, 그것은 또한 주의집중과 작업기억을 요구하게 되며, 따라서 하나의 이미지 전시로서 상기된 지식의 요소가 때맞추어 처리될 수 있는 것이다.

우리가 알아낸 신경체계들은 왜 이렇게 소란스럽게 중복되는 것일까. 나는 진화적 편의가 그 해답이라고 추정한다. 만일 기본적인 생물학적 조절이 개인적·사회적 행위의 길잡이로서 필수적인 것이라면, 다음은 자연히 선택에 우선권을 가지고 있을 뇌 설계가 중요하며, 그 뇌 설계 안에서 이성과 의사결정에 책임이 있는 부속체계들이 생존을 위한 사업에 공동으로 참여했으므로 생물학적 조절에 관련된 것들과 밀접하게 맞물려 남아 있게 되는 것이다.

위의 답변에서 미리 본 일반적 설명은 피니어스 게이지의 경우에 의해 제기된 의문에 처음으로 근접하는 것이다. 뇌 안의 무엇이 사람으로 하여금 이성적으로 행동하게 만드는가? 그것은 어떻게 작용하는가? 나는 보통 이 질문에 대한 답변으로 '이성의 신경생물학'이라고 표현하는 것에 반대한다. 왜냐하면 이러한 표현은 표면적이고 허세를 부리는 것처럼 들리기 때문이다. 이러한 표현은 간단히 말해서 대규모의 뇌 체계 수준에 있는 인간 이성에 대한 신경생물학의 시작이라고 말할 수 있겠다.

이 책의 2부에서 내가 계획한 것은, 위에서 윤곽을 제시한 일반적 설명에 대한 그럴듯한 근거를 제시하고, 그것에서 유래한 실험적 가설을 내놓는 것이다. 그러나 이 과제는 세부사항이 많기 때문에 나는 그 아이디어를 이해시키는 데 필수적이라고 여겨지는 몇 가지 문제만을 선정해 다루려 한다.

이 장은 1부의 사실들과 내가 후에 제시할 해석 사이의 다리 역할을 하는 장이다. 나는 독자가 이것을 성가신 것으로 간주하지 않기를 바란다. 이 고찰은 몇 가지 목적이 있다. 1) 내가 자주 이야기할 개념들(예를 들면 생물체, 신체, 뇌, 행동, 마음, 상태)을 탐구하고, 2) 지식의 구획적 성격과 그것의 이미지에 대한 의존을 강조하면서 지식의 신경학적 근거를 간략하게 논의하고, 3) 신경 발달에 대해 언급하는 것 등이 그 목적이다. 나는 소모적인 논의는 하지 않겠다(예를 들면 학습이나 언어에 관한 토론은 적절하고 유익할 수도 있겠지만, 이런 주제가 내 마음에 두고 있는 목적에는 필수적이지 않다). 나는 어떤 주제에 대해서도 교과서적인 처방을 제시하지 않겠다.

또한 나는 내가 제시하는 모든 의견을 정당화하지 않겠다. 단순히 이것은 대화라는 것을 기억하라.

후속의 장에서는 우리의 주된 이야기로 돌아가서 생물학적 조절, 감정과 느낌에서 그것이 표현되는 양상, 그리고 결정 과정에서 감정과 느낌이 이용되는 기전 등을 이야기할 것이다.

더 나아가기 전에 나는 서론에서 이야기한 부분을 반복해야겠다. 본문은 이미 인정받은 사실을 나열한 것이라기보다 하나의 끝없는 탐구다. 나는 가설과 경험적 시험을 확신으로 단언하지 않는다. 단지 고려할 뿐이다.

생물체, 신체, 뇌에 관하여

우리가 누구이며 왜 우리가 우리 자신인가에 대해 어떠한 의문을 가지더라도, 우리가 신체의 고유기질(요약하여 '신체')과 신경체계(요약하여 '뇌')를 가진 살아 있는 복합적 생물체라는 것은 확실하다. 일반적인 생각으로는 뇌도 역시 신체의 일부지만, 내가 신체를 지칭할 때마다 의미하는 바는 생물체에서 신경조직(중추 신경계와 말초 신경계)을 뺀 것이다.

생물체는 다양한 구조와 구성요소를 가지고 있다. 많은 부분으로 이루어진 뼈대 골격이 있고, 그것은 관절로 연결되어 있으며 근육에 의해 움직인다. 많은 장기가 모여 계통을 이룬다. 생물체는 대부분이 피부로 이루어진(외부 한계를 결정짓는) 경계 혹은 막을 가지고 있다. 때때로 나는 혈관, 머리, 흉부, 복부 등의 장기와 피부를 '내장들viscera' (단수로는 '내장viscus') 이라고 지칭할 것이다. 다시 반복하지만, 종래의 개념으로는 신체에 뇌를 포함해야 하지만 여기서는 제외했다.

생물체의 각 부분은 세포로 이루어진 생물학적 조직으로 구성되어 있다. 각 세포는 많은 분자가 세포뼈대cytoskeleton를 형성하도록 배열되어 있으며, 많은 기관과 계통(세포핵과 여러 구조물), 그리고 전체적인 경계(세포막)로 이루어져 있다. 이러한 세포가 작동하는 것을 보면, 우리는 그 구조와 기능의 복합성에 기가 죽을 수밖에 없다.

생물체의 상태

앞으로의 토론에서는 '신체상태'와 '마음의 상태'를 많이 언급할 것이다. 살아 있는 생물체는 계속 변화한다. 이는 어떤 '상태'의 연속이며, 각각의 상태는 모든 구성요소 안에서 진행되는 다양한 형태의 활동으로 정의할 수 있다. 당신은 이것을 어떤 한정된 영역 내에서 많은 사람과 사물이 작용하는 것의 합성으로 설명할 수 있을 것이다. 당신 자신이 거대한 공항 터미널의 안과 바깥에서 주변을 두리번거리고 있다고 상상해 보라. 당신은 많은 다른 체계에서 지속적인 소란스러움을 보고 듣게 된다. 사람들은 비행기에 오르거나 떠나고, 그저 앉아 있던지 서 있으며, 그럴듯한 목적을 가지고 서성대거나 걷고 있다. 비행기는 서서히 활주로에서 움직여 이륙하고 착륙하며, 기계와 짐꾼은 각자의 일을 한다. 자, 이제 당신이 지금 진행되는 화면을 정지시키거나 전체 풍경을 넓은 각도의 스냅사진으로 찍는다고 가정해 보라. 당신이 정지된 화면 혹은 스냅사진에서 얻게 될 것은 어떤 상태a states, 즉 어떤 생활의 단편에 대한 인공적이며 순간적인 이미지이며, 카메라 단추의 속도에 의해 정해진 시간 창time window에 어떤 거대한 생물체의 다양한 기관에서 진행되는 것을 가리키고 있는 것이다(실제로는 이보다 약간 더 복잡하다. 분석의 크기에 따라 생물체의 상태는 불연속의 단위이거나 융합의 연속이다).

신체와 뇌의 상호작용 : 생물체의 안쪽

뇌와 신체는 서로를 향한 생화학적, 신경적 회로에 의해 분리될 수 없게 통합되어 있다. 상호 연결에는 두 가지 중요한 통로가 있다. 첫 번째 통로는 몸의 모든 부분에서 뇌로, 그리고 뇌에서 몸의 모든 부분으로 신호를 전달하는 감각성 및 운동성 말초신경이다. 또 다른 통로는 혈류다(비록 진화론적으로 훨씬 오래 되었음에도 마음에 쉽게 와 닿지 않지만). 혈류는 호르몬, 신경전달물질, 조절물질 등 화학적 신호를 운반한다.

다음의 단순한 요약에서 그 관계의 복잡성이 드러난다.

1. 신체의 거의 모든 부분, 즉 근육과 관절과 내부 장기는 말초신경을 경유해 신호를 뇌로 전달할 수 있다. 이러한 신호는 척수 혹은 뇌간 단계에서 뇌로 들어와 궁극적으로 뇌의 내부에 운반

된다. 즉, 신경 정거장을 거쳐 측두엽과 섬insula 부위의 신체감각피질somatosensory cortices로 운반된다.

2. 신체 활동으로 발생한 화학적 물질은 혈류를 통해 뇌에 도달할 수 있는데, 직접적으로 혹은 뇌궁하 기관subfornical organ과 같은 특수한 뇌 부위를 활성화시킴으로써 뇌의 작동에 영향을 준다.
3. 반대방향으로, 뇌는 신경을 통해 신체의 모든 부분에 작용할 수 있다. 이러한 활동의 행위자는 자율(내장)신경계와 근골격(수의적)신경계이다. 자율신경계의 신호는 진화론적으로 더 오래된 부위(편도, 대상회, 시상하부, 뇌간)에서 발생되나, 근골격계의 신호는 다른 진화론적 연대기를 가진 몇 개의 운동피질과 피질하 운동핵에서 발생한다.
4. 뇌는 또한 혈류로 분비되는 화학물질(호르몬, 전달물질, 조절물질)을 제조하거나 제조를 명령함으로써 신체에 작용한다. 이에 관해서는 다음 장에서 더 이야기하겠다.

내가 신체와 뇌가 분리될 수 없는 하나의 유기체를 형성한다고 이야기할 때, 이는 전혀 과장된 말이 아니다. 사실 나는 지나치게 단순화시킨 것이다. 뇌가 신체로부터 뿐만 아니라 신체에서 신호를 받은 뇌 부분으로부터도 신호를 받는다고 생각해 보자! 생물체는 뇌와 신체의 협력 관계에 의해 형성되는데, 그 협력 관계는 조화를 이루면서 환경과 상호작용을 한다. 또한 그 상호작용은 신체나 뇌의 단독적인 것이 아니다. 사람같이 복잡한 생물체는 단지 상호작용 이상의 일을 하며,

총체적으로 행동이라고 알려진, 자동적이거나 반응적인 외부적 반응을 만드는 것 이상의 일을 한다. 뇌와 신체는 내향성 반응을 만들어내기도 하는데, 그 가운데 일부는 이미지(시각적, 청각적, 신체감각적 이미지 등)를 형성하며, 나는 이것이 마음의 기본이 된다고 생각한다.

행동과 마음

많은 단순한 생물체는, 심지어 단세포로 이루어지고 뇌가 없는 것이라 해도, 자연적으로 혹은 환경의 자극에 반응함으로써 행동을 한다. 즉, 생물체는 행동을 만들어낸다. 이러한 행동 중 일부는 그 생물체 자체 내에 가지고 있어, 관찰자에게 감추어질 수도 있고(예를 들면 내부 장기의 수축) 외부적으로 관찰될 수도 있다(사지의 뻗침 등). 다른 행위들(기어감, 걷기, 물건 잡기 등)은 환경을 향한 직접적인 것이다. 그러나 간단한 생물체에서 모든 복잡한 생물체에 이르기까지 행위는 그것이 자발적이든 혹은 반응적이든, 뇌의 명령에 의해 야기된다(몸만 있고 뇌가 없는 생물체가 움직인다고 할 때, 그 생물체에는 몸과 뇌가 동시에 존재한다).

뇌에 의해 명령된 모든 행위가 숙고에 의한 것은 아니다. 오히려 세상에서 바로 이 순간에 취해지는 대부분의 '뇌 유발' 행동은 전혀 숙고된 것이 아니다. 한 신경세포에 의해 전달된 어떤 자극이 다른 신경세포를 움직이게 하는 반사가 단순한 반응의 한 예이다.

생물체가 더 복잡성을 취해갈수록 '뇌 유발' 행위는 더욱 중개적 과정을 요구한다. 다른 신경세포들이 자극 신경세포와 반응 신경세포 사이에 개재되고 다양한 평행적 회로가 확립되는 것이다. 그러나 더욱 복잡한 뇌를 가진 생물체가 반드시 마음을 가지고 있다는 것은 아니다. 뇌는 자극과 반응 사이를 중개하는 회로에 많은 중간 단계를 가질 수 있으나, 만일 그것들이 어떤 필수적인 조건, 즉 이미지를 내부적으로 나타내는 능력과 그러한 이미지를 생각이라 불리는 과정에서 정리하는 능력을 만족시키지 못하면 여전히 마음이 없을 수 있다. 나는 행동하는 생물체라고 해서 모두 마음을 가지고 있지는 않으며, 따라서 행동하는 생물체 모두에 정신현상이 있는 것은 아니라는 말로 마무리하려 한다(이는 인지 혹은 인지 과정이 없다는 말과 동일하다). 어떤 생물체는 행위와 인지 양쪽을 다 지니고 있다. 어떤 것들은 지적인 행위를 보이지만 마음이 존재하지 않는다. 마음이 있는 듯이 보이는 생물체에서는 행동이 없을 수 없다.

마음이 있다는 것에 대한 나의 견해는, 이미지가 될 수 있는 신경적 표상을 한 생물체가 형성하는 것으로, 그 표상은 생각이라는 과정에 의해 조정되며, 장래를 예견하고 이에 맞춰 계획을 세우고 다음의 행동 선택을 도움으로써 궁극적으로 행위에 영향을 미치게 되는 것을 말한다. 여기에 내가 알고 있는 신경생물학의 중심이 놓여 있다. 즉, 우리 마음속의 이미지가 되는 신경적 표상을 만드는 과정은 신경회로에서 학습에 의해 창조된 생물학적 변형으로 이루어지는데, 그 과정에서 신경회로(세포체, 수상돌기, 축삭돌기, 연접부)에 보이지 않는 미세구조 변화가 일어나 하나의 신경적 표상을 만들며, 이는 다시 하나의 이미지가 되어 우리 자신에게 속한 것으로 경험하게 된다.

우선 어림잡아 보면 뇌의 전반적 기능은, 신체의 나머지 부분, 즉 신체 기질 내에 무엇이 일어나고 있는가, 뇌 자체에서 무엇이 일어나고 있는가, 생물체를 둘러싼 환경은 어떤가 등에 관한 정보를 잘 수집하는 것이며, 그렇게 함으로써 생물체와 환경 사이에 적절하고 생존력 있는 조화를 이루도록 하는 것이다. 진화론적으로 보아도 그것은 다르지 않다. 만일 신체가 없었다면 뇌도 없었을 것이다. 우연히도 단지 몸과 행위만 가진, 그러나 뇌나 마음이 없는 단순한 생물체들이 여전히 존재하며, 사실 양으로 보면 인간보다 훨씬 많다. 지금 우리 각자의 몸 속에 있는 대장균 같은 행복한 세균을 생각해 보라.

생물체와 환경의 상호작용 : 바깥세상을 상대하다

신체와 뇌가 서로 강력하게 상호작용할 때 생물체는 자신을 둘러싼 환경과도 강하게 상호작용할 것이다. 그 관계는 생물체의 움직임과 감각 장치에 의해 중개된다.

환경은 여러 방법으로 생물체에 표시를 한다. 이 표시는 눈(그 내부는 망막이다), 귀(그 내부는 와우각이라는 음을 감지하는 장치와 내이전정이라는 평형을 감지하는 장치다), 그리고 피부·맛샘·코점막에 있는 수많은 신경 말단의 신경활동을 자극함으로써 이루어진다. 신경 말단은 시각·청각·체감각·미각·후각 등에 대한, 소위 초기 감각피질이라 불리는, 뇌의 한정된 유입 지점에 신호를 보낸다. 신호가 도달할 수 있는, 일종의 안전한 항구로서 초기 감각피질을 그려보라. 각각의 초기 감각부위(초기 시각피질, 초기 청각피질 등)는 몇몇 구역의 집합이며, 그리고 그림 5-1에서 볼 수 있듯이 각각의 초기 감각집합 내의 구역 결집 사이에 강력한 신호 교차가 존재한다. 이 장 후반부에서 나는, 이렇게 밀접하게 상호 맞물린 구역이 지형학적으로 조직된 표상에 대한 토대, 즉 정신상의 근원이라는 것을 제시할 것이다.

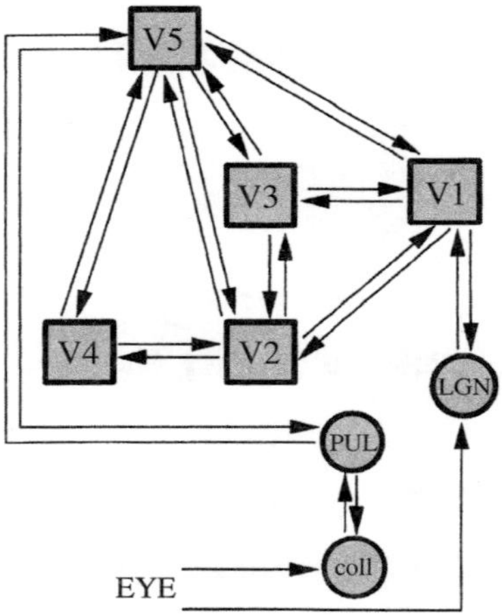

그림 5-1 초기 시각피질들(V1, V2, V3, V4, V5)과 시각과 관련된 3개의 피질하 구조들 사이의 상호 연결을 단순화시킨 도해이다. 시각과 관련된 3개의 피질하 구조는 각각 측슬상핵lateral geniculate nucleus, LGN, 시상베개pulvinar, PUL, 그리고 상부 소구superior colliculus, coll를 말한다. V1은 '일차' 시각피질로 알려져 있고, 브로드만 영역 17에 해당된다. 이 체계의 구성요소 대부분은 전방먹이기feedforward와 되먹이기feedback 투사(화살표)에 의해 상호 연결되어 있다. 이 체계로의 시각적 유입은 눈으로부터 LGN과 coll을 경유해 온다. 동시에 이들 구성요소에서 발생한 이 체계의 유출은 피질과 피질하 목표를 향하게 된다.

이어서 차례로 생물체는 전체 신체, 수족, 성대 장치 등의 움직임이라는 수단을 통해 환경에 작용한다. 이러한 움직임은 M1, M2, M3 피질(몸의 동작을 발생시키는 피질)이 몇몇 피질하 핵의 도움을 받아 조절하게 된다. 그렇게 되면 뇌 구역에 신체 자체 혹은 감각기관에서 온 신호가 계속해서 도달하게 된다. 이러한 '유입' 구역들은 해부학적으로 분리되어 있고, 서로 직접적으로 교통하지 않는다. 또한 운동과 화학적 신호가 발생하는 뇌 구역이 있는데, 이러한 '유출' 구역으로는 뇌간, 시상하부 핵, 운동피질 등이 있다.

신경계의 구조에 대한 여담

> 당신이 인간의 뇌를 맨 처음부터 설계하고 많은 감각 신호를 수송하는 모든 항구를 그린다고 생각해 보라. 당신은 다른 감각 근원들, 즉 시각과 청각에서 나오는 신호를 모아서 뇌가 보고 들은 것을 가능하면 빨리 '통합된 표상'으로 동시에 발생시킬 수 있기를 원하지 않겠는가? 또한 당신은 이들 표상을 운동 조절로 연결시켜 뇌가 그것에 효율적으로 대응할 수 있기를 원하지 않겠는가? 나는 당신이 '예'라고 분명히 대답할 것으로 추측하지만, 자연의 대답은 그게 아니었다. 존스E.G. Jones와 포웰T.P.S. Powell이 20년 전쯤에 행한 신경 연결에 관한 기념비적 연구에서 보듯이, 자연은 감각 항구가 서로 직접 통하게 놔두지 않으며, 또한 운동 조절과

직접 통하는 것도 허용하지 않는다.[1] 예를 들어 대뇌피질 단계에서 초기 감각부위의 각 집합은 우선 각종 중개부위를 통해야 하고, 그다음에 더 멀리 떨어진 부위와 통하는 그런 식이다. 교통은 전방향 투사 축삭돌기나 전방먹이기 투사에 의해 실행되는데, 이는 하류에 있는 부위로 수렴되고, 이 부위는 또 다른 부위로 수렴된다.

이러한 다수의 평행적 수렴의 흐름은 해마에 가장 가까운 피질 혹은 전전두부피질의 몇몇 구역(배외측 또는 복내측)과 같은 어떤 정점의 지점에서 끝나게 된다. 그러나 이것이 아주 정확한 것은 아니다. 수렴의 흐름은 결코 이처럼 '끝나지' 않는다. 왜냐하면 수렴의 흐름이 전방으로 투사하는 각 지점의 근접부에는 후방으로 상호 투사하는 돌기가 있기 때문이다. 이는 신호가 전방과 후방 양방향으로 흐른다고 말하는 것이 적절할 것이다. 우리는 전방 이동의 흐름 대신 전방먹이기와 되먹이기 투사의 고리를 찾을 수 있으며, 이것이 영속적인 반복을 낳게 된다.

엄밀한 의미에서 흐름이 '끝나는' 것이 아니라는 또 하나의 이유는, 몇몇 정거장(특히 전방에 놓여 있는 정거장)에서는 흐름이 운동조절에 곧바로 투사되기 때문이다.

그러므로 유입 구역들 사이에, 그리고 유입과 유출 구역 사이에 행해지는 교통은, 직접적이지 않고 중간적이며, 상호 연결된 신경조립의 복잡한 구조를 이용한다. 대뇌피질 단계에서의 이러한 조립은 다양한 연합피질에 위치한 피질 영역들이다. 그러나 중

> 간 교통은 시상과 기저핵에 있는 커다란 피질하 핵을 경유하기도 하고, 뇌간에 있는 작은 핵을 경유하기도 한다.

간단히 말해 유입과 유출 구역 사이에 놓인 뇌 구조의 수는 꽤 많으며, 그 연결 형태의 복잡성은 방대하다. 여기에서 자연스럽게 나오는 질문이 있는데, "이러한 모든 '중개' 구조에서 어떤 일이 일어나며, 또 이 모든 복잡함이 우리에게 무엇을 주는가?" 하는 것이다. 그 대답은, 중개구조에서 일어나는 활동이 유입과 유출 부위의 활동과 함께 우리 마음의 이미지를 순간적으로 건축하고 비밀스럽게 처리한다는 것이다. 이러한 이미지를 토대로, 우리는 초기 감각피질에 들어온 신호를 해석해 하나의 개념으로서 그 신호들을 조직하거나 분류할 수 있다. 우리는 이성과 의사결정에 필요한 전략들을 습득할 수 있다. 또 우리는 뇌 안에서 구할 수 있는 메뉴에서 운동반응을 선택할 수 있거나, 탁자를 두드리는 것에서 시작해 아이를 안아주고, 편집자에게 편지를 쓰고, 피아노로 모차르트를 연주하는 것에 이르기까지 의지적이면서도 신중한 행동의 조합인 새로운 운동반응을 형성할 수도 있다.

뇌의 다섯 가지 주요한 감각 유입 구역과 세 가지 주요한 유출 구역 사이에는 연합피질, 기저핵, 시상, 대뇌 변연계피질과 핵들, 그리고 뇌간과 소뇌가 놓여 있다. 그것들이 합해 거대한 체계들의 모임인 '정보와 통치의 기관organ'을 형성하는데, 그것이 신체 자체 및 외부 세계와 상호작용하면서 신체 자체, 외부 세계, 뇌 자체 등에 관한, 타고났거나 습득된 지식 모두를 갖게 된다. 이러한 지식은 운동 방출과 정신

방출, 즉 우리의 사고를 형성하는 상을 전개하고 조작하는 데 사용된다. 나는 나중에 조작하기 위해 보관된 사실과 전략이, 은둔적이고 미결 상태로, 그리고 '기질적 표상들dispositional representation'(요약하여 '기질')의 형태로 저장되어 있다는 것을 믿는다. 생물학적 조절, 이전 상태의 기억, 앞으로의 행동에 관한 계획 등은 초기 감각피질과 운동피질뿐만 아니라 그 사이에 놓여 있는 구역들의 협연 활동에 기인한다.

구획 활동에서 나온 통합된 마음

뇌가 어떻게 작용하는가에 대해 생각하기를 즐기는 많은 사람이 공통으로 가지고 있는 하나의 잘못된 직관은, 마음에서 경험되는 감각 과정의 많은 가닥(시각과 음향, 맛과 향기, 표면적 짜임새와 모양)이 모두 하나의 단일 뇌 구조에서 '일어난다'고 보는 것이다. 어떤 면에서, 마음 안에 함께 있다는 것은 다른 감각적 양상이 뒤섞인 뇌 안의 한 장소에 같이 모여 있다는 의미이다. 이는 흔히 현란한 테크니컬러 영상, 입체적 음향, 향기 등이 나오는 커다란 시네마스코프 스크린에 비유된다. 대니얼 데닛Daniel Dennett은 이러한 개념을 '데카르트식 극장Cartesian theater'이라 명명하면서 광범위하게 기술했고, 인지적 배경 위에서 이러한 데카르트식 극장은 존재할 수 없다는 것을 설득력 있게 논했다.[2] 나 역시 신경과학적 토대 위에서 이것이 잘못된 직관이라고 주장한다.

여기에 나의 논리를 요약하려고 한다. 이것은 내가 다른 곳에서 길게 토론했던 것이다.[3] 통합적 뇌 부위에 관한 아이디어에 반하는 나의 주된 주장은 다음과 같다. 완벽한 시간 및 공간적 등록에 있어서, 인간의 뇌 안에 있는 어떠한 단일 부위도 우리가 음향, 동작, 모양, 색채 등을 동시에 경험할 때 활성화되는 모든 감각 양식의 표상을 동시에 처리하도록 장치되어 있지 않다는 것이다.

우리는 별개의 양식에 대한 이미지의 구성이 어디에서 일어나는지 찾기 시작했다. 그러나 어디에서도 별개의 산물들이 모두 정확한 등록으로 투영되는 하나의 단일 지점을 발견할 수 없었다.

많은 다른 초기 감각부위에서 오는 신호가 수렴될 수 있는 몇몇 뇌 부위가 있다는 것은 사실이다. 실제로 이러한 소수의 수렴부위는 광범위한 종류의 다중양식 신호를 받아들인다. 예를 들면 비내 혹은 비주변 피질entorhinal, perirhinal cortices이 그것이다. 그러나 이 부위가 그런 신호를 이용해 창출할 수 있는 통합이 마음의 통합을 위한 토대를 형성하는 것 같지는 않다. 예를 들면 이러한 고순위 수렴부위의 손상은 '마음'의 통합을 전혀 방해하지 못한다. 심지어 양쪽 반구에서 동시에 일어나 학습장애 같은 측정할 수 있는 신경심리적 결과를 야기한다고 해도 그렇다.

통정된 마음에 대한 우리의 강한 느낌은, 별개의 뇌 부위에서 교묘한 시간적 효과로 일어나는 신경활동의 동조적 틀에 의한, 거대 단위 체계의 협연 활동에서 창조된다고 생각하는 것이 아마도 더 유익할 것이다. 즉, 해부학적으로 별개의 뇌 부위에서 일어난 활동이 대략 동일한 시간 창time window에서 일어났다면 장면 배후의 부분들을 연결하는 것이 가능하며, 따라서 그것 모두가 동일한 장소에서 발생한다는 인상을 낳을 수 있다. 이것은 결코 시간이 어떻게 결부되느냐에 관한 설명이 아니며, 오히려 시간이 그 기전의 주요 부분이라는 것을 암시한다. '시간에 의한 통합'이라는 아이디어는 지난 수십 년에 걸쳐 분명해졌으며, 지금은 많은 이론가의 연구로 확실하게 대두되었다.[4)]

뇌가 시간이라는 수단을 통해 별개의 과정들을 의미 있는 조합으로 통합한다면, 이는 감각적이며 경제적인 해법이기는 하지만 위험과 문제가 없는 것은 아니다. 주된 위험은 잘못된 시차다. 시간 기전timing mechanism의 어떠한 부전도 가짜 통합이나 분열을 유발할 수 있다. 이는 두부 손상이나 정신분열증, 또는 다른 질환에 의해 야기되는 혼동 상태에서 실제로 일어날 수 있다. 시간 묶음에 의해 야기되는 근원적 문제는 의미있는 조합을 만들어야 하고, 또 이성과 의사결정을 일으키기에 충분한 집중적 활동이 다른 부위에서도 유지되어야 한다는 것이다. 다른 말로 하면, 시간 묶음은 주의집중과 작업기억이라는 강하고 효과적인 기전을 필요로 하며, 또한 본성적으로 이것들은 그렇게 마련되어 있는 것 같다.

각각의 감각체계는 그 자체의 국소적인 주의집중 및 작업기억 장치를 제공하도록 장착되어 있는 것처럼 보인다. 그러나 전체적인 주의집중과 작업기억의 과정에 관한 한, 동물 실험뿐만 아니라 인간 연구도 전전두부피질과 일부 변연계 구조(전측 대상회)가 필수적이라는 것을 보여준다.[5)] 이 장의 시작 부분에서 논의되었던, 과정과 뇌 체계 사이의 신비로운 연합은 이제 더 명확해질 것 같다.

현재의 이미지, 과거의 이미지, 미래의 이미지

이성과 의사결정에 요구되는 실제적 지식은 이미지의 형태로 마음에 오게 된다. 잠시, 이러한 이미지를 가능하게 하는 신경 기질을 살펴보기로 하자.

당신이 창문으로 가을의 경치를 보고 있거나, 배경으로 흐르는 음악을 듣고 있거나, 매끄러운 금속표면 위로 손가락을 움직이거나, 혹은 페이지를 따라 줄을 내려가면서 단어를 읽을 때, 당신은 무언가를 지각하는 것이며, 그럼으로써 다양한 감각적 양식의 이미지들이 형성된다. 이렇게 형성된 이미지를 지각적 이미지perceptual images라 한다.

그러나 당신은 이러한 풍경이나 음악, 표면, 책 등에서 주의를 멈추고, 거기서 빠져나와 생각을 다른 곳으로 돌릴 수 있다. 아마 당신은 이제 매기 아줌마, 에펠탑, 플라시도 도밍고의 목소리, 혹은 내가 방금 이미지에 관해 말한 것을 생각할지 모른다. 모양이나 색채, 동작, 음조, 구어적 또는 비구어적 단어 등으로 되어 있든 되어 있지 않든 상관없이, 이러한 생각 역시 대부분 이미지들로 구성되어 있다. 당신이 과거 일을 회상하여 불러냄으로써 일어나는 이미지들을 회상적 이미지recalled images라고 하는데, 이는 지각적인 것과 구분된다.

당신은 회상적 이미지를 사용하여 특정한 형태의 과거 이미지를 다시 불러올 수 있다. 이는 당신에게 아직 일어나지 않았으나 일어나리라 예상되는 것, 예를 들면 이번 주말에 서재를 정리하는 것 같이 어떤 것을 계획했을 때 형성되었던 것이다. 계획 과정이 펼쳐짐에 따라 당신은 사물과 동작의 이미지들을 형성하고 당신 마음에 그 이야기에 대한 기억을 공고하게 한다. 아직까지 일어나지 않은, 그리고 사실상 앞으로도 전혀 올 것 같지 않은 어떤 것에 관한 이미지는 이미 일어난 어떤 것에 관한 이미지와 본질적으로 다르지 않다. 그 이미지는 과거의 기억 대신에 미래의 기억을 형성한다. 이러한 다양한 이미지는(지각적인, 실제 과거로부터 회상된, 그리고 미래의 계획으로부터 회상된) 당신의 뇌의 구성물이 된다. 당신이 확실하게 알 수 있는 것은 그 이미지들이 당신 자신에게 실제이며, 다른 사람들 역시 동등한 이미지를 만든다는 것이다. 우리는 우리의 이미지에 근거한 세상사에 대한 개념을 다른 사람들과, 심지어는 어떤 동물과도 공유한다. 각기 다른 개인이 만드는 환경의 필수적인 면(질감, 음향, 모양, 공간)으로 이루어진 구성물은 놀랄 만큼 일관성을 보인다. 인간 생물체가 다르게 디자인되었다면, 우리가 만드는, 그리고 우리를 둘러싼 세상에 대한 구성물 역시 다를 것이다. 우리는 '절대적' 현실이 무엇과 같은지 알지 못하며, 앞으로도 알게 될지 불확실하다.

그러면 우리는 어떻게 이러한 경이로운 구성물들을 만들게 되었을까? 아마도 그것들은 지각, 기억, 이성 등 복합적인 신경 기계에 의해 조합된 것처럼 보인다. 때때로 그 구성물은 뇌 바깥에 있는 세계, 즉 우리의 신체 내부나 그것을 둘러싼 세계로부터 과거 기억의 도움을 약간 받아 보조를 맞춘다. 이러한 경우는 우리가 지각적 이미지들을 발생시킬 때 볼 수 있다. 간혹 그 구성물은 우리의 뇌 안에서 달콤하고 고요한 사고 과정에 의해 있는 그대로 상의하달top down 방식으로 관리되기도 한다. 우리가 좋아하는 멜로디를 회상하거나, 눈을 감고 어떤 장면을(실제 상황이든 혹은 상상의 장면이든) 회상할 때를 그 예로 들 수 있다.

그러나 우리가 경험하는 그 이미지에 가장 밀접하게 관련된 신경 활동은 초기 감각피질에서 일어나며, 다른 부위에서는 일어나지 않는다. 초기 감각피질에서의 활동은, 그것이 지각을 통해서든 혹은 기억을 불러냄으로써 연루된 것이든 상관없이, 수많은 대뇌피질 부위와 피질하 신경핵, 기저 핵, 뇌간 및 그 밖의 곳에서, 그리고 그 장면의 배후에서 작동하는 복합적 과정의 결과로 일어나는 것이다. 요컨대 이미지는 직접적으로 그러한 신경적 표상에 기초하고, 오직 지형학적으로 조직화되며, 초기 감각피질에서 일어난다. 그러나 이미지는 뇌 바깥쪽을 향한 감각 수용체들(예를 들면 망막)의 통제 아래 형성되거나, 뇌 안의 피질 부위와 피질하 핵에 있는 기질적 표상들(기질)의 통제 아래 형성된다.

지각적 이미지를 형성하는 것

> 당신이 세상의 어떤 풍경에서 무언가를 또는 신체에서 무엇(예를 들면 오른쪽 팔꿈치의 통증)을 지각할 때 이미지는 어떻게 형성되는가? 양쪽의 경우에서, 필수적이지만 충분하지 않은 첫 번째 단계가 다음과 같이 진행된다. 우선 적절한 신체구역에서 오는 신호(전자의

경우는 눈과 망막, 후자의 경우는 팔꿈치 관절의 신경 말단)가 신경에 의해 축삭 돌기를 타고 오면서 몇몇 전기화학적 연접부를 건너 뇌에 운반된다. 그 신호는 초기 감각피질로 전달된다.* 망막에서 오는 신호의 경우, 이 이미지는 뇌 뒤쪽 후두엽에 위치한 초기 감각피질에서 일어날 것이다. 팔꿈치 관절에서 오는 신호의 경우에는 두정엽과 섬insula 부위의 초기 체감각피질에서 일어나는데, 이 부위는 실인증에서 손상된 뇌 영역의 일부다. 다시 명심할 것은, 이것이 하나의 중심center이라기보다 영역들의 집합collection이라는 것이다. 집합의 부분이 되는 영역은 개개가 복합체이며, 그것들이 형성하는 상호 연결망은 심지어 복잡함이 더하다. 지형학적으로 조직화된 표상은 이러한 영역들의 협조적인 상호작용의 결과이지 단순히 그것들 중 하나에서 나온 결과는 아니다. 이러한 개념에 골상학이 개입할 여지는 전혀 없다.

주어진 감각양식에 해당하는 전체 혹은 대부분의 초기 감각피질이 파괴될 때, 이러한 양식의 이미지를 형성하는 능력은 없어진다. 초기 시각피질이 없는 환자들은 많은 것을 볼 수 없다(이러한 환자들에서 일부 여분의 감각능력이 보존되어 있는데, 아마도 감각양식에 관계된 피질과 피질하 구조들이 온전한 상태이기 때문일 것이다. 초기 시각피질이 광범위하게 손상된 후, 어떤 환자들은 자신이 볼 수 없다고 고백하는 광표적을 가리킬 수 있다. 이른바

* 이들 초기 피질 내에서 이루어지는 지각 기전의 작동은 이제 이해되기 시작했다. 시각체계에 대한 많은 양의 신경해부적, 신경생리적, 정신신체적 자료가 모아졌고, 신체감각과 청각체계에 대한 풍부한 새로운 발견이 있었다. 많은 연구에서 보이는 바와 같이[6] 이 피질들은 역동적인 연합을 형성하고, 그것들이 생성하는 지형적으로 조직된 표상은 유입의 형태와 양에 따라 변화한다.

맹시blindsight 상태다. 두정엽 피질, 상부 소구, 시상 등은 아마도 이러한 과정과 연관된 몇몇 구조일 것이다). 지각적 결함은 무척 특이적일 수 있다. 예를 들어 초기 시각피질 내의 부속 체계 중 하나가 손상받으면 색깔을 인지하는 능력이 소실될 수 있다. 이러한 소실은 완전히 오거나 약하게 올 수도 있는데, 이 경우 환자들은 바랜 색을 인지하는 것과 같이 된다. 환자들은 모양, 동작, 깊이 등은 볼 수 있지만 색깔은 보지 못한다. 이러한 무색증achromatopsia 상태에서 환자들은 회색 그늘 아래서 우주를 건설한다. 비록 초기 감각피질들과 그것들이 형성하는, 지형학적으로 조직화된 표상이 이미지에 필요해서 의식에서 일어나기는 하지만, 그것만으로는 충분해 보이지는 않는다. 즉, 우리 뇌가 단순히 섬세한, 지형학적으로 조직된 표상만을 발생시키는 것 외에 아무것도 하지 않는다면, 우리가 그것들을 이미지로 의식할 수 있을지 의심스럽다는 것이다. 어떻게 그것들이 우리의 이미지라는 것을 알 수 있단 말인가? 이러한 설계는 의식의 중요한 특징 중 하나인 주관성subjectivity이 결여되어 있다. 다른 조건이 충족되지 않으면 안 된다.

중요한 것은 이러한 신경적 표상들이 순간순간 자아self의 신경적 토대의 형성과 연관되어 있어야 한다는 것이다. 이 문제는 7장과 10장에서 다시 논의되겠지만 여기서 내가 하고 싶은 이야기는, 자아라는 것이, 우리 뇌 안에 작은 난쟁이가 있어 뇌가 형성하는 이미지를 그 난쟁이가 지각하고 생각하는 그런 형편없는 모형이 아니라는 것이다. 오히려 그것은 영속적으로 재창조된 신경생

> 물학적 상태다. 난쟁이 모형 개념에 관한 정당한 공격이 계속된 후, 많은 학자가 자아 개념을 똑같이 두려워했다. 그러나 신경적 자아는 결코 작은 난쟁이일 필요가 없다. 실제로, 어떤 두려움을 야기하는 것은 자아가 없는 인지에 관한 개념이다.

이미지를 저장하고 회상 이미지를 형성하는 것

이미지는 사물, 사건, 단어, 문장 등의 복사판으로 저장되지 않는다. 뇌는 사람, 물체, 풍경 등의 폴라로이드 사진을 쌓아놓지 않으며, 음악과 언어의 녹음테이프로도 저장하지 않는다. 뇌는 생활의 장면을 필름으로 저장하지 않으며, 또한 정치가가 사용하는 신호카드와 텔레프롬프터TelePrompTer 자막의 형태를 고수하지도 않는다. 요컨대 어떤 것에 대한 그림이라도 영구적으로 보존될 수 없으며, 아주 작게 소형화되었다 해도 마이크로피시microfiches나 마이크로필름 또는 하드 카피hard copy를 만들어낼 수 없다. 우리가 살아가는 동안에 습득하게 되는 지식의 방대한 양을 고려해 볼 때, 어떠한 형태의 복사판 저장이라 해도 양적으로 극복할 수 없는 문제를 갖게 될 것이다. 만일 뇌가 도서관과 같다면, 보통 도서관이 그런 것처럼 우리는 서고를 다 채우게 될 것이다. 더욱이 복사판 저장은 복구의 효율에서 어려운 문제를 안고 있다. 우리는 주어진 대상, 얼굴, 장면 등을 회상해낼 때마다 정확한 복사판이라기보다 원본의 새로운 재구성 형태인 해석interpretation을 갖게 된다는 직접적인 증거를 가지고 있다. 또한 우리의 나이와 경험이 변화될수록 같은 일의 판版도 진보하게 된다. 수십 년 전에 영국의 심리학자 프레드릭 바틀렛Frederic Bartlett이 기억은 근본적으로 재창조되는 것이라고 처음 언급했듯이, 어떤 기억도 융통성 없는 복사판 표상이 아니다.[7)]

그러나 뇌 속에 존재할 수 있는 영원한 그림이 우리 모두가 공유하는 감각과 조화되어야 한다는 것을 부정하는 것은, 마음의 눈이나 귀에 우리가 전에 경험했던 이미지의 근사치를 불러낼 수 있다는 것을 부정하는 것이다. 근사치가 정확하지 않다거나 복사할 이미지보다 덜 생생하다고 해서 이러한 사실이 모순되는 것은 아니다.

이 문제에 대한 대답은 잠정적으로 이렇게 말할 수 있다. 즉, 이러한 정신의 이미지는 일시적인 구성이며(한 번 경험했던 형식을 반복해 시도하는 것이며), 이 시도는 정확한 재생의 확률은 낮으나 실질적인 재생의 확률은 이미지가 습득되고 회상된 상황에 좌우되어 높을 수도 있고 낮을 수도 있다는 것이다. 이렇게 소환된 이미지들은 의식 안에서 오직 획 지나가듯이 유지되는 경향이 있으며, 비록 훌륭한 재생을 보이는 편이긴 하지만 종종 부정확하거나 불완전하다. 나는 명백한 회상적 정신상(마음의 이미지)이, 한때 지각적 표상에 상응하는 점화방식이 일어났던 초기 감각피질에서 신경 점화방식이 동시에 일시적으로 활성화되어 발생한다고 추측한다. 활성화는 지형학적으로 조직된 표상의 결과를 낳는다.

이 의견에 대한 몇몇 논쟁과 증거가 있다. 위에서 기술했던 무색증achromatopsia 상태에서, 초기 시각피질의 국소적 손상은 색깔 지각의 상실뿐 아니라 색깔상(이미지)의 상실도 가져온다. 만일 당신이 무색증이라면 마음에 더 이상 색깔을 그릴 수 없게 된다. 만일 당신이 바나나를 상상하면 그 모양을 그릴 수는 있어도 색깔을 그릴 수는 없다. 당신은 회색 그림자 안에서 바나나를 보게 될 것이다. 만일 '색깔지식'이 '색깔지각'에 기여하는 곳과는 다른 별개의 체계에 저장되어 있다면, 무색증 환자들은 그것을 하나의 외부 물체로 지각할 수 없을 때라도 색깔은 상상할 것이다. 그러나 그들은 그렇지 못하다.

초기 시각피질에 광범위한 손상을 받은 환자는 시각상을 만들어 내는 능력을 잃어버린다. 그러나 그들은 여전히 물체의 촉감적, 공간적 성질에 관한 지식과 음향 이미지를 불러낼 수 있다.

신경 영상기술인 양전자 방출 단층촬영positron emission tomography, PET과 기능적 자기공명functional magnetic resonance을 이용한 시각적 회상에 대한 예비 연구가 이 아이디어를 뒷받침한다. 스티븐 코슬린Steven Kosslyn, 한나 다마지오, 토마스 그라보스키Thomas Grabowski, 그리고 그들의 동료들은, 시각적 이미지를 다시 불러오면 초기 시각피질을 활성화시킨다는 것을 발견했다.[8)]

어떻게 우리가 회상된 이미지를 경험하는 데 필요한, 지형학적으로 조직화된 표상을 구성할 수 있을까? 나는 이러한 표상들이 뇌 안의 다른 곳에 있는, 후천적으로 습득된 기질적dispositional 신경 형태의 명령 하에 순간적으로 짜 맞추어진 것이라고 믿는다. 기질적 표상들은 내가

'수렴지대'라 부르는 신경세포들의 작은 협주단에서 잠재적 신경활동 형태로 존재한다. 즉, 그 표상들은 이 협주단 내에서 신경세포의 점화기질의 틀로 구성되어 있다. 불러낼 수 있는 이미지와 연관되는 기질들은 학습을 통해 습득되며, 그렇기 때문에 우리는 그것들이 하나의 기억을 형성한다고 말할 수 있다. 기질적 표상이 다시 초기 감각피질로 돌아가서 점화될 때 이미지를 낼 수 있는 수렴지대는 상위 연합피질(후두부, 측두부, 두정부, 전두부 영역)에 걸쳐 있고, 기저핵과 변연계 구조에 위치하고 있다.

기질적 표상이 자체의 작은 연접부 공동체에 저장하고 있는 것은, 하나의 그림 자체가 아니라 '하나의 그림'으로 재구성할 수 있는 도구다. 만일 당신이 매기 아줌마의 얼굴에 관한 기질적 표상을 가지고 있다면, 그 표상이 담고 있는 것은 그녀의 얼굴 같은 것이 아니라 오히려 초기 시각피질에서 매기 아줌마 얼굴의 대략적 표상을 순간적으로 재구성할 수 있도록 유도하는 점화 양상이다.

매기 아줌마의 얼굴이 당신의 마음에 보이기 위해서는 몇몇 기질적 표상의 동시적 점화가 필요한데, 이 표상들은 몇 개의 시각적 피질과 상위 연합피질(내가 짐작하기로는 대부분 후두부와 측두부 영역)에 위치하고 있다.[9] 같은 배열을 청각적 영역에도 적용할 수 있다. 청각적 연합 피질에 있는 매기 아줌마의 목소리에 대한 기질적 표상들은 초기 청각피질을 다시 점화시킬 수 있으며, 순간적으로 매기 아줌마 목소리의 표상 근사치를 만들어낸다.

이러한 재구성을 위해 오직 하나의 감추어진 공식만 있는 것은 아니다. 완벽한 사람으로서의 매기 아줌마는 당신 뇌의 어느 한 곳에만 존재하는 것이 아니다. 그녀는 이것저것에 대한 많은 기질적 표상의 형태로 뇌 전체에 걸쳐 분포하고 있다. 당신이 매기의 일을 기억해 내고자 할 때, 그녀는 다양한 초기 피질(시각적, 청각적 피질 등)의 지형학적 표상에 나타나고, 당신이 그녀 개인에 대한 어떤 의미를 구성하는 시간 창time window에는 여전히 별개의 상들로만 존재한다.

만일 당신이 50년 전으로 돌아가 어떤 사람이 가지고 있는 매기 아줌마에 대한 시각적인 기질적 표상으로 들어가는 상상적 실험을 한다면, 나는 당신이 매기 아줌마의 얼굴과 닮은 어떤 것도 보지 못하리라고 예견할 수 있다. 왜냐하면 기질적 표상은 지형학적으로 조직화된 것은 아니기 때문이다. 그러나 만일 당신이 매기 아줌마의 얼굴을 다시 점화하는 수렴지대의 약 100밀리초millisecond 내에서 어떤 사람의 초기 시각피질에서 일어난 활동 양상을 탐색한다면, 당신은 아마도 매기 아줌마 얼굴의 구조와 얼마간 관계가 있는 활동 양상을 볼 수 있을 것이다. 당신이 그녀의 얼굴에 대해 알고 있던 것과, 역시 그녀를 알고 생각하는 어떤 사람의 초기 시각피질의 회로에서 당신이 발견한 것 사이에는 일관성이 있을 것이다.

이것이 그럴 것이라는 추측에 대한 증거가 이미 있다. 로저 투텔R.B.H. Tootell은 신경해부 영상법을 사용해, 원숭이가 십자나 사각형과 같은 어떤 모양을 볼 때, 초기 시각피질 안의 신경 활동이 원숭이가 보고 있는 모양과 일치하는 형태로 지형학적으로 조직화된다는 것을 보여주었다.[10] 다른 말로 하면, 외부 자극과 뇌 활동의 양상을 주시하는 제3의 관찰자가 구조적 유사성을 인식한다는 것이다(그림 5-2 참고). 똑같은 이론을, 신체표상이 체감각피질에서 역동적 양상으로 나타난다는 마이클 머제니치Michael Merzenich의 발견에 적용시킬 수 있다.[11] 그러나 내가 일찍이 지적했듯이, 이러한 표상을 대뇌피질에 가지고 있다는 것이 그것을 의식하는 것과 동등하지는 않다는 것을 주시해야 한다. 그것은 필요하지만 충분하지는 않다.

내가 기질적 표상이라 부르는 것은, 신경세포가 점화되면 생명을 갖게 되는 하나의 잠재적 점화 가능성이다. 이 점화 가능성은 특수한 유형으로, 특정한 장소에서 특정 시간에, 그리고 신경세포들의 또 다

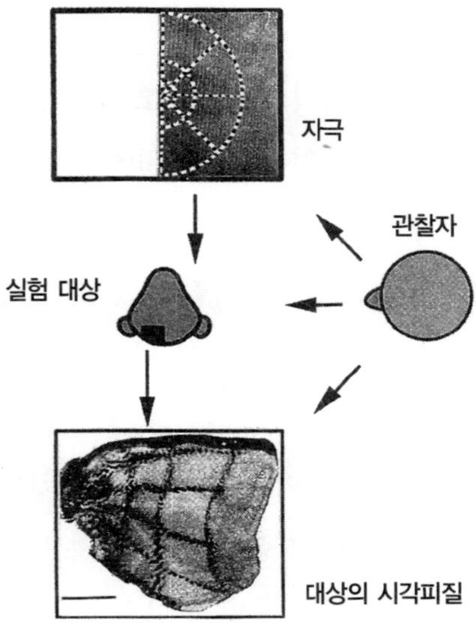

그림 5-2
실험동물에게 제시된 자극을 관찰자가 보고 있다. 이어서 관찰자는 동물의 시각피질에서 그 자극에 의한 활성을 볼 수 있을 것이다. 관찰자는 일차 시각피질층의 하나인 층 4C(layer 4C)에서 자극의 모양과 신경활동 사이의 현저한 일관성을 관찰할 것이다. 이 자극과 뇌의 이미지는 이 실험을 수행한 로저 투텔의 연구에서 나온 것이다.

른 협연으로 일어나 어떤 특정 목표물을 향하게 된다. 연접부의 변형에 대한 연구가 축적되어 새로운 발견이 많음에도 불구하고, 협연 안에 담긴 '부호codes'가 어떤 모습인지 아무도 모른다. 그러나 다음과 같이 말할 수는 있다. 즉, 점화 양상은 연접부의 강화 혹은 약화의 결과로 생기는데, 바꾸어 말하면 신경세포들(축삭돌기와 수상돌기를 포함한)의 섬유가지에서 현미경 수준으로 일어난 기능적 변화의 결과다.[12)]

기질적 표상은 잠재적 상태로 존재하며, 브리가둔Brigadoon 마을(마녀의 마법에 걸려 100년에 하루만 나타난다는 마을. 뮤지컬 '브리가둔'으로 유명해진 이야기 – 역주) 처럼 활성화되기 쉽다.

지식은 기질적 표상에 수록되어 있다

기질적 표상은 지식의 보고이며, 선천적 지식과 경험으로 얻은 후천적 지식을 모두 망라한다. 선천적 지식은 시상하부, 뇌간, 변연계 등의 기질적 표상에 근거한다. 이것은 생존에 요구되는 생물학적 조절(예를 들면 신진대사, 욕구, 본능 등의 조절)에 대한 명령으로 개념화할 수 있다. 그리고 수많은 과정을 조정하지만 대개는 마음속의 이미지가 되지는 않는다. 이에 대해서는 다음 장에서 다루기로 하겠다.

후천적 지식은 상위-순위 피질과 피질 아래의 많은 회색질 핵에 걸쳐 있는 기질적 표상에 근거한다. 이러한 기질적 표상 중 일부는 우리가 회상하여 동작, 추론, 계획, 창작 등에 이용할 수 있고, 이미지로 떠올릴 수 있는 지식에 관한 기록을 담는다. 그리고 일부는 우리가 이러한 이미지에 대해 작동시키는 규칙과 전략에 관한 기록을 담는다. 새로운 지식의 습득은 이러한 기질적 표상이 계속 변형됨으로써 성취된다.

기질적 표상들이 활성화될 때, 이것들은 여러 가지 결과를 나타낼 수 있다. 이것들은 회로설계에 의해 강하게 연관된 다른 기질적 표상을 점화시킬 수 있다(예를 들면 측두엽피질의 기질적 표상은 같이 강화된 체계의 일부분인 후두엽피질의 기질적 표상을 점화시킬 수 있다). 그렇지 않으면 이것들은 초기 감각피질을 직접적으로 다시 점화하든지, 아니면 같이 강화된 체계를 갖는 다른 기질적 표상을 활성화하여 지형학적으로 조직화된 표상을 발생시킬 수 있다. 또는 그것들은 운동피질이나 기저핵 같은 핵을 활성화시킴으로써 하나의 동작을 발생시킨다.

회상에 의해 이미지가 나타나는 것은 초기 감각피질에서 일시적 방식(은유적으로 표현하면 하나의 지도)을 재구성함으로써 발생하며, 재구성을 위한 촉발은 연합피질 같은 뇌의 다른 부위에서 기질적 표상이 활성화됨으로써 일어난다. 똑같은 방식의 지도화된 활성이 운동피질에서 일어나며, 이는 운동의 기초가 된다. 어떤 동작이 일어나는 토대에 대한 기질적 표상은 전운동피질, 기저핵, 변연계피질 등에 위치한다. 이것들이 동작과 신체 움직임에 관한 내부 이미지들을 모두 활성화시킨다는 증거가 있다. 왜냐하면 빠른 속도로 일어나는 동작의 특성 때문에 우리는 동작 자체만을 의식하게 되며, 따라서 의식에서 종종 가려지기 때문이다.

생각은 대부분 이미지로 만들어진다

생각은 이미지뿐만 아니라 많은 것으로 이루어지는데, 단어와 비이미지적인 추상적 상징으로도 이루어진다고 흔히 말한다. 확실히 그 누구도 생각이 단어와 임의적 상징을 포함한다는 것을 부정하지 못할 것이다. 그러나 이러한 견해가 놓치고 있는 것은, 단어와 임의적 상징 모두 지형학적으로 조직화된 표상에 근거한 것이며 이미지로 될 수 있다는 사실이다. 말하기 전이나 어떤 문장을 쓰기 전에, 우리 내부의 언어에서 사용하는 대부분의 단어들은 우리의 의식에 청각적 혹은 시각적 이미지로 존재한다. 만일 이것들이 빨리 획 지나가서 이미지로 되지 못한다면, 우리가 모르는 것이 될 것이다.[13] 이것은 의식의 명확한 빛 안에 있지 않으면서 드러나지 않게 활성화되는, 지형학적으로 조직화된 표상에도 적용된다. 우리는 발화준비 실험을 통해, 비록 이러한 표상들이 내밀히 진행되어도 사고과정 경과에 영향을 미치며, 심지어 나중에라도 의식에 뛰어든다는 것을 알게 되었다(발화준비는 어떤 표상을 불완전하게 활성화하거나, 혹은 거기에 참여하지 않고 표상을 활성화시키는 것으로 정의된다).

우리는 이러한 현상을 규칙적으로 경험한다. 몇 사람이 참여해 바삐 진행된 대화 후에, 그 대화 속에서 우리가 듣지 못했던 어떤 단어나 말이 갑자기 우리 마음에 와 닿게 된다. 우리는 그것을 놓쳤다는 사실과 어떻게 그것을 놓칠 수 있는지에 놀라고, '당신이 방금 이런저런 이야기를 했느냐?'고 물으며 그런 사실을 점검하기도 한다. X라는 사람이 정말 이런저런 이야기를 했어도, 당신은 Y라는 사람에게 정신을 집중했기 때문에, X가 말한 것과 관련되어 형성된 지도화된 표상들은 참여되지 못하고, 단지 그것으로 어떤 기질적 기억만 만들어졌다. Y에 대한 당신의 정신집중이 느슨해짐으로 인해 놓친 단어나 언급이 당신과 연관된 것이라면, 그 기질적 표상은 지형학적으로 조직화된, 초기 감각피질 내의 표상을 재발생시킨다. 그리고 당신이 이것을 의식하고 있기 때문에 이것은 이미지화된다. 그러나 처음에 지형학적으로 짜여진 지각적 표상을 형성하지 않고는 결코 어떤 기질적 표상도 형성하지 못한다는 사실에 주목해야 한다. 처음부터 초기 감각피질을 방문하지 않고 기질적 표상을 지원하는 연합피질로 복합적 감각 정보를 가져오는 해부학적 방법은 어디에도 없는 것처럼 보인다(비복합적 감각 정보의 경우는 이와 다를지도 모른다).

위의 언급은 어떤 수학적 문제를 정신적으로 풀 때 우리가 사용하는 상징에도 역시 적용된다(모든 형태의 수학적 사고는 아니지만). 만일 이러한 상징이 이미지화되지 않는다면 우리는 그것을 알지 못하며 그것을 의식적으로 풀 수 없을 것이다. 이러한 관점에서, 어떤 통찰력 있는 수학자나 물리학자가 자신의 생각을 이미지로 드러내는 것을 관찰하는 것은 흥미로운 일이다. 종종 그 이미지들은 시각적이며, 심지어 체감각적이 될 수도 있다. 일생을 분할지리에 관해 연구한 브누아 망델브로 Benoit Mandelbrot는 자신은 언제나 이미지로 생각한다고 말했는데, 이는 놀라운 일이 아니다.[14)] 물리학자 리처드 파인만Richard Feynman은 어떤 방정식을 풀 때, 그것과 관계된 도해를 보지 않고 푸는 것을 좋아하지 않았다(방정식과 도해 모두 사실은 이미지라는 것을 주목하라). 알버트 아인슈타인

Albert Einstein의 경우도 마찬가지였다.

> 단어나 언어는(그것이 문어적이든 구어적이든) 나의 사고기전에 어떠한 역할도 하지 않는 것으로 보인다. 사고의 요소로 기여하는 것으로 보이는 정신적 실체는 어떤 특정한 징후signs이며, '자발적으로' 재생되고 연합될 수 있는, 다소 명확한 이미지다. 이러한 요소들과 거기에 관련된 논리적 개념 사이에는 어떤 연결고리가 있다. 또한 논리적으로 연결된 개념에 궁극적으로 도달하고자 하는 욕구는, 위에서 언급한 요소와 더불어 좀 더 모호한 역할을 하는 감정적 토대라는 것이 명백하다.[15)]

같은 글의 끝에서 그는 이것을 더욱 명확히 한다.

> 나의 경우에는, 위에서 언급한 요소들은 시각적이며 또한… 근육적인 형태다. 일상적 단어나 혹은 다른 징후들은, 언급된 관련 역할이 충분히 확립되고 의지로 재생산될 수 있을 때, 단지 두 번째 단계에서만 애써 추구되어야 한다.

요컨대 이미지들이 생산되는 감각적 양식에 관계없이, 그리고 어떤 일에 관련된 과정이든 관계없이, 혹은 주어진 언어에서 어떤 일이나 과정에 상응하는 단어나 다른 상징에 상관없이, 사고의 주요 내용은 이미지들이라는 것이다. 이러한 이미지들 뒤에 가려진 채, 우리에게 거의 알려지지 않는 공간과 시간에서 이러한 이미지들의 발생과 전개를 안내하는, 정말 많은 과정이 있다. 이러한 과정은 기질적 표상에 속한 규칙과 전략을 사용한다. 이것들은 우리의 사고에 필수적이지만, 우리의 사고 내용은 아니다.

우리가 회상을 통해 재구성하는 이미지는 외부의 자극으로 형성된 이미지들과 나란히 일어나게 된다. 뇌의 내부에서 재구성된 이미지는 외부에서 시작된 이미지보다 덜 생생하다. 이것들은 마치 데이비드 흄David Hume이 지적한 것처럼, 뇌 외부의 자극으로 발생하는 '생생한' 이미지보다 '희미하다'. 그러나 그것들은 그럼에도 불구하고 이미지이다.

신경발달에 관한 몇 가지 견해

앞에서 토론한 대로 뇌 체계와 회로, 그리고 이것들을 수행하는 작동 기능은, 신경세포 사이의 연결과 이러한 연결을 구성하는 연접부의 강도에 의존한다. 그렇지만 우리 뇌에서 이러한 연결 형태와 연접부의 강도가 어떻게, 언제 작용하는가? 이것들은 뇌 전체를 통해 모든 체계에 동시에 준비되는가? 일단 틀을 갖추고 나면 영원히 유지되는가? 이런 질문에 대한 명확한 답변은 아직까지 없다. 비록 이러한 주제에 관한 지식이 끊임없이 나오고 있고, 당연하게 받아들일 수 없는 많은 부분이 있으나, 다음과 같이 정리될 수 있을 것이다.

1. 인간 유전자(우리 염색체 안에 있는 유전자의 총칭)는 뇌의 구조 전체를 특성화하지 못한다. 인간 생물체 안에 있는 모든 것의 상세한 구조와 위치를 결정하는 유전자는 없으며, 수백만의 신경세포가 연접부 접촉을 형성하는 뇌에서 특히 그러하다. 이러한 불균형은 포착하기 쉽다. 우리 몸에는 대략 10만 개의 유전자가 있지만, 뇌 안에는 10조 개 이상의 연접부가 있다. 더욱이 유전적으로 유도된 조직 형성은 세포 사이의 상호작용으로 도움을 받는데, 여기에는 세포 부착 분자들과 기질 부착 분자들이 중요한 역할을 한다. 발달이 진행되면서 세포 사이에 일어나는 것은 (부분적으로) 발달을 조절하는 유전자의 표현을 우선으로 통제한다. 그러므로 말할 수 있는 바는, 많은 구조적 특징이 유전자에 의해 결정되기는 하지만, 거대한 나머지는 생명주기를 통해 발달하고 끊임없이 변화하면서 생물체의 활동 자체에 의해서만 결정될 수 있다는 것이다.[16)]
2. 인간 유전자는 진화론적으로 오래된 뇌 구역들에 있는 많은 중요한 체계와 회로의 정확한 구조를 짜게 된다. 비록 이러한 뇌 구역에 관련하여 현대의 진전된 연구가 전적으로 필요하고 연구가 진행되면서 많은 부분이 바뀔 수 있다 하더라도, 뇌간, 시상하부, 기저 전뇌 등에 관한 앞선 연구는 확실히 타당하게 보이며, 편도와 대상회 부위에 대한 발표도 무척 타당하게 여겨진다(다음 장에서 이러한 부위들의 구조와 기능에 관해 이야기하겠다). 이러한 구역 구조의 중요한 역할은 마음과 이성에 의지하지 않고도 기본

생명과정을 조절하는 것이다. 이러한 회로 내에 있는 신경세포의 선천적* 활동 양상은 이미지를 발생시키는 것이 아니다(비록 그 활동의 결과로 이미지가 나올 수 있다 해도). 이는 생존을 위한 항상성 원리를 조절하는 것이다. 선천적으로 갖춰진 이러한 뇌 구역의 회로가 없다면 우리는 숨을 쉴 수도, 심장박동을 조절할 수도, 신진대사를 조절할 수도, 먹을 것과 쉴 곳을 찾을 수도, 약탈자를 피할 수도, 그리고 출산을 할 수도 없을 것이다. 이러한 정교한 생물학적 조절이 없다면 개성적이고 진화론적인 생존은 중지될 것이다. 그러나 나는 이러한 선천적 회로들에 또다른 역할이 있음을 강조하지 않을 수 없다. 왜냐하면 마음과 행동을 받쳐주는 신경 구조에 관한 개념이 대개는 간과되고 있기 때문이다. 선천적 회로들은 신체적 조절뿐만 아니라 진화하여 현대적 구조를 갖춘 뇌의 발달과 성숙한 활동에도 관여한다.

3. 유전자가 뇌간 혹은 시상하부 회로에서 틀을 짜는 특성과 같은 방식이 유아기, 아동기, 사춘기를 지나면서 발달하고, 출생 후 오랜 기간에 걸쳐 물리적 환경이나 사람들과 상호작용함에 따라 결국 뇌의 나머지 부분에 적용된다. 아마 진화론적으로 현대

---

* 내가 선천적(문자 그대로 '태어날 때 존재한다'는 뜻)이라는 용어를 사용하는 것은, 어떤 구조나 활동 양상을 결정할 때 환경과 학습의 역할을 배제하려는 것이 아니다. 또한 경험에 의해 적응되는 가능성을 배제하려는 것도 아니다. 나는 선천적이라는 용어를, 윌리엄 제임스 William James가 사용한, 미리 설정된pre-set이라는 의미로 사용한다. 그리고 전부는 아니지만 대부분의 유전자에 의해 결정된, 그리고 항상성 조절을 이루기 위해 태어날 때 가용할 수 있는 구조와 양상을 일컫는다.

적인 뇌 구역들에 관한 한, 인간 유전자는 체계와 회로의 어떤 정밀한 배열보다는 일반적 틀을 갖추도록 도와주는 것 같다. 그러면 어떻게 정밀한 배열이 성립되는가? 아마도 이는 생물학적 조절과 관련된, 선천적이고도 정밀하게 짜여진 회로들의 영향에 의해 '보완되거나 강제된' 환경 상태의 영향을 받을 것이다.

간단히 말하면, 현대적인 그리고 경험에 의해 유도된 뇌 구역들(예를 들어 신피질)의 회로 활동은 마음(이미지)과 마음에 근거한 행위의 토대가 되는 특정 부류의 신경적 표상을 생산하는 데 필수적이다. 그러나 신피질은 구식의 숨어 있는 뇌(시상하부, 뇌간)가 온전하지 않고 협조적으로 작용하지 않는다면 이미지를 만들어내지 못한다.

이러한 배열은 한 가지 생각할 점을 제공한다. 이제 우리는 신체 기능을 조절하고 생물체의 생존을 보증하는 기능을 지닌 선천적 회로를 가지고 있는데, 이것은 내분비계, 면역계, 장기 등의 작동을 위한 내부적인 생화학적 작용과 욕구 및 본능을 조절한다. 어찌하여 이러한 회로가 우리의 후천적 경험의 표현에 관련된, 더 현대적이며 가소적인 것을 구체화하는 데 간섭하는 것일까? 이러한 중요한 물음에 대한 대답은 다음의 사실에 있다. 즉, 경험의 기록과 이에 대한 반응이 적응적인 것이 되려면, 생존을 최우선으로 여기는 생물체의 선호preferences의 근본적 틀에 의해 검토되고 구체화되어야 한다는 것이다. 이러한 검토와 구체화가 생물체를 유지시키는 데 필수불가결하기 때문에, 선천적 회로가 경험에 의해 변형될 수 있는 회로의 전체적 짜임에 근본적으로 강력한 영향을 끼치게끔 유전자들 또한 특화하는 것으로 보인다. 이러한 영향은 회로의 나머지 부분에 작용하는 '조절' 신경세포에 의해 훌륭히 수행된다. 이 조절 신경세포는 뇌간과 기저 전뇌에 위치해 있고, 언제든 생물체의 상호작용에 의해 영향을 받는다. 조절 신경세포들은 신경전달물질(도파민, 노르에피네프린, 세로토닌, 아세틸콜린 등)을 대뇌 피질과 피질하 핵의 광범위한 부위에 분포시킨다. 이러한 민첩한 배열은 다음과 같이 기술할 수 있다. 1) 선천적 조절회로는 생물체의 생존 작업에 관여하기 때문에 좀 더 현대적인 뇌의 구역에서 일어나는 일에 내밀히 관여한다. 2) 상황의 좋고 나쁨이 선천적 조절회로에 정기적으로 신호를 보낸다. 3) 선천적 조절회로는 뇌의 나머지 부분이 어떤 모습을 취하는가에 영향을 끼쳐 좋고 나쁨에 고유의 반응을 나타내며, 그렇게 함으로써 가장 효과적인 방법으로 생존을 도울 수 있다.

그러므로 우리가 유아기부터 성인기까지 자라면서 발달하는 신체와, 그것이 세상과 상호작용하는 것을 반영하는 뇌 회로의 설계는, 생물체가 연루되는 활동과 이러한 활동에 반응하는 선천적 생물조절회로의 작용에 의존하는 듯이 보인다. 이러한 설명은 우리가 본성 대 양육, 유전자 대 경험의 관점에서 뇌와 행동과 마음을 생각하는 것이 부적절하다는 것을 강조한다. 우리가 태어났을 때 우리의 뇌나 마음은 결코 순결한 백지 상태가 아니다. 또한 유전적으로 충분하게 결정되지도 않는다. 유전의 그림자는 크게 확대되어 보이지만 완전하지 않다. 유전자는 뇌의 한 구성요소에 정밀한 구조를 제공하며, 정밀한 구조가 결정되어야 하는 또 다른 구성요소를 제공한다. 그러나 결정되어야 하는 구조는 오직 세 가지 요인의 영향 아래서 이루어질 수 있다. 그 요인은 1) 정밀한 구조, 2) 개인적 활동과 환경(여기서의 환경은 인간적, 물리적 환경뿐 아니라 기회가 주어지는 것도 포함한다), 3) 체계의 완전한 복합성에서 생기는 자기 조직화의 압력 등이다. 각 개인의 예측할 수 없는 경험의 집합이, 이것이 선천적인 회로에서 일으키는 반응과 회로 구체화의 전 과정에서 이러한 반응이 갖는 결과를 통해, 직·간접적으로 회로 설계에 하나의 주역이 된다.[17)]

나는 2장에서 신경회로의 작동은 신경세포 사이의 연결 형태와 이러한 연결을 만드는 연접부의 강도에 의존한다고 말했다. 예를 들어 흥분성 신경에서 강한 연접부는 점화를 촉진시키고 약한 연접부는 그 반대가 된다. 많은 신경체계의 내부에서 여러 경험이 연접부의 강도를 변화시키기 때문에, 이제는 경험이 회로설계의 모양을 만든다고 말할 수 있다. 더욱이 어떤 체계에서는 생명 주기를 통해 다른 체계들보다 더 생물체의 다양한 경험을 반영하기 위해 연접부의 강도가 변화할 수 있고, 그 결과로 뇌 회로의 디자인이 끊임없이 바뀌게 된다. 회로들은 처음 경험의 결과를 접수할 뿐만 아니라 지속되는 경험에 의해 계속 유동적이고 변형될 수 있다.[18)]

어떤 회로들은 한 생물체가 겪는 변화에 따라 생명 주기를 통해 계속해서 재구성되곤 한다. 또 다른 회로들은 대부분 안정적으로 남아 있어, 우리가 내부 세계와 외부 세계에 관해 쌓아놓은 인식의 뼈대를 형성한다. 모든 회로가 오래가지 않는다는 개념은 전혀 말이 되지 않는다. 대대적인 조정은 사람들로 하여금 서로를 인식하지 못하게 하며, 그들 자신의 일대기에 대한 인식도 없어지게 할 것이다. 이것은 적응적일 수 없으며, 분명히 일어날 수도 없다. 어떤 후천적 표상이 상대적으로 안정적이라는 한 가지 간단한 증거는 환각사지로 알려진 상태에서 찾을 수 있다. 사지 중 하나가 절단되어 고통당하고 있는 사람들은 의사에게, 없어진 수족이 그 자리에 있는 것처럼 느낀다고 이야기한다. 그들은 상상의 동작으로 느낄 수 있으며, 없어진 수족 '안쪽에서' 아픔이나 차가움이나 따뜻함을 느낄 수 있다. 명백하게 이러한 환자들은 없어진 수족에 대한 기억을 가지고 있는데, 그렇지 않다면 그들의 마음에 그 이미지가 형성될 수 없을 것이다. 그러나 시간이 흐르면서 어떤 환자들은 그 환상에 대한 원근감을 경험하기도 한다. 이것은 기억(혹은 의식에서의 재생)이 수정된다는 사실을 명백하게 가리키는 것이다.

뇌는 그 점화 성질이 수은과 같이 변하기 쉬운 회로와 변화에 강하게 저항하는 회로 사이의 균형을 필요로 한다. 거울에서 우리의 얼굴을 인식하게끔 하는 회로들은 조금씩 미묘하게 그 구조적 변형을 수렴하기 위해 변화해왔고, 그래서 이제 세월이 흘러 오늘의 얼굴이 주어지게 된 것은 놀라운 일이 아니다.

6장 | 생물학적 조절과 생존

생존을 위한 기질

한 생물체의 생존은 세포와 조직의 통합을 유지시키는 일련의 생물학적 과정에 달려 있다. 간단한 방법이지만 예를 들어 보겠다. 생물학적 과정은 산소와 영양이 적절히 공급되어야 하고, 이러한 공급은 호흡과 섭식에 근거한다. 그 목적을 위해 뇌는 선천적 신경회로를 가지고 있다. 신경회로의 활동 양상은 신체에서 생화학적 과정의 도움을 받아 반사, 욕구, 본능 등을 신뢰성 있게 조절하여 필요한 호흡과 섭식이 이행되게 한다. 이전 장에서 다루었던 내용으로 다시 돌아가면, 선천적 신경회로들은 기질적 표상을 담고 있다. 이러한 기질들이 활성화되면 하나의 복잡한 집합적 반응이 작동한다.

또 하나의 보호벽으로는, 약탈자나 불량한 환경조건에 의한 파괴를 피하기 위해 전투나 탈출 행위를 야기하는 본능을 위한 신경회로가 있다. 또 다른 회로는 개인의 유전자를 확실히 지속시키기 위해 욕구나 본능을 조정한다(성 행위 혹은 친족을 돌보는 일). 그 밖에 다른 특정한 회로나 욕구 등도 있는데, 이것들은 생물체가 하루의 시간이나 환경온도에 따라 이상적인 양의 빛이나 어두움 혹은 뜨거움이나 차가움을 추구하는 것과 관련이 있다.

일반적으로 욕구와 본능은 어떤 특정한 행위를 직접 만들어냄으로써, 혹은 무의식 중이든 아니든 각 개인이 어떤 특정한 방식으로 행동하게 하는 생리적 상태를 유도함으로써 작동한다. 실제로 욕구와 본능에서 나오는 모든 행위는, 직접적으로 생명을 구하는 행동을 함으로써 혹은 간접적으로 생존에 유리한 조건을 활성화하거나 잠재적으로 위험한 조건의 영향을 감소시킴으로써, 생존에 공헌하게 된다. 내가 제안하는 합리성의 관점에서 핵심적인 감정과 느낌은 욕구와 본능의 강력한 표현이다.

기초적인 생물학적 과정을 조절하는 기질이 너무 많이 변하도록 허용하는 것은 이롭지 않다. 심각한 변화는 여러 장기체계에 중대한 부전을 일으키고, 질병 상태를 악화시키며, 심지어 죽음에 이르게 한다. 이 말이 통상적으로 선천적 신경방식에 의해 유도된 행위에 우리가 고의로 영향을 끼칠 수 있다는 것을 부정하는 것은 아니다. 우리는 수영할 때 물밑에서 호흡을 참을 수 있고, 오랫동안 금식을 지속할 수 있다.

우리는 심박동 속도에 쉽게 영향을 줄 수 있으며, 심지어 쉽지는 않으나 우리 몸의 혈압을 변경시킬 수도 있다. 그러나 이러한 경우의 어디에서도 기질이 변화한다는 증거는 찾을 수 없다. 변화하는 것은 연속되는 행동방식의 한 요소이며, 이것을 우리는 근육의 힘(예를 들어 상기도와 흉강을 수축시켜 호흡을 참는 것)이나 순전한 의지력을 통해 여러 방법으로 억제할 수 있다. 선천적 방식들이 (점화할 때) 다른 뇌 부위에서 오는 신경신호에 의해 변화될 수 있다는 것은 부정되지는 않는다(즉, 호르몬과 신경 펩타이드와 같은 화학적 신호에 의해 조절되어 이것이 혈류로 나오든 축삭돌기를 통과하든 부정되지는 않는다). 사실 뇌의 신경세포 다수가 호르몬 수용체를 가지고 있는데, 생식선, 아드레날선, 갑상선 등에서 온 것들이 그 예이다. 이 회로들의 초기 발달과 규칙적인 작동은 이러한 신호체계에 의해 영향을 받는다.

기초적 조절기전 중 일부는 드러나지 않게 작동하여 그 사람이 직접 알 수 없을 정도다. 몸 안의 여러 순환호르몬이나 칼륨이온, 적혈구 숫자 등의 상태는 측정해 보지 않고는 알지 못한다. 그러나 드러나는 행위를 포함한 좀 더 복잡한 조절기전들은, 이것들이 어떤 특정한 방법으로 작동할 때(또는 하지 않을 때) 간접적으로 그 존재를 알게 한다. 이러한 것을 본능instinct이라 부른다.

본능적 조절은 다음의 예로 쉽게 설명할 수 있다. 식사 후 몇 시간이 지나면 혈당농도는 떨어지며 시상하부의 신경세포는 그 변화를 감지한다. 적절한 선천적 방식의 활성화를 통해 뇌는 교정하기 위한 확률을 증가시킨다. 즉, 당신은 시장함을 느끼게 되고 그 시장기를 끝낼 행동을 시작한다. 당신은 먹게 되며 음식섭취는 혈당을 조절한다. 결국 시상하부는 다시 증가한 혈당의 변화를 감지하고, 해당 신경세포들은 신체가 포만감을 느끼는 상태가 되도록 한다.

본능적 조절 과정의 목적은 당신의 신체를 구하는 것이다. 그 과정을 시작하도록 하는 신호는 당신의 신체에서 온 것이다. 당신으로 하여금 몸을 구하게 하기 위해 의식 속으로 들어온 신호들 역시 몸에서 유래한 것이다. 그 순환 과정이 종결되면서 몸이 더는 위험한 상태에 있지 않다고 말하는 신호도 몸에서 온다. 비록 뇌가 감지하고 조절하는 것이지만, 본능적 조절이야 말로 신체를 위한, 신체에 의한 통치라고 말할 수 있을지 모르겠다.

이러한 조절기전은 어떤 기질이 어떤 신체변화 양상을 자극함으로써(욕구) 생존을 보장한다. 이는 어떤 특정한 의미가 있는 신체상태(배고픔, 구역질), 인식할 수 있는 감정(공포와 분노), 또는 이것들이 결합된 것일 수 있다. 이러한 흥분은 '장기'에서(저혈당), 또는 외부에서(어떤 위협적인 자극), 또는 '정신 내부'에서(어떤 재난이 일어나려는 것을 실감함) 촉발될 수 있다. 이러한 것들은 각각 내적인 생물조절 반응, 본능적 행동방식, 새롭게 창조된 행동계획, 혹은 이것들의 일부 또는 전부에 관여될 수 있다. 이러한 전체 주기를 작동시키는 기초적 신경회로들은 자동차의 브레이크와 매우 흡사하게 당신이라는 생물체의 기본 장치가 된다. 당신은 이 신경회로들을 특별히 따로 장치할 필요가 없었을 것이다. 이것들은 '편제전 기전preorganized mechanism'이며, 자신의 해야 할 모든 것은 그 기전을 자신의 환경에 맞추어 조율하는 것이다.

편제전 기전이 기초적인 생물학적 조절에만 중요한 것이 아니다. 편제전 기전은 생물체로 하여금 사물이나 사건을 '좋은' 혹은 '나쁜' 것으로 분류하도록 돕기도 한다. 왜냐하면 사물이나 사건이 생존에 충격을 줄 가능성이 있기 때문이다. 다른 말로 하면 생물체는 자기 기호의 기본적 틀이나 기준, 성향, 가치를 가지고 있다. 이것들의 영향과 경험의 매개 하에 좋고 나쁨으로 분류된 여러 일의 목록이 빨리 축적되고, 새롭게 등장하는 좋고 나쁜 일들을 감지하는 능력이 기하급수적으로 성장한다.

세상 밖으로 나와 있는 주어진 실재가 어느 장면의 구성요소이며, 거기서 어떤 다른 구성요소가 '좋은' 혹은 '나쁜' 것(즉, 선천적 기질을 흥분시켰던 구성요소)이었던 상황의 요소라고 하면, 뇌는 원래 아무 가치가 없는 그 실재를 마치 가치가 있는 것인 양(그것이 가치가 있든 없든) 분류할 수 있을 것이다. 뇌는 단순히 그 실재를 특별히 다룬다. 왜냐하면 그 실재는 확실히 중요한 어떤 것과 유사하기 때문이다. 만일 그 새로운 실재가 어떤 좋은 것과 유사하면 당신은 이것을 '후광'이라 부를 수 있고, 나쁜 것과 유사하면 그것과 연관지어 '죄'로 분류할 수 있다. 좋든 나쁘든 진정 중요한 것을 빛나게 하는 빛은 그 비슷한 부류의 것도 빛나게 할 것이다. 뇌가 이러한 양식으로 작동해야 하는 이유는, 뇌 자체와 나머지 신체 부분을 어떻게 조절하는지에 관해 우리가 상당한 양의 '선천적 지식'을 가지고 세상에 나오기 때문이다. 뇌가 선천적 조절에 관련된 실재나 상황과의 상호작용에 대한 기질적 표상과 융화될수록, 생존에 직접적으로든 아니든 관련된 실재와 상황을 포함시키는 기회는 증가하게 된다. 그리고 이러한 일이 생길수록 외부 세계가 무엇과 같은지에 대한 감각이 증대하는데, 이 감각은 신체와 뇌가 상호작용하는 신경 공간에서 하나의 변형으로 감지된다. 이는 결코 신비스러운 마음과 뇌 사이의 분리가 아니다. 아마도 마음과 몸 사이의 격리도 단지 허구적인 것이리라. 마음은 (그 용어의 참다운 의미로 볼 때) 단지 뇌화된 것이 아니라 신체에 통합된 것이다.

기초적 조절 이상의 것

생존하는 데 가장 필수적으로 보이는 선천적 신경 형태는 뇌간과 시상하부 회로 내에서 유지된다. 시상하부는 내분비선(뇌하수체, 갑상선, 부신, 생식 기관 등이 있으며, 모두 호르몬을 분비한다)과 면역체계의 기능에서 중요한 활동을 한다. 신경 자극보다 화학적 물질의 혈류 방출에 의존하는 내분비적 조절은 대사기능을 유지하고 바이러스, 세균, 기생충 등 미생물에 대항해 생물조직을 방어하는 조절에 없어서는 안 되는 것이다.[1)]

뇌간과 시상하부에 관련된 생물학적 조절은 대뇌변연계의 조절로 보완된다. 대뇌변연계는 욕구와 본능을 결정하는 데 참여하며, 감정과 느낌에도 중요한 역할을 한다. 그러나 나는, 대부분 선천적이고 안정적인 회로가 있는 뇌간 및 시상하부와는 달리 대뇌변연계의 경우 선천적인 회로뿐만 아니라 끊임없이 진화하는 생물체의 경험에 의해 변형될 수 있는 회로가 모두 있는 것으로 추측한다.

변연계와 뇌간 내의 인접 구조들의 도움으로 시상하부는 내부환경internal milieu(내가 이전에도 사용한 바 있는 이 용어와 개념은 선구적 생리학자 클로드 베르나르Claude Bernard로부터 전수된 것이다)을 조절하는데, 내부환경이란 '어느 주어진 순간에 생물체 안에서 일어나는 모든 생화학적 과정'으로 설명할 수 있을 것이다. 생명은 적절한 범위 내에서 유지되는 생화학적 과정에 달려 있는데, 구성 양식의 핵심에서 과도하게 범위가 멀어지면 질병이나 죽음이 야기될 수도 있다. 다시 말하면, 시상하부 및 상호 관련된 구조들은 다른 뇌 부위에서 오는 신경적, 화학적 신호뿐만 아니라 여러 신체체계 안에서 일어나는 화학적 신호에 의해서도 조절된다.

이러한 화학적 조절은 특히 복합적인데, 이에 대해서는 다음과 같이 설명할 수 있다. 갑상선과 부신피질에서 분비되는 호르몬의 생산은 부분적으로 뇌하수체의 화학적 신호에 의해 조절된다. 뇌하수체 자체는 시상하부에서 뇌하수체 근처의 혈류로 방출되는 화학적 신호들에 의해 부분적으로 조절되며, 시상하부는 대뇌변연계, 간접적으로는 신피질의 신경 신호에 의해 부분적으로 조절된다(다음 관찰의 의미를 생각해보자 : 간질발작이 일어나는 동안 변연계 회로의 이상한 전기적 활동은 비정상적인 정신상태를 야기할 뿐만 아니라 난소낭종과 같은 신체질환을 유발하는 심각한 내분비장애를 야기할 수도 있다). 다시 되돌아가서, 혈류 속의 각 호르몬은 그것을 분비한 선에 다시 작용할 뿐만 아니라 뇌하수체, 시상하부, 다른 뇌 구역 등에도 작용한다. 다시 말해 신경 신호는 화학적 신호를 일으키고 이것은 다시 다른 화학적 신호를 일으켜, 많은 세포와 조직(뇌 안에 있는 것을 포함해)의 기능을 변화시킬 수 있고, 그 주기 자체를 유발하는 조절회로를 변화시킨다. 이러한 많은 선천적 조절기전이 신체 조건을 국소적으로 또는 전반적으로 다루며, 그럼으로써 생물체의 구성물은 분자에서 장기에 이르기까지 생존에 요구되는 변인 내에서 작동한다.

조절의 층은 여러 차원에 따라 상호의존적이다. 예를 들어 어떤 기전은 더 간단한 기전에 의존할 수도 있고, 더 복잡한 또는 비슷하게 복잡한 기전에 영향받을 수도 있다. 시상하부의 활동은 직접적으로 혹은 변연계를 경유하여 신피질의 활동에 영향을 미칠 수 있고, 그 반대의 상황이 될 수도 있다.

예상했던 대로 뇌와 신체의 상호작용은 존재하며, 따라서 우리는 명확하게 보이지 않는 마음과 신체의 상호작용을 수집할 수 있을 것이다. 다음의 예를 생각해 보자. 만성적인 정신적 스트레스는 신피질, 변연계 및 시상하부 단계의 많은 뇌 체계에서 일어나는 과정과 연관이 있으며, 칼시토닌 유전자 관련 펩타이드calcitonin gene-related peptide, CGRP라는 피부 신경 말단에 있는 화학물질의 과잉 생산을 야기하는 것으로 보인다. 결과적으로 CGRP는 감염물질을 잡아 임파구로 운반하여, 면역계가 감염물질에 반응하게 하는 면역 관련 세포인 랑게르한스 세포Langerhans cell의 표면을 과다하게 둘러싼다. CGRP로 완전히 둘러싸이면 랑게르한스 세포는 쓰지 못하게 되어 방어 임무를 수행할 수 없다.[2] 그 결과로 신체는 감염에 더욱 취약하게 되고, 이제 주요 침입 경로는 점점 덜 방어적으로 된다. 마음과 신체 사이의 상호작용에 관한 예를 하나 더 들어 보자. 슬픔과 근심은 성 호르몬의 조절을 확실히 변화시킬 수 있어서, 성적 욕구에 변화를 가져올 뿐 아니라 월경 주기에도 변화를 줄 수 있다. 사별의 경우 또한 뇌에 의한 과정에 의존하게 되는데, 이는 면역계의 저하를 가져와 감염에 더 잘 걸리게 하며, 직접적인 결과든 아니든 암 발생을 더 잘 일어나게 한다.[3] 누구든 상심한 마음 때문에 죽을 수도 있다.

역으로, 신체에서 나오는 화학물질이 뇌에 미치는 영향 또한 관찰되었다. 담배, 알코올, 약물 등이 뇌로 들어가 뇌 기능을 변화시킬 뿐만 아니라 마음까지 변하게 하는 것은 놀라운 일이 아니다. 신체 화학물질의 작용 중 일부는 직접적으로 신경세포 혹은 그것을 지탱하는 체계에 영향을 미치게 되며, 일부는 이미 앞에서 언급했듯이 뇌간과 기저 전뇌에 위치한 신경전달물질 매개 신경원을 통해 간접적으로 영향을 미친다. 일단 점화되면, 일단의 작은 신경세포들은 일정 양의 도파민, 노르에피네프린, 세로토닌, 아세틸콜린 등을 대뇌피질과 기저핵을 포함하는 넓은 뇌 부위로 운반할 수 있게 된다. 이러한 배열은 잘 작동되는 한 세트의 스프링클러 장치를 연상케 한다. 각각은 화학물질을 특정 체계에 운반하고, 체계 내에서는 특정한 형태와 양의 수용체를 갖는 특정 회로에 운반된다.[4] 신경전달물질이 방출될 때 그 양과 분포가 달라지면, 혹은 어떤 특정 부위에 전달물질의 균형이 상대적으로 변화되면, 이것이 피질 활동에 신속하고도 심각하게 영향을 미치게 되어 우울증이나 기분 상승, 심하면 조증 상태에 이르게 된다(7장 참고).

사고 과정은 느려지거나 가속화될 수 있으며, 회상적 이미지의 풍부함이 감소되거나 증가될 수 있고, 새로운 조합의 이미지 창조가 풍부해지기도 하고 단절되기도 한다. 이에 따라 특정한 마음의 내용에 집중하는 능력은 변동을 겪게 된다.

트리스탄, 이졸데, 그리고 사랑의 미약

트리스탄Tristan과 이졸데Isolde의 이야기를 기억하는가? 그 구성은 두 주인공 사이의 관계가 변질되면서 전개된다. 이졸데는 하녀인 브랑게네에게 사약을 준비하라고 명한다. 그러나 브랑게네는 '사랑의 미약love potion'을 준비한다. 트리스탄과 이졸데는 이것이 무슨 효과를 일으키는지 알지 못한 채 마시게 된다. 그 신비스러운 음료는 그들 안에 가장 깊이 잠재해 있는 욕망을 해방시키고, 그리하여 그들은 서로 아무것도 방해할 수 없는 열중 상태에 빠지게 된다. 자비로운 왕 마크를 야비하게 배반하는 행위라는 사실을 알면서도 그들은 관계를 깰 수 없었다. 리하르트 바그너는 오페라 '트리스탄과 이졸데'에서, 음악 역사상 가장 고양되고 필사적인 사랑의 여정에서 보여주는 연인들의 결속력을 주제로 삼았다. 사람들은 왜 바그너가 이 이야기에 매료되었는지 의심스러워하며, 또한 수백만의 사람이 한 세기가 넘도록 왜 바그너의 오페라에 열광했는지 알고 싶을 것이다.

첫 번째 질문에 대한 답은, 오페라의 내용이 바그너의 인생에 있었던 것으로서, 매우 사실적이며 비슷한 욕망을 반추한다는 사실이다. 바그너는 마틸데 베젠동크와 사랑에 빠졌는데, 이 사랑은 전적으로 그들의 가장 건전한 판단에 반하는 것이었다. 베젠동크는 바그너의 자비로운 후원자의 부인이었고, 바그너 자신도 이미 결혼한 상태였다. 바그너는 사람의 의지를 압도하는, 숨어 있고 붙잡을 수 없는 힘을 감지하게 되었고, 이에 대한 적절한 설명을 할 수 없어서 마술 혹은 운명으로 돌렸다.

두 번째 질문에 대한 답은 더욱 관심을 끈다. 우리의 몸과 뇌 안에는 정말로 어떤 마력적인 부분이 있어서 우리로 하여금 강력한 해법으로도 억제할 수 없는 어떤 행위를 하게끔 한다는 것이다. 하나의 중요한 예로, 화학물질인 옥시토신oxytocin을 들 수 있다.[5] 옥시토신은 사람을 비롯한 포유동물의 뇌(시상하부의 시각상supraoptic과 파르보벤트랄 parvoventral 핵)와 몸(난소, 고환)에서 만들어진다. 옥시토신은 뇌에 의해 직접적으로, 혹은 호르몬의 중재를 통해 간접적으로 대사조절에 참여하게 된다. 이 물질은 출산할 때, 성기 혹은 유두를 성적으로 흥분시킬 때, 오르가슴에 이르렀을 때 신체에서 방출되며, 신체뿐만 아니라 뇌에도 작용한다. 옥시토신이 할 수 있는 것은 전설 속의 만병통치약 못지 않다. 일반적으로 이 물질은 훈련과 운동, 성적 및 모성적 행위의 전 영역에 걸쳐 영향을 끼친다. 내가 더 중요하게 생각하는 것은, 이 물질이 사회적 상호작용을 촉진시키고 짝짓는 커플 사이의 결속력을 유도한다는 것이다. 한 가지 좋은 예로, 토마스 인셀Thomas Insel이 훌륭한 모피를 가진 설취류 중 하나인 초원의 들쥐를 연구한 것을 들 수 있다. 불붙는 구애에 이어 첫날의 반복적이며 격렬한 교미가 끝나면, 암수 들쥐는 죽음이 그들을 갈라놓기까지 떨어질 수 없는 상태로 지낸다. 숫놈은 실제로 사랑하는 짝 외의 어떤 암컷에게도 냉정한 기질을 띠며, 보통 둥지 주변에서 짝을 잘 도와주며 지낸다. 이러한 결합은 매력적인 적응이면서도 가장 유리한 적응이다. 왜냐하면 이는 새끼를 길러야 하는 그들을 함께 결속시켜 줄 뿐만 아니라 사회 구조의 다른 측면에도 도움이 되기 때문이다. 인간은 어떤 특수한 상황에서 결과적으로 좋거나 그렇지 않을 영향을 피해야 한다고 배우기는 했지만, 언제나 옥시토신의 효과를 많은 부분 사용하고 있다. 사랑의 미약이 바그너의 트리스탄과 이졸데에게 좋은 것이 아니었다는 것을 기억하라. 오페라에서 중간 휴식시간을 뺀 세 시간 후에 그들은 황량한 죽음을 맞이하게 된다.

현재 많은 부분이 알려진 성의 신경생물학에 우리는 애착 관련 신경생물학의 단초를 가미할 수 있고, 이는 우리가 사랑이라고 부르는 복잡한 틀의 마음 상태와 행위에 조금 더 빛을 던져준다.

내가 윤곽을 제시한 거대하고 반복적인 회로의 배열에서 작용하고 있는 것은 전방먹이기 고리와 되먹이기 고리의 집합인데, 이것 중 어떤 고리들은 순수하게 화학적이다. 아마도 이러한 배열에서 가장 의미 있는 것은, 기초적인 생물학적 조절에 관여하는 뇌 구조들 또한 행동 조절의 일부를 담당하고 있으며, 인지 과정의 습득과 정상 기능에 필수적이라는 사실이다. 시상하부, 뇌간, 변연계는 신체조절을 중재하며, 마음의 현상들(예를 들면 인지, 학습, 회상, 감정, 느낌, 추론과 창의력)의 기초가 되는 모든 신경적 과정을 중재한다. 신체조절, 생존, 마음은 서로 밀접하게 연관되어 있다. 이러한 얽힘은 생물 조직에서 일어나고 화학적·전기적 신호체계를 사용한다. 그런데 이 모든 것은 데카르트의 레스 엑스텐사res extensa(신체와 신체를 둘러싼 환경을 포함하는 육체적 영역이며, 레스 코지탄스res cogitans에 속하는 비육체적 영혼은 아니다) 안에 있다. 이는 송과선pineal gland에서 멀리 떨어지지 않은 곳에서 가장 강하게 일어나는데, 흥미롭게도 송과선은 데카르트가 한때 비육체적 영혼이 갇혀 있다고 생각한 곳이다.

욕동과 본능 너머로

욕동과 본능만으로 얼마나 생물체의 생존을 보장할 수 있는가 하는 것은 환경의 복잡성과 해당 생물체의 복합성에 달려 있는 것 같다. 곤충에서 포유류에 이르는 동물 가운데 타고난 전략의 토대 위에서 특수한 환경상황에 성공적으로 대처하는 명확한 예가 있다. 이러한 전략들이 흔히 복합적인 사회적 인지와 행위를 포함한다는 것은 의심의 여지가 없다. 나는 인간과 먼 사촌 사이인 원숭이의 복잡한 사회 구조와, 그렇게 많은 새의 무리가 지키는 사회적 위계질서를 경이로움으로 바라보지 않을 수 없다. 그러나 우리가 인간이라는 것을 생각할 때, 그리고 우리가 훨씬 더 변화무쌍하며 많은 부분 예측할 수 없는 환경에서 생존하는 것을 고려할 때, 우리는 고차원적으로 발전된 유전에 근거한 생물학적 기전에 의존해야 할 뿐만 아니라 사회생활에서 발전되어온 초본능적supraninstinctual 생존전략에 의존해야 한다. 이러한 초본능적 생존전략은 문화에 의해 전수된 것이며, 그 적용 과정에서 의식, 이성적 생각, 의지력이 요구된다는 것은 명백한 사실이다. 이것이 바로 인간의 배고픔, 욕망, 분노 폭발 등이 억제되지 않은 채 미친 듯한 공격, 성폭력, 살인 등으로 이어지지 않는 이유이다. 늘 그런 것은 아니지만, 이는 건강한 인간 생물체가 초본능적 생존전략이 활발하게 전수되고 존중받는 사회 속에서 발달한 것으로 추정된다.

서양과 동양의 철학자들은 종교적이든 비종교적이든 수천 년을 통해 이를 인지해왔다. 이 주제에 사로잡힌 이로는 가깝게는 데카르트와 프로이트가 있다. 데카르트의 『정념론Passions of the Soul』[6]에 따르면 사고, 이성, 의지 등에 의한 동물적 성향의 조절은 우리를 인간으로 결정짓는 것이다. 나는 대체로 그의 주장에 동의하지만, 조절이 비육체적 대리인에 의해 성취된다고 기술한 부분에 대해서는 동의하지 못한다. 나는 비육체적 대리인을 인간 생물체 내에 구성된 (조금 덜 복잡한, 그리고 훌륭하거나 숭고하지 않은) 생물학적 작동으로 보기 때문이다. 본능을 사회적 명령에 순응시키는 초자아의 창조는 『문명과 그것의 불만Civilization and Its Discontent』[7]에서 프로이트가 제시한 것인데, 이것은 데카르트의 이중성을 벗기는 것이지만 어디에도 신경학적 용어가 명시되어 있지 않다. 오늘날 신경과학자들이 당면한 과제는 적응적 상위조절을 지지하는 신경생물학을 고려하는 것이며, 따라서 나는 신경생물학을 통해 이러한 조절에 필요한 뇌 구조에 관한 연구나 이해가 있어야 한다고 주장한다. 나는 사회적 현상을 생물학적 현상으로 축소시키려는 것이 아니다. 오히려 이것들 사이의 강력한 연결을 다루고 싶다. 비록 문화와 문명이 생물학적 개인의 행동에서 생긴 것이지만, 이 행동은 특수한 환경 내에서 상호작용하는 각 개인의 집합에서 발생되었다는 것은 명백한 것이다. 문화와 문명은 한 개인에게서 나올 수 없는 것이었으며, 따라서 문화와 문명은 생물학적 기전으로 축소될 수 없고 유전적 특성의 아류로 축소될 수도 없다. 문화와 문명의 포괄적 이해는 일반적인 생물학과 신경생물학만이 아니고 사회과학의 방법론까지도 요구한다.

인간사회에는 생물학이 이미 제공하고 있는 것보다 더 높은 사회적 관습과 윤리적 규범이 있다. 이러한 부가적 조절층은 본능적 행동을 변형시킴으로써 복잡하고 빠르게 변하는 환경에 유연하게 적응할 수 있게 한다. 또한 자연적으로 이미 형성된 기존의 반응이 즉각적으로 혹은 궁극적으로 역생산적일 수밖에 없는 상황에서 개인과 다른 사람들의 생존을 공고히 할 수 있게 한다. 이러한 관습과 규범에 의해 선점된 위험은 아마도 즉각적이고 직접적이거나(육체적 혹은 정신적 피해), 또는 멀고 간접적인 것(장래의 손실이나 당황) 일 수 있다. 비록 이러한 관습이나 규범이 세대를 거치면서 교육과 사회화를 통해서만 전수된다 해도, 나는 이것들을 구체화하는 지혜의 신경적 표상과 그 지혜를 충족시키는 도구의 신경적 표상들이, 타고난 조절력이 있는 생물학적 과정의 신경적 표상과 함께 엉켜 있다고 추측한다. 나는 어떤 것을 표현하는 뇌가 다른 것을 표현하는 뇌에 연결된 하나의 '흔적'을 본다. 자연스럽게 그 흔적은 신경세포 사이의 연결들로 구성되어 있다.

대부분의 윤리규범과 사회관습에 대해 (그 목적이 얼마나 고차원인가에 관계없이) 나는 사람들이 더 단순한 목적과 욕망과 본능으로 이어지는 의미있는 연결을 상상한다고 생각한다. 왜 이렇게 되어야 하는가? 순화된 사회적 목적을 성취하느냐 혹은 성취하지 못하느냐의 결과는, 비록 간접적이기는 해도 생존과 생존의 질에 공헌하기 때문이다.

이것이 의미하는 바는 무엇인가? 사랑, 자비로움, 친절, 동정, 정직, 그리고 그 밖의 훌륭한 인간 특성이라는 것이 생존을 향한 의식적인 그러나 이기적인 신경생물학적 조절의 결과에 불과하다는 것인가? 이것은 이타심의 가능성을 부인하고 자유의지를 부정하는 것인가? 이것이 의미하는 바가, 진실한 사랑도 없고 진정한 우정도 없으며 순수한 동정도 없다는 것인가? 결코 그렇지 않을 것이다. 만일 내가 느끼는 것이 거짓되지 않고, 진실로 사랑과 우정을 느끼고 동정적이라면, 사랑도 진실이며 우정도 진지하고 동정도 순수한 것이다. 아마 내가 순수한 지적 노력과 의지력의 도구만으로 이러한 감정에 도달했다면, 나는 좀 더 칭찬받기에 합당하지 않을까? 그러나 현재의 본성이 가지고 있는 무엇인가가 나를 그곳에 더 빠르게 도달하게끔 도와서, 시도하지도 않았는데 멋지고 정직하게 되었다면 어떨까? 느낌의 진실성(이것은 행하고 말하는 것과 마음에 품고 있는 것이 어떻게 일치되는지에 관련된 것이다)과 크기와 아름다움은, 이러한 감정의 경험이 생존과 뇌, 적절한 교육 등과 관련된다고 해서 위협받지 않는다. 이타심과 자유의지도 마찬가지다. 가장 방대한 인간의 행위 뒤에 생물학적 조절이 있다는 것이 신경생물학의 근본으로 단순히 축소된다는 것을 의미하지 않는다. 어떤 경우라도, 덜 복잡한 것에 의해 복잡성이 부분적으로 설명된다고 해서 후퇴를 의미하는 것은 아니다.

인간에 대해 내가 그리는 그림은 하나의 생물체에 대한 그림이다. 이것은 자동적 생존기전으로 디자인된 생명과, 이에 덧붙여 교육과 문화적 변용에 의해 사회적으로 바람직하고 허용되는 의사결정 전략의 틀(즉, 생존을 확장시키고 생존의 질을 향상시키고 하나의 인간을 만들기 위한 토대로서 기여하는 전략의 틀)이 추가된 하나의 생물체에 대한 그림이다. 태어날 때 인간의 뇌는, 신진대사를 조절하는 생리적 장치에 더하여 사회적 인지와 행위에 대처하는 기본 장치를 장착한 상태로, 욕구와 본능이 부여된 발달단계에 이른다. 생존전략의 추가적 층들은 아이가 발달하면서 출현하게 된다. 이러한 추가 전략의 신경생리적 토대는 본능의 신경생리적 토대와 같이 뒤섞여, 그것의 사용을 조정시킬 뿐만 아니라 범위를 확장시킨다. 초본능적인 것을 지지하는 신경기전은 생물학적 욕동을 다스리는 기전과 전반적인 형식적 디자인에 있어 유사할 수도 있고, 생물학적 욕동기전에 의해 제한될 수도 있다. 그러나 이것들은 무엇이든 되기 위해 사회의 중재를 요구하며, 따라서 일반적 신경생물학에 연관되듯이 주어진 문화와도 많은 부분 연관된다. 더욱이 초본능적 생존 전략들은 이러한 이중적 구속에서 인간 고유의 무엇인가를 때때로 발생시킨다. 즉, 가까운 집단과 종의 관심까지도 초월할 수 있는 도덕적 관점이 그것이다.

7장 | 감정과 느낌

앞장의 끝 부분에 소개된 아이디어를 신경생물학적 용어로 어떻게 번역할 수 있을까? 생물학적 조절에 관한 증거를 통해, 생물체가 의식하지 않은(따라서 숙고하지 않은) 반응선택reponse selections이 진화론적으로 오래된 뇌 구조에서 일어난다는 것을 알 수 있다. 뇌가 오래된 구조로만 되어 있고 진화적으로 현대적인 것이 없는 생물체들, 예를 들어 파충류는 이러한 반응선택을 어려움 없이 작동시킨다. 반응선택이 자아를 의식하지 않고 단지 결정을 하는 신경회로의 틀에 의한 것이 명백하다면, 우리는 반응선택을 하나의 초보적인 의사결정 형태로 개념화할 수 있을 것이다.

그러나 사회적 생물체가 복잡한 상황에 직면해 불확실한 가운데 결정을 내려야 할 때는, 진화론적으로 현대적 구역인 신피질의 체계가 연루된다는 것 역시 인정되고 있다. 신피질의 확장과 세분화 사이에, 그리고 이러한 확장을 통해 사람들이 극복할 수 있는 환경의 복잡성과 불예측성 사이에 관련이 있다는 증거가 있다. 이 점과 관련하여 존 올먼John Allman의 가치있는 발견을 보면, 과일을 먹는 원숭이의 신피질은 잎사귀를 먹는 원숭이의 신피질보다 (신체 크기와는 무관하게) 더 큰 것으로 되어 있다.[1)] 과일을 먹는 원숭이는 더 풍부한 기억을 가진 것이 틀림없는데, 그러므로 그들은 먹을 수 있는 과일을 언제 어디서 얻을 수 있는지 기억할 수 있다. 더 커다란 신피질은 그들에게 필요한, 더욱 방대한 실질적 기억 용량을 유지시켜 준다.

'저급하고 오래된 뇌 구조'와 '고급하고 새로운 뇌 구조'의 처리 능력 격차를 너무 크게 강조했기 때문에, 이러한 뇌 구역 각각의 책임에 대한 차이가 은연중에 뚜렷이 조장되어 왔다. 간단히 말하면, 오래된 뇌 중심부는 아래에서 기초적인 생물학적 조절을 하게 하는 반면에 신피질은 위에서 지혜와 섬세함으로 숙고하게 한다는 것이다. 즉, 피질의 위 단계는 이성과 의지력이 있는 반면에 피질하 부분의 아래 단계는 감정과 모든 연약한 육체적인 것이 있다.

그러나 이러한 관점은, 내가 생각하는 합리적 의사결정이 함축하는 신경학적 배열을 제대로 파악한 것이 아니다. 그 한 가지로, 내가 1부에서 언급한 관찰과 맞지 않는다는 점을 들 수 있다. 또 다른 점으로, 추론의 질을 그럴듯하게 반영하는 긴 수명은 예측된 것처럼 신피질의 확장된 크기와 비례할 뿐 아니라, 아래 단계의 주요 부분인 시상하부의 증가된 크기와도 비례한다.[2)] 전통적으로 신피질에 속한다고 추측되었던 이성 장치는 전통적으로 피질하 부위라고 추측된 생물학적 조절이 없다면 작동할 수 없는 듯이 보인다. 자연은 생물학적 조절 장치의 정점에서, 또한 이를 통해서, 그리고 이와 함께 합리성이라는 장치를 건축해왔을 것이다. 내가 믿기로, 욕망과 본능을 넘어선 행위의 기전들은 위 단계와 아래 단계 모두를 사용한다. 신피질은 오래된 뇌 중심부와 연루되어 있고, 이성은 신피질과 뇌 중심부가 연합한 활동에 기인한다.

여기에서, 이성적 및 비이성적 과정이 뇌 안에서 각각 피질과 피질하 구조와 제휴하는 정도에 대해 한 가지 의문이 생긴다. 이러한 의문에 접근하고자 나는 이제 생물학적 조절의 중심적 양상인 감정과 느낌으로 돌아가서, 이것들이 이성적 과정과 비이성적 과정 사이의 다리, 그리고 피질 구조와 피질하 구조 사이의 다리가 된다는 것을 제시하고자 한다.

감정

약 1세기 전, 인간의 마음에 대한 통찰이 셰익스피어와 프로이트의 견해에 의해서만 경쟁하고 있다고 생각한 윌리엄 제임스William James는 감정과 느낌의 본질에 관해 정말 깜짝 놀랄만한 가설을 제시했다. 그의 말을 살펴보자.

> 우리가 어떤 강한 감정을 상상하고 의식에서 감정의 신체적 증상에 관한 모든 느낌을 제거하면, 우리는 우리 뒤에 아무것도 남겨진 것이 없고, 감정이 구성될 수 있는 어떠한 '마음의 부산물'도 없으며, 냉정하고도 중립적인 지적 인지 상태만이 남은 것의 전부라는 것을 발견하게 된다.

강한 흥미를 유발하는 예를 들어가면서, 제임스는 다음과 같이 계속 이야기한다.

> 만일 공포의 감정이 남길 수 있는 것이, 빨라진 심장 박동이나 얕은 호흡이 아닌, 떨리는 입술이나 사지가 아닌, 닭살이 돋거나 내장이 떨리는 것도 아닌 느낌이라면, 나로서는 무척 생각하기가 불가능하다. 분노의 상태를 상상할 때 가슴이 끓어오르지 않고, 얼굴이 빨개지지 않고, 콧구멍이 벌름거리지 않고, 이를 악물지 않고, 격렬한 행위의 충동도 없이, 안정되고 이완된 근육과 고요한 숨, 편안한 얼굴을 떠올릴 수 있겠는가?[3)]

이 말을 들어보면, 윌리엄 제임스가 자신의 시대와 우리 시대를 앞서 감정과 느낌을 이해하는 데 필수적인 기전을 파악했다고 나는 믿는다. 불행하게도 그의 나머지 제안은 특징이 없으며, 그것이 강조하는 현상의 다양성과 복합성이 크게 부족하여 끝없는, 때로는 희망 없는 논쟁을 제공해왔다.[4)] 나는 여기서 조지 맨들러George Mandler, 폴 에크만Paul

Ekman, 리처드 라자루스Richard Lazarus, 로버트 자욘츠Robert Zajonc 등이 재검토했던 이 주제에 관한 광범위한 학문을 정당화시킬 수 없다.

제임스의 관점이 안고 있는 중요한 문제점은, 그가 모든 감정 가운데 신체와 관련된 과정에만 관심을 두었다는 데 있지 않다. 오히려 감정을 일으키는 상황을 정신적으로 검토하는 비중이 지나치게 적었다는 데 있다. 그의 설명은 사람이 생활에서 경험하는 첫 번째 감정에는 잘 들어맞지만, 오델로가 시기와 화가 발동하기 전에 마음에서 겪었던 것이나 햄릿이 자신의 몸을 혐오스러운 것으로 받아들이기 전에 곰곰이 생각했던 것을 정당화할 수는 없다. 혹은 남편을 살인적 광기로 이끌 때 환희를 느낀 맥베드 부인의 뒤틀린 이성을 설명하기에도 맞지 않다.

대부분 문제가 되는 것은 제임스가, 감정에 의해 흥분된 몸에 상응하는 느낌을 발생시키는 대안적 혹은 부차적 기전에 아무런 예비도 하지 못했다는 사실이다. 제임스의 관점으로는, 신체는 항상 그 과정에 상호 결부되어 있어야 한다. 더욱이 제임스는 인지와 행위에서 감정이 할 수 있는 역할에 관해 거의 이야기하지 않았다. 그러나 내가 서론에서 제시했듯이 감정은 하나의 사치가 아니다. 감정은 다른 사람들과 의미를 교환할 때 역할을 하며, 내가 다음 장에서 제안하는 인지적 안내 역할을 수행하기도 한다.

간단히 말해, 제임스는 환경의 특정한 자극이 선천적으로 설정된 융통성 없는 기전을 통해 신체 반응의 한 특이한 형태를 흥분시키는 기본적 기전을 제시했다. 그래서 반응이 일어나기 위해 자극이 어떤 의미가 있는지 검토할 필요가 없었던 것이다. 그의 비명에 새겨진, 다음과 같은 말보다 더 명확한 것은 없다. '본능을 흥분시키는 모든 사물은 감정 또한 흥분시킨다.'

그러나 사회적 존재로 살아가면서 우리는 종종 감정이 사색적이고 자의적이고 비자동적인 정신 과정을 거친 후에야 발동된다는 것을 안다. 우리가 겪는 경험의 본질로 인해, 광범위한 자극과 상황은 선천적으로 설정된 자극들과 연관되어 감정을 일으킨다. 이러한 폭넓은 범위의 자극과 상황은 개입된 정신적 고려에 의해 여과될 수 있다. 그리고 사려깊고 평가적인 여과 과정으로 인해, 이미 짜여진 감정의 형태에 관한 범위와 강도에서 다양성의 여지가 생겼다. 제임스가 찾아낸 감정의 기본적 기계장치에 어떤 변조가 있게 된 것이다. 게다가 제임스가 감정 과정의 결정체라고 생각한 신체 감각에 도달하는 또 다른 신경적 도구도 있는 것처럼 보인다.

앞에서 나는 감정과 느낌에 관한 내 견해의 윤곽을 제시했다. 나는, 제임스의 '이미 구성된 기전'을 충족시키고 우리가 인생에서 경험하는 감정과, '초기' 감정의 토대 위에 점차로 뼈대가 세워지는 어른으로서 우리가 경험하는 감정의 차이를 명백히 한다. 나는 '초기' 감정을 일차적primary으로, 그리고 '어른' 감정을 이차적secondary으로 부를 것을 제안한다.

일차적 감정

태어날 때 어느 정도로 감정 반응이 장착되어 있을까? 비록 어떤 동물과 인간은 거미 공포와 뱀 공포에 연루되어 있지만, 나는 동물이나 인간이 반드시 곰에 대한 공포, 독수리에 대한 공포를 선천적으로 가지고 있지는 않다고 말하겠다. 내가 의문을 갖지 않는 하나의 가능성은, 세상에서 또는 우리 몸 안에서 특정 형태의 자극을 단독으로 혹은 복합적으로 지각할 때, 우리는 미리 조직된 형태로 감정을 가지고 반응하게끔 되어 있다는 것이다. 이러한 특성의 예로서 크기(거대한 동물처럼), 커다란 폭(날아다니는 독수리처럼), 동작의 형태(파충류처럼), 특정한 소리(으르렁거리는 소리), 몸 상태의 어떤 유형(심장발작 때 느끼는 통증처럼) 등이 있다. 이러한 특성들은 개별적으로 또는 협력적으로 뇌 변연계의 한 구성요소인 편도에 의해 감지되고, 기질적 표상을 가지고 있는 편도의 신경핵은 공포감정의 특징을 나타내는 신체상태를 촉발시키고, 이렇게 함으로써 공포상태에 맞는 방식으로 인지 과정을 변형시킨다(우리는 뇌가 신체상태를 '자극하고', 신체를 우회할 수 있음을 더 알게 될 것이며, 어떻게 인지적 변형이 이루어지는지 논의하게 될 것이다). 하나의 신체 반응을 야기하기 위해, 곰이나 뱀이나 독수리가 어떤 것이며 정확히 무엇이 아픔을 주는지 '인식할' 필요는 없다. 요구되는 것은 오직 초기 감각피질이 어떤 실재(예를 들어 동물이나 물체)의 핵심적 특성을 감지하고 유형화하는 것뿐이며, 편도 같은 구조가 그 특성과 연결된 존재에 관한 신호를 받는다는 것이다. 둥지의 병아리는 독수리가 무엇인지 모르지만, 커다란 날개를 가진 물체가 머리 위로 빠르게 날면 신속하게 경보체계가 반응하여 머리를 숨긴다(그림 7-1 참고).

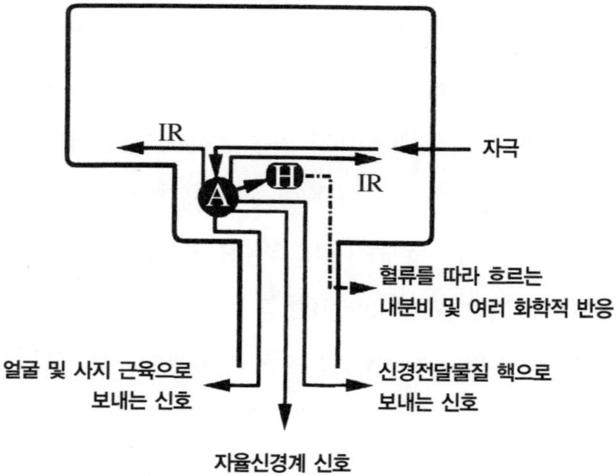

그림 7-1 일차적 감정. 검은 선으로 된 영역이 뇌와 뇌간이다. 적절한 자극이 편도(A)를 활성화시키면, 이후 수많은 반응(IR로 표시)이 나타난다; 근육 반응, 내장 반응(자율신경 신호), 그리고 신경전달물질 핵들과 시상하부(H)에 대한 반응이 그것이다. 시상하부는 혈류를 따라 흐르는 내분비 및 다른 화학적 반응을 일으킨다. 이러한 큰 반응들의 배열에 필요한 몇몇 다른 뇌 구조가 이 도해에는 빠져 있다. 예를 들면 우리가 감정을 표현하는 데 필요한 근육 반응, 즉 신체 자세는 기저 신경절basal ganglia에 있는 복측 선조체ventral striatum라 불리는 구조를 이용한다.

감정적 반응은 스스로 어떤 유익한 목적을 달성할 수 있다. 예를 들어 약탈자를 피해 빠르게 숨거나 경쟁자에게 분노를 표현한다. 그러나 이러한 과정은, 그 감정을 정의하는 신체적 변화에 그치지 않는다. 그 회로가 계속되면, 그다음 단계에서 인간은 감정을 흥분시켰던 대상과 관련해 감정을 느끼게 되는 것, 즉 대상과 감정적 신체상태 사이의 유대를 실감한다. 그렇다면 '왜 누구나 이러한 관계를 인지해야 할까?'라는 의문이 들 것이다. 만일 자동화된 수준에서 적합하게 반응하는 수단이 이미 있다면, 왜 일은 복잡해지고 이 과정에서 의식이 동원되는 것일까? 이에 대한 대답은 '의식은 하나의 거대한 방어전략을 채택한다'는 것이다. 이것을 생각해 보자. 만일 당신이 동물이나 물체나 상황(이것을 X라 하자)이 두려움을 일으킨다는 것을 알게 되었을 때, 당신은 X에 대해 두 가지 방법의 태도를 취할 것이다. 첫 번째 방법은 타고난 것으로, 당신은 반응을 조정하지 못한다. 더욱이 그 반응은 X에 대해서만 나타나는 특이한 것이 아니다. 많은 창조물, 사물, 상황 등이 이러한 반응을 일으킬 수 있다. 두 번째 방법은 당신 자신의 경험에 근거한 것으로, X에 대해서만 나타나는 특이한 것이다. X에 관해 알고 있는 당신은 미리 X를 생각하고 주어진 환경에 그것이 출현할 가능성을 예측한다. 그럼으로써 비상시 나타난 상황에 대응하기보다는 미리 피하는 것이다.

그러나 당신이 감정적 반응에 대한 '느낌'을 갖는 것은 다른 장점도 있다. 당신은 자신의 지식을 일반화하여, X처럼 보이는 것은 모두 주의해야 한다고 결정할 수 있다(물론 과도하게 일반화하거나 주의하면 공포증 환자가 되기도 하는데, 이는 썩 바람직한 것이 아니다). 더욱이 당신은 X를 처음으로 접하는 과정에서, 고유하면서도 잠재적으로 취약한 무언가를 X의 작용 속에서 발견할 수도 있다. 당신은 다음에 X를 접할 때 이러한 약점을 탐구하고 싶어 하며, 이 점이 바로 당신이 X를 알아야 하는 이유다.

간단히 말해서 당신이 감정적 상태를 느끼는 것, 즉 감정을 의식한다는 것은 환경과 당신 사이에 이루어지는 상호작용의 특수한 이력에 근거한 반응의 유연성을 제공한다. 비록 지식의 공을 굴리는 선천적 장치가 당신에게 필요하긴 하지만, 느낌은 여분의 무언가를 당신에게 제공한다.

일차적(제임스 식의, 선천적인, 이미 구성된) 감정은 변연계 회로의 주요 연주자인 편도와 전대상회anterior cigulate에 의존한다. 편도가 이미 형성된 감정의 주요 연주자라는 증거는 동물과 인간에서 모두 관찰된다. 편도는 프리브램Pribram, 바이스크란츠Weiskrantz, 애글턴Aggleton, 패싱햄Passingham 등이 수행한 다양한 동물 연구의 초점이 되어 왔으며, 최근에는 조셉 르두가 가장 포괄적으로 연구한 것 같다.[5] 이 방면의 다른 업적으로는 롤스E.T. Rolls, 마이클 데이비스Michael Davis, 그리고 래리 스콰이어Larry Squire와 그의 동료가 이룬 것이 있다. 래리 스콰이어 그룹의 연구는 기억을 이해하는 데 목적을 두었으나, 편도와 감정 사이의 연관도 보여 주었다.[6] 와일더 펜필드Wilder Penfield와 피에르 글루어Pierre Gloor, 에릭 핼그렌Eric Halgren 등도 편도가 감정에 관련된다고 했는데, 그들은 측두엽의 여러 부위에 전기 자극을 요하는 외과적 평가를 받은 간질 환자들을 연구했다.[7] 더 최근에는 내 그룹의 과학자들이 인간의 편도에 대한 관찰에 가세했다. 그들은, 편도를 포함한 측두엽의 일부를 외과적으로 제거하면 다른 다양한 증상 중에서도 특히 감정적 무관심을 보인다고 발표한 하인리히 클뤼버Heinrich Kluver와 폴

부시Paul Bucy의 작업에서[8] 힌트를 처음 얻었다(전대상회와 감정 사이의 관련에 대한 증거로는 이 책의 4장을 보거나 라플레인Laplane 등이 1981년에 발표한 설명, 그리고 1983년에 A. 다마지오와 반 회센이 발표한 설명을 참고하라[9]).

그러나 일차적 감정의 기전은 감정적 행위의 모든 범위를 기술할 수 없다. 일차적 감정은 확실히 기본적 기전이다. 개인의 발달 면에서 보면 이것에 이어 이차적 감정의 기전이 따라온다. 나는 이차적 감정이 우리가 느낌을 경험하기 시작하면서, 그리고 대상 및 상황의 유형과 일차적 감정 사이의 체계적 연관을 형성하기 시작하면서 일어난다고 생각한다. 변연계 구조는 이차적 감정 과정을 충분히 지탱하지 못한다. 그 연결망은 확장되어야 하고, 전전두부와 체감각피질의 기능을 요구한다.

이차적 감정

이차적 감정의 개념을 강조하기 위해 우리가 성인이 되어 겪은 경험으로 옮겨가 보자. 오랫동안 보지 못했던 한 친구를 만나거나, 가까이서 일했던 사람의 예상치 못한 죽음을 듣게 되었다고 상상해 보자. 실제 경우이거나 혹은 그 장면을 상상하기만 해도 당신은 어떤 감정을 경험한다. 그 감정이 일어났을 때 신경생물학적으로 당신에게 무슨 일이 일어났을까? '어떤 감정을 경험하는 것'이 실제로 의미하는 바는 무엇일까?

당신이 이러한 장면 중 어떤 것 혹은 비슷한 장면을 상상할 때 내가 거기에 있다면, 나는 어떤 관찰을 할 수 있을 것이다. 그 장면들(오래 보지 못했던 친구를 만남, 동료의 부고를 들음)에서 핵심적인 면의 정신적 이미지가 형성되면, 신체부위들의 개별적 조정으로 한정되었던 신체상태에 변화가 생긴다. 옛 친구를 만나면(상상 속에서) 당신은 심장이 뛰고, 피부는 상기되고, 얼굴 근육은 입 주변과 눈 주위를 중심으로 즐거운 표정을 만들기 위해 변하고, 다른 근육들은 이완될 것이다. 만일 지인의 부고를 듣게 된다면 당신은 가슴이 내려앉고, 입이 마르고, 피부가 창백해지고, 내장 일부가 위축되고, 목과 등의 근육은 얼굴이 슬픈 표정을 만드는 동안 긴장될 것이다. 어떤 경우든 장기(심장, 폐, 내장, 피부)와 골격 근육(뼈에 붙어 있는), 그리고 내분비선(뇌하수체와 아드레날)의 기능에서 많은 변인이 변하게 된다. 또 많은 펩타이드 조절자가 뇌에서 방출되어 혈류로 흐르게 된다. 면역 체계도 빠르게 조정된다. 동맥벽 평활근의 기본적 활동이 증가하며, 혈관이 수축되고 가늘어진다(이 결과로 창백함이 생긴다). 또는 동맥벽 평활근의 기본적 활동이 감소하면서, 평활근이 이완되며 혈관이 확장된다(이 결과로 홍조가 생긴다). 전체적으로, 변화의 틀은 기능적 균형 또는 항상성에 상응하는 평균상태에서 멀어지는 것으로 정의된다. 항상성이란 생물체의 경제가 최소의 에너지 소비로, 그리고 간단하면서도 더욱 빠른 적응을 보이는 최적의 상태로 작동되는 것을 의미한다. 이러한 기능적 균형의 범위를 정적인 것으로 보아서는 안 된다. 즉, 상하 한계 범위 내에서 일정한 움직임으로 계속 변화한다는 것이다. 이는 물침대 위에서 여러 방향으로 걷는 것과 흡사할 것이다. 어떤 부위는 가라앉는 반면에 다른 부위는 올라간다. 잔물결이 생기고 침대는 전체적으로 조정되지만, 그 변화들은 그 단위의 물리적 한계(일정한 양의 액체를 담고 있는)에 의해 규정된 범위 내에서 일어난다.

당신이 가설적으로 경험한 감정에서, 몸은 의미있는 변화가 시작된 새로운 상태에 놓이게 된다. 이러한 변화가 일어나기 위해 생물체 내에서는 어떤 일이 벌어질까?

1. 그 과정은 당신이 어떤 사람 혹은 어떤 상황에 대해 생각하는 의식적이고 사려깊은 고려에서 시작된다. 이러한 고려는 사고 과정에서 구성된 정신적 이미지로 표현되며, 이는 당신과 어떤 사람과의 관계나 최근의 상황에 대한 반영, 그리고 당신과 다른 사람에게 미치는 결과에 관한 것이다. 요컨대 당신이 참여한 사건의 내용에 대한 인지적 평가와 관련이 있는 것이다. 당신이 불러낸 일부 이미지는 비언어적인 것이며(어떤 장소에 어떤 사람의 모습으로), 다른 것들은 언어적인 것이다(속성, 활동, 이름 등에 관한 단어와 문장들). 이러한 이미지의 신경기질neural substrate은 다양한 초기 감각피질(시각, 청각, 그리고 다른 것들)에서 일어나는, 지형학적으로 조직된 별개 표상의 집합이다. 이러한 표상들은 수많은 상위순위 연합피질에 골고루 분포된 양식으로 존재하는 기질적 표상의 안내를 받아 만들어진다.
2. 의식이 배제된 단계에서, 전전두부피질 내의 연결망은 위의 이미지 과정에서 발생하는 신호에 대해 자동적이며 불수의적으

로 반응한다. 이러한 전전두부 반응은, 각 개인의 경험에서 어떤 특정 상황이 어떤 특정 감정적 반응과 어떻게 짝지어져 왔는가에 관한 지식을 구체화시키는, 기질적 표상에서 나오게 된다. 다른 말로 하면 이것은 선천적인 기질적 표상이 아닌 후천적인 것에서 오는 것이다. 후천적인 기질적 표상이 구체화하는 것은 바로 생활 속의 관계에 대한 당신만의 경험이다. 당신의 경험은 다른 사람의 경험과 비교할 때 미묘한 혹은 커다란 차이가 나기도 할 것이다. 당신의 경험은 오직 당신만의 것이다. 비록 상황과 감정유형의 관련성은 상당한 정도로 개인 간에 유사할지라도, 고유의 개인적 경험은 모든 사람에 대해 그 과정을 개인화시킨다. 요컨대 이차적 감정에 필요한 전전두부의 후천적인 기질적 표상은 일차적 감정에 요구되는 선천적인 기질적 표상에 대해 하나의 독립된 상태다. 그러나 전자는 그 자체를 나타내기 위해 후자를 필요로 한다.

3. 의식이 배제된 단계에서 자동적이며 불수의적인, 앞의 문단에 기술된 전전두부의 기질적 표상의 반응은 편도와 전대상회로 신호를 보낸다. 편도와 전대상회 부위의 기질적 표상들은 a) 자율신경계의 핵을 활성화시키고 말초신경을 경유하여 몸에 신호를 보내는 것으로 반응하며, 그 결과로 내장기관은 촉발상황의 유형과 가장 밀접하게 연관된 상태에 놓이게 된다. b) 신호들을 운동계로 급송함으로써, 골격근육이 얼굴표정과 몸짓을 통해 그 감정의 외부적 그림을 완결하도록 한다. c) 내분비계와 펩

타이드계를 활성화시킴으로써, 그 화학적 작용으로 하여금 몸과 뇌의 상태에 변화가 생기도록 한다. 그리고 마지막으로, d) 뇌간과 기저 전뇌의 비특이적 신경전달물질 핵을 활성화시킴으로써, 그 화학적 메시지들이 단뇌telencephalon의 여러 부위(예를 들면 기저핵과 대뇌피질)로 방출되도록 하는 특수한 유형이다. 명백히 소모적인 이러한 작용들은 하나의 거대한 반응이며, 다양성을 보인다. 이는 전체 생물체를 목표로 하는데, 건강한 사람은 그 조화가 경이롭다.

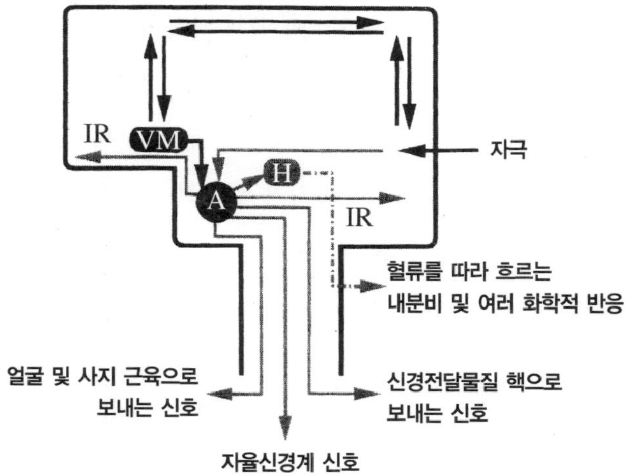

그림 7-2 이차적 감정. 자극은 여전히 편도를 직접적으로 경유하는 과정을 밟지만, 이제는 사고라는 과정에 의해서도 분석되고 전두엽(VM)을 활성화한다. VM은 편도(A)를 경유하여 작용한다. 다른 말로 하면, 이차적 감정은 일차적 감정의 장치를 이용한다. 또한 VM 외에도 수많은 전전두부피질이 활성화되지만, 나는 일부러 단순화하여 제시했다. 그러나 나는 그 기전의 핵심이 이 그림에서 보인다고 믿는다. VM이 활동을 표현하기 위해 어떻게 편도에 의존하는지, 즉 편도에 어떻게 기대는지를 주목하라. 이러한 의존 선행 관계는 공학적으로 자연의 땜장이 스타일을 보여주는 좋은 예다. 즉, 자연은 새로운 기전을 창조하고 새로운 결과를 얻기 위해 오래된 구조와 기전을 이용한다.

a), b), 그리고 c)에 의해 야기되는 변화들은 신체에 영향을 미치게 되어 '감정적인 신체상태'를 일으키고, 후속적으로 변연계와 체감각체계에 다시 신호를 보내게 된다. d)에 의한 변화는, 신체 고유body proper에서 발생한 것이라기보다 오히려 신체조절을 담당하는 일단의 뇌간 구조에서 발생한 것으로, 인지 과정의 양식과 효율에 막대한 영향력을 행사하며 감정 반응에 대해 하나의 평행적 통로를 형성한다. 한편으로 a), b), c), 그리고 다른 한편으로 d)가 나타내는 서로 다른 효과는, 느낌에 관한 논의에서 더 명확해질 것이다(아래 참고).

이제는 전전두부 손상을 입은 환자의 감정 과정이 이차적 형태라는 것이 명확하다. 이러한 환자들은 어떤 상황과 자극으로 떠오른 이미지에 관련된 감정을 만들어내지 못하며, 그 결과 일어나는 느낌을 느낄 수 없다. 이것은 9장에 기술된 임상적 관찰과 특수검사에서 증명된다. 그러나 똑같은 전전두부 환자가 일차적 감정은 가질 수 있는데, 이것이 그들을 처음 언뜻 볼 때 그들의 정서가 온전하다고 느껴지는 이유다(만일 어떤 사람이 그들 바로 뒤에서 예상치 못하게 고함을 지르거나 집이 지진으로 흔들리게 되면, 그들은 공포를 나타낼 것이다). 이와는 반대로, 변연계의 편도 혹은 전대상회에 손상을 입은 환자는 대개 일차적, 이차적 감정 모두에 넓게 미치는 장애를 보이게 되며, 그 결과 그들의 정서가 무디어졌음을 더 잘 인식할 수 있다.

자연은 자연의 섭리를 위한 숙련된 기술을 가지고 있기 때문에, 일차적 및 이차적 감정을 표현하는 데 있어 독립적인 기전을 채택하지 않았다. 자연은, 일차적 감정을 전달하려고 이미 준비해놓은 똑같은 채널에 의해 단순히 이차적 감정도 표현되도록 했다.

나는 '감정의 본질'을 뇌 체계의 조절 아래 신경세포 말단에 의해 유도된 신체상태(어떤 특정한 실재 혹은 사건에 관한 사고내용에 응답하는) 변화의 집합으로 본다. 신체상태의 변화들(예를 들어 피부색, 몸짓, 얼굴표정 등)은 실제로 외부 관찰자에게 지각될 수 있다(감정emotion은 문자 그대로 '외부를 향한 움직임'을 의미한다). 그 밖의 신체상태 변화는 그 변화가 일어나는 신체의 주인에게만 지각된다. 그러나 감정에는 감정의 본질보다 더 많은 것이 있다.

결론적으로 감정은 간단하든 복잡하든 정신적 평가과정의 조합이며, 그 과정에 대한 기질적 반응을 동반한다. 감정은 신체 고유를 향해 결과적으로 감정적 신체상태를 유발시킬 뿐 아니라, 뇌 자체(뇌간에 있는 신경전달물질의 핵들)를 향해 결과적으로 부가적인 정신적 변화를 야기한다. 독자도 곧 발견하겠지만, 나는 이러한 변화들을 경험하는 것에 대해 느낌feeling이라는 용어를 예비해두었다.

감정 뒤에 있는 신경 기계의 특이성

> 감정emotion에 기여하는 신경체계의 특이성은 국소적인 뇌 손상 연구로 확립되었다. 내가 생각하기에 변연계의 병소는 일차적 감정 과정에 손상을 입히며, 전전두부피질의 병소는 이차적 감정 과정에 손상을 입힌다. 인간 감정에 대한 흥미로운 신경학적 관련성

은 로저 스페리Roger Sperry와 그의 동료인 요셉 보겐Joseph Bogen, 마이클 가자니가Michael Gazzaniga, 제르 레비Jerre Levy, 에런 자이델Eran Zaidel 등에 의해 연구되었다. 인간의 오른쪽 대뇌반구의 구조들은 감정의 기본 과정에 우선적으로 연루된다.[10] 다른 연구자들, 말하자면 하워드 가드너Howard Gardner, 케네스 헤일만Kenneth Heilman, 조안 보로드Joan Borod, 리처드 데이비슨Richard Davidson, 귀도 가이노티Guido Gainotti 등은 우측 반구의 감정 우위를 입증하는 증거들을 보완했다.[11] 나의 실험실에서 최근에 연구하는 것은, 감정 과정에서의 비대칭성 이론을 지지하면서 한편으로는 비대칭성이 모든 감정에 동등하게 관계되지 않는다는 것을 입증하는 것이다.

감정에 기여하는 체계의 신경학적 특이성의 정도는 감정의 표현 장애를 고려함으로써 측정될 수 있다. 뇌출혈로 뇌 좌측 반구의 운동피질이 파괴되었을 때, 그 결과로 환자는 우측 얼굴에 마비가 생겨 근육을 움직이지 못하기 때문에 입이 정상적인 쪽으로 끌어당겨진다. 환자에게 입을 벌리고 이빨을 드러내라고 하면 비대칭성이 더 두드러지게 된다. 그러나 어떤 유머러스한 말을 듣고 환자가 자연스러운 미소를 짓거나 웃게 되면, 전혀 다른 일이 일어난다. 얼굴 양쪽이 그들이 할 수 있는 대로 움직이므로, 미소는 정상적이며 표정은 자연스러워서 그 사람이 마비 전에 가졌던 미소와 다르지 않다. 이것은 감정 관련 동작에 대한 운동 조절이 의지적 행위에 대한 조절과 같은 위치에 있지 않다는 것을 보여준다. 동작, 즉 얼굴과 얼굴 근육의 뇌 영역은 같다고 해도 감정 관련

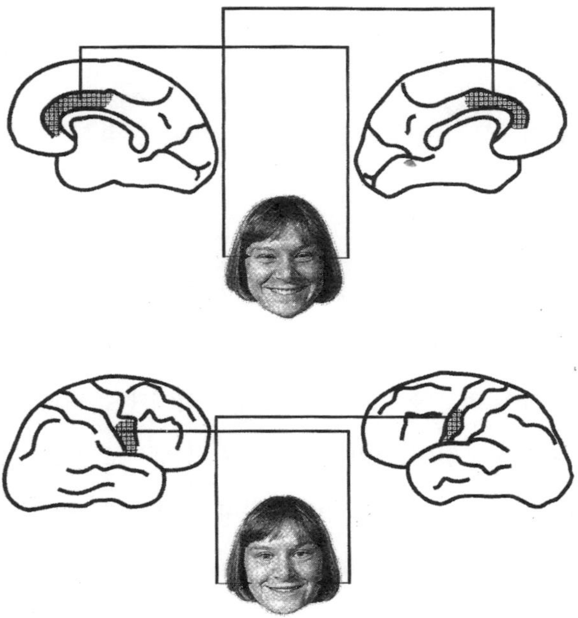

그림 7-3 어떤 감정적 상황에 대한 '진짜' 미소에서 얼굴근육을 조절하기 위한 신경적 기전(위의 그림)은 같은 근육의 수의적(비감정적) 조절을 위한 기전(아래 그림)과 다르다. '진짜' 미소는 변연계 피질로부터 조절되고, 아마도 미소의 표현을 위해 기저신경절을 사용할 것이다.

동작은 뇌의 다른 곳에서 촉발된다(그림 7-3 참고).

좌측 반구의 전대상회에 손상을 입은 뇌출혈 환자를 연구해 보면, 당신은 정확히 정반대의 결과를 보게 될 것이다. 휴식 상태나 감정 관련 동작에서 얼굴은 비대칭적이며, 좌측보다는 우측의 움직임이 적다. 그러나 만일 환자가 의지적으로 얼굴근육을 수축시키고자 하면, 그 동작은 정상적으로 수행되며 대칭형으로 돌아온다. 그러므로 감정 관련 동작은 전대상회 부위, 다른 변연계 피질들(내측 측두엽), 기저핵 부위 등에 의해 조절되며, 이들 부위의 손상이나 기능부전은 정반대의 안면 마비나 감정적인 안면 마비를 일으킨다.

나의 스승인 노먼 게쉰드Norman Geschwind는 인간의 뇌와 마음에 관한 연구에 있어 고전적 시대와 현대적 시대를 연결하는 하버드 대학의 신경학자다. 그는 우리가 사진사 앞에서 자연스러운 미소를 짓기 어려운 이유는 사진사가 우리에게 운동피질과 피라미드 경로를 사용하여 안면근육을 의지적으로 조절하도록 요구('치즈' 하면서 웃으세요)하기 때문이라고 말하곤 했다(피라미드 경로란 브로드만의 4구역인 일차적 운동피질에서 발생하는 축삭돌기의 거대한 집합이며, 말초신경을 통해 의지적 움직임을 조절하는 뇌간과 척수의 핵들에 신경 자극을 전달하기 위해 내려오는 경로를 말한다). 그러므로 우리는 게쉰드가 즐겨 칭했던 '피라미드 미소pyramidal smile'를 짓게 된다. 우리는 전대상회가 노력하지 않고 할 수 있는 것을 쉽게 할 수 없으며, 전대상회를 의지적으로 조정하는 신경통로를 쉽사리 보유할 수 없다. 당신이 '자연스럽게' 미소짓기 위해서는 단지 몇 가지 선택만 할 수 있다. 즉, 당신이 미소짓는 것을 배우거나, 다른 사람으로 하여금 당신을 간지럽게 하거나 농담하게 하는 것이다. 배우와 정치가들의 관록은 이러한 간단하면서도 성가신 신경생리의 기질에 달려 있다.

전문 배우들은 이 문제를 오랫동안 인식해왔다. 로렌스 올리비에Laurence Olivier의 예에서 잘 보여주듯이, 어떤 이는 확실히 감정을 시사하는 일련의 동작을 의지적인 조절로 숙련되게 창조한다. 외부 관객에게 감정(그들의 표현)이 어떻게 보이는가에 대해 자세히 알고 이러한 외부적 변화가 일어남에 따라 관객이 어떻게 느끼는가를 기억함으로써, 위대한 전설의 배우들은 그것을 꾸며낸다. 그들을 괴롭히는 장애물은 바로 뇌 생리인데, 그러나 이는 그들에게 거의 문제가 되지 않는다.

콘스탄틴 스타니슬라프스키Konstantin Stanislavsky의 작업에 영감을 받아 리 스트라스버그-엘리아 카잔Lee Strasberg-Elia Kazan이 예증한 또 하나의 기법인 '메소드' 연기는 감정을 모방하기보다는 실제를 창조하고 감정을 만들어내는 배우에 의존한다. 메소드 연기는 좀 더 확실하고 보증적이지만, 실제의 감정이 발산하는 자동적 과정을 제어해야 하는 특수한 재능과 원숙함을 요구한다.

진짜 감정과 믿게 만드는 감정이 얼굴에 표현되는 차이는 찰스 다윈이 1872년 출간한 『인간과 동물의 감정표현The Expression of the Emotions in Man and Animals』에 처음으로 언급되었다.[12] 다윈은, 기욤-벤자민 뒤샹Guillaume-Benjamin Duchenne이 10년 전에 미소에 관여된 근육과 그 근육을 움직이는 데 필요한 조절 형태를 관찰한 내용을 알고 있었다.[13] 뒤샹은 진실로 기쁨을 나타내는 미소를 지을 때는 대관골근육zygomatic major과 안근육orbicularis oculi 등 두 개의 근육이 조합되어 무의식적인 수축이 일어난다고 결론을 내렸다(그림 7-4 참고). 그는 또한 후자의 근육만이 오직 무의식적으로 움직일 수 있다는 것을 발견했다. 이것을 의지적으로 활성화시킬 방법은 없었다. 뒤샹이 지적했듯이, 안근육의 무의식적 활성제는 '영혼의 달콤한 감정'이다. 대관골근육은 무의식적이든 의지에 의해서든 양쪽 모두에 의해 활성화될 수 있으므로 교양있는 미소를 짓기에 적절한 것이다.

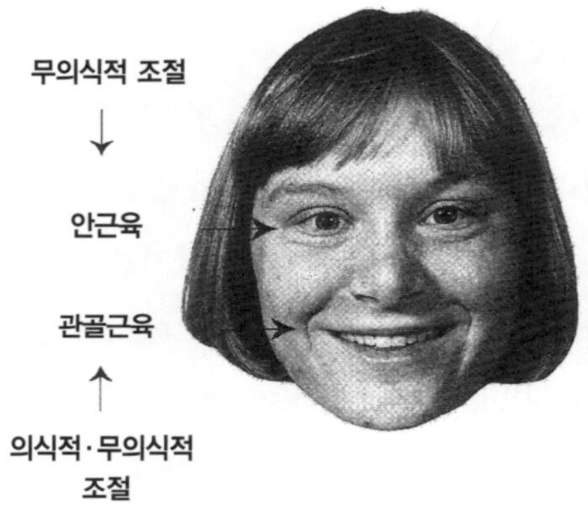

그림 7-4
안면근육의 무의식적 조절과 의식적 조절을 보여준다.

느낌

느낌이란은 무엇인가 ? 왜 나는 '감정emotion'과 '느낌feeling'이라는 용어를 상호 교환하여 사용하지 않는가 ? 그 하나의 이유로, 비록 어떤 느낌은 감정과 관련이 있지만 많은 부분에서 그렇지 않은 것도 있기 때문이다. 모든 감정은 당신이 깨어 있고 정신이 명료하다면 느낌을 발생시키지만, 모든 느낌이 감정에서 나오는 것은 아니다. 나는 감정에서 발생하지 않은 것을 배경느낌background feelings이라고 부르는데, 이에 관해서는 이 장의 후반부에서 다룰 것이다.

나는 감정의 느낌feelings of emotion을 고려하는 것으로 시작할 예정이며, 이를 위해 위에서 언급한 예의 감정상태로 되돌아갈 것이다. 외부 관찰자가 지각할 수 있는 모든 변화와, 빠르게 심장이 뛰거나 내장이 수축하는 것처럼 관찰자가 확인할 수 없는 많은 것은, 모두 당신이 내부적으로 지각했다. 이러한 모든 변화는 신경 말단을 통해 뇌까지 계속 신호를 보낸다. 그럼으로써 피부, 혈관, 내장, 수의근隨意筋, 관절 등에서 일어난 자극이 운반된다. 신경학적 용어로 보면, 이러한 회귀적 여행은 머리, 목, 체간, 사지 등에서 발생하여, 망상체(각성과 수면의 조절에 관련된 뇌간 핵들의 집합)와 시상을 향해 척수와 뇌간을 통과하고, 결국 시상하부, 변연계, 섬(인슐라), 두정엽 등 몇몇 뚜렷한 체성감각피질에 이르는 경로에 의존한다. 후자의 피질들은 특히 몸에서 순간순간 일어나는 것을 접수하는데, 달리 표현하면 체성감각피질은 하나의 감정이 일어나는 동안 항상 변화하는 몸의 풍경에 대한 '전망'을 얻는다는 것을 의미한다. 물침대 이미지를 회상해 보자. 당신은 그 장면을 어떤 사람이 그 위를 걸을 때 일어나는 상하운동(침대의 많은 국소적인 변화)을 반영하는 지속적인 신호로 이해할 수 있을 것이다. 이러한 신호를 지속적으로 받는 뇌피질에는 항상 변화하는 신경 활동이 존재한다. 여기에는 정적인 것이 없고, 기준도 없으며, 해당 신체부위로부터 신호를 받는, 뇌의 펜트하우스에 조각상처럼 앉아 있는 작은 사람(난쟁이)도 없다. 그 대신에 변화가 있으며, 그 변화는 중단되지 않는 변화다. 몇몇 형태는 지형적으로 조직화할 수 있으나, 일부는 그렇게 하기 어려워 하나의 단일 센터에 있는 단일 지도에서 찾을 수 없다. 상호적으로 중재 활동을 하는 신경 연결에 의해 통합된 많은 지도가 있다(요점을 설명하기 위해 우리가 어떤 비유를 사용하든, 수십 개의 뇌 도해가 은밀하게 제시해온 것처럼 현재의 신체표상들은 하나의 융통성 없는 피질 지도 내에서 일어나지 않는다는 것을 아는 것이 중요하다. 현재의 신체표상들은 지금 몸 안에서 무엇이 일어나고 있는지에 관해 역동적이고도 새롭게 실증된 '즉시 가동on-line'의 표상으로 일어난다. 이 표상들의 가치는 신선함과 '즉시 가동성'에 있는데, 이미 인용한 마이클 머제니치의 연구에 잘 나타나 있다).

당신의 감정상태가 뇌로 되돌아가는 '신경 여행'에 더해 당신이라는 생물체는 하나의 평행적인 '화학적 여행'을 사용한다. 감정이 일어나는 동안 몸에서 방출되는 호르몬과 펩타이드는 혈류를 통해 뇌에 도달할 수 있다. 그리고 소위 혈액-뇌 장벽을 능동적으로 통과하거나, 좀 더 쉽게는 장벽이 없는 부위를 통하거나(예를 들어 최종야 영역area postrema), 뇌의 여러 부분으로 신호를 전하는 장치들이 있는 뇌 부위를 통해(예를 들어 뇌궁하 기관subfornical organ) 활발하게 뇌에 침투한다. 뇌는 몇몇 체계에서 다른 뇌 체계들이 유도한 신체풍경의 다각적인 신경적 전망을 구성할 수 있을 뿐 아니라, 전망 자체의 구성이나 사용에서도 신체에서 직접 영향을 받을 수 있다(6장에서 토의된 옥시토신을 생각해 보라). 주어진 순간의 신체풍경에 특성을 주는 것은 단지 한 세트의 신경신호만이 아니며, 신경신호가 진행되는 방식을 조정하는 일련의 화학적 신호도 포함된다. 특정한 화학물질이 그렇게 많은 문화권에서 어떻게 주요한 역할을 하게 되는지 생각해 보라. 그리고 우리 사회가 현재 직면하고 있는 약물(불법적인, 합법적인 약물 모두) 문제는, 우리가 여기에서 논하고 있는 신경적 기전을 깊이 있게 이해하지 않고서는 풀 수 없다는 것을 참작하라.

신체의 변화가 일어남에 따라 당신은 그 변화를 알게 되고, 그 변화의 연속적인 전개를 주시할 수 있다. 당신은 몸 상태의 변화를 지각하며 몇 초, 몇 분에 걸친 변화의 전개를 따른다. 계속적인 관찰과 주시를 하는 과정에서, 즉 특정한 내용이 전개되는 것에 대해 당신이 생각하는 동안, 몸이 하는 것을 경험하는 것이 내가 느낌이라 부르는 것의 본질이다(그림 7-5). 감정이 특정한 뇌 체계를 활성화시켰던 특정한 정신적 이미지에 관련된 신체상태에서 일어나는 변화들의 집합이라면, 감정을 느끼는 것의 본질은 그 순환을 시작하게 한 정신적 이미지와 나란히 하여 이러한 변화들을 경험하는 것이다. 다른 말로 하면, 어떤 얼굴에 대한 시각적 이미지 혹은 어떤 멜로디에 대한 청각적 이미지처럼, 하나의 느낌은 어떤 이미지에 대한 신체 고유의 이미지가 어떻게 병렬되느냐에 달려 있다. 느낌에 대한 실질은, 신경화학적 물질에 의해 동시에 유도된 인지 과정의 변화로 완결된다(예를 들어 초기 감정 반응의 일부였던 신경전달물질 핵의 활성화로 다양한 신경 부위에서 생긴 신경전달 물질에 의해).*

---

* 여기서 제시된 '감정'과 '느낌'의 정의는 공인된 것이 아니다. 다른 저자들은 이 용어들을 교환하여 사용하거나 '느낌'을 전혀 사용하지 않으며, '감정'은 표현 및 경험 요소로 나누어 사용한다. 이 용어들을 분리한 의미는 이 현상들을 연구하는 데 도움이 되기 때문이다.

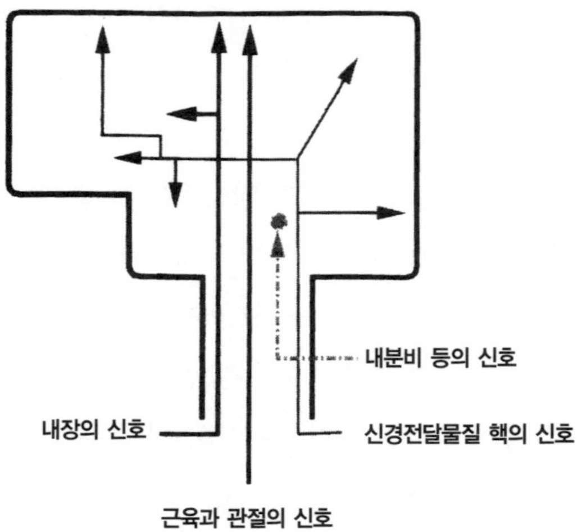

그림 7-5
감정을 느끼기 위해서는 내장, 근육과 관절, 신경전달물질 핵 등의 신경적 신호가 필요하다(물론 충분조건은 아니지만). 모든 신호는 감정 과정 동안 활성화되며 특정한 피질하 핵과 대뇌피질에 도달한다. 내분비 및 다른 화학적 신호들 역시 혈행과 다른 경로로 중추신경계에 도달한다.

이 시점에서 나는 두 가지 요건을 충족시켜야 한다. 그 첫 번째는, 위에서 말한 정의 가운데 '병렬juxtaposition'의 개념에 관한 것이다. 내가 이 용어를 선택한 이유는, 신체 고유에 대한 이미지는 '어떤 다른 것'의 이미지가 형성되고 활성화된 후에 나타나고, 내가 이미지에 관한 부분(5장)에서 제시했던 것처럼 신경적으로 두 가지 이미지가 분리되어 있기 때문이다. 다른 말로 하면, 어떤 '혼합'이라기보다 하나의 '조합'인 것이다. 신체 고유의 이미지에 일어나는 것처럼 보이는 것, 그리고 통합된 경험에서 일어나는 '어떤 다른 것'은 포개짐superposition이라는 용어를 사용하는 것이 적절할 것이다.

'요건qualified'(어떤 얼굴)과 '수식자qualifier'(병렬로 놓인 신체상태)가 복합적이기는 하지만 혼합된 것은 아니라는 아이디어는, 왜 어떤 타인이나 상황이 슬프게 하거나 상실감에 빠지게 하는 것도 아닌데 우울함을 느끼는지, 또 뚜렷한 이유 없이 즐거움을 느끼는지를 설명하는 데 유용하다. 수식자 상태는 아마도 예측할 수 없고 때로는 달갑지 않을 것이다. 수식자 상태의 심리적 동기는 아마도 불명확하거나 존재하지 않아서, 그 과정은 심리적으로 중립적인 생리적 변화에서 일어날 수도 있다. 신경생물학적으로 말하면, 설명할 수 없는 '수식자'는 감정 뒤에 있는 신경 기계의 상대적 자율성을 확인해 준다. 그러나 수식자는 우리에게 방대한 무의식 과정의 영역이 존재한다는 것을 상기시켜 주기도 하는데, 일부는 심리적 설명으로 흔쾌히 받아들여지고 일부는 그렇지 않다.

슬픔 혹은 행복의 본질은 나란히 놓인 어떤 생각과 신체상태가 복합적으로 지각되는 것이며, 사고과정의 형식과 효율의 조정으로 보완된다. 일반적으로 신체상태의 신호(양성적 혹은 음성적)와 인지의 형식과 효율 양자는 모두 동일한 체계로부터 야기된 것으로서, 일치되는 경향이 있다. 그러나 신체상태 신호와 인지적 형식 사이의 조화는 병적인 상태에서뿐만 아니라 정상일 때도 깨질 수 있다. 음성(부정)적 신체상태에 따라 이미지의 발생은 느려지고, 이미지의 다양성도 적어지고, 이성은 비효율적이 된다. 양성(긍정)적 신체상태에 따라 이미지의 발생은 빨라지고, 이미지의 다양성도 넓어지고, 이성적 사고는 반드시 효율적일 필요는 없지만 빨라질 수 있다. 음성적 신체상태가 자주 반복되거나 지속되는 우울증 같은 상태가 되면, 음성적 상황에 부합되기 쉬운 사고 비율이 증가하며 이성적 사고의 형식과 효율이 손상받는다.

조증 상태의 의기양양함이 지속되면 그 반대의 결과를 낳는다. 윌리엄 스타이런William Styron이 자신의 우울증에 관해 쓴 자서전 『보이는 암흑Darkness Visible』에 이러한 상황에 관한 명확한 설명이 제시되어 있다. 그는 우울증의 본질에 관해 "…물에 빠지거나 질식된 상태와 가장 비슷하면서도, 그러나 이러한 이미지들조차도 표현할 수 없는" 고통의 아픈 감각이라고 기술하고 있다. 그러나 그는 자신의 인지 과정에 동반된 상태를 기술하는 것을 놓치지 않았다. "합리적인 사고는 그 당시 나의 마음에서는 거의 일어나지 않았다. 망연자실의 상태였다. 나는 이러한 상태, 즉 '긍정적이고 적극적인 고뇌'가 인지를 대치하는 어찌할 수 없는 혼수상태에 관해 더 이상의 적절한 단어를 생각할 수 없다." (긍정적이고 적극적인 고뇌라는 말은 윌리엄 제임스가 자신의 우울증을 기술할 때 사용했다).

또 다른 요건이 있다. 나는 느낌의 근본적 요소들에 관해 인지적 또는 신경적으로 나의 견해를 제시해왔다. 다만 더 탐구할 것은 이러한 관점이 옳은가에 관한 것이다. 그러나 나는 어떻게 우리가 느낌을 느끼는지를 설명하지 않았다. 적절한 뇌 부위에서 포괄적인 신체상태에 관한 신호를 받아들이는 것이 느낌의 시작에서 필요하지만, 느낌이 느껴지는 것에 관한 충분한 설명은 아니다. 이미지에 관한 설명에서 시사한 바와 같이, 경험에 대한 추가 조건은 진행 중인 신체의 표상과 자아를 구성하는 신경적 표상과의 상관관계다. 특정한 물체에 관한 느낌은 그 물체를 지각하는 주관성, 그것이 발생시키는 신체상태의 지각, 그리고 이러한 것들이 일어나는 것에 따르는 모든 사고 과정의 변형된 형식과 효율을 지각하는 것에 의거한다.

뇌를 조롱함

신체상태가 느낌을 일으킨다고 주장하는 증거는 무엇인가? 일부 증거는 신체상태를 반영하는 데 필요한 뇌 부위의 손상으로 느낌의 상실이 나타나는 신경심리학학적 연구에서 나온다. 그러나 정상적인 개인을 대상으로 시행된 연구들은 이러한 관점뿐만 아니라 폴 에크만[14)]이 제시한 증거를 이야기한다. 그는, 실험 목적을 알지 못하는 정상 실험대상자에게 얼굴에 어떤 특정한 감정적 표현을 '만들도록' 안면근육을 어떻게 움직이라고 가르쳤다. 그 결과 실험대상자들은 그 표정에 적합한 어떤 느낌을 경험했다. 예를 들면 대략적으로 불완전하게 만들어진 행복한 얼굴표정은 대상자들로 하여금 '행복감'을 경험하게 했으며 성난 얼굴표정은 '분노'를 경험하게 했다. 그 대상자들이 대략적이고 부분적인 얼굴표정만을 지각할 수 있었다는 것을 고려하면, 그리고 그들이 감정을 촉발하는 실제 상황을 지각하거나 평가한 것이 아니기에 그들의 신체가 처음부터 어떤 특정한 감정을 동반하는 내장 양상visceral profile을 나타낸 것이 아니라는 것을 고려하면, 이 연구 결과는 매우 인상적인 것이다.

에크만의 실험은 어떤 감정상태의 특성을 나타내는 신체 형태의 한 단편이 같은 신호의 느낌을 일으키기에 충분하다는 것을 시사하며, 혹은 그 단편이 후속적으로 나머지 신체 부분을 자극시켜 그 느낌을 유도한다는 것을 시사한다. 기묘하게도 뇌의 모든 부분이, 말하자면 통상적 수단을 통해 발생되지 않은 어떤 종류의 움직임에 의해 뇌의 모든 부분이 조롱당하는 것은 아니라는 것이다. 전기생리적 기록에서 나온 새로운 증거를 보면, 가장된 미소는 실제 미소에 의해 발생되는 것과 다른 형태의 뇌파를 일으킨다.[15] 일견, 전기생리적 소견은 앞서 제시된 실험의 소견과 상반되는 것처럼 보인다. 그러나 사실은 그렇지 않다. 비록 그들이 단편적인 얼굴표정에 합당한 느낌을 보고했다고 해도, 그 대상자들은 어떤 일로도 자신이 행복하거나 화나지 않았다는 것을 잘 인식하고 있었다. 우리는 단지 예의상 미소를 지음으로써 다른 사람들을 놀릴 수 있는 것 이상으로 우리 자신을 놀릴 수 없으며, 이것이 바로 전기 기록electrical recording이 그렇게 멋지게 관련되는 것처럼 보이는 이유다. 이것은 또한 왜 위대한 배우나 오페라 가수, 그리고 어떤 특정인 등이 통제능력을 잃지 않으면서도 자신을 쏟아 부어 고조된 감정을 유사하게 연기할 수 있는지에 대한 매우 좋은 이유가 될 것이다.

나는, 우리 시대의 기념비적 카르멘(비제의 동명 오페라의 여주인공 – 역주)과 클리템네스트라(리하르트 슈트라우스의 오페라 '엘렉트라'의 주요 등장인물 – 역주)이며 수많은 뮤지컬에서 분노와 광기를 연기한 소프라노 레지나 레스닉에게, 극중 인물의 엄청난 감정에 거리를 두는 것이 얼마나 어려운지를 질문한 적이 있다. 그녀는 일단 연기기법의 비밀을 터득하고 나니 그것은 전혀 어렵지 않았다고 답했다. 그녀의 연기를 보고 듣는 사람 중 어느 누구도 그녀가 그것을 느

> 끼기보다는 단지 감정을 신체적으로 그리고 있다고 추측했던 사람은 없을 것이다. 감정을 신체적으로 그림으로써 그녀는 차이코프스키의 오페라 '스페이드 여왕'의 어두운 무대에서 자신의 역할인 백작부인과 하나가 되어 공포에 떨며 죽어가는 연기도 실감나게 할 수 있었다.

느낌의 다양성

이 장의 시작 부분에서 제시했듯이 느낌에는 많은 다양성이 있다. 그 첫 번째 다양성은 감정에 근거한 것으로, 가장 보편적인 것은 행복, 슬픔, 분노, 환멸 등이다. 제임스의 개념에서 보면, 이는 미리 구성되어 있는 신체상태 반응의 양상에 상응하는 것이다. 이러한 감정 중 하나의 양상에 신체가 순응할 때 우리는 기쁨, 슬픔, 분노, 두려움, 환멸 등을 느낀다. 우리가 감정에 연관된 느낌을 가질 때 대체로 신체신호들에 주의가 가게 되며, 신체풍경의 부분들은 주의력의 이면에서 전면으로 옮겨간다.

느낌의 두 번째 다양성은, 위에서 언급한 다섯 가지 감정이 미묘하게 변형한 감정들에 근거한 것이다. 도취와 환희는 행복감의 변형이며, 우울과 깊은 생각은 슬픔의 변형이다. 공황과 부끄러움은 두려움의 변형이다. 이러한 두 번째 변형의 느낌은 인지상태의 미묘한 그늘이 감정적 신체상태의 미묘한 변형에 연관될 때 경험에 의해 조율된다. 우리로 하여금 양심의 가책, 당황, 남의 불행을 기뻐하는 것 등의 그늘을 경험하도록 하는 것은 뒤얽힌 인지적 내용과 이미 구성되어 있는 신체상태 양상의 변이이다.[16]

느낌의 다양성
기본적 보편성 감정의 느낌
미묘한 보편성 감정의 느낌
배경느낌

배경느낌

그러나 나는 발달과정에서 다른 것에 앞서 있다고 짐작되는 또 하나의 느낌의 변형이 있다고 본다. 나는 이것을 배경느낌background feeling이라 부르는데, 왜냐하면 느낌은 감정적 상태라기보다는 '배경' 신체상태에서 유래된 것이기 때문이다. 이것은 웅장한 감정의 베르디 음악도, 지성을 갖춘 감정의 스트라빈스키 음악도 아니며, 오히려 음조와 박자에서 가장 최소화된 생명의 느낌 그 자체, 즉 존재감을 의미한다. 나는 앞으로 이 개념이 느낌의 생리를 분석하는 데 유용하리라는 희망을 품고 있다.

앞서 기술했던 감정적 느낌보다 범위가 더욱 한정된 '배경느낌'은, 가장 즐겁거나 불쾌한 것으로 인식될 수 있는데도 불구하고 지나치게 긍정적이지도 않고 지나치게 부정적이지도 않다. 아마 십중팔구는 우리가 일생에서 가장 흔하게 경험하는 것이 감정적인 것보다는 이러한 느낌들일 것이다. 우리는 단지 미묘하게 배경느낌을 인식하지만, 그러나 충분히 배경느낌의 질을 곧 바로 이야기할 수 있다. 배경느낌은 우리가 순전한 즐거움으로 기뻐 뛸 때 느끼는 그런 것이 아니며, 우리가 실연으로 낙담할 때 느끼는 그런 것도 아니다. 이러한 행위는 모두 감정적 신체상태에 상응하는 것이다. 배경느낌은 감정 사이에 널리 퍼져 있는 신체상태에 상응하는 것이다. 우리가 행복감, 분노, 혹은 다른 감정을 느낄 때 배경느낌은 감정적 느낌으로 대치되곤 한다. 배경느낌은 그것이 감정에 의해 흔들리지 않을 때의 신체풍경에 대한 이미지다. '기분mood'의 개념이 비록 배경느낌과 관련이 있다고 해도 그것을 정확하게 표현하는 것은 아니다. 배경느낌이 몇 시간, 며칠에 걸쳐 같은 형태로 지속되거나 사고내용이 들어오고 나감에 따라 변하지 않고 조용히 유지될 때, 집합적인 배경느낌은 분위기, 선함, 악함, 무관심 등에 기여하는 것처럼 보인다.

배경느낌이 없는 상태가 무엇과 같을까 잠시 상상해 보면, 당신은 내가 소개하는 개념을 의심하지 않을 것이다. 나는 배경느낌 없이는 자아에 대한 표상의 핵심이 깨지게 될 것이라고 본다. 내가 왜 그렇게 생각하는지 설명하도록 하겠다.

앞서 내가 제시했듯이, 현재의 신체상태의 표상은 섬insula과 두정부, 변연계, 시상하부, 뇌간 등 여러 체감각피질에서 일어난다. 좌우측 반구 모두에서 이들 부위는 신경 연결에 의해 조율되는데, 우측 반구가 좌측 반구를 압도한다. 이 체계의 정밀한 연결 특성은 발견되어야 할 점이 많이 남아 있지만, 그럼에도 이것의 상당 부분은 명확해 보인다. 현재의 신체상태에 관한 혼합되고 진행형인 표상은 피질하와 피질 부위 양쪽 모두의 많은 구조에 걸쳐 분포되어 있다. 내장에서 오는 수많은 입력은 체간 혹은 사지의 명확한 부위의 통증이나 불쾌감을 느끼기에 충분하도록 잘 지도화되어 있지만, 그 대부분은 '그려지지 않은nonmapped' 부위라 불릴 수도 있는 구조들에서 끝나게 된다. 내장에 대해 만드는 지도가 외부 세계에 대해 만드는 지도보다 덜 정확하다는 것을 인정한다고 해도, 그 모호함과 지도 구성의 오류는 '연관통referred pain'이라는 현상에 의해 대부분 과장된 것이다. 연관통이란, 예를 들면 심근경색으로 좌측 팔이나 복부에 통증을 느끼거나, 담낭에 염증이 있을 때 오른쪽 견갑골 아래로 통증이 있는 경우를 말한다. 근육과 관절에서 오는 입력은 그것이 지형적으로 그려진 구조들에서 끝나게 된다.

'온라인on-line'의 역동적 신체지도 외에 좀 더 안정된 일반적 신체구조의 지도가 있는데, 이것은 고유수용(proprioception, 근육과 관절의 감각)과 내수용(interoception, 내장 감각)을 반영하며, 신체 이미지에 대한 관념의 기초가 된다. 이러한 표상들은 '오프라인off-line'이거나 기질적이지만, 지형적으로 구성된 체감각피질 속으로 활성화될 수 있다. 그리고 현재의 신체상태에 대한 온라인 반영과 병행하여, 우리의 신체가 '현재 무엇인가'라기보다는 오히려 '무엇과 같을 것인가'에 관한 아이디어를 제공한다. 이러한 종류의 반영에 대한 가장 좋은 증거는 일찍이 언급했던 환상사지 현상이다. 어떤 환자들은 절단수술 후에 사지가 아직도 존재하는 것처럼 상상한다. 그들은 심지어 존재하지 않는 사지상태에 특정한 움직임, 통각, 체온 등과 같은 상상적 변형을 인지할 수 있다. 이러한 현상에 대한 나의 해석은 다음과 같다. 즉, 없어진 사지에서 오는 온라인 입력이 없는 가운데 그 사지의 기질적 표상에서 오는 온라인 입력이 우세하기 때문인데, 이는 이전에 획득한 기억의 회상과정을 통한 재구성이라 할 수 있다.

정상적 조건에서 신체상태가 의식에 거의 나타나지 않는다고 믿는 사람들은 아마 다시 고려하고 싶을지 모른다. 물론 우리가 신체의 모든 부분을 항상 의식하고 있는 것은 아니다. 왜냐하면 내부적으로 발생된 이미지들뿐 아니라 시각, 청각, 촉각을 통한 외부적 사건의 표상들이, 중단될 수 없고 진행 중인 신체의 표상으로부터 우리를 효과적으로 분산시키고 있기 때문이다. 그러나 우리의 관심의 초점이 대개는 다른 곳(즉, 적응적 행위에 가장 필요한 곳)에 있다는 사실이 신체반영이 없다는 것을 의미하지는 않는다. 이는 당신이 갑자기 통증을 느끼거나 경미한 불편 등을 느낄 때 당신의 초점이 다시 돌려진다는 것으로 쉽게 확인할 수 있다. 배경적 신체감각은 비록 당신이 그것을 거의 알아차리지 못하지만 지속적이다. 왜냐하면 배경적 신체감각이 특정 신체부위의 어떤 것을 반영하는 것이 아니라, 오히려 그 안에 있는 거의 모든 것의 전반적인 상태를 반영하기 때문이다. 이렇듯 계속되고 멈출 수 없는 신체상태의 반영이 있기 때문에, 이제 '기분이 어때요?'라는 질문에 즉각적으로 '좋다' 혹은 '좋지 않다'고 당신이 응답하게 되는 것이다(물론, 단순히 '안녕하세요?'라는 질문에 대해 사람들이 예의적으로 또는 형식적으로 응답하는 경우를 말하는 것은 아니다). 신체의 배경상태는 계속 관찰 감시되고 있다. 그렇다고 한다면 '갑자기 그것이 사라질 때 어떤 일이 일어날까?'라는 흥미로운 의문이 생긴다. 만일 당신이 어떻게 느끼는지 질문을 받는다면, 당신은 배경상태에 관해 아무것도 아는 것이 없다는 것을 발견할 것이며, 다리를 다쳐서 그것을 의도적으로 펴려고 할 때 그 순간의 불편함은 당신이 쉽게 접근할 수 있는 전체 신체감의 일부라기보다는, 오히려 마음에 느슨하게 자리한 하나의 고립된 지각이 될 것이다. 훨씬 더 간단하고도 비교적 국한된 고유수용의 정지(말초 신경질환에 의해 야기될 수 있다)도 사고과정에 심각한 장애를 일으키게 된다는 사실은 잘 알려져 있다(올리버 색스는 이런 환자를 서술한 바 있다).[17] 그렇다고 하면, 신체상태에서 더욱 광범위한 결손이나 전체적인 감각의 변형이 더욱 커다란 혼란을 일으키게 될 것이다.

4장에서 기술한 바와 같이, 원형적이며 완전한 실인증을 가진 환자들은 자신의 일반적인 의학적 상황을 인지하지 못하게 된다. 그들은 대부분 뇌졸중이나 뇌종양이나 암에서 이차적으로 발생한 어떤 절망적인 결과로 인해 고통당하고 있다는 것을 알지 못한다. 예를 들어 움직임이 없는 자신의 왼쪽 손과 팔을 보게 되면 좌측 사지가 움직이지 않는다는 것에 동의는 하게 되겠지만, 마비가 왔다는 것을 인식하지는 못한다. 그들은 의학적 결과에 대해 그림을 그릴 수 없으며 장래를 염려하지 않는다. 그들의 감정 표현은 억제되거나 존재하지 않으며, 따라서 자신이 인정하거나 관찰자의 추정으로 평가된 느낌은 무디다.

이러한 실인증 환자의 뇌 손상은 신체상태 지도에 관여하는 부위들 사이에서, 그리고 종종 파괴된 부위들 자체 속에서 상호 대화를 교란시킨다. 이 부위들은 몸의 오른편과 왼편에서 오는 입력을 다 받고 있음에도 불구하고 모두 우측 반구에 있다. 핵심 부위들은 섬insula과 두정엽 안에, 그리고 그것들 사이의 연결을 수용하는 백질(또한 시상에서 들어오고 나가는, 전두부피질에서 들어오고 나가는, 그리고 기저 핵으로 나가는 연결을 수용하는) 안에 있다.

배경느낌의 개념을 사용하여, 나는 이제 실인증에서 일어나는 것을 지적할 수 있다. 현재의 신체 입력 자체를 이용할 수 없으므로 실인증 환자들은 자신의 신체표상을 새것으로 바꾸지 못한다. 그 결과 그들은 체감각 계통을 통해 자신의 신체풍경에 변화가 일어났다는 사실을 즉각적으로 또 자동적으로 인식하지 못하게 된다. 그들은 여전히 지금은 옛것이 된 이미지인 과거의 신체 이미지를 마음에 형성할 수 있을 뿐이다.

환상사지가 있는 환자는 없어진 사지가 여전히 거기에 있음을 느낀다고 보고할지 모르지만, 그들은 그것이 명백하게 그렇지 않다는 것을 깨닫는다. 그들은 망상이나 환각이 없다. 그들로 하여금 자신의 불편한 상태를 불평하게 하는 것은 현실감이다. 그러나 실인증 환자들은 어떠한 자동적인 현실 점검도 없다. 그 상황이 몸의 일부분이 아닌 대부분에 관한 정보를 포함하고 있기 때문에, 혹은 그것이 다른 어떤 것보다 더욱 내장의 정보에 관여하고 있기 때문에, 또는 양쪽 모두의 이유 때문에, 그들은 환상사지가 있는 환자들과 다르다. 최근 갱신된 신체 신호의 부족으로 인해 그들은 운동장애에 대해 비합리적으로 보고 할 뿐만 아니라, 건강상태에 대해서도 부적절한 감정과 느낌에 이르도록 한다. 이러한 환자들은 자신의 상황에 염려하지 않는 것처럼 보이며, 일부는 어울리지 않게 농담을 하거나 시종일관 무뚝뚝하기도 하다. 말을 하거나 직접적으로 보여줌으로써 제시된 새로운 사실에 근거하여 그들의 상태에 대해 이성적 판단을 강요할 때, 그들은 순간적으로 자신의 새로운 상황을 인정하지만 이러한 인식은 곧 잊히게 된다. 어쨌든 느낌을 우선으로 자연스럽게, 그리고 자동적으로 오지 않은 것은 마음속에서 유지될 수 없다.

실인증 환자들은 현재의 신체상태를 감지하는 능력을 빼앗긴 마음에 관한 견해를 우리에게 제공하는데, 특히 그것이 배경느낌과 관련될 때 그러하다. 나는 신체를 기본적으로 참고한 현재의 신체 신호를 구성할 수 없는 이러한 환자들의 자아는 더 이상 통합될 수 없다고 본다. 개인의 실존에 관한 지식은 여전히 유효하며 언어 형태로 상기할 수 있는데, 실인증 환자는 자신이 누군지, 살고 있는 곳은 어딘지, 가까운 사람들이 누군지를 기억한다. 그러나 이러한 지식의 풍부함도 현재의 개인적·사회적 상태를 효과적으로 생각하는 데 사용되지 못한다. 이 환자들이 자신의 마음과 다른 사람의 마음에 대해 세우는 가설은, 슬프게도 그들과 그들의 관찰자가 속해 있는 역사적 시간에 비해 결정적으로 시대에 뒤져 있고 보조를 맞추지 못한다.

배경느낌의 연속성은 생명이 유지되는 한 생물체와 이 생물체의 구조가 지속된다는 사실에 들어맞는다. 구성이 변하는 환경과는 다르게, 또 단편적으로 외부 상황에 의해 조건화된 환경과 관련해 우리가 구축한 이미지와는 다르게, 배경느낌은 대부분 신체상태에 관한 것이다. 우리는 유기체를 둘러싸고 변화하는 무수한 사물을 인식할 수 있지만, 우리 개개인의 정체성은 환상에 불과한 단조로운 삶이라는 섬에 정박해 있다.

감정을 위한 극장으로서의 신체

윌리엄 제임스에게 퍼부어졌던 비평들 가운데 하나는, 우리가 감정을 위한 극장으로 항상 신체를 이용한다는 아이디어에 관한 것이다. 나는 많은 상황에서 감정과 느낌이 마음/뇌에서 몸으로, 또 다시 마음/뇌로 돌아가는 방식으로 정확하게 작동된다고 생각하지만, 또한 많은 경우에서 뇌가 신체 고유 안에서 이를 재현할 필요없이 좀 더 희미한 '감정적' 신체상태의 이미지를 조작할 수 있다고 믿는다. 더욱이 우리가 앞에서 논의했듯이 신경전달물질 핵이 신체조절에 대한 가장 절묘한 뇌 표상의 본질이기는 해도, 뇌간에서 신경전달물질 핵의 활성화와 반응은 신체를 우회한다. 따라서 뇌에는 우리가 '마치' 신체를 활성화하고 조정하는 것'처럼', 그리고 감정상태를 가지고 있는 것'처럼' 느끼도록 도와주는 신경 장치가 있다. 이러한 장치들은 우리로 하여금 신체를 건너뛰어 에너지 소모적이고 느린 과정을 피하게 한다. 우리는 오로지 뇌 안에서 느낌과 유사한 어떤 것들을 상기해 낸다. 그러나 나는 이러한 감정이 실제의 신체상태에서 신선하게 만들어진 느낌과 똑같이 느껴지는지에 대해서는 의문이 생긴다.

'마치 … 처럼as if' 장치는 우리가 성장하면서 환경에 적응하는 동안 발달해왔을 것이다. 어떤 특정한 마음의 이미지와 신체상태 대용물 사이의 연관은, 신선하게 일어난 신체상태의 이미지와 어떤 실재나 상황의 이미지를 반복적으로 관련시킴으로써 습득되었을 것이다. '우회 장치'를 촉발시키는 어떤 특정한 이미지를 갖는다는 것은, 말하자면 신체극장을 통한 과정을 작동시키고 신체를 통한 고리를 연결시키는 데 우선 필요한 것이었다(그림 7-6 참고).

그림 7-6
'신체고리'와 '마치 …처럼' 고리의 도해다. 두 그림에서 뇌는 위의 검은 선 영역이고 신체는 아래의 검은 선 영역이다. '마치 …처럼' 고리의 과정은 신체 전체를 우회한다.

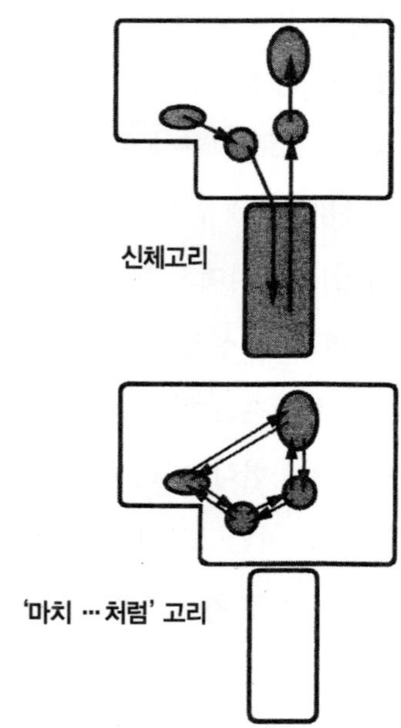

왜 '마치 …처럼' 느낌은 다르게 느껴야만 하는가? 내가 왜 이렇게 생각하는지 한 가지 이유를 들어보겠다. 감정적 반응의 모양과 크기를 연속적인 그래프의 형태로 만들어 기록하는 실험기구인 다원기록장치polygraph에 정상인의 상황을 연결해 기록한다. 이 심리실험에서 검사자는 어떤 움직임이 옳으면 응분의 보상을 받을 자격이 있다고 말하거나, 옳지 않으면 응분의 벌을 받아야 한다고 대상자에게 말한다. 대상자는 실험에서 자신이 취한 어떤 움직임이 옳고 보상을 받게 된다는 말을 듣자마자 어떤 반응을 보이는데, 이 반응은 특정한 시작과 상승 모양 및 최고 크기의 곡선으로 나타난다. 벌에 대해서도 역시 어떤 반응이 나오는데, 이는 예전 것보다 더 높다. 잠시 후 또 다른 움직임이 더욱 철저한 벌을 유발하는데, 이 경우 반응 곡선이 다를 뿐 아니라 기록 바늘도 종이를 가로질러 기록지에서 거의 떨어져 나온다.

이러한 반응의 차이가 의미하는 바는 잘 알려져 있다. 즉, 다른 정도의 상과 벌은 정신적으로나 신체적으로 다른 반응을 야기하는데, 다원기록은 그 중 신체적 반응을 기록한다. 그러나 신체반응과 정신반응 사이의 관계에 대해서는 이견이 있다. 내 견해로는, 통상적 느낌은 신체변화의 '정보 판독'에서 나온다. 그러나 우리는 또 하나의 대안적 견해를 고려해야 하는데, 신체는 참으로 감정 반응에 의해 변화되지만, 그러나 느낌이 반드시 이러한 변화에서 오는 것은 아니라는 것이다. 즉, 작동 중인 신체변화들을 짜 맞추는 같은 뇌 인자가, 신체에서 위임받은 변화 유형에 관한 정보를 또 다른 뇌 부분(아마도 체감각 계통)에 준다는 것이다. 이러한 대안적 관점에 따르면 느낌은 신호의 후자 유형에서 직접적으로 오는 것이며, 여전히 신체변화들이 동시에 공존하지만 전적으로 뇌 안에서 과정을 일으키게 된다. 이러한 견해를 지지하는 사람들의 요점은, 신체변화는 느낌의 원인이라기보다 오히려 느낌과 평행하여 일어난다는 것이다. 느낌은 언제나 '마치 …처럼 고리 as-if loop' 장치에서 유래하며, 이는 내가 위에서 제안한 것 같은 기본적인 '신체 고리' 장치에 부수적인 것이 아니라 오히려 느낌의 근본적인 기전이라는 것이다.

왜 나는 나의 것보다 덜 만족스러운 대안적 견해를 찾는 것일까? 그 한 가지 이유는, 하나의 감정은 신경적 통로에 의해서만 유발되지 않는다는 것이다. 화학적 통로 또한 존재한다. 감정을 유발하는 뇌 구역은 그 자체 내에서 그 자체의 또 다른 구역으로 유도하는 신경 요소를 신호로 보내게 되지만, 이것이 같은 방식의 화학적 요소를 의미하지는 않는다. 더욱이 뇌는 모든 명령(신경적 명령, 특히 화학적 명령)이 신체에서 어떻게 작동하는지 예측하는 것 같지 않다. 왜냐하면 작동과 그 결과의 상태들은 신경적으로 충분히 반영되지 않는 신체 자체의 부분적인 생화학적 배경과 수많은 변수에 의해 좌우되기 때문이다. 신체 내에서 작동되는 것은 새로이 순간순간마다 만들어지며, 이전에 일어났던 어떤 것을 정확히 복제하는 것은 아니다. 나는, 신체상태가 뇌에 의해 연산적으로 예측될 수 있는 것이 아니라 오히려 뇌가 실제로 발생한 것을 보고하기 위해 신체를 기다리는 것으로 추정한다.

감정과 느낌의 대안적 견해는 감정/느낌 유형의 고정된 목록에 한정되는 것 같은데, 고정되어 있다는 의미는 어느 한 순간에서도 생물체의 실제 시간, 실제 생활 상태에 의해 조정되지 않는다는 것을 의미한다. 이러한 유형은 그것이 우리가 계속해야만 하는 것이라면 유용하겠지만, 여전히 '살아 있는 현장의 공연'이라기보다는 '재방영'이 될 것이다.

뇌는 신체가 취할 정확한 풍경을 예측하지 못한다. 그것이 신체에 가하는 신경적, 화학적 신호들의 공세를 풀어놓은 후에야 특수한 상황이 실제 생활과 실제 시간에서 펼쳐지며, 이에 따라 측정할 수 없는 그 상황의 모든 것을 오직 예측할 수 있을 뿐이다. 감정상태든 혹은 비감정적인 배경적 상태든, 신체풍경은 언제나 새롭고 결코 일률적이지 않다. 만일 모든 우리의 느낌이 '마치 … 처럼' 유형이라면, 우리는 마음의 두드러진 성향인 변화무쌍한 정서의 조율을 전혀 인식하지 못할 것이다. 실인증이 시사하는 바는, 정상적인 마음은 신체상태에서 발생하는 최신 정보의 꾸준한 흐름이 필요하다는 것이다. 현재 디자인된 바와 같이, 뇌는 그 자체를 각성하고 주의를 유지하기 전에 우리의 살아 있는 상태를 확인하는 것이 필요할지 모른다.

신체에 마음을 두다

마음의 개념에서 감정과 느낌을 도외시하는 것은 현명해 보이지 않는다. 그러나 인지에 관한 훌륭한 과학적 개념들이 엄밀하게 보면 그렇게 하고 있는데, 왜냐하면 인지치료에서는 감정과 느낌을 포함시키지 않기 때문이다. 이것이 내가 서론에서 언급했던 일종의 삭제omission 다. 감정과 느낌은 붙잡기 어려운 실재이며, 감정과 느낌이 자격을 주는 사고의 뒤얽힌 내용과 무대를 공유하는 것도 부적합하다. 주류적 인지과학으로부터 감정을 배제하는 이러한 엄격한 관점은, 내가 이 장에서 일찍이 언급했던 전통적 뇌과학의 시각에서 또 하나의 상대가 있다. 즉, 이러한 감정과 느낌이 자격을 주는 것들은 신피질 내에서 발생하는 반면, 피질하 과정이 할 수 있는 감정과 느낌은 뇌의 하부에서 일어난다는 것이다. 나는 이러한 관점들에 대해 찬성할 수 없다. 첫째로, 감정은 피질하 구조와 신피질 구조 양쪽 모두의 통제 아래 작동된다는 것이 명백하다. 둘째로 (더욱 중요한 것인데) 느낌은 다른 어떤 지각적 이미지만큼이나 인지적인 것이며, 또한 어떤 다른 이미지만큼이나 대뇌-피질 과정에 반드시 의존적이라는 것이다.

확실히 느낌은 무언가 색다른 것이다. 느낌이 색다른 이유는 느낌이 우선적으로, 그리고 가장 먼저 신체와 관련이 있기 때문이다. 또한 미리 조직된 기전에 의해, 그리고 그 기전의 영향 아래 우리가 발전시켜온 인지적 구조에 의해 영향을 받게 되면서, 우리에게 장기와 근골격 상태를 인지하도록 한다. 느낌은 감정적 상태가 일어나는 동안, 또한 미약하게나마 배경적 상태가 됨에 따라, 주의깊게 우리로 하여금 신체에 마음을 두도록 한다. 느낌은 우리에게 몸의 지각적 이미지를 제공할 때 우리로 하여금 몸이 '살아 있다고' 생각하게 하며, 혹은 '만약 …처럼' 느낌에서 우리에게 특정한 상황에 적절한 신체상태의 회상적 이미지를 제공할 때 '재상영됨으로써' 우리로 하여금 몸이 살아 있다고 여기게 만든다.

순간적인 신체 이미지가 다른 물체 및 상황의 이미지에 병렬되는 것처럼, 느낌은 우리에게 신체 안에서 무엇이 진행되는지 일별하게 한다. 그렇게 함으로써, 느낌은 다른 물체와 상황에 관한 우리의 광범위한 인식을 조정한다. 신체 이미지들은 병렬에 의해 다른 이미지에 선이나 악, 기쁨이나 고통의 질을 부여한다.

나는 정말로 느낌이 특권적 위치를 소유한 것으로 본다. 느낌은 신피질을 포함한 많은 신경적 위치에서 반영되며, 거기에서 느낌은 다른 감각적 채널에 의해 평가되는 모든 것에 대한 신경해부적, 그리고 신경생리적 동등자다. 그러나 느낌은 신체와 풀릴 수 없도록 묶여 있기 때문에 느낌은 발생과정에서 우선적으로 출현했고, 또한 우리의 정신생활을 미묘하게 잠식하는 우선권을 유지한다. 뇌는 신체에 사로잡힌 청중이므로 느낌은 동등자들 가운데 승리자다. 또한 앞서 온 것은 나중에 온 것의 참고적인 틀이 되므로, 느낌은 뇌와 인지의 나머지 부분들이 어떻게 일을 처리하는지 말할 수 있다. 느낌의 영향은 무궁무진하다.

느낌의 과정

우리가 어떤 감정적 상태 또는 배경적 상태를 느낄 때 이루어지는 신경적 과정은 어떤 것일까? 나는 명확히 알지 못한다. 나는 이에 대한 답의 서두는 가지고 있으나 그 끝에 관해서는 확신하지 못한다. 우리가 어떻게 느끼는 가에 대한 질문은 의식의 이해에 의존하는데, 이것은 이 책의 주제가 아니다. 그러나 우리는 여전히 질문을 할 수 있으며, 아무리 해도 답할 수 없는 것들은 장차 그 해답을 찾을 수 있을 것으로 생각한다.

그릇되게 만족을 주는 한 가지 대답은 감정의 신경화학과 관련이 있다. 감정과 기분에 관여하는 화학물질을 발견한다고 해서 우리가 어떻게 느끼는가를 충분히 설명하기는 어렵다. 화학적 물질이 감정과 기분을 변화시킬 수 있다는 것은 오래전부터 알려져 왔다. 알코올, 진정제, 방대한 약물제제 등이 우리의 느낌을 조절할 수 있다. 잘 알려진 화학과 느낌의 관련성으로 인해, 과학자들은 생물체가 비슷한 효과를 볼 수 있는 화학물질을 생산한다는 것을 발견했다. 엔돌핀은 뇌 자체의 모르핀이며, 이것이 우리 자신에 대해, 통증에 대해, 세상에 대해 우리가 느끼는 바를 쉽게 변경시킬 수 있다는 개념은 이제 잘 받아들여지고 있다. 또한 신경전달물질인 도파민·노르에피네프린·세로토닌뿐만 아니라 펩티드peptide 신경조절물질도 비슷한 효과를 낼 수 있다는 개념도 잘 받아들여지고 있다.

그러나 어떤 화학물질(신체 내부 혹은 외부에서 만들어진)이 어떤 느낌을 발생시킨다는 것을 아는 것이, 어떻게 이런 결과가 나타났는가에 관한 기전을 아는 것과 같지 않다는 것을 알아야 한다. 특정한 체계, 특정한 회로와 수용체, 그리고 특정한 신경세포에서 어떤 물질의 작용을 아는 것이, 당신이 왜 기쁨이나 슬픔을 느끼는가를 설명하는 것은 아니다.

어떤 물질의 작용은 물질, 체계, 회로, 수용체, 신경세포, 느낌 등의 사이에 존재하는 작동관계를 확증해주지만, 이것이 당신에게 어떤 것으로부터 다른 것이 어떻게 얻어지는지를 말해주는 것은 아니다. 이는 단지 설명의 시작일 뿐이다. 기쁨이나 슬픔의 느낌이, 진행 중인 신체 상태에 대한 신경적 표상의 변화에 상응하는 것이라면, 그다음은 이러한 신경적 표상의 근원, 즉 신체를 반영하는 신경회로 단계의 활동에 관한 설명이 필요할 것이다. 느낌의 신경생리를 이해하려면 당연히 신경회로 단계의 활동에 관한 이해가 필요하다. 기쁨이나 슬픔을 느끼는 것이, 당신의 사고가 작동하는 인지적 방식에 역시 부분적이나마 연관이 된다면, 그다음은 이미지를 만들고 조정하는 회로에 작용하는 화학물질에 대한 설명 또한 필요하다. 다시 말하면 프로작(prozac, 항우울제의 한 종류)의 시대에 통용되는 선언, 즉 우울증을 일반적으로 세로토닌이나 노르에피네프린의 가용성에 관한 선언으로 축소시키는 것은 받아들일 수 없을 정도로 무례한 것임을 의미한다.

또한 잘못되었으나 만족을 주는 대답은, 어느 순간 신체풍경에서 일어나는 것에 대한 신경적 표상과 느낌이 단순히 동등하다는 것이다. 유감스럽게도 이 대답으로는 충분하지 않다. 우리는 지속적이며 적절하게 조정되는 신체표상들이 어떻게 주관적으로 되는지, 또 어떻게 이것들이 자아의 일부분이 될 수 있는지를 발견해야 한다. 어떻게 우리가 이러한 표상을 지각하는 연금술사의 난쟁이에 의지하지 않고 신경생물학적으로 그 과정을 설명할 수 있을까?

신체상태에 관한 신경적 표상을 넘어, 나는 느낌의 기저에 있는 신경적 기전에 적어도 두 가지 중요한 요소가 있어야 한다는 것을 알고 있다. 첫 번째는 그 과정의 초기에 일어나는 것으로, 아래에 기술할 것이다. 두 번째는 자아에 관계된 것으로, 결코 간단한 것은 아니지만 10장에서 다루겠다.

우리로 하여금 어떤 사람이나 사건의 특정한 방식을 느끼도록 하기 위해, 뇌는 아마도 명확한 방법으로 사람이나 사건과 신체상태 사이의 원인적 연결을 나타내는 수단을 가지고 있음이 틀림없다. 다른 말로 하면, 당신은 긍정적이거나 부정적인 어떤 감정이 잘못된 일이나 사람에 연결되는 것을 원하지 않는다. 우리가 어떤 사람, 사물, 장소 등과 연관될 때, 우리는 종종 사건을 좋지 않은 방향으로 잘못된 연결을 한다. 그러나 우리 중 일부는 이러한 잘못된 연결을 피하려고 한다. 미신은 이러한 종류의 그럴 듯한 인과 관계에 근거한다. 침대 위에 모자가 있으면 운이 나쁘며, 검은 고양이가 당신의 길을 가로지르는 것 또한 그렇다. 사다리 아래를 걸어가면 당신은 불행을 만나게 된다. 감정(두려움)과 사물의 위조된 배열이 스며들면 공포행위가 일어난다(공포행위의 표리적 측면은 단지 성가신 것과 같다. 긍정적 감정이 사람, 사물, 장소 등과 지나치게 자주 구분 없이 연관되면, 우리는 많은 상황에 대해 좀 더 긍정적이거나 느긋해질 수 있고, 그러면 결국 우리는 지나친 낙천가가 될지도 모른다).

정확한 인과관계에 대한 이러한 관념은, '신체 신호'와 '감정을 일으키는 실재에 관한 신호'를 상호 중계하는 수렴지대의 활동에서 생겨나는 것인지도 모른다. 수렴지대는 유입의 원천으로 유지하는 상호적 전방먹이기feedforward와 되먹이기feedback 연결에 의해 '제3자'의

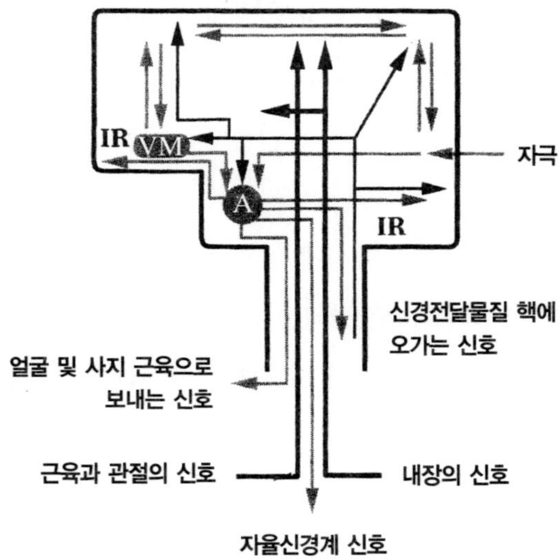

그림 7-7
일차적 감정, 이차적 감정, 그리고 느낌의 과정에서 보여준 도해를 종합했다. 감정과 느낌에 연루되는 신경적 신호에 대한 중심적인 신체 결속 경로와 뇌 결속 경로를 보여준다. 간결하게 보여주기 위해 내분비 및 다른 화학적 신호들과 기저 신경절은 빼고 그렸다.

중개 역할을 한다. 내가 제안한 배열 내에 있는 참가자들players은 원인적 실재의 뚜렷한 표상이며, 현재 신체상태의 명백한 표상이며, 또한 제3자 표상이다. 다른 말로 하면, 어떤 특정한 실재를 알리고 적절한 초기 감각피질 내에 지형적으로 조직화된 표상을 일시적으로 형성하도록 하는 것은 뇌의 활동이다. 신체상태의 변화를 알리며 초기 체감각피질에 지형적으로 조직화된 표상을 일시적으로 형성하는 것도 뇌의 활동이다. 또한 어떤 수렴지대 내에 위치한 하나의 표상은 전방먹이기 신경 연결에 의해 처음 두 부위의 뇌 활동으로부터 신호를 받는다. 이러한 제3자 표상은 뇌 활동의 시작 순서를 유지하며, 부가하여 뇌 활동의 두 장소 사이를 되먹이기 연결에 의해 활동과 주의초점을 유지한다. 세 참가자 사이의 신호는 잠시 동안 비교적 동시적인 활동에서 앙상블을 이룬다. 십중팔구 이러한 과정은 시상 내에 있는 피질과 피질하 구조물들을 요구한다.

그러므로 감정과 느낌은 두 가지 기본 과정에 의존한다. 1) 신체상태를 일으켰던 유발적이고 평가적인 이미지들의 집합과 나란히 하는 어떤 특정한 신체상태에 대한 조망, 2) 1)에서 기술했던 사건들에 동반하는, 그러나 평행적으로 작동되는 인지 과정의 특수한 양식과 효율의 정도다.

1) 에서 기술한 경우는, 신체상태의 제정enactment 혹은 뇌 안에 있는 대리자의 제정을 요구한다. 이것은 유발장치의 존재, 즉 어떤 평가에 근거한 후천적 기질의 존재와 신체 반응을 활성화시키게 될 선천적 기질의 존재를 전제로 한다.

2) 에서 기술한 경우는, 1) 에서 작동되는 소인들과 같은 체계에서 유발되었으나, 그 표적은 선택적인 신경전달물질의 방출에 의해 반응하는 뇌간과 기저 전뇌 안에 있는 일련의 핵들이다. 신경전달물질 반응의 결과, 이미지가 형성되고 사라지고 나타나고 발생되는 속도의 변화뿐만 아니라, 이러한 이미지들에 작동되는 추론 양식의 변화가 일어난다. 하나의 예로, 의기양양함을 느끼는 것에 동반되는 인지적 양식은 다양한 이미지를 빠르게 발생시키므로 연관된 과정이 더 풍부해지고, 세심한 관찰 하에서 이미지들 안에 얻어지는 다양한 종류의 실마리가 만들어진다. 이미지들은 오래 수반되지 않는다. 잇따라 일어나는

풍부함은 방해를 쉽게 유발시키며 과포화 상태가 될지 모른다. 이러한 인지적 양식은 작동 효율의 확장과, 심지어 비억제 행위뿐만 아니라 식욕과 탐구적 행위의 증대를 동반한다. 이러한 인지적 양식의 극단은 조증 상태에서도 찾을 수 있다. 대조적으로 슬픔에 동반하는 인지적 양식은 이미지 유발이 느리고, 몇 개의 단서에 반응하여 연관이 잘 되지 않고, 직감이 더 좁아지고 덜 효율적이며, 동일한 이미지들에 과하게 집중하는데, 보통 이러한 것들은 부정적 감정 반응을 유지시킨다. 이러한 인지적 상태는 운동 방해가 동반되며, 일반적으로 식욕과 탐구 행위의 감퇴를 동반한다. 이러한 인지적 양식의 극단은 우울증에서 찾을 수 있다.[18)]

많은 사람이 추정하는 것과 마찬가지로 나는 감정과 느낌을 불가해하고 공허한 성질의 것으로 보지 않는다. 감정과 느낌의 내용은 구체적이다. 감정과 느낌은 신체와 뇌 안의 특정 체계에 연관될 수 있는데, 그 관계성이 시력이나 언어능력의 경우보다 뒤지지 않는다. 관계되는 뇌 체계들은 피질하 구역에 국한되어 있지 않다. 뇌 중심부와 대뇌피질은 감정과 느낌을 함께 만들어 가는데, 이런 면에서 시력의 경우보다 뒤지지 않는다. 사람은 대뇌피질만으로 사물을 볼 수 없다. 시력도 뇌 시스템에서, 즉 소구colliculi(중뇌에 있는 작은 돌출부 –역주) 같은 조직에서 비롯된다.

마지막으로, 감정과 느낌을 구체적인 것으로(인지적으로나 신경적으로나) 정의한다고 해서 사랑스러움이나 공포를, 그리고 시와 음악을 접하며 느끼는 상태를 감소시키지 않는다는 것을 인식하는 것이 중요하다.

우리가 어떻게 보고 말하는지를 이해함으로써 보이거나 들은 것, 그려진 것, 연극적인 대사에 있는 것을 변조시키는 것은 아니다. 감정과 느낌 뒤에 있는 생물학적 기전을 이해하는 것은, 감정과 느낌의 가치를 낭만적으로 조명하는 데 있어 오히려 전적으로 필요하다.

8장 | 신체표지 가설

추론과 결정

우리는 현재에 대해 생각하는 일이 거의 없다. 우리가 현재를 생각할 때 그것은 미래에 대한 우리의 계획에 비추어지는 빛을 보는 것에 불과하다.[1] 이는 파스칼이 한 말이다. 잠시 후나 먼 미래에 다가오는 것을 계획하고자 과거를 사용함으로써 우리의 존재가 소비되는, 그래서 사실은 존재하지 않는 현재에 관해 파스칼이 얼마나 통찰력 있게 바라봤는가를 쉽게 알 수 있다. 이러한 소모적이며 멈추지 않는 모든 창조 과정은 추론 및 결정과 관련된 어떤 것인데, 이 장에서는 이에 대한 신경생물학적 토대를 일부 다루고자 한다. 추론의 목적은 결정이며, 결정의 본질은 어떤 반응선택을 하는 것이다. 즉, 정확하게 정의를 하자면 '비음성적 행위, 단어, 문장, 어떤 주어진 상황 등과 연계하여 그 순간 가능한 것들 가운데 일부 조합을 선택하는 것'이다. 추론과 결정은 너무도 같이 엉켜있어 종종 상호교환적으로 사용된다. 필립 존슨-레어드Phillip Johnson-Laird는 다음과 같은 형태로 이러한 밀접한 상호연계를 파악했다. "결정하기 위해 판단하고, 판단하기 위해 추론(reason, 논리적으로 생각)하고, 추론하기 위해 (무엇을 추론하느냐에 관해) 결정한다."[2)]

추론reasoning과 결정deciding이란 용어는 보통 결정자가 a) 어떤 결정이 요구되는 상황, b) 행위의 선택(반응), 그리고 c) 이러한 선택이 즉시 혹은 미래에 미칠 각각의 결과(결말)에 관한 지식을 가지고 있다는 것을 의미한다. 기질적 표상 형태로 기억 안에 존재하는 지식은 비언어적이거나 언어적 형태로, 또한 실제적으로 동시에, 의식으로 끌어올릴 수 있다.

또한 추론과 결정은 통상적으로, 결정자가 어떤 적절한 반응선택을 하는지에 근거해 적절한 추론을 만들어내는 논리적 전략을 소유하고 있는지, 추론에 요구되는 지지 과정이 제자리에 있는지를 의미한다. 후자의 경우 보통은 주의집중과 작업기억이 거론되지만, 감정이나 느낌은 이제까지 거의 언급되지 않았으며, 다양한 종류의 선택을 고르는 기전에 관해서도 전혀 거론된 적이 없다.

위에 언급한 추론과 결정에 관한 설명에 따르면, 반응선택에 축적된 모든 생물학적 과정이 위에서 정의한 추론과 결정의 영역에 속하지는 않는 것으로 보인다. 다음의 예는 그 요점을 파악하는 데 도움을 줄 것이다.

첫 번째 예로, 혈당치가 감소될 때 시상하부의 신경세포가 그것을 감지하면 어떤 일이 벌어지게 되는지 생각해 보자. 이 경우 어떤 행위가 요구될 것이다. 우선 시상하부의 기질적 표상들에 새겨진 것처럼 생리적 '노하우'가 있다. 그리고 궁극적으로 당신으로 하여금 먹도록 유도하는 공복상태를 만드는 반응을 선택하는 하나의 '전략'이 있다. 그러나 이 과정은 명백한 지식, 선택과 그 결과에 대한 뚜렷한 나열, 추론의 의식적 기전 등이 관여되지 않고도 당신이 배고프다고 의식하게 되는 지점에 이르게 한다.

두 번째 예로, 우리가 떨어지는 어떤 물체를 피하기 위해 순간적으로 움직일 때 어떤 일이 일어나는지 생각해 보자. 즉각적인 행위를 요구하는 어떤 상황이 있다. 행위를 위한 선택(피하거나 피하지 않거나)이 있고 각각은 상이한 결과를 초래한다. 이러한 반응을 선택하기 위해 우리는 의식적인(밖으로 드러나는 명백한) 지식이나 의식적인 이성 전략을 사용하지 않는다. 필요한 지식이란, 떨어지는 물체가 우리를 해칠지 모른다는 것을 알았을 때, 그것을 피하거나 멈추게 하는 것이 얻어맞는 것보다 낫다는 점을 먼저 의식하는 것이다. 성장하면서 이러한 시나리오를 경험함으로써 우리는 뇌를 가장 모험적인 반응을 유발하는 자극에 확고히 짝짓게 만들었다. 반응선택에 관한 '전략'은 이제 자극과 반응 사이의 강력한 연결을 활성화시키는 것으로 구성된다. 그럼으로써 반응의 이행은 (사람이 의지적으로 선행할 수 있음에도) 노력이나 숙고 없이도 자동적이면서 신속하게 나타나게 된다.

세 번째 예로, 두 그룹의 다양한 예를 고려해 보자. 한 그룹은 행동을 선택하는 경우다. 즉, 누구와 결혼할지 혹은 친구 사이가 될지를 결정하며, 벼락이 칠 때 도망가야 할지 말아야 할지를 결정하고, 누구를 뽑을 것인지, 어떻게 저축금을 투자할지, 당신에게 잘못한 어떤 사람을 용서해야 할지, 만일 당신이 주지사가 되었다면 사형을 선고받은 범죄자에게 감형을 선고할지 말지를 결정하는 것이다. 대부분의 사람에게는 다른 그룹의 예, 즉 어떤 새로운 엔진을 조립하거나, 어떤 건물을 디자인하거나, 수학문제를 풀거나, 음악을 작곡하거나, 책을 쓰거나, 또는 어떤 제시된 새로운 법이 헌법정신에 맞는지 아니면 위반되는지를 판단하는 것 등에 대한 추론 역시 결정의 대상이 된다.

세 번째 보기에 속한 것은 모두 가정된 전제로부터 논리적 결과를 유도하는 명백한 과정에 의존한다. 즉, 믿을만한 추론을 만드는 작업은 열정의 방해 없이, 우리로 하여금 주어진 최악의 가능한 문제 가운데 최선의 가능한 결과로 이르게 하는 가장 좋은 선택을 하도록 한다. 그러므로 세 번째 예를 앞의 두 가지 예와 분리하기란 어렵지 않다. 세 번째의 모든 예에서, 그 자극상황들은 좀 더 많은 부분을 갖는다. 반응선택은 많으며, 각각의 결과는 더 많은 곁가지를 가진다. 즉, 그 결과는 당장에 혹은 장래에 종종 다르게 나타나며, 따라서 다양한 시간에 걸쳐 가능한 장점과 단점 사이의 잠재된 갈등을 가지고 있다. 복합성과 불확실성이 너무도 광범위하게 확대되어 있으므로 믿을만한 예측에 쉽게 도달하기는 어렵다. 마찬가지로 중요한 것은, 광범위한 이 많은 선택과 결과는 연관된 경영 전략을 위해 의식에 틀림없이 나타난다는 것이다. 최종 반응선택을 취하기 위해 당신은 추론을 적용시켜야 한다. 이는 당신의 마음에 많은 사실을 보유하여 가설적 행위의 결과를 계산하고, 그것을 중간 목표나 궁극적 목표에 대비하는 것 등을 포함한다. 이 모든 것은 어떤 방법, 즉 당신이 과거 수많은 경우에서 연습했던 것 가운데 어떤 형태의 게임 계획을 요구한다.

세 번째 보기와 앞의 두 가지 사이의 명확한 차이에 근거하여, 그것들이 정신적으로나 신경적으로 전혀 관계없는 기전을 가진 것으로 가정한다고 해서 놀랄 일은 아니다. 데카르트 역시 하나는 육체 바깥에 있는 것으로 인간의 영혼을 상징하는 것이라 했고, 내부에 남아 있는 다른 하나는 동물의 영혼으로 구분했다. 너무도 별개의 것으로, 하나는 연산적이고 추론적인 능력과 사고의 명확성을 대표하고, 반면 다른 하나는 정욕의 암울함과 덜 숙련된 정열에 관련이 있다.

그러나 세 번째 예의 성질이 처음 두 가지 예와 현격하게 다르다면, 그 안에 있는 예들도 모두 같은 종류의 것은 아니라는 것 역시 맞는 말이다. 이성이라는 용어를 일반적으로 사용하도록 모두가 요구하더라도, 어떤 것은 다른 것들보다 사람이나 결정자의 사회적 환경에 더 가깝다. 당신이 누구를 사랑하거나 용서하는 것, 경력 선택을 하는 것, 혹은 투자 대상을 결정하는 것은 당장의 개인적·사회적 영역 안에 있다. 페르마Ferma의 최근 이론을 풀거나 법률조항의 합법성을 근거로 다스리는 것은 개인적 중심과는 다소 먼 것이다(비록 예외를 상상할 수는 있겠지만). 전자는 합리성의 인식과 실제적 이성에 즉시 그 자체를 결부시킨 것이며, 후자는 일반적 의미의 이성, 이론적 이성, 심지어 순수 이성에 더 쉽게 연루된다.

흥미를 끄는 부분은, 예들이 명백한 차이점이 있음에도 불구하고, 또한 복합성의 영역과 수준에 의해 명백하게 군집되어 있음에도 불구하고, 공유한 신경생물학적 중심의 형태로 그것 모두를 관통하는 하나의 공통적 맥락이 흐르고 있다는 것이다.

개인적·사회적 영역에서의 추론과 결정

> 추론과 결정은 힘든 것인데, 특히 추론과 결정이 사람의 개인적 생활과 당장의 사회적 배경에 관한 경우에 그러하다. 그것들을 구별되는 하나의 영역으로 다루는 좋은 근거가 있다. 첫 번째로, 피니어스 게이지, 엘리엇, 그리고 다른 사람들에서 증명된 바와 같이, 개인적 의사결정의 심각한 장애가 비개인적 영역에서 심각한 장애를 반드시 동반하는 것은 아니다. 지금 우리는 전제가 그들에게 직접적으로 관련되지 않을 때 그 환자들이 얼마나 유능하게 이성적인지, 그 결과로 일어난 결정에 얼마나 잘 도달하는지를 탐구하고 있다. 아마도 문제가 그들의 개인적·사회적인 것과 더욱 떨어져 있을수록 그들은 더 잘 수행할 것이다. 두 번째로, 인간행동의 상식적 관찰을 통해 양방향 모두에 참여하는 추론 능력에서 유사한 분리를 볼 수 있다. 잘 알려진 것처럼, 사회적 운행에서 지극히 영리한 사람들이 자신과 집단을 위한 이익을 찾는 방법에는 과실이 없으나, 비개인적·비사회적 문제에 직면해서는 매우 부적절

하게 될 수 있다. 그 반대의 상황은 아주 극적이다. 창조적인 과학자나 예술가들은 사회적 지각이 매끄럽지 못하고 자신과 다른 이들에게 종종 해를 끼치는 행동을 한다. 방심한 상태의 교수가 후자 유형의 양성적 부류라고 할 수 있다. 이러한 다른 인격 유형에서는, 하워드 가드너Howard Gardner가 '사회적 지능'이라고 지칭한 것이나 '수학적'인 것 같은 다각적 지능 가운데, 하나 혹은 다른 것이 작동하거나 작동하지 않는다.[3)]

개인적인, 그리고 당장의 사회적 영역은 우리의 운명과 가장 가까운 것이며, 또한 가장 불확실하고 복합적인 것을 포함한다. 대체로 보면, 그 영역 내에서 결정을 잘한다는 것은 직접 혹은 간접으로 그 생물체가 생존에서나 삶의 질에서 궁극적으로 유리한 반응을 선택하는 것이다. 결정을 잘한다는 것은 특별히 시간이 중심요소일 때 신속하게 결정하는 것을 의미하며, 최소한 즉시 당면한 문제에 대해 적절히 짜인 시간 틀 안에서 결정하는 것을 말한다.

나는 어떤 것이 유리한 것인가를 정의하는 데 어려움을 느끼고 있다. 또한 어떤 결과는 일부 사람에게는 이득이 되지만 다른 이들에게는 그렇지 않다는 것을 실감하고 있다. 예를 들면 백만장자가 되는 것이 반드시 좋은 것만은 아니고, 상을 타는 것 역시 마찬가지다. 많은 것이 우리가 설정해 놓은 참고의 틀과 목적에 의존한다. 어떤 결정을 유리하게 하고자 할 때 나는 개인과 그의 친족의 생존, 보금자리의 안전, 육체 및 정신적 건강의 유지, 고용과 재정적 지급능력, 사회적 집단에서의 훌륭한 위치 등과 같은 기본적인 개인적·사회적 결과를 참고로 한다. 게이지와 엘리엇이 갖게 된 새로운 마음은 그들로 하여금 이러한 유리한 것들 중 어느 것도 얻을 수 없게 했다.

일에서의 합리성

먼저, 선택을 해야 하는 어떤 상황을 상정해 보자. 당신이 거대한 기업의 소유주로서 회합을 기다리고 있는데, 가치 있는 사업을 가져다 줄 수 있는 잠재적 고객이면서 가장 친한 친구의 원수와 대면하게 되었을 때, 어떤 특별한 거래를 성사시키느냐 아니냐 하는 상황을 상상해 보라. 정상적이며, 지적이고, 교육을 받은 성인의 뇌는 가능한 반응선택과 관련된 결과들의 시나리오를 재빨리 만들어냄으로써 그 상황에 반응한다. 그 시나리오는 우리의 의식에 다양한 가상적 장면을 만들어 내는데, 실제로 매끈하게 돌아가는 필름이 아니라 오히려 장면의 주요 이미지의 회화적 섬광이 한 가지 틀에서 뛰어넘어 다음으로 빠르게 병렬적으로 이동한다. 그 이미지들이 묘사하고자 하는 예는 다음과 같다. 즉, 기대되는 고객을 만난다. 가장 친한 친구가 당신의 고객이 회사에 있는 것을 보게 되어 우정에 금이 가게 된다. 고객을 만나지 않는다. 좋은 사업을 잃게 되지만 귀중한 우정 관계는 견고해진다. 내가 강조하고자 하는 요점은, 당신 마음이 추론과정을 시작할 때 공백 상태가 아니라는 것이다. 오히려 마음은 당신이 직면하는 상황의 색조에 대한 반응으로 생산된 다양한 이미지들로 충만하며, 그 이미지들은 당신이 둘러보기에는 너무나 풍부한 구경거리 속으로 의식을 들여보냈다 내보냈다 한다. 더욱이 상기한 비유에서 당신은 우리가 거의 매일 직면하는 일종의 진퇴양난을 인식하게 될 것이다. 어떻게 당신이 그 곤경을 벗어날 수 있을까? 어떻게 당신이 마음의 눈앞에 있는 이미지들이 갖는 의문을 정리할 수 있을까?

적어도 두 가지의 명확한 가능성이 있다. 그 첫 번째는 의사결정의 전통인 '상위-이성' 관점에서 나온 것이며, 그 두 번째는 '신체표지 가설'에서 나온 것이다.

'상위-이성' 관점은 상식적 관점과 다를 바 없다. 이는 의사결정에 최선을 다했을 때 우리는 플라톤이나 데카르트나 칸트와 같은 자부심과 기쁨을 느낀다는 것을 말한다. 형식적 논리의 의지는 그 자체로 우리에게 어떤 문제에 대해서도 가장 최선의 해법을 가져다준다. 합리론의 개념에서 중요한 일면은, 최상의 결과를 획득하기 위해 감정을 배제해야 한다는 것이다. 합리적인 과정은 명백히 정열에 의해 방해받지 않는다.

기본적으로 상위-이성 관점에서는, 당신은 각기 다른 시나리오를 따로 취해 현재의 경영자적 입장에서 각각의 비용과 이득의 분석을 수행한다. 마음에 당신이 최대화하고자 하는 '주관적 예측효용'을 간직하면서 당신은 무엇이 좋고 나쁜지를 논리적으로 추론한다. 예를 들면 당신은 계획된 장래에 대해 각기 다른 관점에서 각 선택의 결과를 숙고하고 손실과 이득을 저울질한다. 대부분의 문제들이 우리가 그린 상기한 밑그림에서 보이는 두 가지 대안을 훨씬 능가하므로, 당신의 분석은 추론이 진행되면서 결코 쉽게 이루어지지 않는다. 그러나 두 가지 대안의 문제라도 분석이 쉽지 않음을 주목하라. 한 명의 고객을 얻으면 당장의 보상을 받을 수 있고, 상당한 장래의 보상을 받을 수도 있다. 보상이 얼마나 될지는 알 수 없다. 따라서 당신은 시간 경과에 따른 보상의 크기와 속도를 가늠해야 한다. 그래야 당신은 친분의 상실에 따르는 결과를 계산하고, 그 가운데 잠재적 손실에 대해 대응할 수 있다. 후자의 손실은 시간에 따라 변하므로 당신은 '감가상각' 속도도 계산해야 한다! 사실 당신은 복잡한 계산에 직면해 있으며, 제각각의 상상적 시점에 놓여 있고, (이해를 위한 비교를 일반적인 것으로 해석해야 하는) 다른 본성의 결과들을 비교해야 하는 부담을 안고 있다. 이러한 계산의 상당 부분은 무엇보다도 시각적·청각적 유형 위에 세워진, 지속적으로 만들어지는 더 많은 상상적 시나리오에 좌우될 것이고, 또한 이 시나리오에 동반되어 끊임없이 만들어지는 언어적 이야기(논리적 추론과정을 유지하는 데 필수적인)에 좌우될 것이다.

이러한 전략이 당신이 가용할 수 있는 유일한 것이라면, 이제 나는 위에서 기술한 합리성이 작동하지 않으리라는 것을 제시하고자 한다. 만일 당신이 그날 행해진 어떤 것이라도 취하려 한다면, 당신이 결정하는 데는 납득할 수 있는 범위를 훨씬 초과한 긴 시간이 소모될 것이다. 최악의 경우에 당신은 계산의 샛길에서 길을 잃게 됨으로써 결정 자체를 끝내지 못할 수도 있다. 왜 그럴까? 왜냐하면 당신이 비교하기 위해 참고할 필요가 있는 많은 이해득실의 장부를 기억 안에 보유하는 것이 쉽지 않기 때문이다. 중간 단계들의 표상은 당신이 보유하고 있었던 것으로, 이제는 논리적 추론으로 진행하려면 어떤 상징적 형태로든 전환되기 위해 검색되어야 하는데, 기억의 기록에서 간단히 사라지려고 한다. 당신은 선로를 이탈할 것이다. 주의집중과 작업기억은 용량이 제한적이다. 만일 순수하게 합리적 계산만이 '마음이 정상적으로 작동하는 방법'이라면, 궁극적으로 당신은 잘못 선택하고 실수를 후회하며 살게 될지 모른다. 혹은 좌절에 빠져, 하고자 하는 것을 쉽게 포기할지 모른다.

엘리엇 같은 환자와 함께하는 체험이 암시하는 것은, 칸트에 의해 주창된 냉정한 전략이, 정상인이 보통 어떻게 작동하는지에 대한 것보다 전전두부 손상 환자가 결정하는 방법에 훨씬 더 관계가 있다는 것이다. 자연히 순수한 이성론자도 종이와 연필의 도움이 있다면 이보다 더 잘할 수 있다. 모든 선택과 그 속에 숨겨진 많은 시나리오, 그리고 결과들을 단지 써 내려가기만 하라. 그러나 무엇보다도, 당신이 끝마칠 때까지 많은 종이와 연필깍기와 커다란 책상을 가지고 기다리는 사람이 있으리라 기대하지 말라.

상식적인 견해의 결함이 제한된 기억 용량의 문제만은 아니라는 점에 주목하는 것도 중요하다. 심지어 적절한 필요 지식을 소유하기 위해 종이와 연필을 가지고 하는 추론전략은, 아모스 트베르스키Amos Tversky와 다니엘 카흐네만Daniel Kahneman이 보여준 것처럼[4] 연약함으로 가득 차 있다. 스튜어트 서덜랜드Stuart Sutherland가 시사한 것처럼,

이러한 중요한 연약함 중의 하나가 인간의 무서운 무관심과 확률 이론과 통계를 잘못 사용하는 것인데, 이는 당연한 일이다. 그럼에도 불구하고 뇌는 종종 우리가 성취하길 원하는 목표에 적절하다고 맞춰놓은 시간 틀에 따라 몇 초 혹은 몇 분 안에 결정을 잘 내리며, 뇌가 그렇게 할 수 있다면 단지 순수한 이성을 뛰어넘는 굉장한 일을 하는 것임이 틀림없다. 따라서 어떤 대안적 관점이 필요하다.

신체표지 가설

내가 윤곽을 그린 시나리오를 다시 생각해 보자. 핵심 구성요소들은 우리 마음에 즉각적으로, 대략적으로, 거의 동시에, 또한 너무도 빨라서 그 상세함을 명확히 하지 못한 채 펼쳐진다. 그러나 지금 당신이 어떤 종류의 비용/이득 분석을 그 전제에 적용시키기 전에, 또 당신이 그 문제의 해법에 대한 이유를 대기 전에, 그것을 상상해 보면 어떤 매우 중요한 일이 일어난다. 즉, 좋지 못한 결과가 주어진 반응선택과 연관되어 불현듯 생각날 때 당신은 불쾌한 내장 느낌을 경험한다. 이 느낌은 몸에 관한 것이기 때문에, 나는 이러한 현상을 신체적somatic 상태라는 전문용어로 부른다('soma'는 그리스 말로 몸이란 뜻이다). 그리고 이것이 어떤 이미지를 '표시'하기 때문에 나는 이것을 하나의 표지marker라는 말을 사용한다. 내가 가장 일반적인 의미에서는 신체적이라는 용어(몸에 관련된)를 사용하고, 신체표지somatic markers를 지칭할 때는 내장과 비

내장의 감각을 모두 포함시킨다는 것을 다시 한 번 주시하기 바란다.

신체표지는 무엇을 성취하는가? 이것은 주어진 행동이 초래할 수 있는 부정적 결과에 초점을 맞추도록 한다. 그리고 자동 경보신호로서 기능하는데, 이를테면 다음과 같이 경고한다. '만일 당신이 위험한 결과를 초래하는 선택을 골랐다면 그 앞에 놓인 위험에 주의하라.' 그 신호는 당신으로 하여금 즉각적으로 행위의 부정적 경과를 거절하고 다른 대안을 선택하도록 할 것이다. 이러한 자동 신호는 더 이상 법석을 떨지 않고 장래의 손실로부터 당신을 보호하며, 그럼으로써 당신으로 하여금 좀 더 소수의 대안들 가운데 선택하도록 한다. 여기에는 여전히 비용/이득 분석과 적절한 연역적 능력을 사용할 여지가 남아 있으나, 자동단계 후에만 선택의 수를 괄목할만하게 줄일 수 있다. 신체표지는 정상적인 인간의 의사결정에 충분치 않을 수도 있다. 왜냐하면 추론과 최종 선택의 후속 과정이 (모든 경우는 아니더라도) 많은 경우에 여전히 일어날 것이기 때문이다. 신체표지는 아마도 결정 과정의 정확도와 효율성을 증가시키는 것 같다. 신체표지가 없다면 정확도와 효율은 감소될 것이다. 이러한 특징은 중요하지만 쉽게 간과될 수 있다. 이 가설은 신체표지의 작용에 뒤따르는 추론단계에 관한 것이 아니다. 간단히 말해 신체표지는 이차적 감정에서 발생된 느낌 중 하나의 특별한 경우다. 이러한 감정과 느낌은 학습을 통해, 예측되는 시나리오의 결과와 연결되어 왔다. 어떤 부정적인 신체표지가 어떤 특정한 장래 결과에 병렬해 있을 때, 그 조합은 하나의 경보 신호로 기능한다. 그 대신 긍정적 신체 부호가 병렬해 있을 때, 이는 하나의 장려 신호가 된다.

이것이 신체표지 가설의 핵심이다. 그러나 이 가설의 전체 범위에 도달하기 위해서는 때때로 신체표지가 암암리에(의식에 나타나지 않고) 작동될 수 있고, 또한 '만약 … 처럼' 고리를 사용할 수도 있다는 것을 이해해야 한다.

신체표지는 우리를 위해 심사숙고하지 않는다. 신체표지는 어떤 선택(위험하거나 유익한)을 강조함으로써, 또는 후속적 고려에서 빠르게 선택을 배제함으로써 숙고에 협력하게 된다. 당신은 신체표지를, 자동적으로 예측하는 자격을 주는 체계로 생각할 수도 있다. 그런데 신체표지는 당신이 원하든 원치 않든 예상할 수 있는 미래의 매우 다양한 시나리오를 평가하기 위해 작동한다. 신체표지를 하나의 편견적 장치로 생각하라. 예를 들면 당신이 굉장히 위험한 투자를 하고 비정상적으로 높은 이윤이 돌아옴을 기대한다고 상상해 보라. 또는 당신이 어떤 어수선한 사업에 대해 빨리 '예' 혹은 '아니오'를 말해야 한다고 상상해 보라. 만일 부정적 신체상태가 투자의 진행에 관한 사고에 동반된다면, 이는 당신으로 하여금 선택에 반대하는 데 일조하며 잠재적으로 해로운 결과를 더 상세하게 분석하게 할 것이다. 미래와 연관된 부정적 상태는 즉각적인 거대한 보상이라는 유혹적 제안에 반대하게 한다.

그러므로 신체표지 설명은 '효과적인 개인적·사회적 행동은 각 개인이 자신의 마음과 다른 사람의 마음에 합당한 '가설'을 형성해야만 나올 수 있다'는 개념과 비교될 수 있다. 이러한 가설을 근간으로 우리는 다른 사람들이 우리 자신의 마음에 관해 어떠한 가설들을 형성하는지 예측할 수 있다. 물론 이러한 예측의 상세함과 정확함은 우리가 어떤 사회적 상황에서 중요한 결정을 하는 데 필수적이다. 다시 말해 주의 깊게 찾아야 할 시나리오는 방대하며, 신체표지(혹은 이와 같은 어떤 것)는 이러한 풍부한 상세함을 통해 선별과정을 돕는다는 것이 나의 생각이다. 그런데 실제로는 신체표지가 더욱 적절한 것이 되기 쉬운 시나리오 요소를 자동적으로 탐지하게 하므로 선별의 필요성이 줄어든다. 소위 인지적 과정과 보통 '감정적'이라 불리는 과정 사이의 유대관계는 확실히 존재한다.

이러한 일반적 설명은, 당장의 결과는 부정적이더라도 장차 긍정적 결말을 내게 하는 행위를 선택할 때 역시 적용된다. 한 예로, 후일의 이익을 얻기 위해 지금의 희생을 감수하는 것을 들 수 있다. 쇠퇴하는 사업 운을 돌리기 위해 당신과 고용자들이 지금 당장 감봉과 함께 노동시간을 연장하는 현실을 받아들여야 하는 경우를 상상해 보라. 당장의 기대는 불유쾌하나 미래의 이익에 관한 생각은 긍정적인 신체표지를 창조하여, 당장의 고통스러운 선택에 반하여 결정하려는 경향을 무시하게 한다. 이러한 긍정적인 신체표지는 훌륭한 미래 결말의 이미지로 촉발되는데, 이는 분명히 더 좋은 일에 선행하는 불유쾌함을 견디게 하는 잠재적 근간이 된다. 그렇지 않다면 어떻게 고통을 동반하는 수술이나 조깅, 대학원, 의과대학 등을 받아들이겠는가? 고통을 거스를 수 있는 것은 순수한 의지력일 텐데, 그렇다면 의지력이라는 것은 어떻게 설명될 수 있을까? 의지력은 어떤 전망에 대한 평가를 유도한다. 이러한 평가는 즉각적인 고통과 미래의 보상, 즉 현재의 고통과 미래의 기쁨에 대해 적절하게 주의를 기울이지 못하면 일어나지 않을 것이다. 미래의 기쁨을 제거하는 것은 의지력의 날개 아래서 나오는 정신의 앙양을 제거하는 것이다. 의지력은 '단기간의 결말보다는 장기간의 결말에 따라 선택한다'는 개념을 일컫는 또 하나의 이름일 뿐이다.

이타주의에 관한 고려

이제 우리는 흔히 '이타적'으로 분류되는 결정, 즉 아이에 대한 부모의 희생, 다른 사람에 대한 순수하고 착한 사람의 희생, 왕과 국가에 대한 훌륭한 시민의 희생, 그리고 우리 시대에 남아 있는 영웅들이 여전히 만들고 있는 희생 등에 대해 앞의 설명이 적용되는지 탐구해 보려 한다. 이타주의자는 다른 사람에게 주는 분명한 선善에 더하여, 자존심과 사회적 인정, 대중의 존경과 사랑, 명예, 돈 등의 문제에서조차 자신에게 선을 쌓는 것인지도 모른다. 어떤 보상에 대한 기대는 기분의 앙양(이것의 신경적 기저 역시 나는 하나의 긍정적인 신체표지라고 본다)을 동반하며, 의심할 여지없이 이러한 기대가 실제가 되었을 때 더욱 잘 감지되는 환희를 가져올 수 있다. 이타적 행위는 여기에 적절한, 그러나 다른 방식으로 실행자에게 이득을 준다. 이타적 행위는 이타적으로 행동하지 않음으로써 입게 되는 손실에서, 또는 부끄러움에 의해 야기될지도 모르는 장래의 아픔과 고통에서 이타주의자들을 보호한다. 생명의 위험을 무릅쓰고 자녀를 구한다는 생각이 당신으로 하여금 행복감을 느끼게 할 뿐 아니라, 자녀를 구하지 못하고 잃는다는 생각은 당장의 위험이 가져오는 것 이상으로 더욱 나쁜 느낌을 일으킨다. 다른 말로 하면 당장의 고통과 장래의 보상 사이, 그리고 당장의 고통과 더 악화된 장래의 고통 사이에 대한 평가가 일어난다는 것이다(어느 정도 비교할 수 있는 예로, 전쟁에서 전투의 위험을 감수하는 것을 들 수 있다. 과거에 '도덕적으로 타당한' 전쟁에서 행해진 사회적 관행은 전투 생존자에게 긍정적 보상을 해주었으며, 전투 참여를 거부한 이들에게는 부끄러움과 불명예가 주어졌다).

이 말은 진정한 이타주의란 없다는 것을 의미하는 것일까? 인간 정신의 관점에서 이 말은 지나치게 비판적인 것일까? 나는 그렇게 생각하지 않는다. 그 이유는 첫째로, 이타주의 혹은 이와 같은 부류의 어떤 행위의 진실은 우리가 내부적으로 믿고 느끼고 의도하는 것과 외부적으로 믿고 느끼고 의도하는 것 사이의 관계와 연관이 있다. 진실은 우리로 하여금 특정한 방식으로 믿고 느끼고 의도하도록 만드는 생리적 원인과 무관하다. 믿음과 느낌과 의도는 진실로 인간 생물체 안에, 또한 우리에게 젖어들어온 문화 안에 뿌리박은 여러 요인의 결과다. 심지어 이러한 요인들이 멀리 떨어져 있어 우리가 인식하지 못한다 할지라도 그러하다. 만일 신경생리적·교육적 이유가 어떤 사람을 정직하고 너그럽게 만든 것 같다면, 그렇다고 봐야 한다. 그렇다고 해서 그들의 정직과 희생이 덜 가치있게 되는 것은 아니다. 또한 인지와 행위의 이면에 있는 신경생물학적 원리에 대한 이해가 인지와 행위의 가치, 아름다움, 존엄 등을 감소시키지 않는다.

둘째로, 비록 생물학과 문화가 종종 우리의 이성을 직간접적으로 결정하고 개인의 자유에 제한을 가져오는 것으로 보인다 해도, 우리는 인간이 자유·생물학·문화의 성질에 반하는 행위의 의지와 실행에서 어느 정도의 여지가 있다는 것을 인식해야 한다. 장대한 인간의 업적들은 생물학 혹은 문화가 사람들에게 그렇게 하도록 한 것을 거부함으로써 달성된 것이다. 그렇지만 어떤 특수한 상황에서 생물적·문화적 제한을 벗어나는 자유는 광기의 상징이 될 수도 있으며, 광적인 생각과 행위로 발전될 수 있다.

신체표지는 어디에서 오는가?

신경의 관점에서 볼 때, 신체표지의 기원을 어떻게 설명할 수 있을까? 어떻게 우리는 이런 유용한 장치를 소유하게 되었을까? 우리는 이 장치를 가진 채로 태어났을까? 그렇지 않다면 이것들은 어떻게 발생했는가?

이전 장에서 보았듯이, 우리는 일차적 감정의 기계, 즉 어떤 종류의 자극에 대한 반응으로 신체적 상태를 발생시키는 데 필요한 신경기계를 가지고 태어났다. 이러한 기계장치는 선천적으로 개인적·사회적 행위에 관계하는 신호과정에 편향되었으며, 처음부터 많은 사회적 상황과 적응적 신체반응을 짝짓기 위해 기질들을 조직한다. 정상적 인간의 어떤 특정한 양상은 이러한 관점에 맞고, 다른 포유동물과 조류에서 보게 되는 사회적 인지의 복합적 양상에서도 이러한 증거가 있다.[6] 그럼에도 불구하고, 합리적 결정에 사용하는 대부분의 신체표지는, 교육과 사회화의 과정에서 특정한 종류의 자극이 특정한 종류의 신체상태와 연관되어 우리의 뇌 안에서 창조된 것이다. 다른 말로 하면 이차적 감정의 과정에 근거한다는 것이다.

적응적인 신체표지의 조성은 뇌와 문화 양쪽 모두가 정상임을 요구한다. 뇌와 문화 중 어느 하나가 결함이 있을 때 신체표지는 처음부터 적응적으로 되기 힘들다. 뇌의 결함이 있는 경우는 적어도 발달성 사회병질sociopathy 혹은 정신병질psychopathy로 알려진 상태의 환자들에서 찾을 수 있다.

발달성 사회병질자 혹은 정신병질자들은 뉴스를 통해 잘 알려져 있다. 그들은 훔치고, 강간하고, 죽이고, 거짓말한다. 그들은 때로 멋지기도 하다. 그들이 그런 짓을 할 때 감정의 역치는 너무도 높아서 동요하지 않는 것처럼 보이며, 그들은 스스로 무감각하고 무관심하다고 보고한다. 그들은 우리가 옳은 일을 하기 위해 지켜야 한다고 들어왔던 냉정한 머리를 지닌 바로 그 모습이다. 자신과 타인에게 이롭지 못한 것이 명백한데도 사회병질자들은 냉혈 상태에서 범죄를 반복한다. 그들은 사실 느낌의 감소나 부재에 동반된 합리성의 저하를 보이는 병적 상태의 또 다른 예다. 발달성 사회병질은 게이지에서 손상된 것과 똑같은, 피질 혹은 하부피질의 전반적 체계의 부전일 가능성이 매우 높다. 그렇지만 발달성 사회병질자들은 성인기에 발생한 거시적 손상에서 나온 결과라기보다 비정상적 회로와 화학 신호에서 유래된 것으로 보이며, 발달의 초기에 시작된다. 신경생물학으로 사회병질을 이해하면 예방 혹은 치료가 가능할 것이다. 사회적 요인이 생물학적 요인과 상호작용하여 그 상황을 악화시키거나 그 빈도를 증가시키는 정도를 이해하는 것 또한 유익한 것임이 틀림없다. 또한 표면적으로 비슷하지만 사회문화적 요인들에 의해 대부분이 결정되는 경우에도 빛을 비추게 될 것이다.

신체표지의 조성과 전개를 특정하게 지지하는 신경 기계장치가 성인기에 손상을 받으면, 게이지의 경우와 같이 신체표지 장치는 그때까지 정상적으로 작동되었다 하더라도 더는 적절하게 기능하지 못한다. 이에 대해 나는 '후천적acquired' 사회병질이라는 용어를 사용한다. 비록 내 환자들과 발달성 사회병리 환자들이 몇 가지 면에서 다르고 또 최소한 내 환자들은 거의 폭력적이지 않다고 하더라도, 이러한 환자들의 일부 행위를 기술할 때 나는 이 용어를 사용한다.

정상 성인의 이성 체계에 대한 '병든 문화sick culture'의 영향은 같은 정상 성인 체계의 국소적 뇌 손상의 영향보다는 덜 극적인 것처럼 보인다. 그러나 상반되는 예들이 있다. 1930년대와 1940년대 독일과 소련에서, 문화혁명 기간 중국에서, 그리고 폴 포트 집권기의 캄보디아에서, 병적 문화가 이성의 정상적 기계장치를 엄습하여 비참한 결과를 가져온 일이 있다. 나는 방대한 부문에서 서구사회가 점차적으로 다른 비극적 반대 사례가 되어가는 것을 두려워한다.

따라서 내부 선호체계의 조절 아래, 그리고 생물체가 상호작용해야 하는 실체와 사건뿐 아니라 사회적 관습이나 윤리적 규범을 포함하는 상황의 외부적 틀의 영향 아래, 신체표지는 경험에 의해 획득된다.

내부적 선호체계에 관한 신경적 토대는 대부분 생물체의 생존을 확고히 하기 위한 선천적 조절 성향들로 구성된다. 생존을 성취하는 것은 불유쾌한 신체상태를 궁극적으로 감소시켜서 항상성, 즉 기능적으로 균형을 이루는 생물적 상태를 얻는 것과 일치한다. 내부적 선호체계는 아픔을 피하고 잠재적인 즐거움을 찾는 데 선천적으로 편향되어 있으며, 사회적 상황에서 이러한 목적을 성취하고자 미리 조정되어 있는 것 같다.

상황의 외부적 틀은 각 개인이 상대하여 행동해야 하는 실재와 물리적 환경과 사건, 가능한 행위 선택, 이러한 행위에 대한 가능한 장래 결과, 그리고 선택된 행동의 결과 등이 펼쳐짐에 따라 당장에 또는 나중에 그 선택에 동반되는 벌이나 보상 등을 포함한다. 발달과정 초기에는 벌이나 상이 실재 그 자체에 의해 부여되기도 하지만, 보통은 생물체가 속한 사회적 관습과 문화의 윤리를 실현하는 부모와 다른 연장자와 동료들에 의해서도 부여된다. 내부 선호체계와 외부적 상황의 틀 사이에서 생기는 상호작용은 자동적으로 '표시'될 자극을 축적시킨다.

신체적 짝짓기를 위한 중요하고도 규격화된 일련의 자극은 의심의 여지없이 아동기와 청소년기에 얻어진다. 그러나 신체적으로 표시되는 자극의 증가는 목숨이 다하는 경우에만 멈추게 되므로 계속적인 학습과정이라고 기술함이 합당하다.

신경 차원에서 신체표지는 실재 혹은 사건의 특정한 유형을 즐거운 혹은 불쾌한 신체상태의 범규로 연결하는 체계 내의 학습에 의존한다. 덧붙여 말하면, 사회적 상호작용의 전개 과정에서 벌과 상의 의미를 약화시키지 않는 것이 중요하다. 상이 부족하면 벌과 불유쾌함을 형성할 수 있고, 마찬가지로 벌이 부족하면 상과 즐거운 상태를 형성할 수 있다. 결정적 요소는 신체상태의 유형, 그리고 개인의 일생 중 어떤 시점의 상황에서 발생된 느낌의 유형이다.

X라는 것을 선택하여 Y라는 나쁜 결과가 오게 되면, 벌과 이로 말미암은 고통스러운 신체상태가 따르게 된다. 신체표지 체계는 이러한 경험에 의해 유도된 표상(비유전적인, 임의적 연결의, 숨겨진, 기질적인 표상)을 습득한다. 생물체가 X라는 선택에 재차 노출되거나 Y라는 결과를 생각하게 되면, 이제는 고통스러운 신체상태로 다시 들어가게 하는 힘이 생길 것이며, 그럼으로써 오게 될 나쁜 결과를 자동적으로 회상하도록 한다. 이는 물론 지나친 단순화이긴 하지만, 내가 보기에는 기본 과정을 표현한 것이다. 내가 후에 명시하겠지만, 신체표지는 암암리에 작동될 수 있고(의식적으로 인지될 필요가 없다), '위험해!' 혹은 '계속해!'라는 신호를 보내는 것 외에도 다른 도움이 되는 역할을 수행할 수 있다.

신체표지를 위한 신경 조직망

신체표지 신호체계의 습득을 위한 중요한 신경체계는 전전두부피질에 있다. 이곳에는 이차적 감정에 필수적인 체계와 호의적으로 공존하는 부분이 있다. 전전두부피질의 신경 해부적 위치는 이러한 목적에 이상적이다. 그 이유는 다음과 같다.

첫째로, 전전두부피질은 과거와 현재의 신체상태가 지속적으로 반영되는 신체감각피질을 포함하여, 우리의 사고를 구성하는 이미지들이 형성되는 모든 감각적 부위로부터 신호를 받는다. 신호가 바깥 세계에 관련된 지각에서 발생했거나, 바깥 세계에 대한 우리의 사고에서 발생했거나, 신체 고유의 사건에서 발생했거나 등에 상관없이 전전두부피질은 이러한 신호를 받는다. 이는 전전두부피질의 모든 독립된 구역에 해당되는 사실인데, 왜냐하면 다양한 전두부 구역은 전전두부 자체 내에서 상호간 서로 연결되어 있기 때문이다. 그러므로 전전두부피질에는 어느 시간이라도 마음이나 몸에서 일어나는 실제적인 어떤 활동에 관한 신호에도 내밀히 관여하는 소수의 뇌 부위가 포함되어 있다[7](전전두부피질이 유일한 도청 부서는 아니다. 해마의 관문인 내후각피질entorhinal cortex도 도청 부서에 해당한다).

둘째로, 전전두부피질은 인간 뇌의 몇몇 생-조절bio-regulatory 구역으로부터 신호를 받는다. 이 구역들에는 뇌간의 신경전달물질 핵들(예를 들면 도파민, 노르에피네프린, 세로토닌)과 기저 전뇌(아세틸콜린이 분포한)의 핵들뿐 아니라 편도, 전대상회, 시상하부 등이 포함되어 있다. 혹자는 이러한 배열을, 전전두부피질들이 표준기술국의 전체 직원에게서 메시지를 받는 것에 비유할지 모른다. 생존과 관련된 생물체의 선천적 선호(말하자면 생물학적 가치체계)는 이러한 신호들에 의해 전전두부피질로 전달된다. 따라서 생존과 관련된 선천적 선호는 추론/의사결정의 본질적인 부분이 된다.

전전두부 구역들은 다른 뇌 체계 중에서도 참으로 특권적인 위치에 있다. 그 피질은 외부 세계와 관련된 실제적 지식의 존재와 유입, 선천적인 생물적 조절 선호도, 그리고 이러한 지식과 선호도에 의해 계속적으로 조정되는 이전과 현재의 신체상태 등과 관련된 신호를 받아들인다. 이러한 것들이 내가 다음에 강조하게 될 주제인, 많은 우연적 차원에 따른 생활 경험의 범주화와 매우 밀접하게 연관되어 있다는 것은 조금도 놀랄 일이 아니다.

세 번째로, 전전두부피질 자체는 생물체가 연루되었던 상황의 범주화, 즉 실제 생활경험의 우연성에 관한 분류를 반영한다. 이것이 의미하는 바는 전전두부 연결망이, 어느 개인의 경험에서 사물과 사건의 개인적 상관에 따라 사물과 사건의 특정한 조합에 관한 기질적 표상을 확립한다는 것이다. 예를 들면 이런 것이다. 유쾌하지만 권위주의적인 사람과의 만남에서 당신은 스스로 위축감이나 능력을 느끼는 상황에 놓일 수 있다. 지도자 역할에 놓이게 되면, 당신 내부의 지도력이 최고로 발휘되거나 최악이 될 수도 있다. 시골에서의 체류는 당신을 우울하게 할지 모르지만, 반면에 바다는 당신을 낭만적으로 만들 수 있다. 당신의 이웃은 당신과는 정반대의 경험이 있거나 적어도 다른 경험이 있는지도 모른다. 여기서 우리는 이러한 것들에 우연성이라는 개념을 적용할 수 있다. 즉, 이러한 것들은 개인에 따라 달라지는 사건들에 대한 당신 자신의 경험과 관련이 있다. 당신이나 이웃, 또는 내가, 문손잡이나 빗자루를 사용하면서 겪은 경험은 확실히 덜 우연적이다. 왜냐하면 대체로 실재 범주category of entities의 구조와 작동이 일정하고 예측할 수 있기 때문이다. 그러므로 전전두부피질에 있는 수렴지대들은 적절히 범주화된 독특한 생활경험의 우연성을 담고 있는, 기질적 표상의 저장소다.

만일 내가 당신에게 결혼에 관한 생각을 묻는다면, 전전두부 기질적 표상들은 당신 마음의 상상적 공간에 몇 가지 결혼 장면에 관한 범주와 이것들을 재구성한다(신경적으로 말하면 이러한 재구성은 전전두부피질에서 일어나는 것이 아니라, 오히려 지형적으로 조직화된 표상들에서 형성되는 다양한 초기 감각피질에서 일어남을 기억하라). 내가 당신에게 유대인의 결혼이나 가톨릭의 결혼에 관해 물으면, 당신은 범주화된 이미지들의 적절한 틀을 재구성하여 어떤 유형의 결혼을 개념화할 수 있을 것이다. 더 나아가 당신은 내게 당신이 결혼을 좋아하는지, 어떤 유형의 결혼을 가장 좋아하는지 등을 말할지도 모른다.

전전두부 전체는 개인적 관련성의 견지에서 우연성을 범주화하는 데 몰두하는 것처럼 보인다. 이것은 브렌다 밀너Brenda Milner, 마이클 페트라이즈Michael Petrides, 호아킨 푸스터 등의 연구에서[8)] 배외측dorsolateral 구역으로 처음 확립되었다. 내 연구실에서의 작업도 이러한 관찰을 지지할 뿐 아니라, 전두부의 극frontal pole과 복내측ventromedial 구역의 다른 전두부 구조들도 범주화 과정 못지않게 중요하다는 것을 보여준다.

범주화된 우연성들은 예측과 계획을 수립하는 데 필요한 미래 결과에 관한 풍부한 시나리오의 생산에 기본이 된다. 우리의 추론은 이러한 목적의 제정을 위한 목적과 시간 단위를 고려한다. 또한 우리가 특정한 목적에 관한 시나리오의 공개와 결과를 적절한 시간 틀 안에서 시연하고자 한다면, 우리는 개인적으로 범주화된 지식의 많은 축적이 필요하다.

지식의 다른 영역들은 각기 이 전전두부 구역에서 범주화되는 것 같다. 그러므로 생체조절적·사회적 영역은 복내측 구역의 체계에 친화성이 있고, 반면 배외측 부위의 체계는 외부 세계의 지식(시공간에서의 물체와 사람, 물체와 사람의 활동 등과 같은 실재, 그리고 언어, 수리, 음악 등)을 포함하는 영역으로 스스로를 배열하는 것처럼 보인다.

전전두부피질이 추론/의사결정에 참여하는 것이 적합한 네 번째 이유로는, 그것이 뇌가 가용할 수 있는 운동과 화학적 반응통로에 직접적으로 연결되어 있다는 것이다. 배외측과 상부 내측 구역들은 전운동 피질을 활성화시킬 수 있고, 또한 거기서부터 소위 일차 운동부위(M1), 보조적 운동부위(M2), 그리고 삼차 운동부위(M3)로 연결된다.[9] 기저핵의 피질하 운동 기계장치는 균등하게 전전두부피질에 접근할 수 있다. 마지막으로 또 하나 중요한 것을 말해 두자면, 신경해부학자인 발레 나우타Walle Nauta가 처음으로 보여준 바와 같이 복내측 전전두부피질은 자율신경계 실행기effector에 신호를 보내고, 시상하부와 뇌간으로부터의 감정과 연관된 화학적 반응을 촉진시킬 수 있다. 나우타는 인지 과정에서 내장 정보의 역할에 중요성을 두었다는 점에서 신경해부학자들 가운데 예외적 인물이다. 결론적으로 전전두부피질, 특히 그 복내측 구역은 특별한 유형의 상황(개인의 독특한 경험에서 특정 유형의 상황과 관련되어 왔던, 신체상태의 각기 다른 유형과 크기, 그리고 이러한 신체상태의 실행기들)과 관계된 신호들 가운데 세 가지 방식의 연결망을 획득하는 데 가장 적합하다. 위 단계와 아래 단계는 복내측 전전두부피질에서 조화롭게 합쳐진다.

신체표지는 신체 안의 극장인가, 뇌 안의 극장인가?

감정의 생리에 관해 내가 앞서 논의한 것에 근거해, 당신은 신체표지 과정에 한 가지 기전만 있는 것이 아니라 두 가지가 있다는 것을 예측할 것이다. 기본적 기전의 덕택으로, 신체는 전전두부피질과 편도에 의해 어떤 특별한 상태의 모습을 취하는 데 연루되고, 그 결과 곧장 신체감각피질로 신호를 주게 되며, 참여하게 되고, 의식에 나타나게 된다. 대안적 기전에서 신체는 무시되고, 전전두부피질과 편도는 단지 신체감각피질에게 명확한 활동 패턴(신체는 원했던 상태로 놓였고 이에 따라 위쪽으로 신호를 보낸다고 추정했을)으로 조직하라고 말할 뿐이다. 신체감각피질 작업은 마치 어떤 특별한 신체상태에 대한 신호를 받는 것처럼 활동하고, 또한 이러한 '마치 …처럼' 활동 유형이 실제의 신체상태에 의해 발생되는 활동 유형과 정확히 같지 않다 해도, 이는 여전히 의사결정에 영향을 미칠 수 있다.

'마치 …처럼' 기전은 발달의 결과다. 유아기나 아동기 때 사회적으로 적응해감에 따라 의사결정 대부분은 벌과 보상에 관련된 신체상태에 의해 모양이 갖추어지는 것 같다. 그러나 성숙되고 반복되는 상황이 범주화됨에 따라 모든 의사결정에서 신체상태에 대한 의존의 필요성은 줄어들고, 다른 단계의 경제적 자동화가 발달된다. 의사결정 전략은 신체상태의 '상징'에 일부 의존하기 시작한다. 오히려 실제의 것보다 '마치 … 처럼' 상징에 어느 정도까지 의존할까 하는 것은 중요한 경험적 문제다. 나는 이러한 의존성이 사람과 사람, 주제와 주제에 따라 광범위하게 변한다고 믿는다. 상징적 과정은 주제와 상황에 따라 이로울 수도 있고 해로울 수도 있다.

명백하고 은밀한 신체표지

신체표지 자체는 행위에 대한 한 가지 이상의 통로가 있다. 그 한 가지는 의식을 통하는 것인데, 의식을 벗어난 또 한 가지가 있다. 신체상태가 실제든 혹은 대리적이든('마치 …처럼'), 상응하는 신경형태는 의식화될 수 있으며 하나의 느낌을 구성한다. 그러나 중요한 선택은 느낌을 포함하는 데 반해 상당수의 일상적 결정은 명백히 느낌 없이 진행된다. 이는 정상적으로 어떤 신체상태로 이끄는 평가가 일어나지 않았다는 것을 의미하지 않으며, 신체상태나 그 대리가 연루되지 않았음을 의미하지도 않으며, 그 과정 아래에 놓인 조절적인 기질성 기전이 활성화되지 않았다는 것을 의미하는 것도 아니다. 단순히 신체상태나 그 대리의 어떤 신호는 활성화되었는데도 주목을 받지 못한 것이다. 신체상태와 그 대리물이 세상을 향한 긍정적(접근) 혹은 부정적(후퇴) 태도를 의지적 조절 없이 다스리는 기전에 대한 드러나지 않는 작용의 부분일 수 있지만, 주의집중 없이는 어느 것도 의식의 부분이 될 수 없다. 그 밑에 숨겨진 기계가 활성화되고 있어도 우리의 의식은 결코 이것을 알 수 없다. 더욱이 내가 감정 반응의 일부로 기술했던 신경전달물질 핵의 활동이 촉발되면 은밀한 형태로 인지 과정에 편견을 갖게 할 수 있는데, 그러면 추론/의사결정 방식에 영향을 미친다.

인간에 대한 마땅한 존경심을 가지고 조심스럽게 모든 종種을 비교해 볼 때, 의식과 추론을 관장하는 뇌가 없는 생물체에서는 은밀한 기전들이 의사결정 장치의 핵심이 된다는 것은 명백하다. 이 은밀한 기전은 결과를 '예측'하는 수단이며, 어느 특정한 방식으로 행동하게 하는 생물체의 행위 장치를 편향되게 하여 외부 관찰자에게는 하나의 선택으로 보이게 한다. 이것은 어떻게 일벌들이 필요한 꿀을 얻기 위해 어느 꽃에 앉을 것인가를 '결정하는 것'과 같다. 나는 우리 각각의 뇌 깊은 곳에 우리를 위해 결정하는 일종의 벌 뇌가 있다고 제안하는 것은 아니다. 진화는 존재의 위대한 사슬the Great Chain of Being이 아니다. 명백하게 진화는 수많은 각각의 길을 취해왔고, 그 길 중 하나가 지금의 우리로 이끌게 했다. 그러나 나는 단순한 생물체들이 단순한 신경도구를 가지고 복잡해 보이는 작업을 어떻게 수행하는지를 공부함으로써 많은 것을 얻을 수 있다고 믿는다. 우리 안에서도 같은 유형의 기전들이 작동한다. 그것이 전부다.

인동덩굴장미 Honeysuckle Rose !

"당신은 달콤한 과자라네. 아무도 모르는 인동덩굴장미라네." 패츠 월러Fats Waller의 재즈곡에 나오는 이 장난스러운 서정시처럼 바쁜 벌의 운명도 그러하다. 벌 집단의 생식 성공과 궁극적 생존은 일벌이 식량을 찾는 행위가 얼마나 성공적인가에 좌우된다. 만일 그들이 꿀을 수집하는 일을 게을리 한다면 꿀은 없을 것이고, 에너지 창고와 벌집도 줄어들게 될 것이다.

일벌은 꽃의 색을 구분해주는 시각 장치가 있다. 일벌은 또한 날아서 꽃에 앉도록 해주는 운동 장치도 있다. 최근의 탐구에서 보는 것처럼, 일벌은 다른 색의 꽃을 몇 번 찾은 후에 화밀花蜜을 더 많이 얻는 방법을 배우게 된다. 일터에서 화밀이 있는지 없는지 발견하기 위해 모든 꽃에 앉아보지 않아도 된다는 것은 명백하다. 그들은 마치 어느 꽃에서 더 많은 화밀을 얻을 수 있는지 예상하는 것처럼 명백하게 행동하고 그러한 꽃에 더 자주 앉는다. 일벌bombus pennsylvanicus의 행동을 실험적으로 탐구한 레슬리 리얼Leslie Real은 "벌은 다른 유형의 보상을 만나는 빈도에 근거하여 확률을 형성하며, 가능성을 미리 가늠해 보지 않고 시작하는 것 같다"고 말한다.[10] 어떻게 벌이 단순한 신경체계로 고차원적 이성을 나타내는 행위를 창출할 수 있을까? 어떻게 그처럼 지식과 확률이론, 그리고 목적을 위한 이성 전략을 사용하는 듯이 보이는 것일까?

이러한 질문에 대한 대답으로, 벌의 세심함은 단순하지만 강력한 체계에 의해 명백하게 이루어진다고 할 수 있다. 단순하지만 강력한 체계란 이런 것이다. 첫째, 선천적으로 설정된 자극을 가치 있는 것으로서, 따라서 하나의 보상을 주는 것으로서 감지하는 것이다. 둘째, 하나의 편향을 가지고 보상의 존재에 반응하여, 보상(즉, 주어진 색깔의 꽃)을 전달하는(혹은 전달하지 않는) 상황이 시야에 나타날 때, 어떤 특정한 행동을 향한 운동체계(착륙하거나 그렇지 않거나)에 영향을 미치게 된다. 최근의 모델로 몬테규Montague, 다얀Dayan, 세이노브스키Sejnowski 등이 제안한 것이 있는데[11], 행동 자료와 신경생물학적 자료를 사용한 체계에 관한 것이다.

벌은 아마도 옥토파민octopamine을 사용하는 것으로 보이는 비특이적 신경전달물질 체계가 있는데, 이는 포유류의 도파민 체계와 다르지 않다. 보상(화밀)이 감지되면 비특이적 체계가 시각과 운동 체계에 신호를 주어 벌의 기본 행동을 변경시킨다. 그 결과로 보상과 관계있는 색(예를 들면 노랑)이 시야에 나타나면 운동 체계가 그런 색의 꽃에 착륙하도록 하게 하고, 그래서 벌은 다른 꽃에는 없는 화밀을 더 잘 찾아낸다. 벌은 사실 의식적이거나 숙고에 의해서가 아닌, 오히려 자동적 장치를 사용하여 선택을 하는데, 이는 특별한 자연적 가치인 좋아함(preferences, 편애)이다. 레슬리 리얼에 의하면, 좋아함의 두 가지 근본적 일면은 반드시 존재한다. "높은 기대이득은 낮은 기대이득보다 우선시될 것이다. 낮은 위험은 높은 위험보다 우선시될 것이다." 덧붙여 말하자면, 벌은 명백히 작은 기억능력에 근거하여(벌은 단기 기억만을 가지고 있으며 그것도 그다지 큰 용량이 아니다) 좋아함의 체계가 작동하기 때문에 채취량은 굉장히 적음이 틀림없다. 기껏해야 세 차례의 방문으로 족할 것이다. 다시 한 번 말하지만, 나는 우리의 결정이 벌의 숨겨진 뇌에서 유래한 것이라고 보지 않는다. 그러나 위에 설명한 것처럼 간단한 장치도 여기에 기술한 것과 같은 복잡한 과제를 수행할 수 있음을 아는 것이 중요하다고 생각한다.

직관

의식적 수준에서 활동하면서, 신체상태들(혹은 그 대용물)은 반응의 결과를 양성 혹은 음성으로 표시하여 어떤 주어진 반응선택을 회피하거나 추구하게 한다. 그러나 이것들은 은밀하게, 즉 의식 밖에서 작동할 수도 있다. 부정적 결과에 관련된 명백한 이미지가 발생하면, 지각할 수 있는 신체상태에 변화를 일으키는 대신에 뇌 중심부에 위치한 유혹적 혹은 접근적 행위를 매개하는 조절성 신경회로를 억제하기도 한다. 행동하는 경향을 억제하거나 후퇴하려는 경향을 실제적으로 촉진시키면 잠재적으로 부정적 결정의 확률은 감소될 것이다. 그 예로서 시간벌기가 있는데, 이 시간 동안에 의식적 숙고는 적절한 결정을 내리는 확률을 증가시키는 것이 분명하다. 더욱이 부정적 선택은 완전히 무효화되거나, 높은 긍정적 선택은 행동하려는 충동을 증대시키기 쉽다.

이러한 은밀한 기전이 우리가 직관이라 부르는 것의 원천이 될 것이며, 이 신비로운 기전에 의해 우리는 이성이 없이도 어떤 문제를 해결하는 데 도달한다.

의사결정의 전 과정에서 직관의 역할은 수학자인 앙리 푸앵카레 Henri Poincare의 말에 반영되어 있는데, 그의 시각은 내가 마음에 가지고 있는 그림에 잘 들어맞는다.

> 실제로 무엇이 수학적 창조인가? 수학적 창조는 이미 알려진 수학적 실재를 새로운 조합으로 만드는 것을 의미하지 않는다. 누구나 그럴 수 있겠으나, 그렇게 만들어진 조합은 무한히 많고 그것들 대부분이 흥미를 끌지 못한다. 창조란 엄밀하게 쓸모없는 조합을 만드는 것이 아니다. 창조란 유용한 것을 만드는 것이며, 단지 적은 소수일 뿐이다. 발명은 안목, 즉 선택이다.
>
> 어떻게 이러한 선택을 하는지 나는 이전에도 설명한 바 있다. 즉, 연구할 가치가 있는 수학적 사실은 다른 사실과의 유사점으로 인해 우리를 수학적 법칙의 지식으로 이끄는데, 마치 실험적 사실이 우리를 물리적 법칙의 지식으로 이끄는 것과 마찬가지다. 이는 우리에게 오랫동안 알려진, 그러나 서로 생소한 것으로 잘못 믿게 된 다른 사실과의 명백한 유사성을 밝혀준다.
>
> 선택된 조합 가운데 가장 상상력이 풍부한 것은 멀리 떨어진 영역에서 나온 요소들로 형성된 것일지도 모른다. 발명을 충족시킨다는 것은, 가능한 한 여러 종류의 것들을 끌어모은다는

의미가 아니다. 그렇게 형성된 대부분의 조합들은 전적으로 빈약할 것이다. 그러나 그것들 중 어떤 것은 (매우 드물지만) 모든 것 중에서 가장 알찬 것일 수 있다.

내가 말했듯이, 발명한다는 것은 선택하는 것이다. 그러나 이 말이 전적으로 정확한 것은 아니다. 이 말은 사람들로 하여금 전시해 놓은 많은 견본을 소비자가 검사하고 하나하나 따져가며 선택하는 것으로 생각하게 한다. 세상에는 견본이 너무도 많아서 인생을 다 바쳐 검사해도 시간이 충분하지 않을 것이다. 이는 있을 수 없는 일이다. 빈약한 조합은 스스로를 발명자의 마음에 보여주지도 않는다. 발명자의 의식 영역에 아주 유용하지 않은 조합은 결코 나타나지 않는다(발명자가 무시하는, 그러나 어느 정도 유용한 특성이 있는 몇몇 조합을 제외하고). 모든 것은 발명자가 시험감독자가 된 것처럼 진행되는데, 이전 시험에 합격한 지원자에게 이차 시험에서는 단지 질문만 하면 된다.[12)]

푸앵카레의 관점은 내가 제안한 것과 비슷하다. 당신은 이성을 가능한 선택의 전 영역에 적용시킬 필요는 없다. 자동선택은 당신에게 가끔은 은밀하게, 가끔은 은밀하지 않게 행해진다. 생물학적 원리는 자동선택을 만들고, 후보자를 검사하고, 최종 시험에 단지 몇 명만 응시하게 한다. 푸앵카레의 관점은 이 제안이 다른 영역에도 확장될 수 있다고 암시한다. 하지만 이 제안은 내가 지지적 증거를 가지고 있는 개인적·사회적 영역을 조심스럽게 향하고 있어서 주목할 필요가 있다.

물리학자이며 생물학자인 레오 실라르드Leo Szilard도 비슷한 요점을 제시했다. "창조적 과학자는 예술가나 시인과 공통점이 많다. 논리적 사고와 분석적 능력은 과학자에게 필수적 요소이기는 하지만, 창조적 작업을 위한 충분조건과는 동떨어져 있다. 과학에서 하나의 돌파구를 이끈 통찰력은 논리적으로 이미 존재하는 지식에서 유래된 것이 아니었다. 과학 발전의 토대가 된 창조적 과정은 의식 아래 단계에서 작동한다."[13] 조너스 소크Jonas Salk도 같은 시각을 강력하게 주장하면서 창의력은 '직관과 이성의 합병'에 의존한다고 보았다.[14] 따라서 이쯤에서는 개인적·사회적 영역 밖의 추론을 말하는 것이 적절한 것 같다.

개인적 · 사회적 영역 밖에서의 추론

뒷마당에 있는 다람쥐가 짓궂은 고양이를 피해 도망가고자 나무로 뛰어 올라가는데, 그 행동을 결정하기까지 많은 생각을 필요로 하지 않는다. 다람쥐는 다양한 선택에 관해 생각하지 않으며 행동의 득실을 계산하지 않는다. 다람쥐는 고양이를 보았고, 몸을 움칫하며 달린다. 나는 지금 나뭇가지 위의 다람쥐를 관찰하고 있는데, 심장이 너무 강하게 뛰어서 흉곽의 움직임도 볼 수 있으며 꼬리는 공포로 인해 불안정하게 흔들린다. 다람쥐는 강력한 감정을 느끼며 흥분하고 있다.

진화는 알뜰하게 모든 것을 고쳐나간다. 많은 종은 뇌 안에 그들의 몸에 기반을 둔, 생존을 위한 의사결정의 기전을 가지고 있다. 또한 이러한 기전은 여러 생물의 생태 영역에서 성공적인 것으로 판명되었다. 환경에서 우발적 변화가 증가하고 이에 대한 새로운 전략들이 출현함에 따라, 이러한 새로운 전략을 수행하는 데 필요한 뇌 구조가 이전의 뇌 구조와 기능적 연결을 그대로 유지한다면 경제적으로 효율적일 것이다. 이것들의 목적은 동일한데, 바로 생존이다. 또한 이것들의 작동을 조절하고 성공을 가늠하는 변인들의 목적 역시 동일한데, 즉 잘 사는 것과 고통이 없는 것이다. 많은 예에서 자연적 선택은 정확히 이러한 방식으로 작용하는 경향이 있다는 것을 보여준다. 작용하는 무언가를 보존함으로써, 그리고 좀 더 복잡한 것을 극복할 수 있는 다른 장치들을 선택함으로써, 상처의 경험으로부터 완전히 새로운 기전을 발전시키는 경우는 거의 없다.

'개인적' '사회적' 반응을 보이도록 도와주는 어떤 체계가 '다른' 의사결정을 도와주기 위한 것이라는 사실은 흥미로운 것이다. 당신으로 하여금 누구를 도울 것인가를 결정하도록 돕는 기제는, 당신이 지하실에 물이 넘치지 않도록 집을 디자인하는 것 역시 도울 것이다. 자연히 신체표지는 '느낌'으로 지각될 필요가 없을 것이다. 그러나 신체표지는 여전히 세심한 기전으로서 알게 모르게 작용하여 다른 것들의 특정한 요소를 강조하고, 비개인적·비사회적 영역에서 어떤 면을 결정하고 계획하는 데 필요한 진행·중단·우회의 신호를 효과적으로 조절한다. 이는 팀 섈리스가 표지의 신경생리적 기전을 구체화하지는 못했지만 의사결정을 위한 것이라고 말했던 일반적 종류의 표지 장치처럼 보인다. 최근 논문에서 샐리스는 가능한 유사성을 언급했다.[15] 기저의 생리적 기전은 아마도 같을 것이다. 즉, 의식하든 의식하지 않든 신체를 기반으로 하는 신호는 주의력이 집중될 수 있는 것에 기초한다.

진화적 관점에서 보면, 가장 오래된 의사결정 장치는 기본적인 생물학적 조절과 관련이 있고, 그다음으로는 개인적·사회적 영역과 관련이 있다. 가장 최근에는 추상적·상징적 작동의 집합과 관련이 있는데, 여기에서 우리는 예술적·과학적 추론, 실용적·공학적 추론, 언어와 수학의 발달 등을 발견할 수 있다. 그러나 진화의 시기와 특정 목적의 신경체계들이 이러한 이성/의사결정의 단위와 어느 정도 독립적으로 진행되었더라도 나는 이것들이 모두 상호의존적이라고 본다. 동시대 사람들의 창의성을 목격할 때, 우리는 이러한 장치들의 조합에서 통합된 작동을 보게 된다.

감정의 도움, 좋든 싫든

아모스 트베르스키와 다니엘 카흐네만의 연구는 우리가 일상생활에서 결정할 때 사용하는 객관적 추론이 생각보다 훨씬 덜 효과적이라는 것을 보여준다.[16] 간단히 말하면, 우리의 추론 전략에는 단점이 있다. 스튜어트 서덜랜드가 비합리성을 '내부의 적'이라 언급한 것은 중요한 무언가를 상기시킨다.[17] 우리의 추론 전략들이 완벽하게 조화를 이룬다 하더라도 그것이 불확실성을 잘 대처한다는 것은 아니며, 개인적·사회적 문제에도 잘 대응하는 것으로 보이지 않는다. 연약한 이성의 도구는 뭔가 다른 도움이 필요하다.

그러나 그 양상은 내가 이제까지 시사했던 것보다 훨씬 더 복잡하다. 나는 신체에 기반을 둔 기전이 '냉정한' 이성에 필요하다고 믿지만, 이러한 신체 기반의 신호들이 이성 기능의 질을 망가뜨릴 수 있다는 것 또한 사실이다. 트베르스키와 카흐네만의 탐구에 비추어 볼 때, 나는 단지 일차적 계산력의 약화뿐만 아니라, 종종 감정과 느낌으로 표현되는 복종, 확신, 자존심을 보존하려는 욕망 등과 같은 생물학적 욕구에 의해서도 합리성의 실패를 보게 된다. 예를 들면 어느 한 도시를 자동차로 가는 것보다 비행기로 가는 경우 생존율이 더 높다는 것이 통계적으로 확실함에도, 사람들은 대부분 자동차보다 비행기를 더 두려워한다. 안정성에 관한 통계적 수치는 운전보다는 비행기를 선호하게 한다. 그러나 실제로는 대부분의 사람들이 비행보다는 운전을 더 안전하게 느낀다. 이런 오해는 소위 '가용성 오류availability error'라 불리는 것에 기인한다. 즉, 비행기 추락이 강렬한 감정적 이미지를 남겨 이성을 잠식하고 올바른 선택에 반하는 부정적 편견을 일으키게 하는 것이다. 이 예는 이상하게 느껴질 수도 있지만 그렇지 않다. 이것은 생물적 욕구와 감정이 의사결정에 영향을 줄 수 있다는 것을 명백히 보여주며, 실제적인 통계 사실과 다름에도 불구하고 신체에 기반을 둔 잘못된 '부정적' 영향 역시 생존 지향적이라는 점을 시사한다. 비행기는 가끔 추락하며, 비행기 사고에서 살아남은 사람의 수는 자동차 사고에서 살아남은 사람의 수보다 훨씬 적다.

그러나 비록 생물학적 욕구와 감정이 어떤 상황에서 비합리성을 낳을 수 있다 할지라도 다른 어떤 면에서는 절대 필요하다. 생물학적 욕구와 이에 의존하는 자동화된 신체표지 기전은 특히 개인이나 사회의 영역에서 어떤 이성적 행위를 할 때 필수적이다. 자동화된 신체표지 기전이 사실과는 다른 명백한 편견을 만들어내, 어떤 경우에는 합리적인 의사결정을 방해하거나 작업기억 같이 의사결정에 도움을 주는 기전을 방해하는 등 유해한 점이 있다고 해도 그렇다.

다음의 내 경험은 위에 논의한 생각을 명확히 하는 데 도움이 될 수 있다. 얼마전 복내측 전전두부 뇌 손상을 입은 환자 한 명이 추운 겨울날 연구소를 찾아왔다. 눈보라가 치고 있었고 도로는 빙판으로 변하여 운전하기에 위험한 상황이었다. 나는 그 환자에게 손수 차를 운전했는지, 운전할 때 어땠는지, 얼마나 힘들었는지 등을 물어보았다. 그의 대답은 신속했고 간략했다. 괜찮았고, 보통 때와 다르지 않았다고 했다. 다만 얼음판 위를 운전할 때 적절히 조절하기 위해 주의를 기울여야 했는데, 이를 제외하고는 좋았다고 했다. 그는 그러고 나서 운전 조작을 조금 설명했고, 이러한 올바르고 합리적인 조작을 따르지 않음으로 해서 얼마나 많은 승용차와 트럭이 도로에서 넘어졌는지를 설명했다. 그는 심지어 어느 특정한 경우를 지적했는데, 앞에서 운전하던 어느 여인이 빙판이 있는 곳으로 들어가 미끄러지고, 미끄러진 곳에서 당황하여 브레이크를 밟고 웅덩이로 빠졌다고 했다. 머리가 쭈뼛한 이러한 장면에서도 그는 굉장히 침착하고 조심스럽게 차를 몰아 빙판길을 건너 앞으로 잘 나갔다고 이야기했다. 그는 이 모든 것을 생생하게 경험했으면서도 동일한 침착함을 유지하면서 이야기했다.

이 경우, 정상적인 신체표지 기전을 가지고 있지 않다는 것이 굉장한 장점이라는 데 의심의 여지가 없다. 우리는 우리 앞에서 벌어지는 불행한 운전자의 모습으로 인한 당황과 공포의 느낌에서 벗어나, 브레이크 밟는 것을 멈추는 최우선의 사려 깊은 결정을 해야 한다. 이는 어떻게 자동화된 신체표지 기전이 우리의 행동에 유해할 수 있는가를 예시하는 것이다. 또한 어떤 상황에서는 신체표지 기전이 없는 것이 오히려 득이 될 수 있다는 것을 보여주는 것기도 하다.

이제 장면이 바뀌어 다음 날이 되었다. 나는 이 환자가 언제 연구실을 방문할 것인지에 관해 이야기하고 있었다. 나는 두 가지 대안적 날짜를 제시했는데, 다음 달에 속한 두 날짜 사이에는 며칠의 간격이 있었다. 그 환자는 자신의 약속 수첩을 펼쳐서 달력을 살펴보기 시작했다. 잇따라 일어난 그의 행동은 주목할 만한 것이었고 몇몇 연구원에 의해 관찰되었다. 반 시간 대부분을 그 환자는 두 날짜에 대해 각각의 좋은 점과 상반되는 이유들을 열거했다. 그는 선약, 다른 약속과의 근접성, 기상조건 등과 같이 사람이 날짜를 놓고 합리적으로 고려할 수 있는 실제적인 모든 것을 열거했다. 빙판 위를 운전할 때와 마찬가지로 고요하게 그 사건을 다시 계산하며, 그는 이제 피곤한 비용-이득 분석, 즉 선택할 수 있는 것과 가능한 결과를 끊임없이 살피고 별 소득도 없는 비교를 늘어놓았다. 우리는 그의 말을 들어주느라 굉장한 노력을 해야 했다. 책상을 치거나 그만하라고 말할 수도 없었다. 결국 우리는 최종적으로 그에게 두 날짜 중 두 번째 날에 오라고 조용히 이야기했다. 그의 반응은 변함없이 조용했고 신속했다. 그는 단지 "예, 그게 좋겠군요" 라고 말할 뿐이었다. 그는 약속수첩을 다시 주머니에 넣고 자리를 떴다.

이러한 행동은 순수이성의 한계에 대한 좋은 예이다. 또한 자동화된 의사결정 기전을 갖지 못한 파국적 결과의 좋은 예이기도 하다. 자동화된 신체표지 기전은 다양한 방법으로 환자를 도울 것이다. 우리 중 아무도 그 환자와 이러한 주제를 놓고 시간을 보내려 하지 않았는데, 왜냐하면 자동화된 신체표지 장치가 우리로 하여금 그렇게 하는 것이 쓸모없다는 것을 감지하는 데 도움을 주었기 때문이다. 만일 그렇지 않았다면 우리는 그 노력이 얼마나 어리석은지 몸소 경험했을 것이다. 다른 단계에서 우리는 쓸모없음을 미리 감지하고 동전을 던져 두 날짜 중 하나를 선택했거나, 아니면 본능적 감에 의존해 어떤 날을 선택했을 것이다. 혹은 단순히 질문자에게 결정을 돌려, 그리 문제되지 않으니 본인이 선택하라고 했을 것이다.

간단히 말해서, 우리는 시간 낭비를 마음속에 그리고 그것을 부정적인 것으로 표시할 것이다. 또한 우리가 우리를 바라보는 다른 사람의 마음을 마음속에 그리면, 당황스러움으로 표시할 것이다. 앞서 언급한 환자는 이러한 내적 '그림'을 형성했지만, 표지의 부재로 인해 그림이 적절히 참여되어 고려의 대상이 되는 것을 방해했다고 생각된다.

당신이 생물학적 욕동과 감정이 이로우면서도 해롭다는 것을 기이하게 여기고 궁금해 한다면, 나는 주어진 요소 혹은 기전이 상황에 따라 긍정적 혹은 부정적이 될 수 있는 이 사례가 생물학에서 유일한 경우는 아니라고 말하겠다. 우리는 산화질소nitric oxide가 유해하다고 알고 있다. 산화질소는 공기를 오염시키고 혈액을 더럽힌다. 그러나 이 가스는 하나의 신경전달물질로 작용하여 신경세포 사이에서 신호를 전달한다. 더 미묘한 예로는 신경전달물질인 글루타메이트glutamate가 있다. 글루타메이트는 하나의 신경세포에 의해 사용되어 다른 세포를 흥분시키는데, 뇌에서만 이루어지는 것이다. 그러나 뇌졸중으로 신경세포가 손상되면 과다한 글루타메이트가 주변 공간으로 방출되고, 그로 인해 지나치게 흥분되고, 결국 깨끗하고 건강한 인접 신경세포들을 죽게 만든다.

궁극적으로 여기서 대두되는 질문은, 해결되는 문제의 다른 틀에 적용된 신체적 표지화의 유형과 양에 관한 것이다. 나쁜 기후 속에서 복잡한 공항에 비행기를 착륙시키는 임무를 맡은 조종사는 자신의 결정을 좌우하는 세부사항에 주의집중할 때 느낌에 의해 방해받아서는 안 된다. 그러나 동시에 그는 특별한 상황에서 자신의 행동에 대해 더 큰 목적이 있다는 느낌을 가지고 있어야 한다. 이러한 느낌은 승객과 승무원의 생명, 그리고 자신의 생명에 대한 책임감과 연관되어 있다. 작은 틀에서 지나치게 큰 느낌을 느끼거나 큰 틀에서 지나치게 작은 느낌을 느끼는 것은 재난의 결과를 가져올 수 있다. 주식시장의 객장에 있는 거래자들도 비슷한 곤경에 처해 있다.

이 요점에 대한 하나의 멋진 예는 지휘자 헤르베르트 폰 카라얀에 관한 연구에서 찾을 수 있다.[18] 오스트리아의 심리학자인 하러G. Harrer, H. Harrer는 몇몇 상황에서 카라얀의 자동화된 반응들의 유형을 관찰했다. 그가 전용 비행기로 잘츠부르크 공항에 착륙하는 동안, 녹음 스튜디오에서 지휘하는 동안, 그리고 녹음된 곡을 다시 돌려 듣는 동안(그 곡은 베토벤의 '레오노레' 서곡 3번이었다)의 세 가지 상황에서 카라얀을 관찰했다.

카라얀의 연주는 커다란 반응의 변화로 끝마쳤다. 그의 맥박은 신체적 운동 때보다 감정적 충격이 흐르는 동안 더 극단적으로 올라갔다. 그가 녹음을 다시 돌려 음악을 듣고 있는 동안, 그의 맥박은 연주 때 얻어진 것과 동일했다. 카라얀은 자신의 비행기를 멋지게 착륙시키는데, 심지어 가파른 각으로 비상착륙할 때도 그의 맥박은 음악공연 때보다 훨씬 적게 약간만 증가할 뿐이었다.

그의 심장은 음악 안에 있었는데, 내가 음악회에서 그를 보았을 때도 그랬다. 그가 베토벤 교향곡 6번을 시작하기 위해 지휘봉을 들었다 내리기 직전, 나는 옆에 앉아 있던 아내에게 귓속말을 했다. 카라얀은 팔 동작을 멈추고 주위를 둘러보더니 내게 화난 눈빛을 보냈다. 불행하게도 우리 부부의 맥박을 측정하는 사람은 아무도 없었다.

신체표지 외에, 그리고 그 너머로

합리화에 대한 신경생물학을 구성할 때 신체표지 기전과 같은 어떤 것이 필요하다면, 그 필요가 충분하게 충족되지 않았음이 명백하다. 내가 지적했듯이, 논리적 능력은 신체표지를 벗어나 작동한다. 더욱이 논리적 능력이 작동하려면 어떤 과정은 신체표지보다 앞서거나, 신체표지와 동시에 일어나거나, 혹은 즉각적으로 따라오거나 해야 한다. 이러한 과정들은 과연 무엇이며, 또한 신경기질에 관해 무엇이 탐구될 수 있을까?

신체표지가 (공개적 혹은 비공개적으로) 자신의 방식대로 작업할 때 무슨 일이 일어날까? 또 당신이 생각해낸 이미지를 필요한 시간 동안 유지할 때 뇌에서는 어떤 일이 일어날까? 이러한 질문을 다루기 위해, 이 장의 시작 부분에서 제시했던 문제로 돌아가 보자. 일단 당신이 결정을 해야 하는 상황에 직면할 때, 마음속에 떠오르는 것은 그것을 고려할 때 발생되는 상황에 관한 풍부하고 광범위한 지식이다. 선택할 수 있는 무수한 상황과 가능성이 있는 결과가 떠올라 이미지화되고 초점이 맞추어지게 된다. 이러한 실체와 장면을 표현하는 언어, 그리고 당신이 보고 듣는 것을 나타내는 단어와 문장 등도 스포트라이트를 받으며 떠오르게 된다. 이는 실체와 사건들이 지속적으로 조합되는 과정이며, 이전의 유형화된 지식에 부합하는 풍부하고 다양한 이미지의 병렬을 가져오게 한다. 장피에르 샹주Jean-Pierre Changeux는, 이러한 기능을 수행하여 뇌 안의 어떤 곳에 다양한 이미지를 형성하도록 하는 전전두부 구조들을 '다양성 생성기generator of diversity'로 명명하자고 제안했다.

다양성 생성기는 매우 적절한 작용을 하는데, 이전의 경험들을 불러 모아 자체를 하나의 정교한 약어로 만든다.[19)]

이 '다양성 생성기'는 우리가 직면할 수도 있는 상황들에 관해, 이러한 상황에서의 행위자들에 관해, 행위자들이 할 수 있는 것과 행위자들의 다양한 행위가 어떻게 다양한 결과를 내는지에 관해, 실제적 지식의 방대한 축적을 요구한다. 실제적 지식은 유형화되며(사실들은 구성요소의 기준에 따라 등급에 의해 구성된다), 유형화는 선택사양의 양식과 결과의 양식, 그리고 결과와 선택사양의 연결을 분류함으로써 의사결정에 공헌할 수 있다. 유형화 작업은 또한 어떤 특정한 가치 아래서 선택사양과 결과들의 순위를 매긴다. 우리가 어떤 상황에 직면했을 때 이전의 분류는 우리로 하여금, 주어진 선택이나 결과가 유리한지 혹은 우연히 일어난 다양한 사건이 이로움의 정도를 어떻게 변형시킬 수 있는지를 빨리 발견하도록 한다.

지식 표현의 과정은 두 가지 조건이 만났을 때만 가능하다. 첫째로, 사람은 '기본적 주의집중basic attention' 기전을 끌어올 수 있어야 하는데, 이것은 다른 것들을 상대적으로 배제하여 의식 내의 정신적 이미지를 유지하도록 해준다. 신경학적 용어로 표현하면, 기본적 주의집중은 주어진 이미지를 지속시키는 신경활동의 증강에 의한 것이며, 그러는 동안 그 주변의 다른 신경활동은 저하된다.[20)] 두 번째로, 사람은 '기본적 작업기억basic working memory' 기전을 가지고 있음이 틀림없다.

이는 상대적으로 '연장된' 수백 또는 수천 밀리초millisecond의 시간 동안(1/10초에서 수초까지) 별개의 이미지들을 지니게 한다.[21] 이것은 뇌가 이러한 분리된 이미지들을 지지하는, 지형적으로 조직화된 표상들을 시간이 지나면서 회상한다는 것을 의미한다. 여기서 당연히 물어야 할 중요한 질문이 있다. '무엇이 기본적 주의집중과 작업기억을 추진하는가?' 이에 대한 대답은 '기본 가치basic value'일 수 밖에 없는데, 이 기본 가치는 생물학적 조절 속에 원래 내재한 기본적 선호도의 집합이다.

기본적 주의집중과 작업기억 없이는 한결같은 정신활동에 대한 기대도 없으며, 신체표지는 전혀 작동하지 못한다. 이는 신체표지들이 일을 하기 위한 안정된 작업 공간이 없기 때문이다. 그러나 신체표지 기전이 작동된 후에도 작업기억은 계속 요구된다. 이는 추론의 과정에서 필요한데, 그 과정에서 가능한 결과들이 비교되고, 결과들의 우선순위를 확립하며, 또한 결론이 만들어진다. 전체적인 신체표지 가설에서 내가 제안하는 것은, 신체상태란 부정적이든 혹은 긍정적이든 주어진 표상의 출현으로 야기되며, 반영된 것의 가치에 대한 표지일 뿐만 아니라 이어지는 작업기억과 주의집중을 위한 보조자라는 것이다. 그 진행은 (과정이 긍정적이든 혹은 부정적이든) 개인의 취향과 목적에 따라 실제적으로 검토되는 표시에 의해 '기운을 내게' 된다. 주의집중과 작업기억의 배치와 유지는 기적에 의해 일어나는 것이 아니다. 이것들은 생물체 내에 원래부터 있는 선호도에 의해 처음 움직이게 되며, 그다음에는 타고난 것들에 기반을 두고 습득된 취향과 목적에 의해 움직이게 된다.

전전두부피질에 관해 살펴보면, 신체표지는 복내측 영역에 있는 생물학적 조절과 사회적 영역에 작용한다. 또한 신체표지는 지식의 다른 면들에 의존하여 작동하는 배외측 영역 내의 주의집중과 작업기억의 작용에 영향을 준다고 나는 생각한다. 이것은 신체표지들 역시 생물 조절과 사회적 영역 자체 내에서 주의집중과 작업기억에 영향을 미칠 가능성을 남기는 것이다. 다른 말로 하면, 정상인에서 어떤 특정한 우연성을 활성화시킴으로써 발생된 신체표지들이 인지체계를 통해 주의집중과 작업기억을 고무시킨다고 할 수 있다. 복내측 영역에 손상을 입은 환자들에서 이러한 모든작용은 그 정도가 크든 적든 줄어들 것이다.

편견, 그리고 순위의 창조

실제의 지식에서 생겨난 시나리오의 방대한 전망에 대한 추론 과정에는 세 가지 지지적 작동자player가 존재한다. 이것은 나름대로의 방식으로 작동하는 기전으로, '자동화된 신체상태'와 '작업기억', 그리고 '주의집중'이다.

세 가지 지지적 작동자는 모두 상호작용하며 또한 평행적 공간 배열에서 순서를 만들어내는 중대한 문제에 관계하는 것으로 보인다. 이 문제는 칼 래슐리Karl Lashley가 처음으로 인지한 것인데, 어느 한 순간

에 뇌가 제한된 양의 의식적인 정신적 출력과 운동적 출력만을 허락하기 때문에 발생한다.[22)]

우리의 사고를 형성하는 이미지들은 '구절phrases'로 조직되어 있고, 이것은 제때에 차례로 '문장으로sententially' 배열되어야 한다. 이것은 마치 우리의 외부적 반응을 형성하는 동작의 틀이 어떤 특정한 방식의 '구절'로 이루어지고, 이러한 구절들이 원하는 효과를 내기 위해 어떤 동작에 대해 특정한 '문장적' 순서로 놓이게 되는 것과 같다. 마음과 동작의 '구절들'과 '문장'의 구성을 끝마치는 선택의 틀은 평행적으로 진열된 가능성들에서 선택되는 것이다. 그리고 사고와 동작은 모두 동시적 과정을 요구하기 때문에 일련의 조직화는 지속되어야 한다.

우리가 이성을 자동화된 선택으로 생각하든, 상징적 체계에 의해 중개되는 논리적 연역에 근거해 생각하든, 혹은 편하게 양자 모두로 생각하든, 우리는 순서의 문제를 무시할 수 없다. 나는 다음의 해법을 제안한다.

1)가용할 수 있는 가능성들 가운데 순서가 정해져야 한다면, 그때는 순번이 매겨져야 한다. 2)순번이 매겨지려면 기준이 필요하다(가치 혹은 선호도는 동등하다). 3)기준은 신체표지들에 의해 제공되는데, 이는 어느 주어진 시간에 우리가 수용하거나 습득한 것을 모두 축적한 선호도를 나타낸다.

그러나 어떻게 신체표지가 기준으로 작용하는 것일까? 하나의 가능성으로, 다른 신체표지가 다른 이미지 조합에 병렬될 때, 신체표지는 뇌가 이미지를 다루는 방법을 변경시켜 하나의 편견으로 작동한다. 편견은 요소마다 다르게 주의력을 분배하는 것인데, 그 결과 다양한 내용에 대해 다양한 정도의 주의력이 자동적으로 배분되어 불공정한 풍경으로 해석된다.

예를 들어 의식 과정의 초점은 어떤 과정에서 진행 순서에 따라 한 요소에서 다른 요소로 유도될 수 있다. 이 모든 것이 일어나려면, 그 요소들은 수백 또는 수천 밀리초millisecond의 간격을 두고 표현됨이 틀림없는데, 이는 상대적으로 안정된 방식이며 작업기억이 이를 수행한다(나는 윌리엄 뉴섬William T. Newsome 등이 수행한 지각적 결정의 신경생리에 관한 최근 연구가 이러한 일반적 생각을 어느 정도 지지한다는 것을 발견했다. 어떤 특정한 내용을 표현하는 특정한 신경세포군에 대해 적용된 신호의 균형에 변화가 오면 '승자가 모든 것을 취한다'는 방식으로 그 내용의 편을 들어 '결정'이 내려진다).[23)]

정상적 인지와 행동은 동시에 일어나면서도 상호 활동하는 순서의 구성을 요구한다. 순서가 필요한 곳에는 결정이 필요하며, 결정이 필요한 곳에는 이러한 결정을 만들기 위한 기준이 있어야 한다. 많은 결정이 생물체의 장래에 영향을 줄 수 있으므로, 직간접적으로 생물체의 생물적 욕구(말하자면 그 욕구의 원인)에 뿌리를 둔 기준들이 필요할 듯하다. 생물학적 욕구는 공개적으로 또는 은밀하게 표현될 수 있으며, 작업기억으로 활성화된 표상 영역에서 주의집중에 의해 행해진 하나의 표지 편견으로 사용될 수 있다.

우리는 대부분 비교적 건강한 문화에서 양육된 행복한 경우에 해당한다. 이 경우, 자동적 신체표지 장치는 교육에 의해 그 문화의 합리성의 기준에 맞도록 조정되어 왔다. 생물학적 조절에 뿌리를 두고 있음에도 불구하고, 그 장치는 특정한 사회에서 생존을 공고히 하기 위해 설계된 문화적 처방에 맞춰져 왔다. 우리의 뇌가 정상이며 건강한 문화 속에서 뇌가 성장했다면, 그 장치는 사회적 관습과 윤리에 논리적으로 합당하게 만들어졌을 것이다.

생물학적 욕구, 신체상태, 감정의 활동 등은 합리성을 위한 필수불가결한 기초일 것이다. 생물체가 생존할 수 있는 신체 고유의 총체적 기능에 따라, 이성의 신경 체계 가운데 낮은 단계는 감정과 느낌의 과정을 조절한다는 점에서 동일하다. 이러한 더 낮은 단계들은 신체 자체와 직접적이고도 중립적인 관계를 유지하며, 따라서 이성과 창의력을 최고조에 달하게 하는 작업의 연쇄 속에 신체를 위치시킨다. 합리성은 신체 신호에 의해 형성되고 조정되는데, 심지어 가장 숭고한 특성을 연출하고 이에 따라 행동할 때도 그러하다.

"마음에는 이성이 전혀 모르는 어떤 이유가 있다"고 말했던 파스칼은 앞의 설명을 그럴 듯한 것으로 알아차렸을지도 모른다. 나는 그의 말을 바꾸어 "생물체는 이성이 이용해야만 하는 어떤 이유가 있다"고 말하고 싶다. 이러한 작용이 마음의 이유를 뛰어넘어 지속된다는 것은 의심의 여지가 없다. 한 예로, 논리의 도구를 사용하여 우리는 우리가 선호도에 따라 선택한 것에 대한 타당성을 점검할 수 있다. 또 다른 예로, 우리는 즉각적으로 이용할 수 있는 언어 명제의 연역과 귀납 전략을 사용하여 그것들을 뛰어넘을 수 있다. (이 원고를 마무리한 후에 나는 몇몇 쟁쟁한 목소리를 접하게 되었다. 에반스J. St. B.T. Evans는, 내가 여기에 윤곽을 제시한 두 가지 구성요소(개인적/사회적, 그리고 아닌 것)에 대부분 관련된, 두 가지 유형의 합리성을 최근에 제안했다. 철학자인 로날드 드 소사Ronald de Sousa는 감정이 원래부터 이성적이라는 주장을 했다. 또한 존슨 레어드P.N. Johnson Laird와 키스 오틀리Keith Oatley는 행동을 합리적 방법으로 조절할 때 기본적 감정이 도움을 준다고 말했다.)[25)]

3부

9장 | 신체표지 가설에 대한 검사

알기는 하지만 느끼지 못하는 것

신체표지 가설을 조사하는 나의 첫 번째 시도는 자율신경계 반응을 사용하는 것을 포함한다. 이 일련의 연구 가운데 나는 심리생리학자이며 실험적 신경심리학자인 대니얼 트래널의 가설을 선택했다. 자율신경계는 변연계와 뇌간 내에 위치한 자율조절중추와(편도가 아주 좋은 예다), 이 중추에서 발생하여 장기로 뻗은 신경돌기로 구성되어 있다. 신체의 장기 어디에나 분포한 혈관과 피부는 자율신경계에서 유래한 신경 말단에 의해 신경이 분포되고, 심장과 폐, 위장관, 방광, 생식기 등도 그러하다. 주로 면역과 관련된 비장 같은 장기도 자율신경계에 의해 신경이 분포된다.

자율신경가지들은 두 가지의 커다란 분할로 구성되는데, 교감과 부교감 신경계가 그것이다. 이것들은 뇌간과 척수로부터 때로는 독자적으로 때로는 비자율신경가지를 동반하여 여행한다(교감신경계와 부교감신경계의 활동은 다른 신경전달물질에 의해 중개되며 대부분 길항적이다 즉, 한 가지가 평활근육을 수축시키면 다른 한 가지는 이완을 촉진시킨다). 돌아오는 자율신경가지들은 중추신경계로 내장의 상태와 관련된 신호를 가지고 오는데, 같은 통로를 사용하는 경향이 있다.

진화의 관점에서 자율신경계는 우리보다 훨씬 정교하지 않은 생물체의 뇌가 내부 경제의 조절에 개입한 신경 도구였던 것 같다. 생명이 주로 몇몇 장기의 균형 잡힌 기능을 안전하게 지키는 것만으로 유지되고 있었을 때는, 그리고 주변 환경과의 거래의 유형과 수가 제한적이었을 때는, 면역계와 내분비계가 다스려야 할 대부분을 다스렸다. 뇌에 요구되는 것은 다양한 장기의 상태에 관한 몇몇 신호였으며, 아울러 특별한 외부 환경에서 주어진 상태를 조정하기 위한 도구도 함께 요구되었다. 자율신경계는 정확히 다음의 것을 제공했다. 즉, 장기의 변화를 신호하는 유입 연결망과 이러한 장기에 동작 명령을 보내기 위한 유출 연결망이 그것이다. 후에 좀 더 복잡한 운동반응 형태로 진화되었는데, 궁극적으로 손과 성대 장치를 조절할 수 있게 되었다. 후자의 반응들은 점진적이고 좀 더 복잡한 말초 운동계의 분화를 필요로 했다. 그럼으로써 미세근육과 관절 동작뿐만 아니라 신호 접촉, 온도, 통증, 관절 위치, 근육 수축의 정도 등을 제어할 수 있게 되었다.

비록 배경의 구축과 감정적 상태에 있어 내장 요소가 근골격계보다 더 중요하다고 해도, 신체부호에 대한 개념이 (신경 신호와 화학적 신호 양자에 의해 유도된 내장과 근골격계의 조정을 포함하여) 신체상태의 통합적 변화를 총괄한다는 것을 다시 생각해 보라. 실험적으로 신체표지 가설의 탐구를 시작하려면 우리는 이러한 광대한 변화들의 사건 전개에서 어떤 일면을 선택해야 한다. 또한 자율신경계 반응을 공부하는 것이 바람직하다. 결국, 우리가 어떤 특정한 감정을 특징짓는 신체상태를 발생시킬 때, 자율신경계는 아마도 신체 내의 생리적 인자들을 적절히 변경시키는 열쇠 역할을 하는 동시에 활성화시키는 화학적 통로가 될 것이다.

실험실에서 탐구할 수 있는 자율신경계 반응 가운데 피부전도 반응이 아마도 가장 유용할 것이다. 이것은 유도하기 쉽고 믿을만하며 심리생리학자들에 의해 다양한 나이와 문화의 정상인들을 대상으로 자세히 연구되어 왔다(다른 반응인 심박동수와 피부 온도 등도 역시 연구되었다). 피부전도 반응은 대상자에게 어떤 고통이나 불쾌감을 주지 않고 피부와 다원기록에 연결된 한 쌍의 전극을 사용해 기록할 수 있다. 반응의 원리는 다음과 같다. 우리 몸이 어떤 지각이나 사고에 의해 변화하기 시작함에 따라, 또한 관련된 신체상태가 일어남에 따라(예를 들면 주어진 감정에 따르는 신체상태), 자율신경계는 피부 땀샘의 분비를 서서히 증가시킨다. 대개는 땀의 양이 아주 적게 증가하여 맨 눈이나 피부에 있는 신경에 감지되지 않지만, 전압의 흐름에 대한 저항을 감소시키기에는 충분하다. 그런 다음, 반응을 측정하기 위해 실험자는 두 개의 감지기 전극 사이에 있는 피부에 낮은 전기 전압을 통과시킨다. 반응은 파장으로 기록되고, 오르는 데 일정한 시간이 소요되며, 그런 다음에는 떨어진다. 진폭이 측정될 수 있으며(microSimens로), 시간 경과에 따라 변화하는 모양도 측정할 수 있다. 어떤 특정한 자극에 대해 일어나는 반응의 빈도 역시 특정 시간에 걸쳐 측정될 수 있다.

피부전도 반응은 탐구적 심리생리학의 중요 요소가 되었다. 또한 우리의 실험 목적과는 엄연히 다르지만, 소위 거짓말 탐지 검사에서 실제적이고도 때로 논쟁의 여지가 있는 역할을 해왔다. 이는 피검사자의 거짓말을 검사하는 것인데, 어떤 특정한 대상이나 사람에 대해 아는 것을 부정하면 부지불식간에 피부전도 반응을 일으키는 원리를 이용한다.

연구에서 우리는 무엇보다도 엘리엇과 같은 환자들이 여전히 피부전도 반응을 일으킬 수 있는지 명확히 하고자 했다. 그들의 뇌가 여전히 신체상태의 변화를 조금이라도 일으킬 수 있을 것인가? 이 질문에 답하기 위해 우리는 전두부 손상을 입은 환자를 정상인들, 그리고 뇌의 다른 부분에 손상을 입은 환자들과 비교했다. 일정하게 피부전도 반응을 유발함으로써, 피부전도 반응에 이용된 신경장치가 정상상태임을 가리키는 실험조건에서였다. 이러한 조건은 '놀람startle'이라고 알려진 것인데, 손뼉을 쳐서 예상치 못한 소리를 내거나 섬광 램프를 빠르게 깜박여서 예상치 못한 빛으로 대상자를 놀라게 하는 것이다. 피부전도 장치에서 또 하나의 믿을만한 정상상태의 지표는 심호흡을 하는 것과 같은 단순한 생리적 행위가 있다.

우리가 전두부 손상을 입은 모든 대상자가 정상인 및 전두부 손상이 없는 환자와 마찬가지로 이 실험적 조건에서 피부전도 반응을 일으킨다는 사실을 알기까지는 그리 오랜 시간이 걸리지 않았다. 다시 말해, 전두부 손상을 입은 환자들에서도 피부전도 반응을 야기하는 신경 장치의 장애가 없는 것처럼 보였다.

우리는 전두부 손상 환자들이, 감정적 내용의 평가가 필요했던 자극에 대해 피부전도 반응을 일으키는지 궁금했다. 왜냐하면 엘리엇과 같은 환자들은 감정을 경험하는 데 장애가 있기 때문이다. 또한 정상인을 대상으로 한 이전의 연구를 보면 고조된 감정적 내용을 지닌 자극에 노출되었을 때 반드시 강한 피부전도 반응을 야기하는 것도 우리가 궁금해하는 이유다. 우리는 공포 장면이나 육체적 고통의 장면이 담긴 사진을 볼 때, 또는 성적으로 노골적인 이미지를 볼 때, 강한 피부전도 반응을 나타낸다. 당신은 피부전도 반응을 미묘하고 지각할 수 없는 신체상태의 일부로 상상할 수 있지만, 이것이 완전히 드러나면 당신은 지각할 수 있는 흥분감과 각성(어떤 사람은 닭살이 돋을 것이다)을 실감할 것이다. 그러나 피부전도 변화는 단지 신체상태 반응의 일부이기 때문에, 이러한 변화가 있다고 해서 눈에 띄는 신체상태 변화를 지각할 수 있는 것은 아니라는 사실을 알아야 한다. 이는 진실인 듯하다. 만일 피부전도 반응이 없다면, 감정의 특징인 신체상태를 의식적으로는 알 수 없을 것으로 보이기 때문이다.

우리는 전두부 손상을 입은 환자들과 정상인 및 전두부 손상이 없는 환자들을 나이와 학력에 맞추어 비교하는 실험을 했다. 대상자들은 안락하게 의자에 앉은 채, 다원검사에 연결되어 아무 말이나 아무것도 하지 않는 상태에서 연속적으로 영사되는 슬라이드를 감상한다. 슬라이드는 완전히 평범한 것으로서 온화한 풍경이나 요약된 형태를 보여주지만, 간혹 무작위로 혼란스러운 이미지를 주는 슬라이드가 나타난다. 실험은 수백 장의 슬라이드가 끝날 때까지 계속된다. 대상자들은 영상이 시작되기 전, 나중의 결과보고 시간에 그들이 보고 느낀 것을 우리에게 말해야 하기 때문에 끝까지 주의깊게 참여해야 한다는 지시를 받는다.

결과는 명확했다.[1)] 전두부 손상을 받지 않은 환자와 정상인들은

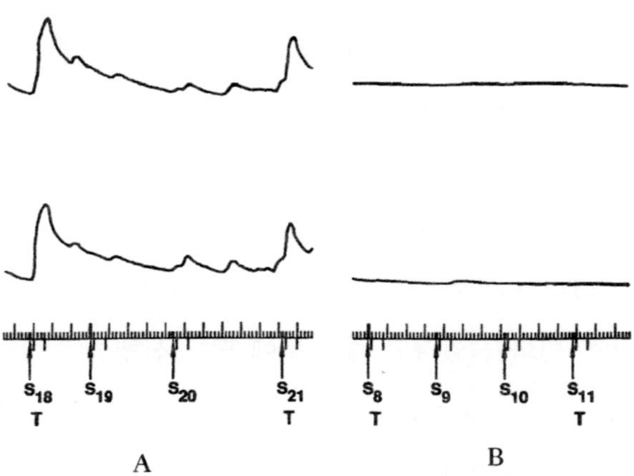

그림 9-1 강한 감정적 내용을 보이는 몇몇 그림(자극 번호 밑에 표적target이라는 의미의 T로 표시함)과 그렇지 않은 그림들을 포함하는 일련의 그림은, 뇌 손상이 없는 정상 대조군에서의 피부전도 반응 양상(A)과 전두부 손상이 있는 환자의 피부전도 반응 양상(B)을 보여준다. 정상 대조군은 감정적 이미지를 본 직후에 큰 반응을 보이지만, 중립적인 그림을 본 직후에는 그렇지 않다. 전두엽 환자들은 어느 경우든 반응을 보이지 않는다.

혼란스러운 그림에 대해 큰 폭의 피부전도 반응을 보였으나, 온화한 그림에 대해서는 그렇지 않았다. 이와는 반대로, 전두부 손상을 입은 환자들은 어떠한 것에도 피부전도 반응을 보이지 않았다. 그들의 기록은 평이했다. (그림 9-1 참고)

결론에 도달하기 전에, 우리는 다른 그림들과 다른 대상자들로 실험을 반복하고, 또한 동일한 대상자들을 대상으로 다른 시간대에 실험을 반복하기로 했다. 그러나 이러한 방법이 결과를 변화시키지는 않았다. 반복하지만, 위에 기술한 수동적 조건에서 전두부 손상 대상자들은 혼란스러운 이미지에 대해 어떠한 피부전도 반응도 일으키지 않았다. 심지어 후에 어떤 슬라이드가 언제 나타났는지 시간적 위치를 회상해낼 만큼 슬라이드의 전체 내용을 상세히 이야기할 때도 그러했다. 그들은 자신이 본 그림에 나타난 공포, 역겨움, 슬픔 등을 언어로 기술할 수 있었고, 또한 어떤 특정한 그림이 언제 보였는지, 전체적 흐름에서 얼마나 빨리 혹은 늦게 나타났는지를 기술할 수 있었다. 이 대상자들은 슬라이드 쇼에 집중하고 있었고 영상의 내용을 기억하고 있었음은 의심의 여지가 없다. 또한 슬라이드에 반영되었던 개념들이 다양한 수준으로 대상자들에 통용되었다는 점도 의심의 여지가 없다. 그들은 자신이 기술했던 것에 대해 알고 있었다. 뿐만 아니라 (살인 장면이 있었다면) 살인이 공포의 요소가 된다든가, 혹은 살인자가 피해자에게 미안한 마음을 갖거나, 혹은 그러한 상황이 오게 된 점을 후회한다든가 하는 것에 대해서도 알고 있었다. 다른 말로 하면, 어떤 주어진 자극이 그 실험을 수행하는 전두부 환자들의 마음에 그 자극 상황에 맞는 방대한 지식을 불러냈다는 것이다. 그럼에도 불구하고 전두부 손상 환자들은 표준 대상자들과 다르게 피부전도 반응을 일으키지 못했다. 그 차이점을 분석해 보니 상당한 의미가 있었다.

결과보고 인터뷰 중에 자연스럽고 완전한 통찰력을 보인 어떤 특별한 환자가 있었는데, 그는 우리에게 피부전도 반응 이상의 것을 많이 놓치고 있다는 것을 확인시켜 주었다. 모든 그림을 보고 난 후에, 그 내용들이 혼란스럽다는 것을 알았음에도 불구하고 자신은 혼란스럽지 않았음을 그는 지적했다. 이 증언의 중요성을 생각해 보자. 여기, 그림의 명백한 의미와 그것이 주는 감정적 의미를 모두 인식하기는 하지만, 또한 그것이 주는 의미에 관해 예전에 느꼈다는 것을 알기는 하지만, 그렇게 '느끼지 못함'을 아는 한 사람이 있다. 이 환자는 우리에게 퍽 솔직하게 자신의 육체가 더 이상 예전처럼 이러한 장면들에 반응하지 않는다고 이야기한다. 이는 '아는 것이 반드시 느낀다는 것을 의미하지 않는다'는 것인데, 심지어 당신이 앎으로써 특별한 방법으로 느껴야 하지만 그렇지 못하다는 것을 깨달을 때도 그러하다.

느낌이 없다는 전두부 손상 환자의 고백과 그에게서 피부전도 반응이 일관되게 결핍되어 있다는 사실은, 다른 어떤 결과 이상으로 신체표지 가설이 추구할 가치가 있다는 것을 우리에게 확신시켜 주었다. 감정 반응을 재생산하는 기전과 특별한 사실을 짝지어주는 기질적 지식dispositional knowledge을 제외하면, 그 환자들의 전체 지식 범위가 실제로 가용될 수 있는 것처럼 보였다. 이러한 자동화된 연결의 부재 상태에서 환자들은 내부적으로 사실적 지식을 일으킬 수 있었으나, 신체상태(혹은 적어도 그들이 인식할 수 있었던 신체상태)를 만들 수는 없었다. 그들은 방대한 사실적 지식에 자신을 맡길 수 있었지만 어떤 느낌을 경험할 수는 없었다. 즉, 일어난 사실적 지식에 그들의 신체가 어떻게 행동해야 하는지에 대한 '지식'을 경험하지 못했다. 그리고 그들은 이전에는 정상인이었기 때문에 스스로 전반적인 정신상태가 예전 같지 않고 무언가 부족한 점이 있다는 것을 인식할 수 있었다.

전체적으로 피부전도 반응실험은 우리가 환자를 통해 인식했던 감정 반응의 현저한 감소에 대해, 그리고 환자 자신이 지각한 느낌의 현저한 감소에 대해 측정할 수 있는 생리적 사본을 제공해 주었다.

위험 감수 : 도박 실험

신체표지 가설을 검사하는 데 우리가 취했던 또 하나의 접근방법으로, 나의 대학원생인 안토인 베차라Antoine Bechara가 디자인한 실험이 있다. 모든 탐구자가 그렇듯이 대부분의 실험적 신경생리 과제가 인공적 성향을 띠는 데 지친 그는 의사결정을 수행하는 데 있어 가능한 한 일상생활과 흡사한 도구를 발전시키기를 원했다. 그가 고안한 기발한 수행세트는 한나 다마지오와 스티븐 앤더슨의 협조로 더 다듬어졌는데, 우리 실험실에서는 '도박 실험'이라는 말로 통용되었다.[2] 전반적으로 이 실험의 틀은 색채가 풍부해 대부분의 따분한 실험들과는 거리가 멀었다. 정상인이나 환자나 똑같이 이 실험을 즐기며, 탐구의 성격상 즐거운 이야깃거리를 만들어낸다. 나는 눈이 불거져 나오고 턱은 내려앉은 모습의 방문객이 실험실 옆을 지나면서 실험이 진행되고 있는 것을 보았던 것을 기억한다. "여기서 사람들이 도박을 하는군요!" 그는 내게 속삭이듯 말했다.

기본실험에서 대상자(경기자)는 A ,B, C, D라 표시된 네 가지 카드함 앞에 앉는다. 경기자에게 2천 달러씩 꿔 주고(모의경기지만 실제 돈같이 보인다), 게임의 목적을 알려주고, 가능한 한 돈을 조금 잃고 돈을 벌라고 말한다. 경기는 한 번에 하나씩 실행할 수 있다. 네 개의 함 가운데 하나의 함을 선택해 카드를 뒤집는 것인데, 실험자가 그만하라고 할 때까지 한다. 그러므로 경기자는 경기가 끝날 때까지 요구되는 뒤집기의 총 수를 알지 못한다. 또한 경기자에게 어떤 카드를 뒤집어도 된다고 말하는데, 카드에 따라서 어떤 카드를 뒤집으면 돈을 벌거나 거꾸로 실험자에게 돈을 지불해야 할 경우도 있다. 처음부터 어떤 카드든지 이득이나 손실의 양을 모르고, 카드들이 어느 특정한 함에 연결되어 있지도 않으며, 그것들이 나타나는 순서도 없다는 것을 밝혀둔다. 주어진 카드에 대해 돈이 벌린 액수 혹은 지불한 액수는 카드가 뒤집어진 후에야 나타난다. 다른 지시는 내려지지 않는다. 어떤 시점에라도 얼마나 많이 벌리고 잃었는가에 대한 계산은 하지 않으며, 대상자가 노트에 기록하는 것도 허용되지 않는다.

A함과 B함의 어떤 카드를 뒤집어도 100달러 상당이 지불되며, 반면 C함과 D함의 어느 카드를 뒤집어도 50달러가 지불된다. 카드는

어느 함에서나 뒤집을 수 있으며, 예상치 못하게 A함과 B함(100달러짜리 지불 함)의 어떤 카드들은 경기자에게 갑자기 높은 지불을 요구하는데, 때로는 1,250달러까지 될 때도 있다. 마찬가지로, C함과 D함(50달러짜리 지불 함)의 어떤 카드들 역시 경기자에게 지불을 요구하는데, 그 합계는 훨씬 적어서 평균 100달러 미만이다. 밝히지 않은 이 규칙은 실험 내내 변하지 않는다. 경기자에게 알려지지 않은 채 경기는 100경기 후에 끝나게 된다. 무슨 일이 일어날지 경기자는 처음부터 전혀 예측할 수 없고, 게임이 진행되면서 이익과 손실의 합이 정확히 얼마가 되는지 알 수도 없다. 살아가는 데 필요한, 그리고 적응할 수 있는 미래를 건설하는 데 필요한 많은 지식이 조금씩 배분되는 인생에서와 같이, 경험이 생기면 불확실성이 지배한다. 우리와 경기자의 지식은 우리가 상호 작용하는 세계와 인간 생물체 고유의 편견(예를 들면 손실보다는 보상을, 벌보다는 상을, 고위험보다 저위험을 선호하는 편견)에 의해 모양을 갖추어 간다.

이 실험에서 일반인들의 행동을 보면 흥미롭다. 그들은 일단 네 개의 모든 함에서 뽑아보고 게임의 양상과 단서를 찾고자 한다. 그리고 종종 A함이나 B함의 카드를 뒤집으면 높은 보상이 온다는 사실에 유혹되어, 초기에 그 함들을 선호한다. 그러나 점차(대략 30번의 시도 후에) 그들은 C함과 D함으로 선호 함을 바꾼다. 게임 전문가라고 자처하는 고위험의 경기자들이 때때로 A함과 B함에서 다시 카드를 추출하기도 하지만, 일반적으로는 더욱 신중한 행동 과정으로 돌아가기 위해 그들은 끝날 때까지 이런 전략에 매달리게 된다.

이 게임에서 경기자들이 손실과 이익을 정확하게 계산하는 것은 불가능하다. 그 대신 조금씩 그들은 어떤 함, 즉 A나 B가 다른 것보다 더 '위험하다'는 예감을 느끼게 된다. 우리는 그들이 C와 D함의 더 낮은 벌점이, 처음에 얻는 이득은 적을지라도 장기적으로 볼 때 앞서게 한다는 직관을 가지고 있다고 말할 수 있다. 의식적 예감 이전에 또는 그 아래에서 무의식적 과정이 점차 각 움직임의 결과를 공식화하여, 어느 특정한 움직임이 수행되면 주의깊은 경기자에게 벌이나 상이 임박한다는 것을, 처음에는 작지만 점차 크게 이야기해 준다고 나는 추정한다. 간단히 말해, 나는 그것이 완전히 의식적 과정의 문제이거

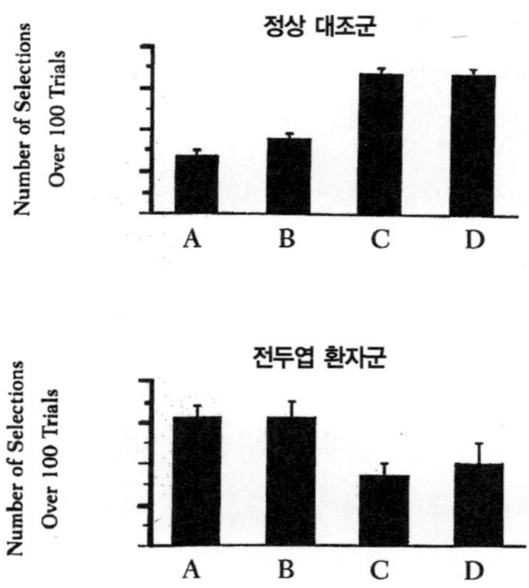

그림 9-2
각각의 카드함에 대한 도박실험의 결과를 막대 그래프로 보여준다. 정상 대조군은 전체적으로 C함과 D함을 선호했지만 전두엽 환자들은 반대의 결과를 보였다. 그 차이는 의미가 있었다.

나 완전히 무의식적 과정의 문제라는 데 의심을 갖는다. 잘 숙성된 의사결정의 뇌가 작동하기 위해서는 양쪽 과정을 모두 취해야 하는 것처럼 보인다.

이 실험에서 복내측 전두부 환자들의 행동이 가장 정보적 가치가 있었다. 그들이 카드게임에서 한 것은 뇌 손상 후의 실제 생활에서 종종 행하던 것과 흡사하며, 손상받기 전 그들이 행했던 것과는 다른 것이다. 그들의 행위는 정상인의 행위와는 정반대였다.

초기의 일반적인 카드 추출 후에, 전두부 손상 환자들은 체계적으로 A함과 B함에서 더 많은 카드를 뒤집었으며, C함과 D함에서는 점점 덜 뽑았다. A함과 B함의 카드를 뒤집음으로써 그들은 더 많은 돈을 받을 수 있었으나, 지불해야 될 벌점 또한 너무 높아서 중간에 파산하고 실험자에게 추가 빚을 내야 했다. 그 게임을 했던 엘리엇의 경우에 이러한 행위는 더욱 두드러졌다. 왜냐하면 그는 여전히 자신을 보수적이고도 저위험의 사람이라 설명했으며, 또한 자신을 자칭 도박사라고 묘사하는 고위험의 정상인들과도 너무나 다르게, 또한 당당하게 수행했기 때문이다. 더욱이 게임이 끝날 무렵 엘리엇은 어느 함이 나쁘고 어느 함이 그렇지 않은가를 알고 있었다. 다른 카드와 함들에 다른 표시를 하고 몇 달 후에 그 실험을 반복했을 때도, 엘리엇은 실제 생활의 상황에서 했던 것과 다름없이 행동하여 실수는 지속되었다.

이것이 실제 생활에서 선택에 곤란을 겪었던 피니어스 게이지의 상태가 측정된 첫 번째 실험과제이다. 행동과 손상부위가 엘리엇과 비슷한 전두부 손상 환자들은 이 과제에서 그와 유사하게 수행했다.

다른 실험들은 실패하는데 왜 이 과제는 성공적일까 ? 이 과제가 생활과 유사하게 닮은 점이 있기 때문일 것이다. 이 과제는 실시간으로 수행되며, 일반적인 카드게임과 유사하다. 또한 벌과 상을 정하고 실제적으로 돈의 가치를 포함한다. 이 과제는 대상자로 하여금 장점을 탐색하고 위험을 감수하도록 하며, 어떻게, 언제, 무엇을 선택해야 할지 말하지 않으면서 선택하도록 제시한다. 이는 불확실성으로 가득 차 있으며 정확한 계산이 불가능하다. 그렇기 때문에 불확실성을 최소화하기 위한 유일한 방법은 예감을 생기게 하고 무슨 방법으로든 확률을 계산하는 것이다.

이러한 행위의 뒤에 있는 신경심리적 기전은 특별히 전두부 손상을 입은 환자에서 유별나다. 명백하게 엘리엇은 끝까지 참석하여 협조적으로, 그리고 결과에 흥미를 보이면서 그 과제를 수행했다. 사실 그는 이기고 싶었다. 무엇이 그로 하여금 그렇게 바보 같은 선택을 하게 했을까 ? 그의 다른 행동들과 마찬가지로, 우리는 지식의 부족이나 상황에 대한 이해의 부족을 발견할 수 없었다. 게임이 진행되면서 선택을 위한 전제는 구할 수 있었다. 즉, 그가 100달러를 잃었을 때 관찰자에게 벌금을 냈기 때문에 그는 돈을 잃었다는 사실을 알고 있었다. 그러고도 그는 여전히 100달러 함을 계속 선택했고, 그는 매번 실패해서 벌금을 지불했다. 우리는 추가적 기억 부담이 필요한 게임을 계속하라고 권할 수 없었다. 왜냐하면 계속되는 극단적 혹은 긍정적 결과가 너무도 자주 노골적으로 나타났기 때문이었다. 손실이 축적됨에 따라,

엘리엇과 다른 전두부 손상 환자들은 자신의 경기에 부정적 결과를 안겨 줄 것이 분명한데도 빚을 얻었다. 그리고 여전히 그들은, 그 과제를 지켜보던 다른 군의 대상자, 즉 전두부가 아닌 다른 부분의 뇌 손상을 입은 환자들이 포함된 다른 군의 사람들이라면 더 이상 선택하지 않을, 가장 확률이 낮은 선택을 계속했다.

뇌의 다른 부분, 예를 들면 전전두부 구역의 바깥쪽에 커다란 병소가 있는 환자들은 훈련을 받고 이해하기만 하면 정상인들이 하는 것처럼 도박 게임을 할 수 있다. 이는 언어장애 환자들에서도 마찬가지다. 좌측 측두엽 피질의 기능부전으로 인한 심한 명명기능의 장애가 있는 어느 여성 환자는 무엇이 진행되고 있는지에 대한 감이 없는 채로 (크게 염려하면서도) 손상된 실어증의 언어로 전 게임을 수행했다. 그러나 그녀의 기록은 실수가 없었다. 그녀는 자신으로 하여금 선택하도록 이끌었던 완벽하고 온전한 이성을 가지고 굽힘없이 선택했다.

전두부 손상 대상자들의 뇌 안에서 무슨 일이 일어났을까? 몇몇 가능한 대안적 기전 목록은 다음과 같다.

1. 그들은 정상 대상자들과는 다르게 더 이상 벌에는 민감하지 않고 오직 상에 의해서만 조절된다.
2. 그들은 상에 지나치게 민감하기 때문에 미미한 상이라도 있으면 벌을 간과하게 된다.
3. 그들은 여전히 벌과 상에 민감하기는 하지만, 어떠한 벌이나 상

도 미래의 결과를 예측함에 있어서 자동화된 표시나 계속 유지되는 미래 결과의 예측 전개에 기여하지 못하고, 그 결과 즉각적으로 보상되는 선택이 선호된다.

이러한 가능성 가운데 옳은 것을 고르기 위해, 안토인 베차라는 상과 벌의 계획을 서로 바꿔 구성한 또 하나의 과제를 발전시켰다. 이번에는 벌이 먼저 오는데, 모든 카드를 뒤집을 때마다 크든 작든 지불해야 하는 형식이 있으며, 그 반면에 상은 몇몇 카드를 뒤집을 때 섞여 있다. 첫 번째 게임과 마찬가지로, 두 개의 함은 이득을 남겼고 두 개의 함은 손실을 주었다. 이 새로운 과제에서 엘리엇은 정상 대상자들과 같이 꽤 높은 결과를 얻었는데, 다른 전두부 손상 환자들에서도 마찬가지였다. 다른 말로 하면, 엘리엇과 다른 전두부 손상 환자들이 단지 벌에 대해 무감각하다는 것은 옳지 않았다.

벌에 대해 무감각하다는 가설에 반하여 우리가 끌어낸 또 하나의 증거는, 첫 번째 과제에서 환자들이 수행한 것을 질적으로 분석함으로써 얻을 수 있었다. 벌점 지불 직후에 보여준 소견을 보면, 환자들은 정상인이 그러했던 것처럼 나쁜 카드가 나오는 함을 피했으나, 그다음에는 정상인들과 다르게 다시 나쁜 함으로 돌아가곤 했다. 이것 역시, 환자들은 여전히 벌에 대해 민감하지만 벌의 효과가 그리 오래 가지 않는다는 것을 시사한다. 아마도 이는 장래의 기대와 관련된 예측자를 정형화하지 못하기 때문일 것이다.

미래에 대한 근시안

외부 관찰자가 보기에, 세 번째 가설에 제시된 기전으로 말미암아 환자는 미래보다 현재에 훨씬 더 관심을 갖는 것처럼 보인다. 이러한 환자들은 미래에 대한 예측을 표시하거나 지속적으로 전개함이 없이 대부분 즉각적인 기대에 의해서만 통제됨으로써 미래에 대해 정말 무감각해지는 것으로 보인다. 이것은 전두엽 손상 환자들이 미래에 대한 준비보다는 지금 당장을 위해 진행하는 경향(인간의 정상적인 기본적 경향일 수도 있다)의 극단적인 과장을 보여준다는 것을 시사한다. 그러나 이러한 경향은 정상인과 사회적으로 적응된 사람들(특히 개인 문제)에서는 조절이 가능한 반면, 쉽게 유혹에 굴복당하는 전두엽 환자들에서는 너무도 압도적이다. 우리는 이 환자들의 곤경을 '미래에 대한 근시안myopia for the future'이라고 기술할 수 있는데, 이는 술과 약물에 의존적인 사람들의 행위를 설명하기 위해 제안된 말이다.[3)]

환자들의 뇌가 교육과 사회화를 통해 획득했던 것이 병소로 인해 지워졌다고 우리는 결론지을 수 있다. 인간에서 가장 구별되는 성향 중의 하나는 즉각적인 결과보다는 미래의 전망에 의해 진행하는 것을 배우는 능력이며, 그 능력의 일부는 아동기부터 습득하기 시작한다. 전두엽 손상 환자에서, 뇌 손상은 그때까지 축적되었던 미래 전망에 의한 진행에 타당한 지식을 손상시킬 뿐 아니라 동일한 형태의 새로운 지식을 획득하는 능력을 더욱 손상시킨다. 종종 뇌 손상의 경우에서 보는 바와 같이 이러한 비극은 과학을 위한 문을 열어놓았다는 점에서 긍정적이다. 어떤 통찰력은 잃어버렸던 과정의 본질에서 얻을 수 있기 때문이다.

우리는 문제를 야기하는 병소가 어디인지 알고 있다. 우리는 그 병소에 의해 손상받은 부위의 신경체계에 관한 무언가를 알고 있다. 그러나 그것들이 파괴되면 왜 미래의 결과가 더 이상 의사결정에 영향을 미치지 못하는 것일까? 그 과정을 의사결정의 구성요소로서 분석할 때 우리는 다양한 가능성을 제시할 수 있다.

미래의 시나리오를 구성하는 이미지들이 약하고 불안정하다는 것은 있을 법한 일이다. 그 이미지들은 활성화되기는 하지만, 적절한 이성 전략의 역할을 수행할 만큼 충분히 의식에 오래 머무르지 못한다. 신경심리학의 용어로 이것은 미래의 이미지에 관한 한 작업기억 그리고/혹은 주의집중이 잘 기능하지 못한다는 말과 동일하다. 이러한 설명은 그 이미지들이 신체상태의 영역이나 신체 바깥의 사실적 영역에 관한 것인지에 상관없이 적용될 수 있다.

또 하나의 설명은 신체적 표지에 관한 개념을 이용하는 것이다. 미래 결과의 이미지들이 안정적이라 하더라도 복내측 전전두부피질이 손상되면 타당한 신체상태 신호를 불러내지 못하게 되며(신체 고리 혹은 '마치 …처럼' 고리를 통해), 결과적으로 상응하는 미래의 시나리오를 더 이상 표시할 수 없게 된다. 그렇게 되면 미래의 시나리오에 대한 의미는 명백하지 않을 수도 있고, 그것들의 의사결정 과정에 대한 영향은 무시될 수도 있으며, 즉각적인 기대의 의미에 의해 쉽게 정복당할 수도 있다. 조금 더 풀어서 말하자면, 미래의 결과에 대한 의미를 자동적으로 예측하는 기전을 잃어버렸기 때문이라고 설명할 수 있다. 위에 기술했던 도박실험에 참여한 정상 대상자들에서, 그 의미는 주어진 함에 관련된 상과 벌의 각기 다른 비율에 반복적으로 노출됨으로써 획득할 수 있었다. 다른 말로 하면 뇌는 A, B, C, D함 각각의 장점과 단점의 특정한 정도와 관련되어 있을 것이다. 기본적 과정은 무의식적일 수 있고, 부정적 상태의 빈도와 양을 측정하는 것으로 이루어지는 것 같다. 이러한 은밀하고 무의식적인 추론의 도구에 대한 신경적 표현은 신체상태를 편향시킨다. 이러한 과정 중 어떤 것도 전두엽 손상 환자에서는 일어나는 것 같지 않다.

내가 최근에 밝힌 견해는 두 가지 가능성을 혼합한 것이다. 적절한 신체상태의 활성화는 중요한 요소다. 나는 또한 신체상태 기전이 미래의 시나리오에 관계된 작업기억과 주의집중을 유지하고 적정화하는 데 촉진제 역할을 한다고 추정한다. 요컨대 만일 신체적 표지 같은 무언가가 실패한다면, 적절한 '가설들'을 당신과 다른 사람들의 마음에 구성하고 사용하지 못한다는 것이다.

미래를 예측함 : 생리적 연관

도박실험의 자연스러운 추적검사는 한나 다마지오에 의해 제시되었다. 그녀의 아이디어는 도박실험이 진행되는 동안 정상 대상자들과 전두엽 손상 환자의 수행을 피부전도 반응으로 감시한다는 것이었다. 환자들은 정상인과 어떤 방식으로 다르게 행동할까?

안토인 베차라와 대니얼 트래널은 정상인과 환자가 카드게임을 하는 동안 다원기록에 연결해 놓고 이러한 문제를 탐구하기 시작했다. 두 가지 틀의 평행적 결과가 수집되었다. 즉, 대상자들이 진행하면서 지속적으로 선택한 것과 그 과정에서 발생되는 피부전도 반응의 지속적인 양상이 그것이다.

결과의 첫 번째 묶음은 현저한 양상을 보였다. 정상 대조군과 전두엽 환자들 모두에서 카드를 뒤집은 후의 각각의 상 또는 벌에 대해 피부전도 반응을 나타냈다. 다른 말로 하면, 그들이 돈으로 보상받거나 벌금을 내야하는 몇 초 내에 정상 대상자들뿐 아니라 전두엽 손상 환자들도 적절하게 반응하여 피부전도 반응을 나타냈다. 이는 중요한데, 왜냐하면 환자들이 다른 상황에서는 그렇지 않으나 어떤 특정한 자극 아래서는 피부전도 반응을 일으킬 수 있다는 것을 보여주기 때문이다. 그들이 지금 일어나고 있는 자극들(빛, 소리, 손실, 이득)에 반응한다는 것은 명백하다. 그러나 만일 이러한 촉발제가 그 자극에 관계된 어떤 것의 정신적 표상이었지만 직접적인 지각에 가용되지 않는 것이라면 그들은 반응하지 않을 것이다. 처음 보기에는, 패트리샤 골드먼 래킥이 배외측 전두부 기능장애로 발생하는 작업기억 장애를 파악하여 '보이지 않으면 마음에도 없다'고 해석한 바로 그것이 그들의 장애라고 말할 수 있을 것이다. 그러나 우리는 이러한 환자들에서 '보이지 않으면'이란 아마도 '여전히 마음에 있음'일 것이며, 단지 그것이 문제가 되지 않을 뿐이라는 것을 알고 있다. 아마 이러한 환자들에 대한 가장 훌륭한 표현은 '보이지 않지만 마음에 있으며, 그러나 신경 쓰지 않는다' 일 것이다.

그 게임에서 카드 뒤집기의 횟수가 늘어나면서 정상 대상자들에게 일어나기 시작한, 무언가 무척 흥미를 끄는 것이 있다. 그들이 나쁜 함에서 카드를 고르기 직전의 기간에, 다시 말하면 대상자들이 나쁜 함이라고 알게 될 함에서 뽑기를 고려하거나 고려해온 동안에, 피부전도 반응이 발생했고 게임이 계속되면서 그 크기가 증가되었다. 다른 말로 하자면, 정상 대상자들의 뇌는 점차 좋지 못한 결과를 예측하게 되며, 실제로 카드를 뒤집기 전에 특정한 함이 상대적으로 불리하다는 신호를 받게 된다는 것이다.[4)]

정상 대상자들은 그 게임이 시작될 때 이러한 반응을 보이지 않았다는 사실, 또 그 반응이 시간이 지나면서 경험으로 습득되었다는 사실, 또한 그것들의 크기가 부정적 혹은 긍정적 경험이 축적되면서 커졌다는 사실은 모두, 정상 대상자들의 뇌가 그 상황에 관해 무언가 중요한 것을 배웠고 장래를 위해 좋지 못한 것이 무엇인지 예보적 양식으로 신호를 보내려 했다는 강한 예시가 된다.

정상 대상자들의 이러한 반응이 흥미롭다면, 전두엽 손상 환자들의 기록에서 우리가 보았던 것은 더욱 흥미로웠다. 환자들은 무엇이든 아무런 예기 반응을 보여주지 않았으며, 그들의 뇌가 부정적 미래 결과를 예측하도록 발달되었다는 아무런 신호도 보여주지 않았다.

아마도 이 점이 환자들 신경병리에 내재된 곤경과 의미심장한 부분을 다른 어떤 결과 이상으로 보여주는 것이다. 그들로 하여금 무엇을 피해야 하고 무엇을 좋아해야 하는지를 습득하게 해주는 신경체계들은 기능하지 못하며, 새로운 상황에 적합한 반응을 발달시킬 수 없다.

우리는 도박실험에서 부정적 장래 결과의 예측이 어떻게 발달되는지 아직은 알지 못한다. 혹자는 대상자들이 각각의 함에 대한 손해와 이득 사이의 인지적 평가를 하고, 자동적으로 그 예감이 손해를 의미하는 신체상태로 연결되어, 그것이 하나의 경고신호로 작동하기 시작하는 것이 아닐까 생각한다. 이러한 공식으로 보면, 인지의 척도인 추론은 신체 신호보다 앞서 있다. 그러나 신체 신호는 일의 수행에서 여전히 중요한 요소다. 왜냐하면 우리는 환자들이 어떤 함이 나쁘고 어떤 함이 좋은지 알고 있다 해도, '정상적으로' 작동할 수 없다는 것을 알기 때문이다.

그러나 하나의 다른 가능성이 존재한다. 그것은 은밀하고 무의식적인 평가가 주제에 관한 어떠한 인지적 과정보다도 선행된다는 것이다. 전전두부 연결망은, 벌과 상이 따른 후에 경험한, 좋거나 나쁜 신체상태들의 빈도에 기초해 각각의 함의 손실 대vs 이득의 비율에 맞추려 한다. 이러한 자동화된 분류작업의 도움을 받아 대상자는 각각의 함의 가능한 손실과 이득을 '고려하는 데 도움을 받게 되는', 즉 그 게임에 관한 법칙으로 인도되는 것이다. 기본적인 신체조절 체계들은 의식과 인지 과정을 위한 토양을 준비하는 것으로 보인다. 이러한 준비없이는 무엇이 좋고 무엇이 나쁜지를 실감하는 데 결코 다다를 수 없거나, 너무 늦게 혹은 너무 적게 다다르게 될 것이다.

10장 | 신체에 유념하는 뇌

신체가 없으면, 결코 마음도 없다

'그의 육체는 그의 뇌로 사라졌다'는 말은 도로시 파커Dorothy Parker의 유명한 풍자시 가운데 가장 덜 알려진 것 중의 하나다. 우리는 억제할 수 없는 파커의 기지가 신경생물학과는 전혀 관계가 없으며, 그녀가 윌리엄 제임스를 참고하지도 않았고, 또한 마음 안에 육체를 가지고 있다고 확신하고 있던 언어학자이며 철학자인 조지 라코프George Lakoff나 마크 존슨Mark Johnson에 대해 들어보지도 않았다는 것을 확신할 수 있다.[1)] 그러나 그녀의 경구는 신체-유념body-minded 뇌에 관한 나의 생각을 참지 못하는 독자들에게 얼마간의 위안이 될 것이 분명하다. 이후의 페이지에서 나는 신체가 마음에 기본적 참고ground reference를 제공한다는 생각으로 되돌아갈 것이다.

당신이 한밤중에 집을 향해 홀로 걸어가는데, 멀지 않은 뒤에서 누군가가 당신을 계속 따라오고 있는 것을 상상해 보라. 이럴 때 당신은 보통 다음과 같이 작동될 것이다. 즉, 뇌가 위험을 감지하고, 몇 가지 반응선택을 생각해 내고. 하나를 선택하고, 그것을 행하고, 위험을 줄이거나 없앤다. 그러나 우리가 앞에서 감정에 관해 논의할 때 알았듯이, 일은 이보다 더욱 복잡해진다. 뇌 반응의 신경적, 화학적 양상은 조직과 전체 기관체계가 작동하는 방식에 심각한 변화를 야기한다. 전체 생물체의 에너지 이용률과 대사 속도가 변화되고, 면역체계가 곧이어 반응하고, 생물체의 전반적인 생화학적 양상이 빠르게 요동하며, 머리, 체간, 사지 등을 움직이도록 하는 골격 근육들이 수축하고, 이러한 모든 변화에 대한 신호가 뇌로 다시 돌아가는데, 일부는 신경을 경유하고 일부는 혈행의 화학적 통로를 경유한다. 그렇게 되면, 계속 시시각각 변경된 신체 고유의 전개 상태가 여러 장소에서 신경적, 화학적으로 중추 신경계에 영향을 줄 것이다. 위험을 느낀 뇌가 얻게 되는 최종 결과는 생물체의 국소적인 부분('국소적' 변화들)과 생물체 전체에서('전반적' 변화들) 통상적으로 행하는 업무를 심하게 이탈한다는 것이다. 가장 중요한 것은 그 변화들이 뇌와 신체 고유에서 모두 일어난다는 것이다.

이러한 상호작용의 복합적인 회로에 대한 예가 많음에도 불구하고, 신체와 뇌는 구조와 기능에서 보통은 별개의 것으로 개념화되어 있다. 환경과 상호작용하는 것이 신체 단독 혹은 뇌 단독이 아니고 전체적인 생물체라는 개념은 종종 고려되기는 해도 흔히 무시된다. 그러나 우리가 보고, 듣고, 만지고, 맛보고, 냄새를 맡을 때, 신체 고유와 뇌는 환경과의 상호작용에 참여한다.

멋진 풍경을 감상할 때 우리 신체는 망막과 뇌의 시각피질뿐만 아니라 많은 기관이 관여하게 된다. 렌즈와 홍채는 빛이 지나가도록 할 뿐 아니라, 앞의 풍경에 대응하여 그것들의 크기와 모양을 맞춘다. 안구는 몇몇 근육에 의해 위치를 잡아 물체가 효과적으로 자리 잡도록 하고, 머리와 목은 적합한 자세로 움직이게 된다. 이러한 여러 조정이 없다면 당신은 실제로 많은 것을 보지 못할 것이다. 이러한 조정은 모두 뇌에서 신체로 가는 관련 신호들과 신체에서 뇌로 가는 관련 신호들에 의존한다.

곧이어 풍경에 대한 신호들은 뇌에서 처리 과정을 밟는다. 상부소구colliculi와 같은 피질하 구조들이 활성화되며, 초기 감각피질과 연합피질의 여러 정거장, 그리고 그것들과 상호 연결된 변연계 등도 활성화된다. 풍경과 연관된 지식이 이러한 여러 뇌 부분에 있는 기질적 표상들로부터 내부적으로 활성화됨에 따라, 신체의 나머지 부분들은 그 과정에 참여하게 된다. 조만간 내장은 당신이 보고 있는 이미지들, 그리고 당신의 기억이 내부에서 발생시킨 이미지들에 반응하려 한다. 결국 보이는 풍경에 대한 하나의 기억이 형성될 때, 그 기억은 방금 기술했던 많은 생물체적 변화의 신경 기록이 될 것이며, 일부는 뇌 자체에서 일어나고(외부 세계에서 조성된 이미지와, 기억으로부터 형성된 이미지와 함께) 일부는 신체 고유에서 일어나게 된다.

따라서 환경을 지각한다는 것은, 뇌로 하여금 단지 주어진 자극의 직접적인 신호를 받게 하는 것이 아니라, 단독으로 직접적인 그림을 받게 한다는 것이다. 생물체는 그 자체를 활발하게 조정함으로써 접촉 영역이 가능한 한 잘 일어날 수 있도록 한다. 신체 고유는 수동적이지 않다. 그래도 중요한 것은 환경과의 상호작용 대부분이 왜 지금껏 일어나는가 하는 것인데, 그 이유로는 생물체가 기능적 균형 상태인 항상성을 유지하기 위해 상호작용을 요구한다는 것이다. 생물체는 계속 환경에 작용하고(활동과 탐구), 그럼으로써 생존에 필요한 상호작용을 화해시킬 수 있다. 위험을 피하고 식량, 섹스, 보금자리 등을 찾는 데 효율적이려면 생물체는 환경을 감지(냄새, 맛, 촉감, 듣는 것, 보는 것)해야 하며, 그럼으로써 감지된 것에 대응하는 적절한 행동을 취할 수 있다. 지각perceiving이란 환경에서 신호를 받는 만큼 환경에 작용하는 것을 말한다.

전체 생물체가 하나로 조화되기 위해 마음이 생겨났다는 개념은, 처음에는 직관적이지 않은 것으로 들릴지 모른다. 마음에 대한 최근의 개념은 17세기에 인식되었던, 아무 곳도 아닌 무형의 장소로부터 약간 강등된 것이긴 하지만 여전히 엄숙한 장소인 뇌의 안쪽 혹은 주변으로 옮겨졌다. 마음 자체가 뇌-신체 상호작용에 의존한다는 것은 진화 생물학, 개체발생학(개인 발달), 현재의 작용 등의 측면에서 무리인 것처럼 보일 수 있다. 그러나 내가 하는 말을 더 들어보라. 내가 제시하는 것은 마음이 확실히 신경회로의 활동에서 유래한다는 것이다. 이러한 많은 회로는 생물체의 기능적 필수요건에 의해 진화 단계에서 모습을 갖추었다. 또한 만일 이러한 회로들이 생물체의 기본적 표상들을 담고 있고, 그래서 행동하는 생물체의 상태를 계속 감시한다면, 정상적인 마음이 일어날 것이다. 간단히 말하면 신경회로들은 물리적·사회문화적 환경의 자극으로 혼란스러워짐에 따라, 그리고 환경에 작용함에 따라 계속해서 생물체를 반영한다. 만일 이러한 서술들의 기본 주제가 신체 안에 머물러 있는 생물체가 아니라면 우리는 몇 가지 형태의 마음을 가질지 모른다. 그러나 그것이 우리가 가지고 있는 마음일지는 의심스럽다.

나는 마음이 육체 안에 있다고 말하지는 않는다. 내가 말하고자 하는 것은, 신체가 생명보호와 조절효과 이상으로 뇌에 기여한다는 것이다. 신체는 정상적 마음의 작동에 있어 본질적인 부분인 내용에 기여한다.

한밤중에 집으로 걸어가는 예로 돌아가 보도록 하자. 당신의 뇌는 어떤 두려움, 즉 사람이 당신을 따라오는 것을 감지했고, 그래서 몇 가지 복잡하게 얽힌 연쇄적인 생화학 및 신경학적 반응을 시작한다. 이러한 내부적 시나리오의 일부는 신체 고유가 쓴 것이고, 또한 일부는 뇌 자체가 쓴 것이다. 그러나 당신은 뇌와 신체에서 각각 무엇이 진행되는지의 구분을 (당신이 신경생리학과 신경내분비학의 대가라 하더라도) 명확히 하지 못한다. 당신은 당신이 위험에 처해 있다는 것, 지금 당신이 무척 경각되어 있어서 아마도 더 빨리 걸어야 한다는 것, 그리고 더 빨리 걸어서 결국 위험을 벗어나야 한다는 것만을 알 것이다. 이 삽화 속의 '당신'은 하나다. 사실 이것은 앞으로 내가 '자아self'*(더 좋은 용어가 부족하므로)라고 부를 매우 실제적인 정신적 구성물로서, 당신의 전 생물체, 즉 신체 고유와 뇌를 통한 활동에 근거한다.

내가 생각하는 밑그림은 다음에 설명하는 자아의 신경적 토대에 필수적이지만, 나는 자아란 반복적으로 재구성되는 생물학적 상태라고 주저없이 말한다. 자아는 당신의 뇌 안에서 무엇이 진행되는지를 숙고하는 작은 무명의 난쟁이가 아니다. 어떤 난쟁이가 있는데, 그 난쟁이로 하여금 당신 뇌에서 무엇을 보고, 생각하고, 혹은 무엇이든지 하게끔 한다는 식의 설명은 도움이 되지 않는다. 왜냐하면 그 난쟁이의 뇌 안에 또 다른 작은 난쟁이가 있다면, 생각하고 여러 가지를 행하는 어떤 작은 사람을 끊임없이 가지고 있는가 하는 자연스러운 질문이 생기기 때문이다. 끝없는 회귀의 문제를 안게 되는 이러한 설명은 전혀 설명이 되지 않는다.** 또한 하나의 자아, 즉 하나의 단일 자아를 가진다는 것은 우리 뇌의 어디에도 데카르트식의 극장을 가지고 있지 않다는 대니얼 데닛의 인식과 퍽 들어맞는 것이다. 확실히 각 생물체에는 하나의 자아가 있다. 뇌 질환이 하나 이상의 자아를 만들어내거나(다중인

* 여기에서의 자아self는 정신분석적인 용어로 에고Ego를 일컬을 때와는 다른 의미다. 자신, 자기라는 일반적 의미로 이해하면 되겠다. -역주

** 한 인형 속에 인형이 연속해서 들어 있는 한 벌의 러시아 인형을 창조하여 설명하는 것이 현실적으로 문제가 있다는 점을 강조하기 위해, 나는 정말로 이 문제를 공간에서의 끝없는 회귀라고 말하고 싶다.

격장애) 혹은 정상 자아가 감퇴하거나 없어질 때(실인증과 간질의 어떤 형태들)를 제외하고는 말이다. 그러나 우리의 경험에 주관성을 부여하는 자아가 우리의 마음에 일어나는 모든 것의 중심적인 인식주체와 감시자는 아니다.

자아의 생물학적 상태가 발생되기 위해서는, 많은 신체 고유 체계가 그래야 하듯이 많은 뇌 체계는 한창 진행 중이어야 한다. 만일 당신이 뇌 신호를 신체 고유로 가져가는 모든 신경을 끊는다면, 당신의 신체상태는 급격하게 변화되며, 결과적으로 당신의 마음도 변화될 것이다. 만일 당신이 단지 신체 고유에서 뇌로 가는 신호만을 끊는다 해도, 당신의 마음 역시 변화될 것이다. 척수 부상 환자에서 일어나는 것처럼, 심지어 뇌-신체 교통의 부분적인 봉쇄만 있어도 마음의 상태가 변화하는 원인이 된다.[2)]

'큰 통 속의 뇌brain in a vat'로 알려진 철학적 사고 실험이 있는데, 이것은 뇌를 신체에서 분리하여 영양소가 있는 통에서 생명을 유지하고, 매달린 신경을 통해 두개골 안에서 받는 것과 엄밀하게 동일한 방식으로 자극을 가하는 것을 가상하는 실험이다.[3)] 어떤 사람들은 이러한 뇌가 정상적인 정신 경험을 가질 것으로 믿는다. 나는 이 뇌가 정상적인 마음을 갖지 못한다고 믿는다. 신체상태를 갱신하고 조정하는 데 기여하는 자극이 없다면(즉, 신체를 활동무대로 삼는 자극이 없다면), 뇌에 다시 반영되었을 때, 내가 보는 것을 기반으로 살아 있다는 감을 느끼게 하는 신체상태를 촉발하고 조정하지 못하는 결과를 가져오게 된다. 신체 없이 매달려 있는 신경의 차원에서, 그것을 몸에서 나온 것과 똑같은 신경 입력의 모형으로 본뜰 수 있다면, 탈신체화된 뇌가 정상적인 마음을 가질 수 있다고 논할 수 있을지 모른다. 아마도 그것은 '실행하기에' 멋지고 재미있는 실험일 것 같은데, 그러한 모형을 만들 수만 있다면 나는 그 뇌가 참으로 마음을 가질 수 있으리라 생각한다. 그러나 대리 신체를 만드는 것도 문제지만 더욱 될 것 같지 않은 점은, 평가를 내리는 데 연루되는 뇌에 의해 그러한 상태들이 촉발될 때 신체 상태가 취하는 다양한 모습과 '신체 입력body input'을 실제적인 양식으로 짝짓게 하는 것이다.

간단히 말해 뇌가 어떤 상황을 묘사하기 위해 만드는 표상들은, 그리고 어떤 상황에 반응함으로써 형성된 움직임들은, 상호간의 뇌-신체 작용에 의존한다. 뇌는 화학적이고 신경학적인 영향 아래 그것이 변화함에 따라 전개되는 신체 표상들을 건축한다. 이러한 표상의 일부는 무의식에 남아 있고 나머지는 의식에 도달한다. 동시에 뇌의 신호들은, 의식에 결코 직접적으로 반영되지 않는 뇌 반구의 활동에 의해 일부는 검토를 거치고 일부는 자동적으로 신체로 계속 흐르게 된다. 결과적으로 신체는 아직까지도 변화되고 있으며, 당신이 거기서 가져온 이미지는 이에 따라 변화한다.

정신적 사건이 뇌신경세포 활동의 결과인 반면, 뇌신경세포들이 말해야만 하는 초기의 불가피한 이야기는 신체의 도식schema과 작동에 관한 것이다.

신체의 우월성은 하나의 주제로서 진화에 적용된다. 단순한 것에서 복잡한 것에 이르기까지, 수백만 년 동안 뇌는 뇌를 소유하는 생물체에서 으뜸의 위치에 있었다. 좀 더 작은 차원으로 보면 진화는 개인 각자의 발달에도 적용시킬 수 있는데, 우리가 생겨날 때 신체 고유에 관한 최초의 반영이 있었고, 그 후에야 외부 세계에 관련된 표상들이 있었다. 그리고 진화는 (더욱 작지만 무시할 수 없는 정도로) 현재의 우리가 순간의 마음을 만드는 것에도 적용시킬 수 있다.

탈신체화된 뇌보다는 하나의 생물체에서 마음이 발생되었다고 생각하는 것은 많은 가정과 모순되지 않는다.

첫째로, 운동반응(행동들) 뿐 아니라 정신반응(마음의 이미지들)을 발생시키기에 충분한 뇌 복합체가 진화에서 선택되었을 때, 그 선택된 이유는 아마도 정신반응들이 다음의 작용을 함으로써 생물체의 생존을 증강시켰기 때문일 것이다. 즉, 외부 상황에 대한 더 넓은 이해(예를 들면 어떤 대상에 관한 세부적인 사항을 인지하여 그것을 공간에 더 자세하게 위치시키는 것), 동작 반응의 정교함(과녁을 더욱 정밀하게 맞추는 것), 시나리오를 상상하고 또한 최고로 상상된 시나리오를 달성하기 위한 행동을 계획함으로써 장래의 결과를 예측하는 것 등이 그것이다.

둘째로, 유념된minded 생존이란 전 생물체의 생존이 목적이었기 때문에 유념하는minding 뇌의 최초의 표상은 그 구조와 기능상태에서 신체 고유와 결부되어야만 했는데, 여기에는 생물체가 환경에 반응하는 내부적·외부적 행동이 포함된다. 근본적인 동시에 '통용되는' 상세한 해부와 생리를 반영하지 않고 생물체를 조절하고 보호하는 것은 가능하지 않았을 것이다.

하나의 마음을 발전시킨다는 것은, 정말로 우리가 이미지로서 의식할 수 있는 표상을 발달시키는 것이다. 이는 생물체로 하여금 유전자 안에서 예측할 수 없었던 환경상황에 적응하도록 하는 하나의 새로운 방법을 제공했다. 이러한 적응력의 기초는 아마도 작동 중에 있는 신체 고유 이미지들(즉, 신체에 대한 이미지들)을 외부적으로(예를 들면 사지를 사용함), 그리고 내부적으로(장기의 상태를 조절함) 환경에 반응하면서 건축하는 것으로 시작되었을 것이다.

만일 신체 고유의 생존을 보장하는 것이 뇌의 첫 번째 진화 목적이라면, 유념된 뇌가 나타났을 때 이 뇌는 신체를 돌보는 것으로 시작했을 것이다. 그리고 추측컨대, 가능한 한 효율적으로 신체 생존을 보장하기 위해 자연은 매우 효율적인 하나의 해결책과 만났다. 신체 고유 안에서 그것이 야기하는 변형의 측면에서 외부 세계를 반영한다. 즉, 생물체와 환경의 상호작용이 일어날 때마다 신체 고유의 원초적 표상들을 수정함으로써 환경을 반영한다는 것이다.

이러한 원초적 표상은 무엇이며 어디에 있는가? 나는 그것이 다음을 포괄한다고 믿는다. 1) 뇌간과 시상하부 구조의 생화학적 조절상태의 표상, 2) 머리, 가슴, 배 안의 장기들뿐 아니라 근육과 피부까지도 포함하는 장기의 표상(그것은 하나의 기관으로서 기능하고, 하나의 단위로서 우리를 감싸는 초생체막supermembrane으로 생물체의 경계를 구성한다), 3) 근골격계의 틀과 그것의 잠재적 운동에 대한 표상이다. 내가 앞서 4장과 7장에서 지적했듯이 이러한 표상들은 몇몇 뇌 부위에 걸쳐 분포되어 있는데, 신경세포 연결에 의해 조율됨이 틀림없다. 나는 피부와 근골격 틀의 표상이, 아래 설명되어 있듯이 조화를 공고히 하는 데 중요한 역할을 한다고 추측한다.

우리가 피부를 생각할 때 마음에 와 닿는 첫 번째 관념은, 피부는 외부를 두르는 연장된 감각 덮개이며, 촉각을 통해 우리로 하여금 외부대상의 모양, 표면, 질감, 온도 등을 구성하는 것을 돕도록 한다는 것이다. 그러나 피부의 역할은 그 이상이다. 첫째로, 피부는 항상성 조절에서 중심 역할자이다. 피부는 뇌로부터의 직접적인 자율신경신호에 의해, 또한 많은 근원으로부터의 화학적 신호에 의해 조절된다. 당신이 얼굴이 붉어지거나 창백해질 때 홍조나 창백함은 '장기visceral' 인 피부에서 일어나는 것이지, 당신이 촉감 감지기로만 알고 있는 피부에서 일어나는 것이 아니다. 사실 신체 중 가장 커다란 장기인 피부는 피부 안에 있는 혈관의 직경을 조정함으로써 체온을 조절하고, 이온의 변화를 중개함으로써 땀을 흘릴 때 대사를 조절하도록 돕는다. 사람이 화상을 입어서 죽는 이유는 촉감의 중요한 부분을 잃었기 때문이 아니다. 피부가 하나의 필수불가결한 장기이기 때문에 죽는 것이다.

내 생각으로는 뇌, 특히 우측 반구의 신체-감각 복합체는 중앙 부분(체간, 두부), 부속 부분(사지), 신체 경계부위 등에 있는 신체구조를 참고로 하여 우리 몸의 구조를 반영한다. 피부의 표상은 신체경계를 표시하기 위한 자연스러운 수단임이 틀림없다. 왜냐하면 그것은 '생물체 내부'와 '생물체가 상호작용하는 환경'을 이어주는 하나의 매개체이기 때문이다.

신체구조와 신체경계에 존재하는 전체적인 생물체의 이러한 역동적 지도는 하나의 뇌 부위에서 성취되는 것이 아니라, 오히려 신경활동의 일시적인 협조적 양상에 의해 몇몇 부위에서 이루어진다. 뇌간과 시상하부(이곳은 신경활동의 지형적 구성이 거의 안 된 곳이다) 차원에서 불명확하게 그려진 신체 작동의 표상은 좀 더 구조적인 신호체계의 조직화가 가능한 섬insula 피질과 S1, S2로 알려진 신체감각피질 부위에 연결되어 있다.[4] 운동에 필요한 잠재력이 있는 감각적 표상은 운동체계의 여러 부위와 수준에 연결되어 있는데, 그것의 활동은 근육 활동을 일으킬 수 있다. 다른 말로 하면, 내가 마음에 가지고 있는 지도의 역동적 틀은 '신체-운동somato-motor'이다.

위에서 기술한 구조들이 존재한다는 사실에는 의문의 여지가 없다. 그럼에도 나는 내가 기술한 대로 그 구조들이 작동하는지 혹은 내가 작용한다고 추측하는 그런 역할을 그 구조들이 하는지 보장하지는 못한다. 그러나 나의 가설은 탐구될 수 있다. 우선, 우리가 이러한 장치와 같은 무엇을 가용할 수 없다고 생각해 보자. 그러면 우리는 통증이나 불쾌감이 몸 안 어디에서 일어나는지 대략적인 위치도 결코 알 수 없을 것이다. 오래 서 있더라도 다리의 중압감을 결코 느낄 수 없으며, 비행기 탑승 후의 피로를 알리는 뱃속의 불편함, 구역질, 피로 등을 감지하지 못하고, 이것을 단지 몸 전체에 국한시킨다.

나의 가설이 맞을지 모른다고 생각하고, 그것의 일부 의미를 논의해 보도록 하자. 그 첫 번째는 환경과의 상호작용 대부분이 (촉각이나 다른 감각이 연루된다 하더라도) 신체경계 내의 어떤 장소에서 일어난다는 것이다. 왜냐하면 감각기관들은 이러한 경계의 광대한 지정학적 지도의 어떤 위치에 존재하기 때문이다. 생물체의 외부 환경과의 상호작용을 포함하는 신호들은 당연히 신체경계의 전체적인 지도를 참고로 하여 작동된다. 시각과 같은 특별한 감각은 신체경계 내의 어느 특별한 장소에서 작동되는데, 이 경우에는 눈이다.

그러므로 외부로부터의 신호는 두 가지가 된다. 당신이 보거나 들은 무언가는 '비신체' 신호로서의 시야나 소리의 특별한 감각을 흥분시킬 뿐 아니라, 특별한 신호가 들어간 피부 부위에서 오는 '신체' 신호를 흥분시킨다. 특별한 감각들이 연루되면 그것들은 두 가지 신호틀을 만들어낸다. 그 첫 번째 틀은 신체에서 연유한 것이다. 이는 특수 감각기관(볼 때의 눈, 들을 때의 귀)의 특별한 위치에서 발생하며, 하나의 기능적 지도로써 전 신체를 역동적으로 반영하는 체감각 및 운동 복합체에 전달된다. 두 번째 틀은 특수 기관 자체에서 연유하며 감각양식에 적합한 감각단위 안에 반영된다(보는 데 있어서 이러한 것들은 초기 시각피질과 상부 소구를 포함한다).

이러한 배열은 실제적인 결과를 가져올 수 있다. 당신이 볼 때, 당신은 단지 보고만 있는 것이 아니다. 당신은 눈으로 무언가를 보고 있음을 느끼고 있다. 당신의 뇌는 신체 참고지도 위의 어느 특정한 부위(눈과 조절근육)에 당신의 생물체가 연루되고 있다는 신호를 작동하고, 또한 당신의 망막을 흥분시키는 어떤 시각적 특성에 대해서도 작동하고 있다.

나는 생물체가 어떤 물체를 만지거나, 어떤 풍경을 보거나, 어떤 목소리를 듣거나, 혹은 어떤 궤도를 따라 공간에서 움직이거나 하는 것을 통해 습득한 지식은 행동하는 신체를 참고로 하여 반영된 것이라고 추측한다. 시초에는 그것만으로 만지거나, 보거나, 듣거나, 혹은 따라 움직이거나 하는 것이 없었다. 오히려 만지고, 보고, 듣고, 움직임에 따라 신체에 대한 느낌이 있었다.

상당한 정도까지 이러한 배열은 유지되었을 것이다. 우리의 시각적 지각을 '우리가 보고 있음에 따르는 신체의 느낌'이라고 기술하는 것이 적절하며, 또한 우리는 확실히 우리의 이마보다는 우리의 눈으로 보고 있음을 '느낀다'(우리가 눈을 감으면 시각적 영상이 사라지기 때문에 우리는 또한 눈으로 본다는 것을 안다. 그러나 그러한 방해는 눈으로 보는 자연스러운 느낌 같은 것은 아니다). 시각적 과정 자체에 부여된 주의력이 우리로 하여금 부분적으로 신체에 무관심하게끔 만드는 것은 사실이다. 그러나 고통이나 불쾌감, 혹은 감정이 끼어들면 주의력은 즉각적으로 신체 표상에 초점을 맞추게 되고, 따라서 신체 느낌은 배경에서 중심 무대로 이동하여 오게 된다.

우리는 통상적으로 인정하는 것보다 신체 전반의 상태를 훨씬 더 인식하고 있지만, 시각, 청각, 촉각 등이 진화됨에 따라 전체 지각의 요소에 통상적으로 부여된 주의력은 그에 맞게 증가되었음이 자명하다. 그러므로 신체 고유에 대한 지각은 종종 정확하게 그것이 가장 잘 일어났던, 그리고 일어나는 곳(배경)에 남아 있게 된다. 이러한 생각은 다음의 사실과 일치한다. 즉, 생물체의 전체 신체경계 혹은 '피부'에서 유래한 체감각의 전구체forerunner와 더불어 단순 생물체에는 특수감각(시각, 청각, 촉각)의 전구체가 있는데, 이는 (빛, 진동, 기계적 접촉에 대해)

전체 신체경계가 반응할 수 있는 방식으로 수집될 수 있다. 심지어 시각체계가 없는 생물체에서도 우리는 전체 신체의 광과민성 형태로 시각의 전구체를 만날 수 있다. 광과민성이 특수화된 신체 부분(눈)에 의해 이용될 때, 바로 그 부분 자체가 신체의 전반적인 도식에서 하나의 특수한 장소를 가진다는 개념은 흥미를 끈다(빛에 민감한 부분에서 눈이 발생했다는 생각은 다윈의 것이다. 니콜라스 험프리Nicholas Humphrey도 그 생각을 비슷하게 이용했다[5]).

통상의 지각 작동에 관한 대부분의 예에서, 신체 감각계와 운동계는 지각되는 대상에 적절한 감각체계들을 따라 동시에 연루된다. 이것은 적절한 감각체계가 외수용성exteroceptive 혹은 외부 지향적 신체감각체계의 요소로 일어날 때도 마찬가지다. 당신이 어떤 물체를 만질 때, 당신의 피부에서 온 두 가지 틀의 국소적 신호가 있다. 하나는 물체의 모양과 질감에 관련된 것이고, 다른 하나는 물체와의 접촉과 팔과 손의 움직임에 의해 활성화되는 신체의 장소들에 관련된 것이다. 이 모든 것에 더해 그 물체는 감정적 가치에 관련해 후속적인 신체반응을 일으키고, 그러한 반응 바로 후에 신체감각체계가 다시 연루된다. 우리가 행하거나 생각하는 것이 무엇이냐에 상관없이 신체 작동과정의 필요불가결함은 자명하다. 마음은 아마도 어떤 종류의 체화embodiment 없이는 있음직하지 않은데, 이러한 생각은 조지 라코프George Lakoff, 마크 존슨Mark Johnson, 엘리노어 로슈Eleanor Rosch, 프란시스코 바렐라Francisco Varela, 그리고 제럴드 에델만Gerald Edelman의 이론적 제안에 특출하게 나타나 있다.[6]

나는 이러한 아이디어를 다양한 일반 대중과 논의해 왔는데, 만일 나의 경험이 어떠한 시도가 된다면 대부분의 독자들이 이러한 생각에 만족하겠지만, 그러나 몇몇은 이것이 극단적이거나 틀렸다고 말할 것이다. 회의론자의 말을 주의깊게 경청해온 나는 그들이 반대하는 주된 이유가 그들이 자신의 사고를 진행하면서 신체적인 무엇을 현재 경험하지 못한다고 느끼기 때문이라는 것도 알게 되었다. 그렇지만 나는 이것이 문제라고 보지 않는다. 왜냐하면 '신체표상들이 우리 마음의 풍경보다 (격동하는 감정의 순간들을 제외하면) 우세하다'고 제시하는 것이 아니기 때문이다. 나의 개념은 현재의 순간이 관계되는 한 '신체상태의 이미지들이 배경에 있으며, 보통은 동반되지 않으나 앞서 뛰어오를 준비가 되어 있다'는 것이다. 더욱이 내 아이디어의 무게는 최근의 순간들보다는 오히려 뇌/정신 과정의 발달사에 관계되는 것이다. 나는 신체상태의 이미지들이 빌딩의 블록과 뼈대처럼 지금 존재하는 것을 위해 없어서는 안 될 것이라고 믿는다. 그렇지만 '지금 존재하는 것은 비非신체 이미지들에 의해 장악된다'는 것에 대해서는 한 치의 의심도 없다.

또 다른 회의론으로는, 신체가 뇌의 발달에 관련된 것은 사실이지만 뇌 구조 안에 너무도 철저하고 영구적으로 '상징화되었기' 때문에, 더는 순환이 필요 없다는 개념이 있다. 오늘날 이것은 확실히 극단적인 생각이다. 나는 신체가 뇌 구조 안에서 잘 '상징화'되었으며 또한 그 신체 '상징들'이 마치 현재의 신체 신호인 것처럼 사용될 수 있다는 데 동의한다. 그러나 나는 내가 제시했던 모든 이성의 '고리 안'에 신체가 남아 있다는 생각을 선호한다. 우리는 단지 여기 제시된 개념의 장점을 결정하기 위해 추가적 증거를 기다리기만 하면 된다. 나는 회의론자들이 그때가 오기까지 인내하면서 기다렸으면 한다.

기본적 참고로서의 신체

작동하는 신체 고유의 원초적 표상들은, 다른 표상들이 기초로 삼을 수 있는 잣대인 공간적·시간적 틀을 제공한다. 우리가 지금 삼차원적 공간으로 구성하는 표상은 신체의 해부학, 그리고 환경 속 동작의 패턴을 근거로 하여 뇌 안에서 일어난다.

우리는 우리가 처한 외부 현실이, 이에 대한 혼란의 표상을 경유해, 작동 중인 신체 고유의 매개를 통해 오리라는 것을 안다. 우리는 '절대적' 실제에 대해 우리의 지식이 얼마나 충실한지 결코 알 수 없다. 우리가 가질 필요가 있는 것, 그리고 우리가 가지고 있는 것(내가 믿기로)은 우리의 뇌가 만들고 공유하는 현실의 구성에서 놀랄만한 일관성이 있다.

고양이에 대해 우리가 가지고 있는 개념을 생각해 보자. 우리는 우리가 '고양이'로 알게 될 실재의 분류에 의해 우리라는 생물체가 어떻게 변형되어 가는지 그림으로 구성해야 하며, 또한 우리는 개인적으로, 그리고 우리가 속한 인간 군상 속에서 그 그림의 구성에 일관성을 유지할 필요가 있다. 이러한 체계적이고 일관성 있는 고양이의 표상은 그 자체로 사실이다. 우리의 마음은 사실이고, 고양이에 대한 우리의 이미지도 사실이고, 고양이에 대한 우리의 느낌도 사실이다. 이러한 정신적, 신경적, 생물적 실제가 우리의 실제인 것이다. 고양이를 바라보는 개구리나 새는 그것을 다르게 볼 것이며, 또한 고양이들 자신도 그러하다.

아마도 가장 중요한 것은, 작동 중인 신체 고유의 원초적 표상이 의식에서 역할을 한다는 것이다. 이것은 자아의 신경적 표상에 핵을 제공하며, 그럼으로써 생물체의 경계 내부나 외부에서 일어난 것에 자연적인 참고를 제공한다. 신체 고유에 있는 기본적 참고는 주관성의 생성을 난쟁이에게 돌릴 필요가 없게 한다. 그 대신 연속적인 유기체 상태가 있게 되는데, 다양하게 협력하는 지도들 속에서 이 상태들은 저마다 시시각각 신경적으로 새롭게 표현되며, 어느 순간에도 존재하는 자아에 닻을 내린다.

신경적 자아

나는 의식이라는 주제에 무한한 흥미가 있다. 그런 까닭에 신경생물학이 그 주제에 접근할 수 있다는 확신을 품고 있다. 몇몇 철학자(예를 들어 존 시얼John Searle, 패트리샤 처치랜드Patricia Churchland, 그리고 폴 처치랜드Paul Churchland)는 신경생물학자들이 의식을 연구하도록 재촉해왔으며, 철학자인 동시에 신경생물학자들(프랜시스 크릭Francis Crick, 대니얼 데닛Daniel

Dennett, 제럴드 에덜먼Gerald Edelman, 로돌포 리나스Rodolfo Llinas 등) 은 그것을 이론화하기 시작했다.[7] 그러나 이 책은 의식에 관한 것이 아니므로 나는 이미지, 느낌, 신체적 표지에 한정하여 언급할 것이다. 나의 언급은 자아의 신경적 토대에 관련된 것이며, 이것을 이해하면 의식의 주요 특징인 주관성의 과정에 일말의 빛이 비칠 것이다.

나는 우선 자아에 관해 내가 의미하는 바를 분명히 해야만 하며, 그러기 위해 신경질환에 걸린 많은 환자에서 반복적으로 생겼던 한 가지 관찰을 제공하려고 한다. 환자가 익숙한 얼굴을 알아보지 못하거나, 색깔을 알지 못하거나, 읽지 못하게 될 때, 또는 멜로디를 알지 못하거나, 언어를 이해하지 못하거나, 말을 못하게 될 때, 그들은 거의 예외 없이 그 현상에 대한 묘사를 이렇게 한다. 즉, 무언가 그들에게 일어났을 때 그들은 새로운 무언가를 관찰하거나 통상적이 아닌 것을 관찰하고는 어쩔 줄 몰라하며, 종종 통찰력 있고 구체적인 방식으로 기술한다는 것이다. 이러한 묘사 속에 내포하는 마음의 가설은 묘하게도 그들이 자존감의 유리한 관점에서 전망하는 그 문제를 그들 개인의 일부분에 '위치시킨다는 것'을 시사하고 있다. 이러한 참고의 틀은, 문제가 있는 무릎이나 팔꿈치를 환자 스스로 참고하여 사용하는 것과 다르지 않다. 내가 지적했듯이 몇 가지 드문 예외가 있다. 말하자면, 심한 실어증 환자들은 자신의 장애를 예리하게 인식하지 않는 것 같으며, 따라서 그들의 마음에 그 사건에 대한 명백한 생각을 제공하지 않을 것이다. 그러나 통상적으로는 그 장애가 시작되었을 때의 정확한 순간까지도 잘 기억된다(이러한 상황은 종종 급작스럽게 시작된다). 나는 환자들이, 뇌 손상이 시작되어 인지 혹은 운동장애가 생길 때 그 두려운 순간의 경험을 묘사하는 것을 수없이 들어왔다. 그들은 흔히 "하느님, 저에게 무슨 일이 일어난 것입니까?" 라고 중얼거린다. 이러한 복잡한 장애 중 어느 것도 어떤 모호한 실재와 관련이 있거나 이웃 사람과 관련이 있지 않다. 그 장애는 환자 자신에게서 일어나고 있는 것이다.

이제 나는 앞에서 언급했던 완전 실인증의 형태를 가진 환자들에서 무슨 일이 일어났는지 말하고자 한다. 나의 경험에서나 어떤 책에서나 이러한 환자들에 비교될 만한 설명을 나는 결코 보지 못했다. 어느 누구도 실제로 "하느님, 저는 더 이상 제 몸의 어느 부분도 느끼지 못합니다. 저에게 남겨진 이러한 모든 것이 저의 마음이라니 얼마나 이상합니까?" 라고 말하지 않았다. 누구도 당신에게 이러한 장애가 언제 시작되었는지 말할 수 없다. 누군가가 말해주지 않는다면 그들은 알지 못한다. 내가 위에서 참고한 환자들과는 다르게, 실인증 환자 누구도 자신의 장애를 말하지 못한다.

더욱 기묘한 것은, 신체 감각에 대한 부분적 장애만을 가진 환자들은 자신의 문제를 말할 수 있다는 관찰이다. 이것은 일시적 실인증 환자나 실체증asomatognosia으로 알려진 환자에서 일어난다. 한 가지 뚜렷한 예는, 전체 신체 틀과 신체 경계에 대한 감각(좌우 양측)을 일시적으로 잃었던 여성 환자의 경우였다. 그럼에도 그녀는 장기적 기능(호흡, 심박동, 소화)을 잘 인식했다. 그러므로 그녀는 자신의 상황을 신체 부분에 대한 불안정한 상실이지 자신의 '존재'에 대한 상실은 아니라고 그 특징을 묘사할 수 있었다. 그녀는 여전히 자아를 가지고 있었는데, 사실 무척 불안해하는 자아였다. 신체 감각의 부분적 손실이 새롭게 일어날 때마다 그녀의 자아는 불안해했다. 이 환자는 전간seizure이 있었다. 이는 내가 앞서 기술했던 몇 개의 신체감각 지도의 도해에서 보면, 작지만 전략적으로 위치한 우측 반구 부분에서 발생한 것이었다. 그녀의 손상 부위에서 전방 섬insula은 보존되었는데, 이곳은 내가 확신하기로는 내장 감각의 열쇠가 되는 부위이다. 항전간약 처방이 신속하게 그 증상들을 없애주었다.

완전한 실인증 환자들의 상태에 관한 나의 해석은 '그들이 가지고 있던 손상이 부분적으로 신경적 자아의 기질을 분쇄했다'는 것이다. 그들이 건설할 수 있는 자아 상태는 현재의 신체상태를 작동하는 능력을 상실했기 때문에 비참하다. 구식 정보에 의존하는 신체는 시간이 흐를수록 노화해 간다.

자아에 대한 초점은 내가 자의식self-conscious에 관해 말하는 것을 의미하지는 않는다. 왜냐하면 내가 보는 자아와 그 자아가 낳은 주관성은 일반적으로 의식에 필요한 것이며, 단지 자의식을 위한 것이 아니기 때문이다. 또한 자아에 대한 흥미가, 의식의 다른 특성들이 덜 중요하다거나 신경생물학에 의해 적게 접근될 수 있다는 것을 의미하는 것도 아니다. 이미지를 만들어가는 과정, 그리고 이러한 이미지를 형성하는 데 필요한 깨어남과 각성은 다만 자아와 관련이 있다. 우리는 이러한 이미지를 알고 있거나 소유하고 있는 사람으로서 자아를 경험한다. 그러나 자아의 신경적 토대에 대한 문제, 그리고 이미지 형성에 필요한 신경적 토대에 대한 문제는 인지적으로나 신경적으로 동일한 수준에 있지 않다. 당신은 깨어남, 각성, 이미지 형성 없이 자아를 가질 수 없다. 그러나 엄밀히 말하면 당신은 깨어서 각성하고, 뇌와 마음의 구역에 형성된 이미지들을 소유할 수 있으며, 그러는 동안 합리화된 자아를 갖게 된다. 극단적인 경우, 깨어남과 각성이 병적으로 변화하면 멍청함, 식물상태, 혼수상태 등 자아가 완전히 사라진 상황에 이르게 된다. 이에 관해서는 프레드 플럼Fred Plum과 제롬 포스너Jerome Posner가 고전적인 기술을 한 바 있다.[8)] 그러나 어떤 형태의 전간이나 완전한 실인증 환자에서 나타날 수 있는 것처럼, 이러한 기본 과정의 혼란 없이 자아가 병적으로 변화되는 수도 있다.

여기서 더 나아가기 전에 정의해야 할 단어가 있다. 자아가 그것이다. 자아에 관한 개념을 사용함에 있어, 나는 마음의 모든 내용물이 단일의 중심적 식자knower와 소유자owner에 의해 검사되며 이러한 실재가 단일 뇌 장소에 있다는 것을 말하는 것이 결코 아니다. 그럼에도 불구하고 나는 경험이, 전부는 아니더라도 대부분의 내용물에 식자와 소유자가 있는 것처럼, 일관성 있는 견해를 갖는 경향이 있다고 본다. 나는 이러한 견해가 상대적으로 안정되고 끝없이 반복되는 생물적 상태 안에 근거하고 있다고 상상한다. 이러한 안정성의 원천은 생물체의 변함없는 구조와 작동이며, 천천히 전개되는 자서전적 자료의 요소들이다.

이처럼 자아의 신경적 토대는 적어도 두 가지 틀의 표상이 지속적으로 재활성화되는 데 위치한다. 하나의 틀은 개인의 자서전 안에 있는 주요 사건들의 표상에 관계된 것으로, 주체성에 관한 개념은 이를 근거로 하여 지형적으로 조직화된 감각 지도에서 부분적으로 활성화됨으로써 반복적으로 재구성될 수 있다. 우리의 자서전을 기술하는 기질적 표상들의 어떠한 틀도 우리 개인을 정의하는 다수의 분류화된 사실과 관계가 있다. 즉, 우리가 무엇을 하는지, 누구 혹은 무엇을 좋아하는지, 어떤 형태의 물건을 사용하는지, 통상적으로 자주 활동하는 장소와 행동은 어떤 것인지 등이 그것이다. 당신은 이러한 표상의 틀을 (파일 캐비닛이 아닌 뇌의 연합피질에서 일어난다는 점을 제외하면) 에드거 후버J. Edgar Hoover(전 FBI 국장 –역주)가 능숙하게 제공하는 파일과 같은 종류로 이해하면 될 것이다. 더욱이 이러한 분류 너머로, 지도화된 표상으로서 지속적으로 활성화된 고유의 사실들이 있다. 즉, 우리가 사는 곳과 일하는 곳, 정확한 직업, 우리 자신의 이름과 가까운 친지나 친구의 이름, 도시와 국가의 이름 등이 그것이다. 결국 우리는 최근의 기질적 기억 안에 최근 사건들의 집합을 대략적인 시간적 연속성에 따라 가지고 있으며, 또한 우리가 일으키고자 하는 혹은 일어나기를 기대하는 다수의 상상 속 사건들에 대한 계획의 수집물들을 가지고 있다. 이러한 계획과 상상의 사건들은 내가 이름 붙인 '가능한 미래에 대한 기억memory of the possible futures'을 형성한다. 이것은 여느 기억처럼 기질적 표상에서 일어난다.

간단히 말해서 우리의 주체성에 관한 최신 이미지들(과거와 계획된 미래에 관한 기억의 결합)의 끝없는 재활성화는, 내가 이해한 바와 같이 자아 상태의 광대한 부분을 형성한다.

신경적 자아의 기초가 되는 표상의 두 번째 틀은 개인의 신체에 관한 원초적 표상으로 구성되며, 이에 대해 나는 일찍이 언급한 바 있다. 즉, 신체가 일반적으로 무엇과 같았는지 뿐만 아니라, X라는 물체를 감지하기까지의 과정들 직전에 무엇과 같았는지도 포함한다(이는 중요한 점이다. 곧 언급되겠지만, 나는 주관성이 물체 X의 과정 중간과 후의 신체상태에서 일어나는 변화에 상당 부분 의존한다고 생각한다). 필연적으로 이것은 배경의 신체상태와 감정상태를 망라한다. 신체의 집합적 표상은 자아의 '개념'에 관한 기초를 형성하는데, 모양, 크기, 색깔, 질감, 미각 등이 오렌지의 개념에 기초가 되는 것과 흡사하다. 진화와 발달에서, 초기 신체 신호들은 자아의 '기초 개념'을 형성하는 데 도움을 주었다. 이러한 기초 개념은 생물체에 일어난 모든 것에 관한 기본적 참고를 제공했는데, 현재의 신체상태가 자아의 개념에 지속적으로 함입되고, 또한 즉각적으로 과거 상태가 되는 것을 포함한다(이것들은 제롬 케이건Jerome Kagan이 공식화한 대로 자아에 대한 개념의 선례이며 기초였다).[9] 사실 지금 우리에게 일어나는 것은, 단지 한 순간 전에 현재였던 과거를 포함하는 과거에 기초를 둔 자아의 개념에 대해 일어나는 것이다.

자아의 상태는 바탕으로부터 위로 각 순간마다 형성된다. 이것은 사라져가는 참고 상태이며, 계속적으로 또한 일정하게 재건설된다. 그래서 다시 만들 때 무언가 잘못되지만 않으면, 그 소유주도 그것이 다시 만들어지는 것을 결코 알 수 없다. 지금의 배경느낌 혹은 감정느낌은 지금의 비신체적 감각신호들과 어우러지고, 그래서 다양한 뇌 부위가 조화된 활동으로 실증된 것이라는 자아 개념이 생기게 된다. 그러나 우리의 자아는, 혹은 이보다 더 좋은 메타셀프metaself는 단지 '지금'이 곧이어 오는 나중임을 '배운다'. 내가 8장에서 소개했듯이 과거, 현재, 미래에 관한 파스칼의 언급은 이러한 요점을 묘비명 형식으로 보여준다. 현재는 끊임없이 과거가 되며, 시간이 지남에 따라 우리는 또 다른 현재 안에서 이것을 축적하고, 과거라는 디딤돌 위에서 미래를 계획하는 데 몰두한다. 현재는 결코 여기에 있지 않다. 우리는 뒤늦게 의식할 수밖에 없다.

마지막으로, 나는 이 토론에서 어쩌면 가장 중요할지도 모를 주제로 돌아가려 한다. 지형학적으로 조직화된 표상의 순간적 활성화로서 존재하는 대상 X와 자아 상태에 대한 이미지가 어떤 요술로 우리의 경험을 특징짓는 주관성을 나타낼 수 있을까? 나는 이에 대한 답으로 다음과 같이 말하고자 한다. 즉, 그것은 뇌가 어떤 묘사를 창조함에 달려 있고, 그러한 묘사를 이미지화시켜 보여줌에 달려 있다는 것이다. 새롭게 지각된 실재(예를 들면 어떤 얼굴)에 상응하는 이미지가 초기 감각 피질에 형성되면, 뇌는 그 이미지에 반응한다. 그 이유는 그 이미지에서 발생하는 신호들이 몇몇 피질하 핵(예를 들면 편도나 시상)과 다수의 피질 부위에 연결되기 때문이다. 또한 이러한 핵과 피질 부위가 특정한 부류의 신호들에 반응하는 기질을 가지고 있기 때문이기도 하다. 그 최종 결과는 핵과 피질 부위 안의 기질적 표상들이 활성화되고, 또한 생물체의 상태에 어떤 변화의 모음을 유도하게 된다. 결국 이러한 변화들이 신체 이미지를 순간적으로 바꾸고, 그래서 자아 개념에 대한 '현재'의 예시화instantiation를 혼란스럽게 한다.

비록 반응 과정이 지식을 함축한다 해도, 그것은 확실히 뇌의 어떤 요소라도 어떤 실재의 존재에 반응을 일으킨다는 것을 '앎'을 의미하는 것은 아니다. 생물체의 뇌가 어떤 실재에 일련의 반응을 일으킬 때, 자아 표상이 존재한다고 해도 자아는 이에 상응하는 생물체가 반응하고 있다는 것을 알지 못한다. 위에서 기술한 대로, 자아는 알 수가 없다. 하지만 우리가 '메타셀프'라 부를 수 있는 하나의 과정은 다음의 사항을 알지도 모른다. 1) 뇌가 어떤 이미지의 존재에 반응하는 결과로 생긴 유기체 상태의 동요에 대한 일종의 묘사를 창조하거나, 2) 그 묘사가 동요 과정의 어떤 이미지를 발생시키거나, 3) 동요된 자아 이미지가 함께 나타나거나 그러한 동요를 촉발시킨 이미지가 빠르게 삽입되었다는 것 등이 그것이다. 간단히 말해, 이러한 나의 묘사는 대상체 X의 이미지에 대한 뇌의 반응 결과로서, 생물체 상태의 동요에 관계된 것이다. 이러한 묘사는 언어로 번역될 수 있다 해도 언어를 사용하지 않는다.

이미지만 갖는 것으로는 충분하지 않다. 심지어 우리가 주의와 인식을 갖는다 해도 그렇다. 왜냐하면 주의와 인식은 모두 (자아가 이미지를 경험하듯이) 자아가 경험하는 특성이기 때문이다. 이미지와 자아를 모두 소유한다고 해도 충분한 것은 아니다. 어떤 대상의 이미지가 자아를 형성하는 이미지에 참고가 되거나 관련된다고 말하는 것은 특히 유용한 언급이 될 수 없다. 누구도 참고 혹은 관련성이 구성하는 것, 혹은 그것들이 이루어놓은 것을 이해하지 못할 것이다. 어떻게 주관성이 이러한 과정에서 출현했는지는 대단히 불가사의하다.

이제 다음의 가능성들을 생각해 보자. 가장 먼저 생각해 볼 것은, 뇌가 신경 구조의 세 번째 틀을 소유하고 있다는 것이다. 이는 어떤 대상체의 이미지를 지지하는 것도, 자아의 이미지들을 지지하는 것도 아니지만, 그 양쪽에 상호 연결되어 있다. 다른 말로 하면 제3의 신경원 합주neuron ensemble인데, 이는 우리가 수렴지대라 불러온 것이다. 또한 피질 부위뿐 아니라 피질하 핵에서 뇌 전반에 걸쳐 있는 기질적 표상들을 건축하는 신경 기질이라 언급해온 것이기도 하다.

다음으로, 유기체가 대상의 표상에 의해 동요됨에 따라 이러한 제3의 앙상블이 대상체의 표상과 자아 표상 양자로부터 신호를 받는다고 상상해 보자. 다른 말로 하면, 유기체가 어떤 대상에 반응함에 따라 변화하는 과정에서 제3의 앙상블이 자아의 기질적 표상을 건축하는 것을 상상해 보자. 이러한 기질적 표상에 관해서는 전혀 신비로울 것이 없다. 왜냐하면 이는 뇌가 보유하기, 만들기, 재모형화하기 등을 탁월하게 잘하는 것과 다를 바 없기 때문이다. 또한 우리는 뇌가 이러한 기질적 표상을 건축하는 데 필수불가결한 정보를 모두 가지고 있다고 알고 있다. 즉, 우리가 어떤 대상을 보고 이에 대한 표상을 초기 시각피질에 보유한 직후에, 우리는 또한 다양한 체감각 부위에 그 대상과 반응하는 유기체의 표상을 보유하는 것이다.

마음에 있는 기질적 표상은 '난쟁이'에 의해 창조된 것도 아니고 지각된 것도 아니다. 그리고 모든 기질이 그렇듯이, 그 표상은 연결된 초기 감각피질에서 대상이 되는 기질의 이미지(즉, 어떤 특정한 대상에 반응하는 유기체의 신체감각적 이미지)를 재활성화시키는 잠재력이 있다.

마지막으로, 내가 위에서 기술한 모든 내용물(반영되는 대상, 반영 대상에 반응하는 유기체, 대상에 대해 유기체가 반응함으로써 변화하는 과정에 있는 자아상태 등)이 작업기억에 동시에 주입되고, 초기 감각피질들에 나란히 혹은 신속히 개입되어 참여하는 것을 고려해 보겠다. 나는 뇌가 어떤 대상의 이미지가 아니고 그 대상에 대한 생물체의 반응에 대한 이미지도 아닌 제3의 이미지, 즉 어떤 대상에 대해 지각하고 반응하는 생물체의 이미지를 창조할 때, 주관성이 나타나는 것은 후자의 단계라고 본다. 나는 주관적 전망이 제3의 이미지의 내용에서 발생했다고 확신한다.

따라서 주관성을 창조할 수 있는 최소의 신경 장치는 초기 감각피질(신체감각을 포함하는), 감각 및 운동피질의 연합 부위, 그리고 제3의 앙상블로 활동할 수 있는 수렴 속성을 지닌 피질하 핵(특히 시상과 기저핵)이 필요하다.

이러한 기본적 신경 장치는 언어를 요구하지 않는다. 내가 구상하는 메타셀프의 구성은 주역들이 외부 관점에서 바라본, 순전히 비언어적인 도식적 전망이다. 사실 제3자의 전망은 순간순간마다 이러한 주역들에게 무슨 일이 일어나는지에 관한 비언어적 이야기 문서를 구성한다. 그 이야기는 공간과 시간에서 감각 및 운동체계의 기초적 표상 도구들을 사용하므로 언어 없이도 성취될 수 있다. 언어가 없는 동물이 이런 이야기를 만들지 않는 데는 아무런 이유가 없음을 나는 알고 있다.

인간에게는 언어에 의해 마련되는 두 번째 순위의 유용한 이야기 능력이 있다. 언어는 비언어적 이야기로부터 언어적 이야기를 낳을 수 있다. 우리의 것인 주관성의 정교한 형태는 후자의 과정에서 출현한다. 언어는 자아의 근원이 아닐지는 모르나, 확실히 '나I'의 근원이 된다.

나는 주관성의 신경적 토대에 관한 다른 특이한 제안을 염두에 두고 있지 않다. 그러나 주관성이 의식의 핵심적 특징이므로, 나의 제안이 일반적 분야에서 다른 사람의 주장과 관련되는 면을 짧게라도 밝히는 것이 적절할 것이다.

의식에 관한 프란시스 크릭Francis Crick의 가설은 이미지 만들기의 문제에 초점을 두면서 주관성은 남겨둔다. 크릭이 주관성의 문제를 간과했던 것이 아니다. 오히려 그는 주관성을 고려하지 않기로 마음먹었는데, 왜냐하면 주관성에 대한 실험적 접근에 의문을 가졌기 때문이다. 그의 기호와 조심성은 매우 정당하다. 그러나 주관성에 관한 고려를 연기함으로써, 이미지를 만들고 지각하는 데 관계되는 경험적 데이터를 우리가 올바르게 해석할 수 없음을 나는 우려한다.

반면에 대니얼 데닛의 가설은 의식의 최상위, 즉 마음의 최종 산물과 관계된 것이다. 그는 자아가 있음에 동의하지만 자아의 신경적 기초를 강조하지 않는다. 대신에 '의식의 흐름'에 대한 경험을 창조하는 기전에 초점을 맞춘다. 흥미롭게도 그 과정의 단계에서 그는 내가 더 낮은 단계에서, 그리고 더 초기의 단계에서 이용하는 이미지 구성의 개념과 다르지 않은 결과구성sequence construction의 개념(그가 말한 조이스의 가상 머신Joycean virtual machine)을 이용한다. 그러나 나는 주관성을 발생시키는 나의 장치가 데닛의 가상 머신은 아니라고 확신한다.

나의 제안은 의식의 신경적 토대에 관한 제럴드 에델만의 관점,

즉 가치가 주입된 생물학적 자아의 인정과 중요한 특성을 같이한다(에델만은 동시대의 이론가 가운데 생물학적 체계의 선천적 가치에 그가 부여한 중요성에 있어 실로 독보적이었다). 그러나 에델만은 피질하의 항상성 체계에 생물학적 자아를 한정한다(반면에 나는 그것을 실제적인 피질에 근거한 체계에 편입시키고, 그것들의 활동 산물이 느낌이 되도록 허용한다). 그러므로 내가 계획하는 과정과, 이를 적용하기 위해 내가 제안하는 구조는 다르다. 더욱이 나는 주관성에 관한 나의 개념과 일차적 의식에 관한 에델만의 개념 사이의 일치도에 대해 확신하지 않는다.

윌리엄 제임스는, 어떤 합리적 심리학도 '개인적 자아personal selves'의 존재를 물을 수 없다고 생각했다. 또한 심리학이 할지도 모르는 최악은 의미를 지니는 이러한 자아들을 훔치는 것이라고 확신했다. 자아의 신경적 토대에 관한 가설들이 아직도 입증되지 않은 오늘날의 상황을 보면 그가 즐거워할지도 모르겠다.

11장 | 합리성을 위한 열정

이 책의 서두에서 나는 느낌이 이성에 강력한 영향을 미치며, 느낌에 필요한 뇌 체계가 이성에 필요한 뇌 체계와 연루되어 있고, 이러한 특수한 체계들이 신체를 조절하는 체계들과 함께 짜여져 있다고 언급했다.

내가 제시했던 사실들은 일반적으로 이러한 가설들을 뒷받침하고 있다. 이는 가설에 불과하지만 더 깊은 연구를 이끌어낼 수 있고, 새로운 것이 발견되면 수정될 수 있다는 희망으로 제안된 것이다. 느낌은 생물학적 조절과 떨어질 수 없는 헌신적인 다중의 구성요소 체계에 의존하는 것처럼 보인다. 이성은 특별한 뇌 체계에 의존하는 듯이 보이는데, 그 중의 일부는 느낌의 과정에서 일어난다. 그러므로 해부학적·기능적 관점에서 보면 이성에서 느낌으로, 또한 신체로 하나의 연결된 선로가 있을 것이다. 이것은 마치 우리가 이성을 위한 열정(즉, 뇌 핵심부에서 발생하여 신경체계의 다른 단계까지 침투하고, 또 의사결정을 유도하기 위한 느낌 혹은 무의식적 편견으로 나타나는 욕동drive)에 의해 소유되고 있는 것처럼 보인다. 이성은 아마도 실제부터 이론에 이르기까지 기술이나 기교를 습득하는 것과 비슷한 과정에 의해 이러한 선천적인 욕동 위에 건축된 것 같다. 욕동을 제거하면 당신은 숙달되지 못할 것이다. 그렇지만 욕동이 있다고 해서 저절로 숙달되는 것은 아니다.

이러한 가설들이 지지받는다면, '이성은 결코 순수하지 않다'는 개념을 위한 사회문화적 함의가 존재하게 될까? 나는 그러리라 생각한다. 그리고 그 함의는 대체로 긍정적일 것으로 생각한다.

이성의 과정에 느낌이 관련된다는 것을 안다고 해서, 이성이 느낌보다 덜 중요하다거나, 느낌보다 하위 등급이라거나, 덜 개량되었다고 지적하는 것은 아니다. 이와는 반대로, 널리 확산되는 느낌의 역할을 찬찬히 들여다봄으로써 우리는 느낌의 긍정적 효과를 증대시키고 잠재된 해로움을 감소시키는 기회를 가질 수 있다. 특히 우리는 정상적 느낌을 지향하는 가치를 감소시키지 않고, 비정상적 혹은 정상적 느낌의 조작이 계획이나 의사결정의 과정에서 야기할 수 있는 약점에서 이성을 보호하려 할 것이다.

나는 느낌에 관한 지식이 우리로 하여금 경험적 검증에 덜 치우치도록 한다고 믿지 않는다. 나는 다만 감정과 느낌의 생리에 관한 지식이 많을수록 우리로 하여금 과학적 관찰의 약점을 좀 더 잘 알도록 해준다고 이해한다. 내가 내놓았던 공식이 개인이나 사회의 이익을 위해 외부적 상황을 조절하는 우리의 결정을 감퇴시켜서는 안 되며, 우리가 세상을 더 좋게 만들 수 있는 문화적 도구들(윤리, 법, 예술, 과학, 기술 등)을 발전시키고 발명하고 완전하게 하기 위한 우리의 해법을 감퇴시켜서도 안 된다. 다른 말로 하면, 나의 공식에서는 그 어떤 것도 사물을 있는 그대로 받아들이라고 강요하지 않는다. 나는 이 점을 강조해야만 한다. 왜냐하면 느낌에 대한 언급이 종종 자신만을 향한 관점, 주위 세상을 고려하지 않음, 지적 수행의 해이해진 기준에 무감각해지는 것 등의 이미지를 불러내기 때문이다. 이는 실제로 나의 관점에 매우 반대되는 것이다. 그리고 느낌에만 지나친 가치를 두게 되면 인류의 발전에 기여한 파우스트적 계약을 약화시키는 결과를 초래한다는 정당한 문제를 제기했던 분자생물학자 군터 슈텐트Gunther Stent 같은 사람들에 대해서는 염려하지 않아도 된다.[1]

내가 염려하는 것은, 느낌에 대한 복합적인 생물학적·사회문화적 기전을 이해하려는 노력도 없이 느낌의 중요성을 받아들이는 것이다. 이러한 태도에 관한 최상의 예는, 손상된 느낌이나 비합리적 행위를 피상적인 사회적 원인이나 신경전달물질의 작용으로 설명하려는 시도에서, 그리고 약물로 개인적·사회적 문제를 바로 잡으려는 시도에서 찾을 수 있다. 불안해한다는 것은, 정확하게 느낌과 이성의 본질에 관한 이해가 부족하다('불평의 문화'가 보이는 특징 중 하나)[2]는 것을 의미한다.

그러나 이 책에서 간략하게 서술한 인간 유기체에 관한 개념, 그리고 여기서 언급된 소견에서 나온 느낌과 이성의 관계는, 합리성이 강화되려면 내부 세계의 취약성에 대해 더 많은 고려가 있어야 함을 암시한다.

합리성을 만드는 데 있어 느낌의 역할은 실제적인 면에서 우리 사회가 직면한 몇몇 쟁점과 관련이 있는데, 교육과 폭력도 이러한 쟁점에 속한다. 여기서 이러한 주제들을 충분히 평가할 필요는 없지만, 교육 체계는 현재의 느낌과 예측되는 미래의 결과 사이의 명료한 연결을 강조함으로써 이익을 얻을 수 있다. 또한 아이들이 실제 생활, 뉴스, 시청각 이야기 등을 통해 폭력에 과도하게 노출됨으로써 적응적 사회행위의 습득과 전개 과정에서 감정과 느낌의 가치를 경시하게 된다. 이러한 점이 내가 말하고자 하는 것이다. 그렇게 많은 대리 폭력이 아무런 도덕적 틀도 없이 제시된다는 것은 감각을 둔하게 하는 작용을 조장할 뿐이다.

데카르트의 오류

나는 이러한 대화를 제시함으로써, 신체·뇌·마음 등의 집합적 개념에 있어 하나의 상징이며 서구 과학과 인본주의에 그 영향력이 남아 있는 데카르트를 불러내지 않을 수 없다. 독자가 보아왔듯이 나의 관심사는 이런 것이다. 즉, 데카르트 사조가 뇌와 신체에서 마음을 분리한 이원적 개념이며, 또한 다음의 현대적 변형의 관점, 예를들어 뇌라고 불리는 일종의 컴퓨터 하드웨어 안에서 실행하는 소프트웨어 프로그램이라는 점에서만 마음이 뇌와 관련이 있고, 혹은 뇌와 신체가 관련이 있지만, 뇌는 신체의 지지 없이는 생존할 수 없다는 점에서만 그러하다는 관점이다.

그러면 데카르트의 오류는 무엇인가? 더 좋게 표현하자면, 나는 데카르트의 어떤 오류를 불쾌하고 못마땅한 것으로 선정하려 하는가? 혹자는 불평을 하면서 데카르트가 오늘날까지 생물학자들로 하여금 규칙적인 기계장치를 하나의 생명 과정 모델로 채택하게 했다고 비난할지도 모른다. 그러나 이는 어쩌면 공정하지 않으므로 혹자는 '나는 생각한다. 그러므로 존재한다'를 가지고 계속 주장할지도 모른다. 철학사에서 가장 유명한 이 명제는 1637년 발간된 『방법론Discourse on the Method』(프랑스어로는 'Je pense, donc je suis')의 4장 첫 문단에 서술되었으며, 그 후 1644년에 발간된 『철학원리Principles of Philosophy』(라틴어로는 'Cogito, ergo sum')[3]의 첫 부분에 서술되었다. 문자 그대로 보면 이 말은 내가 마음의 근원, 그리고 마음과 육체의 관련성을 믿는 것과 정확히 상반된다. 이 말은 생각하는 것과 생각하는 것을 아는 것이 존재의 실제적 근거가 됨을 시사한다. 우리가 알기로, 데카르트는 사고를 육체와 동떨어진 활동으로 상상했다. 그래서 곁가지와 기계적인 부분들res extensa이 있는 비사고적 육체와 구분하여 '생각하는 것res cogitans'인 마음을 분리하는 데 찬성한다.

그러나 인본주의의 여명이 트기 오래 전부터 존재는 존재일 뿐이었다beings were beings. 초보적인 의식consciousness은 진화의 어떤 지점에 이르러 시작되었다. 이러한 초보적인 의식에서 간단한 마음이 생겨나고, 마음이 더 복잡해지면서 사고의 가능성이 생겨났다. 그리고 더 후에는 언어를 사용함으로써 소통하고 더욱 잘 생각하도록 조직되었다. 그러므로 우리 인간은 시초에 존재가 있었으며, 후에야 사고가 있었다. 지금도 우리는 여전히 존재로 시작하며, 후에야 생각하게 된다. 우리가 있고, 그다음에 우리는 생각한다. 그리고 우리는 단지 우리가 존재하기 때문에 생각한다. 왜냐하면 생각은 존재의 구조들과 그 작동에 의해 야기되기 때문이다.

우리가 데카르트의 말을 다시 생각해 보면, 그것이 나타내는 바와는 무언가 다른 것을 의미할지 모른다는 의문을 잠시 가질 수 있다. 데카르트의 말에서 의식적인 느낌과 이성의 우월감을 인정하는 대신, 그것들의 기원과 구성요소, 영속성 등에 대한 확고한 수용이 없이 그 말을 읽는 것은 아닌지 의문을 가질 수 있는 것이다. 또한 데카르트가 날카롭게 인식했던 종교적 압력을 조정하려는 영악한 목적에서 나온 말은 아닌지 의문을 가질 수도 있다. 후자는 하나의 가능성이기는 하지만 확증할 만한 방도가 없다(데카르트가 자신의 묘비를 위해 뽑은 비문은 그가 확실히 자주 이용하던 인용문이었다. 『오비드의 비가Ovid's Tristia』(3. 4. 25)에 있는 'Bene qui latuit, bene vixit'인데, 번역하면 '잘 숨었던 그는 잘 살았다'이다. 어쩌면 그는 은밀하게 이원론을 부인한 것은 아닐까?). 모든 것을 고려해 보면, 전자의 경우 나는 데카르트 또한 이 명제를 문자 그대로 의미했다고 추측한다. 이 유명한 말을 처음 떠올렸을 때 데카르트는 이 명제가 어떤 회의론에도 흔들리지 않을 만큼 확실한 진실이라며 기뻐했다.

…그리고 나는 '나는 생각한다. 그러므로 나는 존재한다'가 회의론자에 의해 제기된 모든 터무니 없는 가정에 흔들리지 않는 진리라는 것이 너무나 확실하고 분명하다는 것을 알아차렸다. 그래서 이 진리를 내가 추구하고 있던 철학의 첫 번째 원리로 주저 없이 받아들여야겠다는 결론에 도달했다.[4]

이때부터 데카르트 철학의 논리적 기반이 된 이 명제는 아우구스티누스의 '속고 있더라도 나는 존재한다Fallar ergo sum'[5]와 다르지 않았다. 그러나 단 몇 줄 아래에서 데카르트는 이 명제를 명확하게 설명한다.

이 명제로부터 나는 내가 하나의 구성요소이며(이 요소의 정수 또는 본질은 '생각하는 것'인데), 그 존재를 위해서는 어떤 장소도 필요치 않을 뿐더러, 어떤 물적인 것에도 의존하지 않는다는 것을 알았다. 그러므로 이러한 '나', 즉 내가 존재함으로써 내가 되는 영혼은 육체와는 뚜렷하게 구분되며, 육체보다 더 알기 쉬운 것이다. 그리고 심지어 육체가 없다 해도, 영혼은 존재하기를 그치지 않을 것이다.[6]

데카르트의 오류는 이런 것이다. 즉, 육체와 정신(크기가 있으며, 규모를 잴 수 있고, 무의식으로 작동되는, 무한히 나눔이 가능한 육체와, 이와는 달리 크기를 잴 수 없고, 규모를 측정할 수 없고, 밀고 당길 수 없고, 나눌 수 없는 정신) 사이에 바닷속 심연 같은 분리가 있다는 것은 오류다. 추론과 도덕적 판단, 그리고 육체적 통증이나 감정적 격랑에서 오는 고통 등이 육체와는 분리되어 존재한다고 말하는 것도 오류다. 특히, 가장 정교한 마음 작용이 생물학적 유기체의 조직 및 작용과 분리되어 있다는 생각도 오류다.

이제 어떤 이는 물을지 모른다. 왜 플라톤 대신에 데카르트를 가지고 모호한 강변을 하는가? 『파이돈Phaedo』에서 보여주듯이, 플라톤은 육체와 정신이 훨씬 더 동떨어진 것이라는 시각을 갖고 있지 않은가? 그런데 왜 이것을 특별히 데카르트의 오류라며 괴롭히는가? 어쨌든 데카르트의 오류들 중에는 이보다 훨씬 더 잘못된 것처럼 보이는 것도 많지 않은가? 데카르트는 열이 혈액을 순환하게 만든다고 믿었고, 또한 작은, 너무도 작은 혈액 내의 입자들이 스스로 융해되어 '동물 영혼'으로 변하고, 그런 다음 근육으로 간다고 믿었다. 왜 이러한 견해에 대해서는 책임을 지우지 않는가?

이유는 간단하다. 우리는 이러한 그의 주장이 잘못이라는 것을 오래 전부터 알고 있었으며, 또한 피가 어떻게, 왜 순환하는지에 대해서도 완전히 만족스러운 답을 알고 있기 때문이다. 우리가 마음과 뇌와 육체에 관한 의문을 떠올릴 때, 위와 같은 것들은 영향력 있게 남아있는 그런 경우가 아니다. 많은 사람에게 이러한 데카르트의 관점들은 자명한 것이며 재검토할 필요가 없다고 여겨진다.

탈육체화한 마음이라는 데카르트식의 생각은 20세기 중반까지 마음을 소프트웨어 프로그램에 비유하여 표현하는 근거가 되었다. 사실 마음이 육체와 동떨어질 수 있는 것이라면, 우리는 신경생물학, 신경해부학, 신경생리학, 신경생화학 등의 지식에 아무런 영향을 받지 않고 그것을 이해하려고 했을 것이다. 흥미로우면서도 역설적이게도, 신경생물학에 의지하지 않고 마음을 탐구할 수 있다고 믿는 많은 인지 과학자도 자신을 이원론자로 여기지 않으려고 한다.

마음을 오직 뇌의 관점에서만 설명할 수 있다고 믿고 생물체의 나머지 부분과 그것을 둘러싼 물리적·사회적 환경과는 떼어서 생각하는 신경과학자들과, 일부 환경은 그 자체로 생물체의 이전 행동의 산물이라는 사실을 별도 주장하는 신경과학자들에게도, 데카르트식의 탈육체화 개념이 일부 있을지 모른다. 나는 이러한 제한에 저항한다. 왜냐하면 마음이 직접적으로 뇌의 활동과 연관되지 않기 때문이 아니라, 오히려 제한적인 공식이 쓸데없이 불완전하고 인간적 견지에서도 불만족스럽기 때문이다. 마음이 뇌에서 유래했다고 말하는 것은 논쟁의 여지가 없다. 그러나 나는 그 말을 확인하고 싶다. 그리고 왜 뇌의 신경세포들이 그렇게 사려깊은 형식으로 움직이는지 그 이유를 생각해 보고 싶다. 후자에 관해 이제까지 내가 알 수 있는 것은 그것이 중요한 주제라는 사실이다.

탈육체화한 마음에 관한 아이디어는 또한 서양의학에서 질병을 연구하고 치료할 때 특별한 접근 방식으로 모양을 갖춘 듯이 보인다 ('후기'를 참고하라). 데카르트 학파는 연구와 실제에 널리 퍼져 있다. 그 결과로 실제 질환들, 이른바 신체 고유 질환의 심리적 결과는 통상적으로 무시되고 단지 차선으로 생각된다. 반대의 경우, 즉 심리적 갈등에 대한 신체 고유의 결과는 더 무시된다. 데카르트 사조가 의학 과정의 변형에 얼마만큼 공헌했는지, 또 그것이 히포크라테스부터 르네상스

기까지 퍼져 있던, 생물체의 '육체 속 마음'이라는 접근법을 상기한 방향으로 전환시키는 데 얼마나 도움을 주었는지 생각해 보는 것도 흥미로운 일이다. 아리스토텔레스가 만일 데카르트를 알았다면 얼마나 분개했을까.

데카르트의 오류를 따르는 이론들은, 생물학적으로는 복잡하지만 유약하고 유한하고 고유한 생물체에 내재된 마음의 본질을 불확실하게 했으며, 이러한 유약성·유한성·고유성에 관한 지식 안에 잠재된 비극을 불확실하게 했다. 만약 인간이 의식적 존재의 타고난 비극을 아는 데 실패한다면, 인간은 이를 최소화하기 위해 무언가를 해야 한다는 필요성을 훨씬 적게 느끼고 생명을 덜 존중할지 모른다.

뇌와 신체 고유 사이의 상호 연관성을 언급했던 것들과 더불어 내가 느낌과 이성에 관해 제시했던 사실들은, 내가 이 책에서 소개한 가장 일반적인 개념을 지지한다. 즉, 인간의 마음을 포괄적으로 이해하기 위해서는 생물체적 관점이 필요하며, 따라서 마음은 비신체적 사고에서 생물학적 조직의 영역으로 이동해야 한다. 하지만 마음은 또한 통합적인 신체 고유와 뇌를 소유하고, 물리적·사회적 환경과 충분히 상호작용하는 생물체 전체에 관련되어 있어야 한다.

그러나 내가 생각하는 진정으로 육체화된 마음은, 영혼과 정신을 구성하는 가장 정교한 작동 단계를 포기하지 않는다. 나의 견지에서 보면 영혼과 정신은 모든 존엄성과 인간적인 척도가 되며, 복잡하고 독특한 생물체의 현재 상태라고 할 수 있다. 아마도 인간으로 살아가면서 우리가 매일 할 수 있는 가장 필요한 일은 우리 자신과 다른 사람들에게 우리의 복잡성, 유약성, 유한성, 고유성 등을 상기하는 일일 것이다. 이는 물론 어려운 일이다. 왜냐하면 존엄성과 중요성을 유지하면서 정신spirit을 현재의 기반에서 어떤 장소로 옮기기 때문이다. 또한 정신의 비천한 근원과 유약성을 인식하면서도 여전히 정신의 지침이 필요하기 때문이다. 참으로 어려운 일은, 우리가 데카르트의 오류를 수정하지 않은 채 더 나은 상태로 나아가려는 것이다.

후기

갈등 상태에 있는 인간의 마음

"시인의 목소리는 단지 인간의 기록에 그칠 필요가 없다. 시인의 목소리는 버팀목, 즉 인간이 견디어내고 승리하도록 돕는 기둥이 될 수 있다."[1] 윌리엄 포크너는 1950년경에 이 말을 했지만 오늘날에도 꼭 들어맞는 말이다. 그가 염두에 두었던 청중은 동료 작가들이었으나, 뇌와 마음을 연구하는 우리에게도 적용될 수 있다. 즉, 과학자의 목소리는 단지 생명의 기록 그 자체일 필요가 없으며, 과학적 지식은 인간으로 하여금 인내하고 승리하도록 돕는 기둥이 될 수 있다. 이 책은 일반적으로 지식(특히 신경생물학적 지식)이 인간의 운명에 어떤 역할을 한다는 확신으로 쓰여졌다. 우리가 원한다면, 뇌와 마음에 관한 더 깊은 지식이 행복을 성취하는 데 도움을 줄 터이다(2세기 전 행복에 대한 열망은 진보를 위한 발판이 되었다). 또한 이러한 지식은 폴 엘뤼아르Paul Eluard가 자작시 '자유Liberte'[2)]에서 노래했던 영광스러운 자유를 유지해줄 것이다.

위에서 인용했던 같은 글에서 포크너는 동료 작가들에게 다음과 같이 말한다. "젊은 작가들은 갈등 상태에 있는 마음의 문제를 잊고 있는데, 그것만으로도 훌륭한 글감이 될 수 있다. 왜냐하면 고뇌와 땀은 모두 쓸 가치가 있기 때문이다." 그는 작가들에게 이렇게 글을 쓰라고 권한다. "오래된 마음의 진실과 사실, 보편적 진실 외에는 어떤 것에 대해서도 여지를 남겨두지 말라. 그렇지 않으면 사랑, 존경, 동정, 자만, 연민, 희생 등 그 어떤 이야기라도 덧없고 운이 다한 것이 된다."

아마도 포크너의 의미를 넘어서 신경생물학은 인간의 상태에 대한 이해와 동정심을 가지고 우리를 도울 뿐 아니라, 그럼으로써 우리로 하여금 사회적 갈등을 이해하고 그 갈등을 경감시킬 수 있다고 믿게끔 마음을 이끌고 고무시킨다. 이는 신경생물학이 세상을 살릴 수 있다는 것을 제시하는 것이 아니고, 단순히 인간 존재에 관한 지식을 점진적으로 확장시킴으로써 인간사를 관리하기 위한 더 좋은 방법을 찾도록 도울 수 있다는 의미이다.

지금까지 꽤 오랫동안 인간은 새롭고 사려 깊은 진화의 단계를 밟아 왔다. 그리고 그 속에서 인간의 마음과 뇌는, 인간의 육체와 사회의 종도 될 수 있고 주인도 될 수 있다. 물론 자연으로부터 온 마음과 뇌가 마법사의 계시 역할을 하거나 자연 자체에 영향을 주면 위험하다.

그러나 도전을 하지 않고 고통을 최소화하려는 시도도 하지 않는 것 또한 위험하다. 사실 크나큰 위험은 아무것도 하지 않는 데 있다. 그저 쉬운 일을 하는 것은, 더 좋은 세상과 더 좋은 방법을 상상할 수 없는 사람들, 그리고 모든 가능한 세상에서 이미 최상에 있다고 믿는 사람들을 기쁘게 할 뿐이다.[3)]

현대 신경생물학과 의학의 개념

의학을 개념화하고 그것을 우리 문화에 적용하는 데는 어떤 역설이 있다. 많은 임상가는 예술과 문학, 철학에 이르기까지 인본주의에 흥미가 있다. 그들 중 상당수가 시인·소설가·극작가가 되기도 하고, 특출나게도 몇몇은 인간 상태에 관해 깊이 있게 숙고하면서 심리적·사회적·정치적 차원을 예민하게 다룬다. 그러나 그들이 거쳤던 의과대학에서는 신체 고유의 생리학과 병리학에 집중하면서 인간적 차원을 거의 무시한다. 서양의학, 특히 미국의 의학은 내과와 외과의 특수 분과들을 확장함으로써 영광을 얻었는데, 양자 모두 신체적 질병이 있는 장기 및 계통의 진단과 치료를 그 목표로 했다. 뇌(좀 더 정확히 말하면 중추 신경계와 말초 신경계)는 장기 계통에 속하기 때문에 그 노력에 포함되었다. 그러나 뇌의 가장 귀중한 산물인 마음은 주류 의학에서 별로 관심을 끌지 못했고, 뇌 질환의 연구에서 파생된 분과, 즉 신경과학의 주요한 초점도 되지 못했다. 그렇기 때문에 미국의 신경과학이 내과의 부전공으로 시작하여 20세기에 와서야 독립되었다는 사실은 우연이 아니다.

이러한 전통의 최종 결과로 말미암아, 생물체가 갖는 하나의 기능으로서의 마음은 놀랄 만큼 무시되었다. 오늘날까지도 학생들에게 일반심리, 신경심리, 신경과학 등의 강력한 교과 과정에서 나오는 강의, 즉 정상적인 마음에 관한 공식적 교육을 제공하는 의과대학은 얼마 되지 않는다. 의과대학은 정신질환에서 만날 수 있는 병적인 마음을 공부하도록 강의를 제공하지만, 학생들이 정상 심리를 배우지 않으면서 병적인 심리에 관해 배우는 것을 보면 참으로 놀라울 뿐이다.

이러한 현실의 배후에는 몇 가지 이유가 있는데, 나는 그 대부분이 인간성에 관한 데카르트식 관점에서 유래했다고 본다. 과거 3세기 동안 생물학적 연구와 의학의 목적은 신체 고유의 생리와 병리를 이해하는 데 있었다. 마음은 제외되어 대부분 종교와 철학의 관점으로 남겨졌으며, 심지어 심리학이라는 특수한 교육 과정이 초점이 된 후 최근까지도 생물학과 의학의 관점에서 입문이 시작되지 않았다. 나는 이러한 사건 전개에 관한 훌륭한 이론을 알고 있으나, 이는 내가 제공하는 일반적 상황에 대한 아이디어를 재강조하는 것일 뿐이다.

이 모든 것의 결과로 의학은 인간성의 개념이 결여된 채 임무를 수행해왔다. 마음에 대한 신체 고유 질환의 결과를 차선으로 생각하거나 전혀 고려하지 않는다는 사실은 전혀 놀랄 일이 아니다. 의학계는 사람들이 자신의 의학적 상태를 어떻게 느끼는가 하는 것이 치료 결과에서 하나의 중요한 요인이라는 것을 늦게 실감했다. 위약효과placebo effect

로 인해 환자는 주어진 의학적 치료에 대해 기대 이상으로 긍정적인 반응을 보인다(위약효과는, 환자에게 알리지 않고 실제로는 효과가 없는, 그래서 긍정적이든 부정적이든 효과를 기대할 수 없는 약 성분을 함유하는 알약 혹은 주사약의 효과를 실험함으로써 측정할 수 있다). 그러나 우리는 여전히 위약효과에 관해 별로 아는 게 없다. 예를 들면 우리는 누가 좀 더 위약효과에 잘 반응하는지, 혹은 모든 사람이 다 반응하는지 알지 못한다. 우리는 또한 위약효과가 얼마나 지속되는지, 그리고 실제 얻을 수 있는 효과에 얼마나 근접하는지도 알지 못한다. 우리는 위약효과를 얼마나 증대시킬 수 있는지 아는 것이 없다. 그리고 우리는 위약효과가 소위 이중맹검 연구double-blind studies에 대해 발생시키는 오류의 정도에 관해서도 전혀 아는 바가 없다.

심리적 동요가(경미하든 혹은 강하든) 신체 고유에 질병을 일으킬 수 있다는 사실이 마침내 받아들여지기 시작했지만, 그것이 질병을 일으킬 수 있는 상황과 정도는 아직 연구되지 않은 채 남아 있다. 물론 우리 할머니들은 이 모든 것을 알았다. 할머니들은 우리에게 슬픔, 강박적 염려, 지나친 분노 등이 얼마나 마음에 상처를 주고, 궤양을 일으키며, 안색을 망쳐 놓는지, 그리고 감염에 잘 걸리도록 하는지 말해주었다. 그러나 이 모든 것은 과학적으로는 너무도 '서민적'이고 너무도 '연약'했다. 의학이 이러한 인간의 지혜를 고려하고 탐구할 만한 것으로 여기는 근거를 발견하기까지는 오랜 시간이 걸렸다.

서양의 생물학과 의학은 데카르트에 근거하여 마음을 무시함으로써 두 가지 중요한 부정적 결과를 낳게 했다. 그 첫째는 과학의 영역에 있다. 일반 생물학적 용어로 마음을 이해하려는 노력은 수십 년간 지연되어 왔고, 사실 이는 시작단계에 있지도 않았다. 아주 없는 것보다는 지연된 것이 분명히 낫지만, 그러나 이러한 지연이 의미하는 바는, 마음의 생물학을 깊이 이해함으로써 인간사에 미칠 잠재적 영향력을 그렇게 오랫동안 잊고 있었다는 것이다.

두 번째 부정적인 결과는 인간 질환에 대한 효과적 진단과 치료에 있다. 모든 위대한 의사는 당대의 핵심적인 생리병리학에 정통했지만, 그 못지 않게 자신의 통찰력과 축적된 지혜를 통해서도 갈등 상태에 있는 인간의 마음을 편하게 했다. 그들은 지식과 재능이 겸비되어 있었기 때문에 숙련된 진단가인 동시에 기적의 치료사였다. 그러나 서구사회의 의학 실무표준이 이러한 뛰어난 의사들이 행했던 것과 같은 것으로 생각한다면, 우리는 자신을 속이는 것이다. 인간 유기체에 대한 뒤틀린 관점은 세부 전공과 지식이 엄청나게 성장했음에도 의학의 부적절성을 감소시키기보다는 오히려 증가시켰다. 의학은 경제적인 것에서 비롯되는 부수적인 과제를 거의 필요로 하지 않았으나 이제는 이러한 문제도 발생하고 있으며, 이는 의료 행위를 확실히 악화시키고 있다.

서양의학에서 육체와 마음 사이의 갈라진 틈에 대한 문제는, 비록 그것이 감지되고 있기는 하지만 아직도 일반대중에 의해 분명히 표명되고 있지 않다. 나는 특히 비서양적 의학에 근거한 '대체의학'의 성공이 아마도 이 문제에 대한 보상적 반응이라고 추정한다. 이러한 대체의학에는 무언가 칭찬할 만하고 배워야 할 것들이 있지만, 인간적 견지에서 얼마나 합당한지에 관계없이 불행하게도 대체의학은 인간 질환에 효과적으로 대응하기에는 충분하지 않다. 공정을 기하자면, 우리는 평범한 서양의학이 수많은 문제를 매우 단호하게 해결한다는 것을 인식해야 한다. 대체의학은, 과학적인 의학 자체 내에서 과학적으로 수정되어야 하는 서양의학의 전통에 존재하는 약점을 지적한다. 만일 내가 믿는 대로, 대체의학의 성공이 인간을 전체로 고려하지 못하는 전통적 의학의 약점에 대한 대중적 불만의 징후라면, 이러한 불만은 서구사회의 영적 위험도가 깊어지는 것과 같이 해가 갈수록 증대될 것이다.

상처받은 감정의 선언, 개인의 아픔과 고통을 교정하기 위한 절망적 탄원, 그리고 대부분의 인간이 열망하지만 결코 성취될 수 없는 내적 균형과 행복감의 상실로 인한 미완성의 울음은 빨리 줄어들지 않을 것이다.[4] 의학 단독으로 병든 문화를 고치라고 요구하는 것은 어리석은 일이지만, 이러한 인간 질환의 측면을 무시하는 것도 어리석다.

현재의 신경생물학의 한계에 관한 노트

이 책을 통해 나는 받아들여진 사실, 논쟁 중에 있는 사실, 그리고 사실의 해석에 관해 말했다. 그리고 뇌-정신과학에 종사하는 많은 이가 공유하거나 공유하지 않은 생각에 관해서도 말했다. 내가 말하고 있는 것들, 그리고 내가 말할지도 모르는 것들에 관해서도 이야기했다. 독자는 나의 주장 가운데 그렇게도 많은 '사실'이 불확실하며, 또한 뇌에 관해 말할 수 있는 대부분이 연구되고 있는 가설이라는 데 놀랐을지 모르겠다. 자연스럽게 나는 '우리가 확신을 가지고 뇌가 어떻게 마음을 만드는 작업을 수행하는지 알고 있다'고 말할 수 있게 되길 바란다. 하지만 나는 그렇게 말할 수 없으며, 또한 염려스럽게도 아무도 그렇게 말할 수 없을 것이다.

그렇지만 나는 뇌/마음에 관한 명확한 대답의 결여가 절망의 원인이라고 생각하지 않는다. 또한 이제 그 노력에 참여하게 된 과학적 분야의 실패의 신호로 보지 않는다. 오히려 연구자들의 사기는 올라가 있다. 왜냐하면 새로운 발견이 증가되는 정도가 이전보다 더 커졌기 때문이다. 정확하고 광범위한 설명이 결여되었다고 해서 난국을 의미하는 것은 아니다. 그 도착의 시기를 예상하거나 곧 임박했다고 말하는 것이 바보스러울지 몰라도, 우리가 만족할만한 설명에 도달할 것이라고 믿는 이유가 있다. 걱정거리가 있다면, 그것은 진전의 결여가 아니라 오히려 신경과학이 전달하는 새로운 사실들의 급류와 그것들이 명확하게 사고하는 능력을 잠식할지도 모른다는 공포다.

새로운 사실이 풍부해지면 명확한 대답이 나올 수 있는 것 아니냐고 당신은 물을 것이다. 왜 우리는 우리가 어떻게 알고, (또 더욱 중요한 것으로) 아는 것을 어떻게 스스로 행할 수 있는지에 대해 정확하고 포괄적인 답을 가질 수 없는 것일까?

그 지연에 관한 주된 이유는(혹자는 유일한 이유라고 말할 수 있다), 우리가 답을 필요로 하는 문제들의 완벽한 복잡성이다. 우리가 이해하고자 원하는 것은 대부분 신경세포들의 작동에 의존한다. 이는 명백한 사실이다. 또한 우리는 이러한 신경세포의 구조와 기능에 관한, 그리고 (점화나 자극 패턴에 대한 관여 등) 최선을 다해 신경세포를 구성하고 만드는 분자에 관한 충분한 지식이 있다. 우리는 심지어 이러한 신경세포들로 하여금 어떤 특정한 형식으로 존재하고 작동하도록 하는 유전인자에 관해서도 많이 알고 있다. 그러나 명백하게 인간의 마음은 이러한 신경세포들의 점화에 의존하고 있으며, 신경세포들은 국소적·현미경적 크기의 회로에서 육안으로 보이는 수 센티미터 크기의 체계에 이르기까지 복합적인 조합을 형성하고 있다. 인간 뇌의 회로에는 수십억 개의 신경세포가 있다. 이러한 신경세포 사이에 형성된 연접부의 수는 적어도 10조 개이며, 신경세포 회로를 형성하는 축삭돌기 케이블의 길이는 수십만 마일에 걸쳐 있다(나는 솔크 연구소Salk Institute의 신경생물학자인 찰스 스티븐스Charles Stevens가 이러한 비공식적 추정을 해준 것에 감사한다). 이러한 회로에서 이루어지는 활동은 다른 회로로 전달되는 점화 패턴을 만들어낸다. 이러한 회로는 영향을 주는 주체에 의존한다. 즉, 근처에서 끝나는 다른 신경세포들에 의해 국소적으로 공급되는 것에 의존하여, 그리고 혈액에 흐르는 호르몬과 같은 화학적 물질에 의해 야기되는 좀 더 광범위한 것에 의존하여 점화될 수도 있고, 그렇지 않을 수도 있다. 점화의 시간 단위는 극히 작아서, 수천분의 1초로 된 수십 단계의 순서를 따른다. 이것이 의미하는 바는, 우리 마음의 삶에서 1초 내에 뇌는 여러 부위에 분포한 다양한 종류의 회로에 수백만의 점화 패턴을 만들어낸다는 것이다.

그러므로 마음의 신경적 근거에 관한 비밀은 신경세포가 얼마나 전형적인가에 상관이 없다. 단일 신경세포의 모든 신비가 드러난다고 해서 발견되는 것도 아니고, 어떤 전형적인 신경회로의 국소적 활동에 뒤얽힌 모든 형식이 드러난다고 해서 발견되는 것도 아니다. 우선 짐작할 수 있는 것은 다음과 같다. 즉, 마음의 기본적인 비밀은 어떤 살아 있는 유기체의 뇌 내부에서 국소적으로 또한 광범위하게 순간순간마다 많은 신경회로에 의해 발생되는 점화 형태의 상호작용에 담겨 있다.

뇌/마음의 퍼즐에 관해서는 한 가지 간단한 답이 아니라 오히려 많은 답이 존재한다. 그 답들은 여러 구조적 단계에 있는 수많은 신경계통의 요소에 맞춰져 있다. 이러한 단계들을 이해하려는 시도는 여러 가지 기술을 요하며 다양한 속도로 진행된다. 그 작업의 일부는 동물실험에 근거하여 진행할 수 있으며 상대적으로 빠르게 발전할 수 있다. 그러나 다른 작업은 단지 인간에서만 수행될 수 있기에 적절한 윤리적 주의와 제한이 필요하며, 그런 만큼 속도가 느릴 수밖에 없다.

어떤 이들은 왜 신경과학이 지난 수십 년간 분자생물학이 보여준 것처럼 멋진 결과를 아직도 성취하지 못하느냐고 묻는다. 어떤 이들은 DNA 구조의 발견에 버금가는 신경과학적 업적이 무엇인지, 연관되는 신경과학적 사실이 확증되었는지 묻기도 한다. 이러한 단일 연관은 없다. 일부 사실들(예를 들면 활동 전위action potential가 대체 무엇인지를 이해하는 것)은 신경 계통의 몇몇 단계에서 DNA 구조를 아는 것과 같은 실제적 가치에 필적할만한 것이다. 그러나 마음을 창조하는 뇌 단계에서 필적할만한 사항은, 미세 구조 및 거시 구조적 단계에서 모두 기술된 것을 포함하는, 회로와 계통 설계의 대단위 윤곽임이 틀림없다.

만일 독자들이 현재 우리 지식의 한계에 대한 위의 설명이 불충분하다고 생각한다면, 나는 두 가지를 더 이야기해야겠다. 첫째로, 내가 앞서 지적했듯이 우리 뇌 회로의 일부분만이 유전자에 의해 특수화(분화)된다. 인간의 유전자는 우리 몸의 구성에서 상당히 세밀하게 특화하며, 또한 뇌의 전반적인 디자인을 실행한다. 그러나 모든 회로가 유전자에 의해 활발하게 발달하고 활동하는 것은 아니다. 성인의 삶에서 어떤 주어진 순간에 있는 수많은 뇌 회로는 각각 독자적이고 독특하며, 그 특정 유기체의 역사와 환경을 적절하게 반영한다. 따라서 신경의 신비를 밝히는 것이 더 쉬워지는 것이 아님은 물론이다. 두 번째로, 각 인간 생물체는 유사한 것들의 집합 내에서 작동한다. 개인의 마음과 행동은 이러한 집합에 속해 있고, 특수한 문화적·물리적 환경 안에서 작동하는데, 위에서 언급한 활동에 의해 유도된 회로들에 의해서만 모양을 갖추는 것은 아니다. 유전자 단독에 의해서만 모양을 갖추는 것은 더욱 아니다. 인간의 마음과 행위를 만들어내는 뇌를 만족스럽게 이해하려면, 사회적·문화적 맥락을 고려할 필요가 있다. 그리고 그것은 이해에 대한 노력을 몹시 머뭇거리게 한다.

생존을 위한 수단

기억력, 추론, 창의력 등이 제한된 비인간에서, 심지어 비영장류의 어떤 종種들에서도, 신경학적 조절이 선천적이라는 것을 분명히 보여주는 복합적인 사회적 행위 양상이 존재한다. 특히 개미와 벌과 같은 곤충들은 언제라도 쉽게 UN 공동의회를 무색하게 하는 사회적 협조의 경이적인 예를 제공한다. 집에 가까워질수록 포유류들은 이러한 양상을 많이 보이며, 또 다른 종들 가운데서 늑대, 돌고래, 흡혈박쥐 등은 심지어 윤리적 구조가 있음을 시사한다. 인간은 명백히 이와 비슷한 타고난 기전을 소유하고 있으며, 또한 이러한 기전들은 인간에 의해 사용되는 일부 윤리 구조의 기초가 될 수 있다. 그러나 이러한 기전들에 의한 가장 정교한 사회적 관습과 윤리적 구조는 문화적으로 발생해왔음이 틀림없고, 또한 전수되어 왔다.

그렇다면 혹자는 이러한 전략들이 문화적 발전을 가져오도록 이끄는 촉진제가 무엇인지 궁금할 수 있다. 이러한 전력들은 과거를 기억할 수 있고 미래를 기대할 수 있는 능력을 지닌 개인이 겪는 고통에 대처하기 위한 수단으로 발달된 것 같다. 다른 말로 하면, 사람에서 발달된 전략은 생존이 위협당하고 있는지, 혹은 생존을 넘어선 생활의 질이 더 좋게 될 수 있는지를 인식할 수 있게 한다. 그러한 전략들은 뇌가 다음의 것들을 만족시키는 구조를 갖춘 몇몇 종에서만 발달될 수 있었다. 첫째로는, 사물 및 사건의 유형이나 독특한 사물 및 사건을 기억할 수 있는, 즉 유형의 수준에서나 독특한 단계에서 실재와 사건의 기질적 표상을 확립할 수 있는 거대한 용량이다. 둘째로는, 이러한 기억된 표상의 요소를 조작하고 독창적 조합으로 새로운 창조를 이루어낼 수 있는 거대한 용량이다. 가장 즉시 유용되는 이러한 창조물의 종류는 상상된 시나리오, 행위 결과의 예측, 미래 계획의 조직, 그리고 생존을 증대시킬 새로운 목적의 설계 등이다. 셋째로는, 위에서 언급한 새로운 창조, 즉 예측된 결과, 새로운 계획, 새로운 목표 등을 기억할 거대한 용량이다. 나는 이러한 기억된 창조를 '미래의 기억들 memories of the future'[5]이라 부른다.

만일 과거의 경험과 예측된 미래에 대한 축적된 지식이, 왜 사회적 전략들이 고통에 대처하기 위해 창조되어야 했는지에 대한 이유였다면, 우리는 여전히 왜 고통이 우선적으로 발생했는지 설명해야 한다. 그리고 이때문에 우리는 생물학적으로 규정된 고통의 감각뿐 아니라 그 반대인 즐거움도 고려해야 한다. 우리가 지금 고통과 즐거움이라 부르는 것 뒤에 존재하는 생물학적 기전 역시, 각 개인의 고통이나 이성이 없었을 때 타고난 생존 도구들이 선택되고, 전개될 때도 그 도구들의 방식이 결합되었음을 밝히는 중요한 이유라는 것은 흥미롭다. 이는 동일한 단순 장치가 또 다른 상황에서 매우 다른 순서의 복잡성으로 체계에 적용되었을 때, 다르지만 관련된 결과를 만들어낸다는 것을 단순히 의미할 수도 있다. 면역 체계, 시상하부, 복내측 피질, 권리장전 등은 같은 뿌리의 근원을 갖는다.

고통과 즐거움은 생물체가 효율적으로 작동하기 위한, 본능적이고 후천적인 전략을 요구하는 잣대가 된다. 고통과 즐거움은 또한 사회적인 의사결정 전략의 발달을 조절하는 잣대가 되었을 개연성이 높다. 사회집단에서 심리적·사회적·자연적 현상의 고통스러운 결과를 경험할 때, 많은 사람이 고통의 경험에 대처하고 그것을 감소시키기 위한, 지적이고 문화적인 전략을 발전시킬 수 있었다.

고통과 즐거움은 우리가 신체상태의 양상이 기본 범위에서 명백하게 벗어났다는 것을 의식할 때 일어난다. 고통 혹은 즐거움으로 지각되는 자극들과 뇌 활동 형식의 배열은, 뇌 구조에서 우선권을 점유한다. 이는 회로가 특수한 방식으로 점화되기 때문에 일어나며, 그 회로는 특수한 방식으로 유전적 지시를 받아 형성된 것이다. 고통과 즐거움에 대한 반응은 교육에 의해 조정될 수 있지만, 이러한 반응은 타고난 소인의 활성에 의존하는 정신현상의 으뜸가는 예이다.

우리는 고통과 즐거움에서 적어도 두 가지 요소를 구분해야 한다. 우선 뇌가 국소적 신체상태 변화의 표상을 구성하는데, 이 표상은 신체의 일부로 전가된다. 이는 엄밀한 의미에서 체감각 인지이며, 피부, 점막, 일부 장기에서 나온다. 고통과 즐거움의 두 번째 요소는 좀 더 일반적인 신체상태의 변화, 즉 사실상 감정에서 발생한다. 예를 들어 고통 혹은 즐거움이라고 하는 것은 뇌가 지각하는 특수한 신체풍경의 개념에 관한 명칭이다. 이러한 풍경을 인지하는 것은 신경전달물질과 신경조절물질에 의해 뇌 안에서 더욱 조정되는데, 이는 신호를 전달하고 신체를 반영하는 데 관여하는 뇌 부분들의 작동에 영향을 미친다. 엔돌핀(생물체 자신의 모르핀)이 방출되면 이는 오피오이드 수용체(모르핀이 작용하는 곳과 비슷한)에 결합하게 되고, '즐거움의 풍경'을 인지하는 데 중요한 요인이 되며, '고통의 풍경'에 대한 인지를 없애거나 감소시킬 수 있다.

고통의 과정과 관련해 좀 더 명확한 아이디어를 제시해 보겠다. 나는 다음과 같이 작용하는 것들을 이야기하고자 한다. 조직 손상이 있는 신체부위에서 자극받은 신경 말단기(예를 들면 치아의 뿌리 구멍)로부터, 뇌는 이전의 표상과는 다른, 국소적 신체변화에 관한 일시적 표상을 구축한다. 다르게 이야기하면 고통 신호에 연관된 활동 양상과 결과적인 표상의 지각적 특성은 뇌에 의해 전적으로 처방되었으나, 신체 지각의 어떤 종류와도 신경생리적으로 다르지 않다. 그러나 만약 이것이 전부라면, 나는 당신이 경험하는 모든 것이 어떠한 성가신 결과도 없는 신체변화의 특별한 이미지라고 말하겠다. 당신은 그것을 즐기지 않을 수 있으나 불편해하지 않을 수도 있다. 내 말의 요점은 '그 과정이 그곳에서 끝나지 않는다'는 것이다. 순수한 신체변화 과정은 신체 전체의 상태를 기본 범위에서 더욱 벗어나게 하는 추가적 신체상태 변화의 물결을 빠르게 촉발한다. 계속해서 일어나는 상태는 특정한 측면이 있는 감정이다. 이는 고통에 대한 불유쾌한 느낌이 형성될 후속적 신체상태의 일탈에서 온다. 그것들은 고통으로 경험된다. 왜냐하면 생물체가 그렇게 말하기 때문이다. 우리는 우리에게 고통과 즐거움의 경험을 가져다주는, 미리 조직된 기전을 가지고 생명을 시작했다. 문화와 개별 역사는 그것이 촉발되기 시작한 역치나 그 강도强度를 변화시킬 수 있고, 혹은 우리에게 그것을 둔화시키는 도구를 제공하기도 한다. 그러나 기본적인 장치는 주어진다.

이렇게 미리 조직화된 기전을 가지고 사용한다는 것은 무슨 의미인가? 왜 고통의 이미지만이 아닌, 이러한 괴로움의 상태가 추가되어야 하는가? 혹자는 단지 의문에 그칠지 모르지만, 그 이유는 고통이 우리에게 통고해 주는 사실과 관련된 무언가가 있다는 것이다. 고통은 우리에게 생존을 위한 최상의 방어를 제공한다. 왜냐하면 고통은 사람으로 하여금 고통 신호에 주의하고, 고통의 근거를 피하거나, 고통의 결과를 교정시킬 행동을 할 확률을 증대시키기 때문이다.

만일 고통이 욕동과 본능의 적절한 전개에 대한, 그리고 연관된 의사결정 전략의 발달에 대한 지렛대가 된다면, 고통 지각의 변화는 행동장애와 동반되어야 한다. 이는 맞는 이야기인 것 같다. 선천적으로 고통을 느끼지 못하는 이상한 상태로 태어난 사람은 정상적인 행위전략을 습득하지 못한다. 그들의 상태는 관절에 손상을 주고(고통이 없으므로 그들은 관절이 허용하는 기계적 한계를 훨씬 넘어 움직이게 되고, 그래서 인대와 캡슐이 찢어지게 된다), 심한 화상을 입게 하고, 베이게 한다(그들은 피부를 망치는 뜨거운 접시나 칼을 피하지 않는다). 이러한 손상을 입어도 그들은 계속 킬킬거리며 즐거워한다.[6] 그들은 여전히 즐거움을 느낄 수 있고, 이러한 긍정적 느낌에 의해 영향을 받을 수 있다. 그들의 행위에 결점이 있다는 것을 발견하는 것은 흥미롭다. 그러나 더욱 흥미로운 사실은 그 지레장치가 발달의 전개뿐만 아니라 후천적인 의사결정 전략의 전개에서도 역할을 한다는 가설이다. 전전두부 손상을 입은 환자들은 이상하게 변형된 고통 반응을 보인다. 예를 들면 국소화될 고통의 이미지 자체는 흠이 없으나, 고통 과정의 중요한 면인 감정 반응이 소실되거나 바로 최소한으로 따라오는 느낌이 정상적이지 않다. 이러한 괴리에 관해 고려해야 할 다른 증거가 있는데, 그것은 만성적 통증을 치료하고자 외과적 뇌병소brain lesions를 만들어낸 환자들에 관한 것이다.

어떤 신경학적 상태는 강하고 빈번한 통증을 수반한다. 하나의 예로서 삼차 신경통trigeminal neuralgia(안면 경련tic douloureux으로도 알려진)을 들 수 있다. 신경통이라는 용어는 신경에서 유래한 통증을 말하는 것이고, 삼차三叉라는 용어는 삼차 신경, 즉 안면에 분포하면서 안면에서 뇌로 신호를 운반하는 신경을 지칭한다. 삼차 신경통은 안면을 침범하는데, 일반적으로 한쪽 면이나 한쪽 부분(예를 들면 뺨)을 침범한다. 피부를 건드리는 것 같은 단순한 행동이나 피부를 어루만지는 것 같은 더욱 단순한 건드림이 갑작스럽게 참기 어려운 통증을 촉발할 수 있다. 괴로움을 당하는 사람은 칼로 살을 찌르거나 피부와 뼈를 핀으로 찌르는 감각을 호소한다. 그들의 전 생활은 통증에 초점이 맞춰질 수도 있다. 그들은 계속 찔리거나 자주 찔릴 때마다 어떤 것을 하거나 생각할 수 없다. 그들의 신체는 꽉 짜여진 방어적 코일 안에 갇혀 있다.

신경 통증이 어떤 약에도 듣지 않는 환자들에서 이러한 상황은 제어가 되지 않는 상태 혹은 치료 저항성 상태로 분류된다. 이런 경우, 신경외과에서는 수술적 중재로써 치료하거나 완화의 가능성을 제공할 수 있다. 과거에 치료법으로 시도되었던 것은 전전두부 회백질 제거이다(4장에 기술했다). 이러한 중재의 결과는 다른 어떤 사실보다도 통증 그 자체(어떤 감각 신호들의 지각)와 고통(그 지각에 대한 감정적 반응을 지각함으로써 오는 느낌) 사이의 구분을 잘 보여준다.

나는 에가스 모니스Egas Moniz가 대뇌 혈관촬영과 전전두부 백질 절제술을 개발할 때 도왔던 일이 있다. 그리고 실제 그 수술을 처음으로 수행했던 알메이다 리마Almeida Lima와 함께 수련도 받았다. 그때 내가 개인적으로 목격했던 다음의 에피소드를 생각해 보자. 숙련된 외과의사일뿐만 아니라 온정적인 사람이기도 한 리마는 참을 수 없는 통증을 다루기 위해 변형된 백질제거술을 사용했는데, 심각한 경우에는 그 방법이 적합하다고 확신했다. 그는 시작부터 내가 그 문제의 사례를 보기를 원했다.

나는 침대에 앉아 그 수술을 기다리고 있던 특이한 환자를 생생히 기억하고 있다. 그는 심각한 통증으로 쭈그리고 앉아 있었으며, 거의 움직이지 못했고, 더 깊은 통증이 일어날까 두려워하고 있었다. 수술 이틀 후 리마와 내가 회진했을 때 그는 다른 사람이 되어 있었다. 그는 다른 누구보다도 느긋해져 있었으며, 병실 동료와 카드게임을 즐기고 있었다. 리마가 그에게 통증이 있는지 물었다. 그가 리마를 올려다보며 유쾌하게 말했다. "오, 통증은 여전하지만 나는 지금 기분이 좋습니다. 감사합니다." 그 수술이 작용한 것으로 보였던 것은, 명백하게 우리가 통증이라 부르는 것의 일부분인 감정 반응을 없애준 것이다. 그것이 그 사람의 고통을 끝나게 했다. 그의 얼굴 표정과 목소리와 태도는 즐거운 상태와 관계되는 것이지 통증과 관련된 것이 아니었다. 그러나 그 수술은 삼차 신경의 지배를 받는 신체부위에서 이미지를 국소적으로 변화시키는 일을 거의 하지 못한 것처럼 보였다. 이것이 환자가 통증을 똑같이 느끼는 이유였던 것 같다. 뇌가 더 이상 고통을 야기할 수 없는 동안, 뇌는 여전히 '통증의 이미지들', 즉 통증 풍경에 관한 체감각 지도를 정상적으로 작동시키는 과정을 만들고 있었던 것이다.[7] 우리가 통증의 기전에 관해 말할 수 있는 것에 부가해서, 이러한 예는 실재의 이미지(통증 이미지와 동등한 생물학적 조직의 상태)와 때맞춘 병렬에 의해 실재의 이미지를 보증하는 신체상태 이미지 사이의 분리를 드러낸다.

나는 신경생물학과 의학의 주요한 노력이 위에서 기술한 종류의 고통을 경감시키는 방향으로 향해야 한다고 믿는다. 정신질환의 고통을 경감시키고자 노력하는 생의학적biomedical 목표는 그 못지않게 중요하다. 그러나 의학 영역 밖의 개인적·사회적 갈등에서 발생한 고통을 어떻게 다룰지는 이와는 다른 문제이며, 전적으로 풀리지 않는 문제이다. 현재의 기류는 전혀 구분을 하지 않는 것이고, 어떠한 불편이라도 제거하기 위해서는 의학적 접근을 사용한다는 것이다. 이러한 태도의 지지자들은 하나의 매력적인 주장을 한다. 예를 들어 세로토닌의 증가로 우울증이 치료될 뿐만 아니라 공격성이 감소되고, 수줍음이 덜하게 되고, 그래서 좀 더 자신감 있는 사람으로 변할 수 있다면, 왜 이러한 기회의 장점을 택하지 않느냐는 것이다. 가장 흉을 잘 보는 사람을 제외한다면, 어떠한 청교도적 창조물도 이러한 놀라운 약들의 장점을 취하는 동료 인간을 비난하지 못할 것이다. 물론 이러한 문제는 다음과 같은 여러 이유로 명확하지 않다. 첫째, 이러한 약들이 장기간의 생물학적 효과가 있는지 알려지지 않았다. 둘째, 사회적으로 다량의 약을 복용한 결과 역시 모호하다. 셋째, 아마도 모든 것 중에서 가장 중요한 것일 텐데, 만일 개인적·사회적 고통에 대한 해법이 개인적·사회적 갈등의 원인을 간과한다면 약은 장기적으로 효과가 없을 것이다. 약은 하나의 증상을 치료할지 몰라도 질병의 근원과는 관련이 없다.

나는 즐거움에 관해서는 별로 말하지 않았다. 고통과 즐거움은 쌍둥이이거나 서로의 모습을 비추는 거울이 아니며, 생존의 지렛대 역할을 하는 것은 더욱 아니다. 어쨌든 자주 그러는 것은 아니지만 바로 지금이든 예측된 미래든, 임박한 곤란을 회피하도록 조종하는 것은 통증 관련 신호다. 통증 회피에 의해 다스려지는 것만큼, 혹은 그 이상으로 즐거움을 추구하는 것에 의해 다스려지는 개인과 사회가 생존할 수 있다는 것은 상상하기 어렵다. 최근 쾌락적 문화가 점증하면서 나타나는 사회적 발달의 일부는 이러한 견해를 뒷받침한다. 또한 동료들과 내가 여러 감정과 신경의 관련성을 추적하는 작업도 그 이상의 지지를 이끌어 내고 있다. 감정은 긍정적일 때보다 부정적일 때 훨씬 더 많은 다양성이 있는 것 같다. 또한 뇌는 다른 체계를 가지고 여러 종류의 긍정적·부정적 감정을 다루고 있음이 명백하다. 『안나 카레니나』의 첫머리에서 톨스토이는 이와 비슷한 시각을 보여준다. "행복한 가족은 모두 비슷한 이유로 행복하지만, 불행한 가족은 저마다의 이유로 불행하다."

각주 및 참고문헌

서문

1. 나는 '이성', '합리성', '의사결정' 등의 용어를 최대한 명확하게 사용하고자 했지만, 8장 초반에 언급한 것처럼 이 용어들의 의미가 종종 문제를 일이키기에 주의하라고 말하고 싶다. 이것은 나나 독자만의 문제가 아니며, 현대 철학사전에서도 이성에 대해 다음과 같이 언급하고 있다. "영어에서 '이성'이라는 단어는 오래전부터 지금까지 폭넓고 수많은 뜻으로 사용되어 쓰임새마다 종종 복잡하고 명확하지 않게 관련되어 있다…" (*Encyclopedia of Philosophy*, P. Edwards, ed., 1967, New York: Macmillan Publishing Company and the Free Press.)

   이런 현상에도 불구하고 독자는 내가 '이성'과 '합리성'을 꽤 보편적 의미로 사용한다는 것을 볼 수 있을 것이다. 나는 대체로 이성을 '생각하는 능력과 순서대로 논리적으로 추론할 수 있는 능력', 합리성을 '개인과 사회적인 맥락에서 논리를 적용하는 생각과 행동의 질'이라는 의미로 사용했다. 독자가 또한 읽으며 발견할 것은 내가 감정과 느낌을 교환적으로 사용하지 않는다는 것이다. 일반적으로 나는 '감정'을 '대개 특정한 정신적 내용에서 기인한, 뇌와 몸에서 모두 일어나는 변화의 모음'으로 생각했다. '느낌'은 그 변화를 인식하는 것이다. 7장에서 두 용어의 구분을 다루었다.

2. C. Darwin (1871). *The Descent of Man.* London: Murray.
3. N. Chomsky (1984). *Modular Approaches to the Study of the Mind.* San Diego: San Diego State University Press.
4. O. Flanagan (1991). *The Science of the Mind.* Cambridge, MA: MIT Press/Bradford Books.

1장

1. J. M. Harlow (1868). Recovery from the passage of an iron bar through the head, *Publications of the Massachusetts Medical Society*, 2:327-7; and (1848-49). Passage of an iron rod through the head, *Boston Medical and Surgical journal*, 39:389.
2. 위의 각주 1을 보라.
3. E. Williams, cited in H. J. Bigelow (1850). Dr. Harlow's case of recovery from the passage of an iron bar through the head, *American Journal of the Medical Sciences*, 19:13-22.
4. 위의 각주 3을 보라(Bigelow).
5. 위의 각주 1을 보라(1868).
6. N. West (1939). *The Day of the Locust.* Chapter 1.
7. 이러한 태도의 예시는 다음을 보라. E. Dupuy (1873). *Examen de quelques points de la physiologie du cerveau.* Paris: Delahaye.
8. D. Ferrier (1878). The Goulstonian Lectures on the localisation of *cerebral disease, British Medical Journal*, 1:399-447.
9. 갈Gall의 공헌에 대한 매우 공정한 평가는 다음을 보라. J. Marshall (1980). The new organology, *The Behavioral and Brain Sciences*, 3:23-25.
10. M. B. MacMillan (1986). A wonderful journey through skull and brains, *Brain and Cognition*, 5:67-107.
11. N. Sizer (1882). *Forty Years in Phrenology; Embracing Recollections of History, Anecdote and Experience.* New York: Fowler and Wells.
12. 위의 각주 1을 보라(1868).

2장

1. P. Broca (1865). Sur la faculte du langage articule, *Bull. Soc. Anthropol., Paris*, 6:337-93.

   C. Wernicke (1874). *Der aphasische Symptomencomplex*. Breslau: Cohn und Weigert.

   브로카와 베르니케 실인증을 자세히 알고 싶다면 다음을 보라. A. Damasio (1992). *The New England Journal of Medicine*, 326:531-39. 언어의 신경해부학에 대한 최근의 검토는 다음을 보라. A. Damasio and H. Damasio (1992). *Scientific American*, 267: 89-95.
2. 신경해부학에 관한 전반적인 교과서는 다음을 보라. J. H. Martin (1989). *Neuroanatomy Text and Atlas*. New York: Elsevier. 인간 뇌의 최신 도해는 다음을 보라. H. Damasio (1994). *Human Neuroanatomy from Computerized Images*. New York: Oxford University Press. 미래 신경생물학에서 언급하는 신경해부학의 중요성은 다음을 보라. F. Crick and E. Jones (1993). The Backwardness of human neuroanatomy, *Nature*, 361:109-10.
3. H. Damasio and R. Frank (1992). Three-dimensional in vivo mapping of brain lesions in humans, *Archives of Neurology*, 49:137-43.
4. See E. Kandel, J. Schwartz, T. Jessell (1991). *Principles of Neuroscience*. Amsterdam: Elsevier.

   P. S. Churchland and T. J. Sejnowski (1992). *The Computational Brain: Models and Methods on the Frontiers of Computational Neuroscience*. Boston: MIT Press, Bradford Books.
5. H. Damasio, T. Grabowski, R. Frank, A. M. Galaburda, and A. R. Damasio (1994). The return of Phineas Gage: The skull of a famous patient yields clues about the brain, *Science*, 264: 1102-05.

3장

1. 피니어스 게이지를 제외하고, 이 책에서 언급된 모든 환자의 프라이버시는 약자, 가명, 자세한 이력 등을 생략하는 것으로 보호했다.
2. 이 장에서 내가 언급하는 신경심리검사들은 다음에서 서술된 것이다. M. Lezak (1983). *Neuopsychological Assessment.* New York: Oxford University Press; and A. L. Benton (1983). *Contributions to Neuropsychological Assessment.* New York: Oxford University Press.
3. B. Milner (1964). Some effects of frontal lobectomy in man, in J. M. Warren and K. Akert, eds., *The Frontal Granular Cortex and Behavior.* New York: McGraw-Hill.
4. T. Shallice and M. E. Evans (1978). The involvement of the frontal lobes in cognitive estimation, *Cortex,* 14:294-303.
5. S. R. Hathaway and J. C. McKinley (1951). *The Minnesota Multiphasic Personality Inventory Manual* (rev. ed.). New York: Psychological Corporation.
6. L. Kohlberg (1987). *The Measurement of Moral Judgment.* Cambridge, Massachusetts: Cambridge University Press.
7. J. L. Saver and A. R. Damasio (1991). Preserved access and processing of social knowledge in a patient with acquired sociopathy due to ventromedial frontal damage, *Neuropsychologia,* 29: 1241-49.

4장

1. B. J. McNeil, S. G. Pauker, H. C. Sox, and A. Tversky (1982). On the elicitation of preferences for alternative therapies, *New England Journal of Medicine,* 306:1259-69.
2. 자세한 신경심리 연구 전략은 다음을 보라. H. Damasio and A. R. Damasio (1989). *Lesion Analysis in Neuropsychology.* New York: Oxford University Press.
3. R. M. Brickner (1934). An interpretation of frontal lobe function based upon

the study of a case of partial bilateral frontal lobectomy, *Research Publications of the Association for Research in Nervous and Mental Disease*, 13:259-351; and (1936). *The intellectual functions of the frontal lobes: Study based upon observation of a man after partial bilateral frontal lobectomy.* New York: Macmillan. 또한 전두엽 손상에 관한 다른 연구들은 다음을 보라. D. T. Stuss and F. T. Benson (1986). *The Frontal Lobes.* New York: Raven Press.

4. D. O. Hebb and W. Penfield (1940). Human behavior after extensive bilateral removals from the frontal lobes, *Archives of Neurology and Psychiatry*, 44:421-38.
5. S. S. Ackerly and A. L. Benton (1948). Report of a case of bilateral frontal lobe defect, *Research Publications of the Association for Research in Nervous and Mental Disease*, 27:479-504.
6. 액컬리-벤튼의 환자와 비교될 수 있는 사례는 매우 적지만, 다음을 보라.

   B. H. Price, K. R. Daffner, R. M. Stowe, and M. M. Mesulam (1990). The comportmental learning disabilities of early frontal lobe damage, *Brain*, 113:1383-93.

   L. M. Grattan, and P. J. Eslinger (1992). Long-term psychological consequences of childhood frontal lobe lesion in patient DT, *Brain and Cognition*, 20:185-95.
7. E. Moniz (1936). *Tentatives opératoires dans le traitement de certaines psychoses.* Paris: Masson.
8. 이것과 다른 형태의 공격적 치료에 관한 논의는 다음을 보라. E. S. Valenstein (1986). *Great and Desperate Cures: The Rise and Decline of Psychosurgery and Other Radical Treatment for Mental Illness.* New York: Basic Books.
9. J. Babinski (1914). Contributions à I'etude des troubles mentaux dans I'hemiplegie organique cerebrale (anosognosie), *Revue neurologique*, 27:845-47.
10. A. Marcel (1993). Slippage in the unity of consciousness, in *Experimental and theoretical studies of consciousness* (Ciba Foundation Symposium 174), pp. 168-86. New York: John Wiley & Sons.
11. S. W. Anderson and D. Tranel (1989). Awareness of disease states following cerebral infarction, dementia, and head trauma: Standardized assessment, *The Clinical Neuropsychologist*, 3:327-39.

12. R. W. Sperry (1981). Cerebral organization and behavior, Science, 133:1749-57.
J. E. Bogen and G. M. Bogen (1969). The other side of the brain. III: The corpus callosum and creativity, *Bull. Los Angeles Neurol. Soc.*, 34:191-220.
E. De Renzi (1982). *Disorders of Space Exploration and Cognition.* New York: John Wiley & Sons.
D. Bowers, R. M. Bauer, and K. M. Heilman (1993). The nonverbal affect lexicon: Theoretical perspectives from neuropsychological studies of affect perception, *Neuropsychologia*, 7:433-44.
M. M. Mesulam (1981). A cortical network for directed attention and unilateral neglect, *Ann. Neurol.*, 10:309-25.
E. D. Ross and M. M. Mesulam (1979). Dominant language functions of the right hemisphere, *Arch. Neurol.*, 36:144-48.
13. B. Woodward and S. Armstrong (1979). *The Brethren.* New York: Simon & Schuster.
14. D. Tranel and B. T. Hyman (1990). Neuropsychological correlates of bilateral amygdala damage, *Archives of Neurology*, 47: 349-55.
F. K. D. Nahm, H. Damasio, D. Tranel, and A. Damasio (1993). Cross-modal associations and the human amygdala, *Neuropsychologia*, 31:727-44.
R. Adolphs, D. Tranel, and A. Damasio. Bilateral Damage to the Human Amygdala Impairs the Recognition of Emotion in Facial Expressions. (to appear)
15. L. Weiskrantz (1956). Behavioral changes associated with ablations of the amygdaloid complex in monkeys, *Journal of Comparative and Physiological Psychology*, 49:381-91.
J. P. Aggleton and R. E. Passingham (1981). Syndrome produced by lesions of the amygdala in monkeys *(Macaca mulatta)*, *Journal of Comparative and Physiological Psychology*, 95:961-77.
쥐에 관한 연구는 다음을 보라. J. E. Le Doux (1992). Emotion and the amygdala, in J. P. Aggleton, ed., *The Amygdala: Neurobiological Aspects of Emotion, Mystery, and Mental Dysfunction*, pp. 339-51. New York: Wiley-Liss.
16. R. J. Morecraft and G. W. Van Hoesen (1993). Frontal granular cortex input to

the cingulate (M 3), supplementary (M 2), and primary (M 1) motor cortices in the rhesus monkey, *Journal of Comparative Neurology*, 337:669-89.

17. A. R. Damasio and G. W. Van Hoesen (1983). Emotional disturbances associated with focal lesions of the limbic frontal lobe, in K. M. Heilman and P. Satz, eds., *Neuropsychology of Human Emotion.* New York: The Guilford Press.

    M. I. Posner and S. E. Petersen (1990). The attention system of the human brain, *Annual Review of Neuroscience*, 13:25-42.

18. F. Crick (1994). The Astonishing Hypothesis: *The Scientific Search for the Soul.* New York: Charles Scribner's Sons.

19. J. F. Fulton and C. F. Jacobsen (1935). The functions of the frontal lobes: A comparative study in monkeys, chimpanzees and man, *Advances in Modern Biology (Moscow)*, 4:113-23.

    J. F. Fulton (1951). *Frontal Lobotomy and Affective Behavior.* New York: Norton and Company.

20. C. F. Jacobsen (1935). Functions of the frontal association area in primates, *Archives of Neurology and Psychiatry*, 33:558-69.

21. R. E. Myers (1975). Neurology of social behavior and affect in primates: A study of prefrontal and anterior temporal cortex, in K. J. Zuelch, O. Creutzfeldt, and G. C. Galbraith, eds., *Cerebral Localization*, pp. 161-70. New York: Springer-Verlag.

    E. A. Franzen and R. E. Myers (1973). Neural control of social behavior: Prefrontal and anterior temporal cortex, *Neuropsychologia*, 11:141-57.

22. S. J. Suomi (1987). Genetic and maternal contributions to individual differences in rhesus monkey biobehavioral development. In *Perinatal Development: A Psychobiological Perspective*, pp. 397-419. New York: Academic Press, Inc.

23. 이 주제에 관한 신경생리적 증거 검토는 다음을 보라. L. Brothers, Neurophysiology of social interactions, in M. Gazzaniga, ed., *The Cognitive Neurosciences* (in press).

24. P. Goldman-Rakic (1987). Circuitry of primate prefrontal cortex and

regulation of behavior by representational memory, in F. Plum and V. Mountcastle, eds. Handbook of Physiology: The Nervous System, vol. 5, pp. 373-417. Bethesda, MD: American Physiological Society.

J. M. Fuster (1989). *The Prefrontal Cortex: Anatomy, Physiology, and Neuropsychology of the Frontal Lobe* (2nd ed.). New York: Raven Press.

25. M. J. Raleigh and G. L. Brammer (1993). Individual differences in serotonin-2 receptors and social behavior in monkeys, *Society for Neuroscience Abstracts*, 19:592.

5장

1. E. G. Jones and T. P. S. Powell (1970). An anatomical study of converging sensory pathways within the cerebral cortex of the monkey, *Brain*, 93:793-820. 판디야, 로크랜드, 반 호센, 골드먼래킥, 반 에센 등 신경해부학자들의 연구는 이러한 연결 원리를 반복적으로 확인했고, 그 복잡성을 해명했다.
2. D. Dennett (1991). *Consciousness Explained.* Boston: Little, Brown.
3. A. R. Damasio (1989). The brain binds entities and events by multiregional activation from convergence zones, *Neural Computation*, 1:123-32.

   A. R. Damasio

   —— (1989). Time-locked multiregional retroactivation: A systems level proposal for the neural substrates of recall and recognition, *Cognition*, 33:25-62.

   A. R. Damasio and H. Damasio (1993). Cortical systems underlying knowledge retrieval: Evidence from human lesion studies, in *Exploring Brain Functions: Models in Neuroscience*, pp. 233-48. New York: Wiley & Sons.

   —— (1994). Cortical systems for retrieval of concrete knowledge: The convergence zone framework, in C. Koch, ed., *Large-Scale Neuronal Theories of the Brain.* Cambridge, MA: MIT Press.
4. 다른 문헌으로는 다음을 보라.

   C. von der Malsburg (1987). Synaptic plasticity as basis of brain organization, in P.-P. Changeux and M. Konishi, eds., *The Neural and Molecular Bases of*

Learning (Dahlem Workshop Report 38), pp. 411-31. Chichester, England: Wiley.

G. Edelman (1987). *Neural Darwinism: The Theory of Neuronal Group Selection.* New York: Basic Books.

R. Llinas (1993). Coherent 40-Hz oscillation characterizes dream state in humans, *Proceedings of the National Academy of Sciences,* 90:2078-81.

F. H. Crick and C. Koch (1990). Towards a neurobiological theory of consciousness, *Seminars in the Neurosciences,* 2:263-75.

W. Singer, A. Artola, A. K. Engel, P. Koenig, A. K. Kreiter, S. Lowel, and T. B. Schillen (1993). Neuronal representations and temporal codes, in T. A. Poggio and D. A. Glaser, eds., *Exploring Brain Functions: Models in Neuroscience,* pp. 179-94. Chichester, England: Wiley.

R. Eckhorn, R. Bauer, W. Jordan, M. Brosch, W. Kruse, M. Munk, and H. J. Reitboeck (1988). Coherent oscillations: A mechanism for feature linking in the visual cortex, *Biologica Cybernetica,* 60-30.

S. Zeki (1993). *A Vision of the Brain.* London: Blackwell Scientific.

S. Bressler, R. Coppola, and R. Nakamura (1993). Episodic multi-regional cortical coherence at multiple frequencies during visual task performance, *Nature,* 366:153-56.

5. 이 책의 4장과 다음을 보라. M. I. Posner and S. E. Petersen (1990). The attention system of the human brain, *Annual Review of Neuroscience,* 13:25-42. P. S. Goldman-Rakic (1987). Circuitry of primate prefrontal cortex and regulation of behavior by representational memory, in F. Plum and V. Mountcastle, eds., *Handbook of Physiology: The Nervous System,* vol. 5, pp. 373-417. Bethesda, MD: American Physiological Society.

J. M. Fuster (1989). *The Prefrontal Cortex: Anatomy, Physiology, and Neuropsychology of the Frontal Lobe* (2nd ed.). New York: Raven Press.

6. 시각에 관한 신경해부적, 신경생리적, 정신신체적 연구는 다음을 보라.

J. Allman, F. Miezin, and E. McGuiness (1985). Stimulus specific responses from beyond the classical receptive field: Neuropsychological mechanisms for local-global comparisons in visual neurons, *Annual Review of Neuroscience,*

8:407-30.
W. Singer, C. Gray, A. Engel, P. Koenig, A. Artola, and S. Brocher (1990). Formation of cortical cell assemblies, *Symposia on Quantitative Biology*, 55:939-52.
G. Tononi, O. Sporns, and G. Edelman (1992). Reentry and the problem of integrating multiple cortical areas: Simulation of dynamic integration in the visual system, *Cerebral Cortex*, 2:310-35.
S. Zeki (1992). The visual image in mind and brain, *Scientific American*, 267:68-76.
신체감각과 청각에 관한 연구는 다음을 보라.
R. Adolphs (1993). Bilateral inhibition generates neuronal responses tuned to interaural level differences in the auditory brainstem of the barn owl, *The Journal of Neuroscience*, 13:3647-68.
M. Konishi, T. Takahashi, H. Wagner, W. E. Sullivan, and C. E. Carr (1988). Neurophysiological and anatomical substrates of sound localization in the owl, in G. Edelman, W. Gall, and W. Cowan, eds., *Auditory Function*, pp. 721-46. New York: John Wiley & Sons.
M. M. Merzenich and J. H. Kaas (1980). Principles of organization of sensory-perceptual systems in mammals, in J. M. Sprague and A. N. Epstein, eds., *Progress in Psychobiology and Physiological Psychology*, pp. 1-42. New York: Academic Press.
피질 가소성에 관한 연구는 다음을 보라.
C. D. Gilbert, J. A. Hirsch, and T. N. Wiesel (1990). Lateral interactions in visual cortex. In: *Symposia on Quantitative Biology*, vol. 55, pp. 663-77. Cold Spring Harbor, N.Y.: Laboratory Press.
M. M. Merzenich, J. H. Kaas, J. Wall, R. J. Nelson, M. Sur, and D. Felleman (1983). Topographic reorganization of somatosensory cortical areas 3B and 1 in adult monkeys following restructured deafferentation, *Neuroscience*, 8:33-55.
V. S. Ramachandran (1993). Behavioral and magnetoencephalographic correlates of plasticity in the adult human brain, *Proceedings of the National Academy of Science*, 90:10413-20.

7. F. C. Bartlett (1964). *Remembering: A Study in Experimental and Social Psychology*. Cambridge, England: Cambridge University Press.
8. S. M. Kosslyn, N. M. Alpert, W. L. Thompson, V. Maljkovic, S. B. Weise, C. F. Chabris, S. E. Hamilton, S. L. Rauch, and F. S. Buonanno (1993). Visual mental imagery activates topographically organized visual cortex: PET investigations, *Journal of Cognitive Neuroscience*, 5:263-87.

   H. Damasio, T. J. Grabowski, A. Damasio, D. Tranel, L. Boles-Ponto, G. L. Watkins, and R. D. Hichwa (1993). Visual recall with eyes closed and covered activates early visual cortices, *Society for Neuroscience Abstracts*, 19:1603.
9. 역발화의 경로는 이제 밝혀지기 시작했다. 다음을 보라.

   G. W. Van Hoesen (1982). The parahippocampal gyrus: New observations regarding its cortical connections in the monkey, Trends in Neurosciences, 5:345-50.

   M. S. Livingstone and D. H. Hubel (1984). Anatomy and physiology of a color system in the primate visual cortex, *The Journal of Neuroscience*, 4:309-56.

   D. H. Hubel and M. S. Livingstone (1987). Segregation of form, color, and stereopsis in primate area 18, *The Journal of Neuroscience*, 7:3378-3415.

   M. S. Livingstone and D. H. Hubel (1987). Connections between layer 4B of area 17 and thick cytochrome oxidase stripes of area 18 in the squirrel monkey, *The Journal of Neuroscience*, 7:3371-77.

   K. S. Rockland and A. Virga (1989). Terminal arbors of individual "feedback" axons projecting from area V2 to V1 in the macaque monkey: A study using immunohistochemistry of anterogradely transported *Phaseolus vulgaris leucoagglutinin, Journal of Comparative Neurology*, 285:54-72.

   D. J. Felleman and D. C. Van Essen (1991). Distributed hierarchical processing in the primate cerebral cortex, *Cerebral Cortex*, 1:1-47.
10. R. B. H. Tootell, E. Switkes, M. S. Silverman, and S. L. Hamilton (1988). Functional anatomy of macaque striate cortex. II. Retinotopic organization, *The Journal of Neuroscience*, 8:1531-68.
11. M. M. Merzenich, 각주 3을 보라.
12. 여기에서 학습과 가소성에 관한 과학적 문헌을 공정하게 다루는 것은 가능하지

않다. 다음의 두 책에서 선택된 장을 참고하라.

E. Kandel, J. Schwartz, and T. Jessell (1991). *Principles of Neuroscience.* Amsterdam: Elsevier.

P. S. Churchland and T. J. Sejnowski (1992). *The Computational Brain: Models and Methods on the Frontiers of Computational Neuroscience.* Cambridge, MA: MIT Press/Bradford Books.

13. 이미지에 따른 가치는 자극-반응 행동주의의 긴 밤에 이어 나타난 인지 혁명의 부분으로, 최근에 발전되었다. 이것은 로저 쉐퍼드와 스티븐 코슬린의 연구에 힘입은 바 크다. 다음을 보라.

R. N. Shepard and L. A. Cooper (1982). *Mental Images and Their Transformations.* Cambridge, MA: MIT Press.

S. M. Kosslyn (1980). *Image and Mind.* Cambridge, MA: Harvard University Press.

For a historical review, see also Howard Gardner (1985). *The Mind's New Science.* New York: Basic Books.

14. B. Mandelbrot, personal communication.

15. A. Einstein, cited in J. Hadamard (1945). *The Psychology of Invention in the Mathematical Field.* Princeton, NJ: Princeton University Press.

16. 다음은 이 주제에 관한 핵심적인 참고문헌들이다.

D. H. Hubel and T. N. Wiesel (1965). Binocular interaction in striate cortex of kittens reared with artificial squint, *Journal of Neurophysiology*, 28:1041-59.

D. H. Hubel, T. N. Wiesel, and S. LeVay (1977). Plasticity of ocular dominance columns in monkey striate cortex, *Philosophical Transactions of the Research Society of London*, ser. B, 278:377-409.

L. C. Katz and M. Constantine-Paton (1988). Relationship between segregated afferents and post-synaptic neurons in the optic tectum of three-eyed frogs, *The Journal of Neuroscience*, 8:3160-80.

G. Edelman (1988). *Topobiology.* New York: Basic Books.

M. Constantine-Paton, H. T. Cline, and E. Debski (1990). Patterned activity, synaptic convergence, and the NMDA receptor in developing visual pathways, *Annual Review of Neuroscience*, 13:129-54.

C. Shatz (1992). The developing brain, *Scientific American*, 267:61-67.

17. 이 주제에 대한 적절한 배경은 다음을 보라.

R. C. Lewontin (1992). *Biology as Ideology*. New York: Harper Perennial; Stuart A. Kauffman (1993). *The Origins of Order. Self-Organization and Selection in Evolution*. New York: Oxford University Press.

18. 발생하는 회로 디자인의 빠르고 극적인 변화의 실질은 내가 이미 언급한 풍부한 연접부를 포함하며, 이 연접부들은 각각의 연접부에서 사용 가능한 다양한 신경전달물질과 수용체에 의해 강화된다. 이러한 가소성 과정에 대한 묘사는 이 책의 범위를 넘어서는 것이지만, 여기서 제공하는 설명은 그것이 연접부 수준에서 회로 선택에 의해 대부분 일어난다는 개념과 다르지 않다. 신경계에서 선택이라는 개념은 닐스 제르네와 영Young이 처음으로 제안하고 장피에르 샹주가 사용했다. 제럴드 에델만은 이 개념을 옹호하고 이에 맞추어 마음과 뇌에 관한 포괄적 이론을 만들어냈다.

6장

1. C. B. Pert, M. R. Ruff, R. J. Weber, and M. Herkenham (1985). Neuropeptides and their receptors: A psychosomatic network, *The Journal of Immunology*, 135:8205-265.

F. Bloom (1985). Neuropeptides and other mediators in the central nervous system, *The Journal of Immunology*, 135:7435-455.

J. Roth, D. LeRoith, E. S. Collier, N. R. Weaver, A. Watkinson, C. F. Cleland, and S. M. Glick (1985). Evolutionary origins of neuropeptides, hormones, and receptors: Possible applications to immunology, *The Journal of Immunology*, 135:8165-195.

B. S. McEwen (1991). Non-genomic and genomic effects of steroids on neural activity, *Trends in Pharmacological Sciences*, Apr:12(4): 141-7.

A. Herzog (1984). Temporal lobe epilepsy: An extrahypothalamic pathogenesis for polycystic ovarian syndrome ?, *Neurology*, 34:1389-93.

2. J. Hosoi, G. F. Murphy, and C. L. Egan (1993). Regulation of Langerhans cell function by nerves containing calcitonin gene-related peptide,

Nature, 363:159-63.

3. J. R. Calabrese, M. A. Kling, and P. Gold (1987). Alterations in immunocompetence during stress, bereavement and depression: Focus on neuroendocrine regulation, *American Journal of Psychiatry*, 144:1123-34.
4. E. Marder, ed. (1989). Neuromodulation in circuits underlying behavior, *Seminars in the Neurosciences*, 1:3-4.
   C. B. Saper (1987). Diffuse cortical projection systems: anatomical organization and role in cortical function. In: V. B. Mountcastle, ed., *Handbook of Physiology*, pp. 169-210. Bethesda, Maryland: American Physiological Society.
5. C. S. Carter (1992). Oxytocin and sexual behavior, *Neuroscience Biobehavioral Review*, 16:131.
   T. R. Insel (1992). Oxytocin, a neuropeptide for affiliation: Evidence from behavioral, receptor autoradiographic, and comparative studies, *Psychoneuroendocrinology*, 17:3.
6. R. Descartes (1647). The Passions of the Soul, in J. Cottingham, R. Stoothoff, and D. Murdoch, eds., *The Philosophical Writings of Descartes*, vol. 1. Cambridge, England: Cambridge University Press (1985).
7. S. Freud (1930). *Civilization and Its Discontents*. Chicago: University of Chicago Press.

7장

1. J. M. Allman, T. McLaughlin, and A. Hakeem (1993). Brain weight and life-span in primate species, *Proceedings of the National Academy of Science*, 90:118-22.
2. J. M. Allman, T. McLaughlin, and A. Hakeem (1993). Brain structures and life-span in primate species, *Proceedings of the National Academy of Science*, 90:3559-63.
3. W. James (1890). *The Principles of Psychology*, vol. 2. New York: Dover (1950).

4. 이 주제에 관한 폭넓은 학문을 소개하는 문헌으로는, 다음을 추천한다.

P. Ekman (1992). Facial expressions of emotion. New findings, new questions, *Psychological Science*, 3:34-38.

R. S. Lazarus (1984). On the primacy of cognition, *American Psychologist*, 39:124-29.

G. Mandler (1984). *Mind and Body: Psychology of Emotion and Stress*. New York: W. W. Norton & Co.

R. B. Zajonc (1984). On the primacy of affect, *American Psychologist*, 39:117-23.

5. M. H. Bagshaw, D. P. Kimble, and K. H. Pribram (1965). The GSR of monkeys during orienting and habituation and after ablation of the amygdala, hippocampus and inferotemporal cortex, *Neuropsychologia*, 3:111-19.

L. Weiskrantz (1956). Behavioral changes associated with ablations of the amygdaloid complex in monkeys, *Journal of Comparative and Physiological Psychology*, 49:38-91.

J. P. Aggleton and R. E. Passingham (1981). Syndrome produced by lesions of the amygdala in monkeys (*Macaca mulatta*), *Journal of Comparative and Physiological Psychology*, 95:961-77.

J. E. LeDoux (1992). Emotion and the amygdala, in J. P. Aggleton, ed., *The Amygdala: Neurobiological Aspects of Emotion, Memory, and Mental Dysfunction*, pp. 339-51. New York: Wiley-Liss.

6. M. Davis (1992). The role of the amygdala in conditioned fear, in J. P. Aggleton, ed., *The Amygdala: Neurobiological Aspects of Emotion, Memory*, and Mental Dysfunction, pp. 255–305. New York: Wiley-Liss.

S. Zola-Morgan, L. R. Squire, P. Alvarez-Royo, and R. P. Clower (1991). Independence of memory functions and emotional behavior: Separate contributions of the hippocampal formation and the amygdala, *Hippocampus*, 1:207-20.

7. P. Gloor, A. Olivier, and L. F. Quesney (1981). The role of the amygdala in the expression of psychic phenomena in temporal lobe seizures, in Y. Ben-Air, ed., *The Amygdaloid Complex* (INSERM Symposium 20), pp. 489-98. Amsterdam: Elsevier North-Holland.

W. Penfield and W. Jasper (1954). *Epilepsy and the Functional Anatomy of the Human Brain.* Boston: Little, Brown.

8. H. Kluver and P. C. Bucy (1937). "Psychic blindness" and other symptoms following bilateral temporal lobe lobectomy in rhesus monkeys, *American Journal of Physiology*, 119:352-53.
9. D. Laplane, J. D. Degos, M. Baulac, and F. Gray (1981). Bilateral infarction of the anterior cingulate gyri and of the fornices, *Journal of the Neurological Sciences*, 51:289-300; and A. R. Damasio and G. W. Van Hoesen (1983). Emotional disturbances associated with focal lesions of the limbic frontal lobe, in K. M. Heilman and P. Satz, eds., *Neuropsychology of Human Emotion.* New York: The Guilford Press.
10. R. W. Sperry, M. S. *Gazzaniga*, and J. E. Bogen (1969). Inter-hemispheric relationships: The neocortical commissures; syndromes of their disconnection, in P. J. Vinken and G. W. Bruyn, eds., *Handbook of Clinical Neurology*, vol. 4, pp. 273-90. Amsterdam: North Holland; R. Sperry, E. Zaidel, and D. Zaidel (1979). Self recognition and social awareness in the deconnected minor hemisphere, *Neuropsychologia*, 17:153-66.
11. G. Gainotti (1972). Emotional behavior and hemispheric side of the lesion, *Cortex*, 8:41-55.

H. Gardner, H. H. Brownell, W. Wapner, and D. Michelow (1983). Missing the point: The role of the right hemisphere in the processing of complex linguistic materials, in E. Pericman, ed., *Cognitive Processes and the Right Hemisphere.* New York: Academic Press.

K. Heilman, R. T. Watson, and D. Bowers (1983). Affective disorders associated with hemispheric disease, in K. Heilman and P. Satz, eds., *Neuropsychology of Human Emotion*, pp. 45-64. New York: The Guilford Press.

J. C. Borod (1992). Interhemispheric and intrahemispheric control of emotion: A focus on unilateral brain damage, *Journal of Consulting and Clinical Psychology*, 60:339-48.

R. Davidson (1992). Prolegomenon to emotion: Gleanings from Neuropsychology, *Cognition and Emotion*, 6:245-68.

12. C. Darwin (1872). *The Expression of the Emotions in Man and Animals.* New York: Philosophical Library.
13. G.-B. Duchenne (1862). *The Mechanism of Human Facial Expression, or An Electro-Physiological Analysis of the Expression of the Emotions,* trans. R. A. Cuthberton. New York: Cambridge University Press (1990).
14. P. Ekman (1992). Facial expressions of emotion: New findings, new questions, *Psychological Science,* 3:34-38.
P. Ekman and R. J. Davidson (1993). Voluntary smiling changes regional brain activity, *Psychological Science,* 4:342-45.
P. Ekman, R. W. Levenson, and W. V. Friesen (1983). Autonomic nervous system activity distinguishes among emotions, *Science,* 221:1208-10.
15. P. Ekman and R. J. Davidson (1993). Voluntary smiling changes regional brain activity, *Psychological Science,* 4:342-45.
16. 내가 일차적 감정이라고 부르는 것에는 상당한 생물학적 요소가 있는 것처럼 보이는 반면, 우리가 이차적 감정을 개념화하는 방법은 특정한 문화에 상대적이다(우리가 감정을 분류하는 방식에 문화가 어떻게 기여하는지에 대한 증거는 다음을 보라. James A. Russell [1991]. Culture and the Categorization of Emotions, *Psychological Bulletin,* 110:426-50).
17. O. Sacks (1987). *The Man Who Mistook His Wife for a Hat, and Other Clinical Tales.* New York: Harper & Row. Part I. Chapter 3, pg. 43.
18. 윌리엄 스타이런의 회고록은 이 많은 일련의 작용 과정을 통찰력있게 보여준다. 내가 여기에서 그린 그림에 대한 몇몇 증거는 작가들의 구상 스타일에 관한 연구로부터 모아졌다. N. J. Andreasen and P. S. Powers (1974). Creativity and psychosis: An examination of conceptual style, *Archives of General Psychiatry,* 32:70-73.

8장

1. Blaise Pascal. *Pensées.* (1670). 이 책에 사용된 출처는 1976년 파리의 Mercure de France에서 출간한 '신판'이다. 여기서 인용된 구절은 섹션 680에 있다.
   "Que chacun examine ses pensees, il les trouvera toutes occupees au passé ou à l'avenir. Nous ne pensons presque point au présent, et si nous y pensons, ce n'est que pour en prendre la lumière pour disposer de l'avenir."
   The passage cited on page 200 appears under section 680.
   "Le coeur a ses raisons, que la raison ne connait point." 저자 번역.
2. Phillip N. Johnson-Laird and Eldar Shafir (1993). The interaction between reasoning and decision-making: an introduction, Cognition, 49:109.
3. H. Gardner (1983). *Frames of Mind: The Theory of Multiple Intelligences.* New York: Basic Books.
4. A. Tversky and D. Kahneman (1973). Availability: A heuristic for judging frequency and probability, *Cognitive Psychology*, 2:207-32.
5. S. Sutherland (1992). *Irrationality: The Enemy Within.* London: Constable.
6. L. Cosmides (1989). The logic of social exchange: Has natural selection shaped how humans reason? Studies with the Wason selection task, *Cognition*, 33:187-276.
   Jerome H. Barkow, Leda Cosmides, and John Tooby (eds.), *The Adapted Mind: Evolutionary Psychology and the Generation of Culture.* New York: Oxford University Press (1992).
   L. Brothers, ch. 4, note 23, and Suomi, ch. 4, note 22.
7. 전두엽 해부학에 관해서는 다음을 보라.
   F. Sanides (1964). The cytomyeloarchitecture of the human frontal lobe and its relation to phylogenetic differentiation of the cerebral cortex, *Journal fur Hirnforschung*, 6:269-82.
   P. Goldman-Rakic (1987). Circuitry of primate prefrontal cortex and regulation of behavior by representational memory, in F. Plum and V. Mountcastle, eds., *Handbook of Physiology*: The Nervous System, vol. 5, pp.

373-401. Bethesda, MD: American Physiological Society. D. Pandya and E. H. Yeterian (1990). Prefrontal cortex in relation to other cortical areas in rhesus monkey: architecture and connections, in H. B. M. Uylings, ed., *The Prefrontal Cortex: Its Structure, Function and Pathology*, pp. 63-94. Amsterdam: Elsevier.

H. Barbas and D. N. Pandya (1989). Architecture and intrinsic connections of the prefrontal cortex in the rhesus monkey, *The Journal of Comparative Neurology*, 286:353-75.

8. M. Petrides and B. Milner (1982). Deficits on subject-ordered tasks after frontal and temporal lobe lesions in man, *Neuropsychologia* 20:249-62.

J. M. Fuster (1989). *The Prefrontal Cortex: Anatomy, Physiology, and Neuropsychology of the Frontal Lobe* (2nd ed.). New York: Raven Press.

P. Goldman-Rakic (1992). Working memory and the mind, *Scientific American*, 267:110-17.

9. R. J. Morecraft and G. W. Van Hoesen (1993). Frontal granular cortex input to the cingulate (M3), supplementary (M2), and primary (M1) motor cortices in the rhesus monkey, *Journal of Comparative Neurology*, 337:669-89.

10. L. A. Real (1991). Animal choice behavior and the evolution of cognitive architecture, *Science*, 253:980-86.

11. P. R. Montague, P. Dayan, and T. J. Sejnowski (1993). Foraging in an uncertain world using predictive hebbian learning, *Society for Neuroscience*, 19:1609

12. H. Poincare (1908). Le raisonnement mathematique, in *Science et méthode*. Translation by George Bruce Halsted, in B. Chiselin, *The Creative Process*. Los Angeles: Mentor Books/UCLA (1955).

13. L. Szilard in W. Lanouette, *Genius in the Shadows*. New York: Charles Scribner's Sons (1992).

14. J. Salk (1985). *The Anatomy of Reality*. New York: Praeger.

15. T. Shallice and P. W. Burgess (1993). Supervisory control of action and thought selection. In *Attention: Selection, Awareness, and Control: A Tribute to Donald Broadbent*, A. Baddeley and L. Weiskrantz (eds.). Oxford: Clarendon

Press, pp. 171-87.
16. 위의 각주 4를 보라.
17. 위의 각주 5를 보라.
18. G. Harrer and H. Harrer (1977). Music, emotion and autonomic function, in M. Critchley and R. A. Henson, eds., *Music and the Brain*, pp. 202-215. London: William Heinemann Medical.
19. S. Dehaene and J.-P. Changeux (1991). The Wisconsin Card Sorting Test: Theoretical analysis and modeling in a neuronal network, *Cerebral Cortex*, 1:62-79.
20. 4장 각주 17의 포스너와 피터슨을 보라.
21. 8장 각주 7의 골드먼래킥과 작업기억, 그리고 다음을 보라.
22. K. S. Lashley (1951). The problem of serial order in behavior, in L. A. Jeffress, ed., *Cerebral Mechanisms in Behavior*. New York: John Wiley & Sons.
23. C. D. Salzman, and W. T. Newsome (1994). Neural mechanisms for forming a perceptual decision, *Science*, 264:231-37.
24. Blaise Pascal (1670). *Pensées*. See note I above.
25. J. St. B. T. Evans, D. E. Over, and K. I. Manktelow (1993). Reasoning, decision-making and rationality, Cognition, 49:165-87. R. De Sousa (1991). *The Rationality of Emotion*. Cambridge, MA: MIT Press.
P. N. Johnson-Laird, and K. Oatley (1992). Basic emotions, rationality, and folk theory, *Cognition and Emotion*, 6:201-23.

9장

1. A. R. Damasio, D. Tranel, and H. Damasio (1991). Somatic markers and the guidance of behavior: Theory and preliminary testing, in H. S. Levin, H. M. Eisenberg, and A. L. Benton, eds., *Frontal Lobe Function and Dysfunction*, pp. 217-29. New York: Oxford University Press.
매우 유사한 실험에서, 발달적 정신 변질자로 진단받은 사람과 범죄 기록이 있는 사람이 매우 비슷하게 행동한다는 사실은 흥미롭다. 다음을 보라. R. D.

Hare and M. J. Quinn (1971. Psychopathy and autonomic conditioning, *Journal of Abnormal Psychology*, 77:223-35.

2. A. Bechara, A. R. Damasio, H. Damasio, and S. Anderson (1994). Insensitivity to future consequences following damage to human prefrontal cortex, *Cognition*, 50:7-12.
3. C. M. Steele and R. A. Josephs (1990). Alcohol myopia, *American Psychologist*, 45:921-33.
4. A. Bechara, D. Tranel, H. Damasio, and A. R. Damasio (1993). Failure to respond autonomically in anticipation of future outcomes following damage to human prefrontal cortex, *Society for Neuroscience*, 19:791. Full article to appear 1994.

10장

1. G. Lakoff (1987). *Women, Fire, and Dangerous Things:* What Categories Reveal About the Mind. Chicago: University of Chicago Press.
   M. Johnson (1987). *The Body in the Mind: The Bodily Basis of Meaning, Imagination, and Reason.* Chicago: University of Chicago Press.
2. G. W. Hohmann (1966). Some effects of spinal cord lesions on experienced emotional feelings, *Psychophysiology*, 3:143-56.
3. H. Putnam (1981). *Reason, Truth, and History*. Cambridge, England: Cambridge University Press.
4. 신체감각 표상의 내장 측면에 관한 검토는 다음을 보라. M. M. Mesulam and E. J. Mufson (1985). The insula of Reil in man and monkey. In A. Peters and E. G. Jones (eds.): *Cerebral Cortex*, Vol. 5. New York, Plenum Press, pp. 179-226. 또한 다음을 보라. J. R. Jennings (1992). Is it important that the mind is in the body ? Inhibition and the heart, *Psychophysiology*, 29:369-83. 또한 다음을 보라. S. M. Oppenheimer, A. Gelb, J. P. Girvin, and V. C. Hachinski (1992). Cardiovascular effects of human insular cortex stimulation, *Neurology*, 42:1727-32.

5. N. Humphrey (1992). *A History of the Mind.* New York: Simon & Schuster.
6. 위의 각주 1과 다음을 보라.
F. Varela, E. Thompson, and E. Rosch (1992). *The Embodied Mind.* Cambridge, MA: MIT Press.
G. Edelman (1992). *Bright Air, Brilliant Fire.* New York: Basic Books.
7. J. Searle (1992). *The Rediscovery of the Mind.* Cambridge, MA: MIT Press.
P. S. Churchland (1986). *Neurophilosophy: Toward a Unified Science of the Mind-Brain.* Cambridge, MA: Bradford Books/MIT Press.
P. M. Churchland (1984). *Matter and Consciousness.* Cambridge, MA: Bradford Books/MIT Press.
F. Crick (1994). *The Astonishing Hypothesis: The Scientific Search for the Soul.* New York: Charles Scribner's Sons.
D. Dennett (1991). *Consciousness Explained.* Boston: Little, Brown. G. Edelman, see note 6 above.
R. Llinas (1991). Commentary of dreaming and wakefulness, *Neuroscience,* 44:521-35.
8. F. Plum and J. Posner (1980). *The Diagnosis of Stupor and Coma* (Contemporary Neurology Series, 3rd ed.). Philadelphia: F. A. Davis.
9. J. Kagan (1989). *Unstable Ideas: Temperament, Cognition, and Self.* Cambridge, MA: Harvard University Press.

11장

1. G. S. Stent (1969). *The Coming of the Golden Age: A View of the End of Progress.* New York: Doubleday.
2. 이러한 일련의 사건들에 대한 풍부한 묘사는 로버트 휴즈의 저서에서 발견할 수 있다. Robert Hughes (1992). *The Culture of Complaint.* New York: Oxford University Press.
3. R. Descartes (1637). *The Philosophical Works of Descartes,* rendered into English by Elizabeth S. Haldane and G. R. T. Ross, vol. 1, page 101. New

York: Cambridge University Press (1970).

4. R. Descartes. 위의 각주 3을 보라.
5. R. Cottingham (1992). *A Descartes Dictionary*. Oxford: Blackwell, pg. 36. Plato. *Phaedo* (1971). *The Collected Dialogues of Plato*. E. Hamilton and H. Cairns, eds. Bollingen Series. Pantheon Books. pp. 47-53.
6. 위의 각주 3을 보라.

후기

1. W. Faulkner (1949). 노벨상 수락 연설. 폴크너 연설의 정확한 맥락은 고조된 핵 위협에 관한 것이었지만, 그의 메시지는 지금도 유효하다.
2. P. Eluard (1961). Liberte, in G. Pompidou, ed., *Anthologie de la poesie française*. Paris: Hachette.
3. 조나스 솔크Jonas Salk와 리처드 리원틴Richard Lewontin의 저서(위에서 인용된)는 종합적인 인간 생물학에 필수적인 낙관론과 결단을 일으키고 포함한다.
4. See footnote 2, page 290.
5. 데이비드 인그바David Ingvar도 정확하게 같은 의미로 '미래의 기억'이라는 용어를 사용했다.
6. Howard Fields (1987). *Pain*. New York: McGraw-Hill Book Co. B. Davis (1994). Behavioral aspects of complex analgesia (to appear).
7. 리마Lima 이후 통증을 해결하기 위한 새로운, 좀 더 적게 절제하는 외과적 시술이 발전되어 왔다. 전전두엽백질 절제술이 이른바 정신외과술만큼 손상을 일으키지 않지만, 그리고 난치성 고통을 완화시키는 긍정적 결과를 가져왔지만, 이 수술 또한 부정적 결과를 낳았다. 즉, 감정과 느낌의 둔마blunting가 그것인데, 이것의 장기적 후유증은 지금에 와서야 완전히 인식되고 있다.

이 책의 주제와 관련된 문헌들

다음은 내가 논의해온 주제들과 관련된 책들의 간략한 목록이다. 이는 포괄적인 참고문헌 목록은 아니다. 문헌들은 일반적인 영역으로 분류되었지만, 대부분 하나의 카테고리를 넘어선다.

고전적 문헌

Darwin, Charles (1872). *The Expression of the Emotions in Man and Animals.* New York: New York Philosophical Library.

Geschwind, N. (1974). *Selected Papers on Language and Brain.* Boston Studies in the Philosophy of Science, Vol. XVI, The Netherlands: D. Reidel Publishing Company.

Hebb, D. O. (1949). *The Organization of Behavior.* New York: Wiley.

James, W. (1890). *The Principles of Psychology.* Volume 1 and 2. New York: Dover Publications (1950).

현대의 전문적 문헌

Churchland, P.S., and T. J. Sejnowski (1992). *The Computational Brain: Models and Methods on the Frontiers of Computational Neuroscience.* Cambridge, MA: Bradford Books, MIT Press.

Damasio, H., and A. R. Damasio (1989). *Lesion Analysis in Neuropsychology.* New York: Oxford University Press.

Damasio, H. (1994). *Human Brain Anatomy in Computerized Images.* New York: Oxford University Press.

Kandel, E. R., J. H. Schwartz, and T. M. Jessell (eds) (1991). *Principles of Neural Science.* 3rd ed. Norwalk, CT: Appleton and Lange.

감정

De Sousa, R. (1991.) *The Rationality of Emotion. Cambridge,* MA: MIT Press.

Izard, C. E., J. Kagan, and R. B. Zajonc (1984). *Emotion, Cognition and Behavior.* New York: Cambridge University Press.

Kagan, J. (1989). *Unstable Ideas: Temperament, Cognition, and Self.* Cambridge, MA: Harvard University Press.

Mandler, G. (1984). *Mind and Body: Psychology of Emotion and Stress.* New York: W. W. Norton & Co.

생각과 추론

Fuster, Joaquin M. (1989). *The Prefrontal Cortex: Anatomy, Physiology, and Neuropsychology of the Frontal Lobe.* 2nd Ed. New York: Raven Press.

Gardner, H. (1983). *Frames of Mind: The Theory of Multiple Intelligences.* New York: Basic Books.

Johnson-Laird, P. N. (1983). *Mental Models. Cambridge,* MA: Harvard University Press.

Pribram, K. H., and A. R. Luria (eds.) (1973). *Psychophysiology of the Frontal Lobe.* New York: Academic Press.

Sutherland, S. (1992). *Irrationality: The Enemy Within.* London: Constable.

심리철학에서 인지신경과학까지

Churchland, P. S. (1986). N*europhilosophy: Toward A Unified Science of the Mind-Brain.* Bradford Books. Cambridge, MA: MIT Press.

Churchland, P. M. (1984). *Matter and Consciousness.* Cambridge, MA: Bradford Books, MIT Press.

Churchland, P. M. (1994). *The Engine of Reason, The Seat of the Soul: A*

Philosophical Journey into the Brain. Cambridge: MIT Press. Dennett, D. C. (1991).) *Consciousness Explained.* New York: Little Brown.

Dudai, Y. (1989). *The Neurobiology of Memory: Concepts, Findings, Trends.* New York: Oxford University Press.

Flanagan, O. (1992). *Consciousness Reconsidered.* Cambridge, MA: MIT Press.

Gazzaniga, M. S., and J. E. Le Doux (1978).) *The Integrated Mind.* New York: Plenum Press.

Hinde, R. A. (1990). The Interdependence of the Behavioral Sciences. *Phil. Trans. of the Royal Society,* London, 329, 217 – 227.

Hubel, D. H. (1987). *Eye, Brain and Vision.* Scientific American Library. Distributed by W. H. Freeman, New York.

Humphrey, N. (1992). *A History of the Mind: Evolution and the Birth of Consciousness.* Norwalk, CT: Simon & Schuster.

Johnson, M. (1987). *The Body in the Mind: The Bodily Basis of Meaning, Imagination, and Reason.* Chicago: University of Chicago Press.

Kosslyn, S. M., and O. Koenig (1992). *Wet Mind: The New Cognitive Neuroscience.* New York: The Free Press.

Lakoff, G. (1987). *Women, Fire, and Dangerous Things: What Categories Reveal About the Mind.* Chicago: University of Chicago Press.

Magnusson, D. (c. 1988). *Individual Development in an Interactional Perspective: A Longitudinal Study.* Hillsdale, NJ: Erlbaum Associates.

Miller, J. (1983). *States of Mind.* New York: Pantheon Books.

Ornstein, R. (1973). *The Nature of Human Consciousness.* San Francisco: W. H. Freeman.

Rose, S. (1973). *The Conscious Brain.* New York: Knopf. Rutter, M. and Rutter, M. (1993). *Developing Minds: Challenge and Continuity Across the Lifespan.* New York. Basic Books.

Searle, J. R. (1992). **The Rediscovery of the Mind**. Cambridge, MA: Bradford Books, MIT Press.

Squire, L. R. (1987). *Memory and Brain.* New York: Oxford University Press.

Zeki, S. (1993). *A Vision of the Brain.* Cambridge, MA: Blackwell Scientific Publications.

생물학 일반

Barkow, J. H., L. Cosmides and J. Tooby (eds.) (1992). *The Adapted Mind: Evolutionary Psychology and the Generation of Culture.* New York: Oxford University Press.

Bateson, P. (1991). *The Development and Integration of Behavior: Essays in Honour of Robert Hinde.* New York: Cambridge University Press.

Edelman, G. (1988). *Topobiology.* New York: Basic Books.

Finch, C. E.(1990). *Longevity, Senescence, and the Genome.* Chicago: The University of Chicago Press.

Gould, S. J.(1990). *The Individual in Darwin's World.* Edinburgh, Scotland: Edinburgh University Press.

Jacob, F. (1982). *The Possible and the Actual.* New York: Pantheon Books.

Kauffman, S. A. (1993). *The Origins of Order: Self-Organization and Selection in Evolution.* New York: Oxford University Press.

Lewontin, R. C. (1991). *Biology as Ideology: The Doctrine of DNA.* New York: Harper Perennial.

Medawar, P. B., and J. S. Medawar (1983). *Aristotle to Zoos: APhilosophical Dictionary of Biology.* Cambridge, MA: Harvard University Press.

Purves, D. (1988). *Body and Brain: A Trophic Theory of Neural Connections.* Cambridge, MA: Harvard University Press.

Salk, J. (1973). *Survival of the Wisest.* New York: Harper Row.

Salk, J. (1985). *The Anatomy of Reality.* New York: Praeger.

Stent, G. S. (ed.) (1978). *Morality as a Biological Phenomenon.* Berkeley: University of California Press.

이론 신경생물학

Changeux, J.-P. (1985). *Neuronal Man: The Biology of Mind.* L. Garey, trans., New York: Pantheon.

Crick, F. (1994). *The Astonishing Hypothesis: The Scientific Search for the Soul.* New York: Charles Scribner's Sons.

Edelman, G. M. (1992). *Bright Air, Brilliant Fire.* New York: Basic Books.

Koch, C., and J. L. Davis (eds.) (1994). *Large-Scale Neuronal Theories of the Brain.* Cambridge: Bradford Books, MIT Press.

대중적인 책들

Blakemore, C. (1988). *The Mind Machine.* New York: BBC Books.

Johnson, G. (1991). *In the Palaces of Memory.* New York: Knopf.

Ornstein, R., and P. Ehrlich (1989). *New World New Mind: Moving Toward Conscious Evolution.* Norwalk, CT: Simon and Schuster.

Restak, R. M. (1988). *The Mind.* New York: Bantam Books. Scientific American (1992). Special issue on "Mind and Brain."

색인

ㄱ

ㄴ

ㄷ

ㄹ

ㅁ

ㅂ

ㅅ

ㅈ

ㅊ

ㅋ

ㅌ

ㅍ

ㅎ